HISTORY OF

A CULTURAL

從荒岩
到東方之珠

形塑香港的旅遊文化史

HONG KONG TOURISM

阮志 著

左：纜車經過堅尼地道的情景。

右上：第一代山頂老襯亭——「鮑寧亭」。（圖片出處：香港社會發展回顧）

右下：山頂酒店明信片，左邊為纜車站。（圖片出處：香港社會發展回顧）

Kennedy Road and Peak Tramway, Hongkong.

開埠初期，坐人力轎子攀登山頂需要差不多一個小時，自十九世紀末山頂纜車開通以來，可縮短到十分鐘以內，大受半山與山頂居民及外國旅客的歡迎，更被外國人的旅遊指南介紹為到香港不能錯過的行程。

No. 20.　Hongkong.　View of the Peak Hotel, and the engine house at the terminus of the Peak Tramway

凡外國遊客到港，均以太
平山為最喜歡參觀的地
點，山頂上從當年的老襯
亭到今日的凌霄閣，都是
欣賞「東方之珠」全景的
好地方；早年為了招待遊
客，更建有酒店設施。

PENINSULAR HOTEL. KOWLOON

REPULSE BAY HOTEL AND BEACH, HONGKONG

酒店業是香港旅遊業發展
的一大支柱。奢華輝煌、
鱗次櫛比的背後，一些年
代久遠的酒店經歷了焚
燒、拆遷、重建等曲折歷
史，仍然屹立不倒；另一
些已經結業的則永遠存在
於人們的回憶中。

一九二五年啟德機場正式開幕，當時的跑道建築仍只在一塊草坪上，後來不斷發展，直至一九九八年關閉為止，送迎過無數本地和海外旅客，締造了飛機在九龍城上空低飛而過的世界奇蹟，至今仍為人津津樂道。

殖民地時代的大酒店都有自己的行李牌，設計精緻，充滿香港風情，反映了酒店對其服務的自信及對品牌的驕傲。

左：英皇酒店的行李牌。（圖片出處：香港社會發展回顧）

右：由香港上海大酒店經營的三大酒店廣告。（圖片出處：香港社會發展回顧）

由猶太名門嘉道理家族擁有的香港上海大酒店，從十九世紀成立，至今仍然是香港重要的酒店公司，見證了香港酒店業的變遷。

左：半島酒店明信片。（圖片出處：香港社會發展回顧）

右：告羅士打酒店廣告。（圖片出處：香港社會發展回顧）

The GLOUCESTER HOTEL
HONG KONG

HONG KONG & SHANGHAI HOTELS

DINNER $6.00

Sardines on Toast

———◆◆◆———

Cream Washington

———◆◆◆———

Boiled Fish, Hollandaise Sauce

———◆◆◆———

Roast Duckling a l'Orange

Mousseline Potatoes   French Beans

———◆◆◆———

Coupe a la Mode

———◆◆◆———

Coffee

Peninsula Hotel,   Monday
Kowloon.   28th Decemder 1953

Dishes ordered not on this Bill of Fare
will be charged according to our A La Carte tariff

半島酒店屹立近一個世
紀，在此發生過楊慕琦向
日軍投降，香港淪陷；接
待過查理‧卓別靈等國際
名人；也見證了門前的尖
沙咀火車站被拆除，在香
港歷史、旅遊業中也扮演
著重要的角色。

aperitifs

712	Appenzeller Alpenbitter	$ 86.00
713	Pernod	66.00
714	Pastis	60.00
715	Pimm's No. 1 Cup	48.00
716	Campari	44.00
719	Dubonnet	32.00
720	Martini (Italian Vermouth)	30.00
721	Noilly Prat (French Vermouth)	30.00
723	Cinzano (Italian Vermouth)	28.00

digestifs

chinese dishes

soup

150.	Shark's Fin, Sliced Chicken or Crab Meat 滑雞絲或蟹肉生翅	$ 18.00
151.	Sweet Corn, Crab Meat or Grainy Chicken 雞粒或蟹肉粟米湯	7.00
152.	Dried Mushrooms 清燉北菇湯	7.00
153.	Chop Wui (Sliced Chicken, Fish, Shrimp, Ham, Dried Mushrooms, Bamboo Shoots & Vegetables) 什會上湯	9.00

156.	Prawn Balls, Chicken Liver and Vegetables 菜遠雞肝蝦球	16.00
157.	Fried Garoupa, Rainbow Sauce 酥炸石斑	14.00
158.	Shrimps and Scrambled Eggs 蝦仁炒蛋	14.00
159.	Shrimps and Cashewnuts 腰果蝦仁	14.00
160.	Fried Prawn Balls 酥炸蝦仁	19.00
161.	Crab Meat and Mushrooms 蟹扒鮮菇	13.00
162.	Fou Yung Hai (Scrambled Eggs with Crabmeat, Ham, Bamboo Shoots and Onions) 芙蓉蛋	13.00

sea food

poultry

165.	Chicken Fillet with Black Pepper 黑椒雞柳	$ 17.00
166.	Shredded Chicken and Bean Sprouts 雞絲銀芽	14.00
167.	Chicken Balls, Dried Onions and Black Beans 豆豉雞	15.00
168.	Sliced Duck and Pineapple 菠蘿鴨片	14.00
169.	Grainy Chicken and Walnuts 合桃雞丁	14.00

ALL PRICES ARE IN HK$ AND SUBJECT TO CHANGE. 10% SERVICE CHARGE WILL BE ADDED. FOR DISHES AVAILABLE AFTER 11 P.M. SEE LAST PAGE.

liqueurs

602	Chartreuse Green	$ 78.00
604	Grand Marnier (Cordon rouge)	80.00
606	Galliano	66.00
607	Drambuie	64.00
609	Benedictine D. O. M.	64.00
611	Cointreau	64.00
613	Chartreuse Yellow	66.00
616	Cherry Brandy (Heering)	58.00
617	Kahlua	58.00
618	Tia Maria	60.00
620	Strega	56.00
621	Pippermint (Get Freres)	52.00
622	Anisette Marie Brizard	54.00
623	Curacao Orange	54.00
627	Kummel	50.00
628	Maraschino	54.00
629	Creme de Cacao	54.00
630	Creme de Menthe (White)	48.00
633	Curacao Triple Sec	50.00

gin

501	L & S London Dry (Magnum)	55.00
503	Gordon's Dry (Quart)	44.00
507	Beefeater	42.00
510	Booth's High & Dry	42.00
511	Booth's House of Lords	42.00
	nqueray	40.00
	ilbey's	42.00

...ka

	skenkorva	42.00
	olichnaya	52.00
	irnoff	42.00

...CES SUBJECT TO CHANGE WITHOUT NOTIC...

通
訊
不
發
達
的
時
代
，
明
信
片
是
人
們
郵
寄
訊
息
的
便
籤
，
也
是
值
得
珍
藏
的
旅
行
紀
念
。
在
西
方
社
會
對
中
國
尚
未
了
解
透
徹
之
前
，
香
港
充
滿
東
方
風
情
，
既
神
秘
又
浪
漫
，
亦
是
旅
客
投
遞
明
信
片
的
好
對
象
。

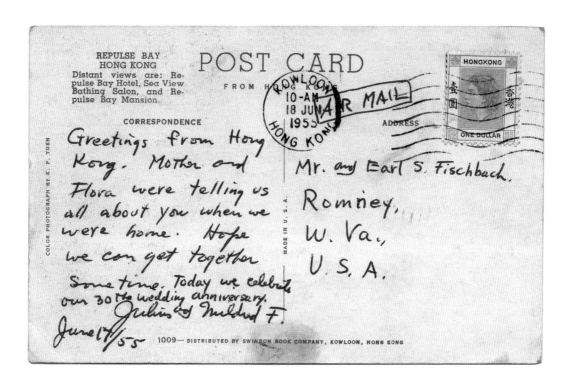

旅行文化的歷史哲學反思

回顧我個人學術文化教育工作的第一篇學術著作：＜徙戎評議＞，刊登在《新亞書院學術年刊》（1972 年），是當時學界首位大學本科生在教授同儕評閱的學術刊物刊登的著作。這篇文章是受錢穆先生有關中國歷史上「漢化」的民族文化互動現象的啟發，將這個概念應用在東漢末年漢人與邊疆胡人之間的歷史。因為邊地人口遷徙而產生的文化交流和互動的生活及文化的改變，以至東漢末期及魏晉期間沒有妥善地處理外族入侵的危機，直接導致「五胡亂華」。

到了上世紀末期，由於文化創意產業研究的冒起，我個人的研究方向調整到日常生活的文化歷史研究，開始推動公眾歷史和文化移動的教研工作，包括開設文化與旅行、文化空間與城市規劃之類的後現代歷史課程。文化與旅行的課程經過幾年教學研究的積累，在 2005 年出版了《旅行：跨文化想像》一書。人生如白駒過隙，旅行是人生旅途中一種宏觀的概念，在時間空間的轉移之中，默默地產生各種不同的生活經驗。

古今中外人類不同的活動都與時空的轉移有著密切的關係，包括文明的起源融入在農業與遊牧民族生活的變化之中。1970 年代，美國芝加哥大學創立全球歷史的教研方向，著名歷史學家 William McNeill 研究經濟活動與科技如何改造人類歷史，其中一個主題便是農業、食物、武器、騎術及科技在人類遷徙及生活文化交流中所產生的影響。羅馬帝國和東漢帝國的瓦解，便是這個生活歷史之中，生產、軍械及科技影響社會文化交流而促成的政治結果。由此可見，各種文明轉化與人類時空轉移的旅行有著密切的關係。

如果從文化源流的歷史哲學角度分析旅行，它可以分為三個層次：旅遊、行遊和神遊。這三個層次相互交替和重疊，既有差異，亦有互通共融的性質。

旅遊是以休閒和身體感官享樂為主的旅行。行遊是休閒或享樂以外而另有其他動機的旅行，包括軍事、商業、教育、文化及宗教等主要性質的旅行。神遊則是以精神、心靈或想像為主的一種抽象形式的旅行，包括心靈境界的活動、文化藝術欣賞、宗教的精神境界、夢境和生死之間的往來、幻想的文學、哲學及藝術的創作。啟發我個人以旅行作為文化 究的課題，主要是受我與先妣在她離世之前的生死經驗交替的歷程所觸動。

這個時候也正好是香港回歸祖國的歷史性階段，香港故事就是中國歷史上中外文化交流的重要明證之一。香港的歷史是無數中國人和世界各地的人民在這個小島上走過的足跡。這些故事如果以旅行的概念去描述，便是芝加哥大學 McNeill 研究日常生活如何創造歷史的活生生例子。

自從 19 世紀中葉，西方列強揭開侵略中國的征旅，香港便記錄了這段歷史上鮮見的人口移動和文化創造的重要案例。若忽略了這個角度去瞭解香港的歷史，便會差之毫釐，謬之千里。因為歷史的變化猶如司馬遷的名言：「究天人之際，通古今之變，成一家之言」。究天人之際的境界是神遊的經驗，通古今之變是形形色色的行遊和旅遊的結合。古代的征戰便是軍事行遊。當時封建宗法制度有君權祭告天地、皇帝封禪祭天的政治宗教行遊，包括著名的秦始皇登泰山封禪之旅，更引出孔子「登泰山而小天下」的人文政治地理的旅行。從旅行文化的追源，孟子描寫孔子「登泰山而小天下」的心態，也談及孔門弟子「故觀於海者難為水，遊於聖人之門者難為言」。孔子登泰山的文化行遊、孟子周遊列國的教育行遊，明顯堆積成秦始皇封禪的政治宗教行遊的旅行歷史文化土壤。

行遊的內容廣闊，互相刺激而滋潤孕育。由於邊防軍事的需要，漢代推動以金銀珠寶及美女作禮物促進外交，著名的昭君出塞外交行遊，塑造絲綢之路廣闊的中外交通大歷史背景。至於馬可勃羅的遊記，既是中西文化交流的見證，更展示出不同類型的旅行經驗能夠改造歷史。在這個大歷史的視野下，香港的旅行故事便是一個尚待開拓的學術研究領域。

旅行文化歷史可以作為世界各地人士理解香港真實生活面貌的一種方法。因為不同層次的旅行，包括旅遊享樂的休閒旅遊，可以放在有工作任務的外交或商人的生活之中。他們的經驗既有個人生活的享受，但同時也在潛移默化地改造著香港歷史。香港過去二、三十年不斷推動旅遊的商業活動，但往往只關注表面社會的需要，或會忽略了商業經濟主導的旅遊背後，還包含著許多不同層次的涵義及資源。這種趨勢近年已有不少的調整。由於香港比較缺乏旅遊歷史的研究，阮志博士剛完成的著作正好填補這個學術的空隙。阮博士的著眼點並不是旅遊或旅行的理論反思，而是集中放在蒐集紮實而涉獵廣泛的歷史材料，在這些圖文並茂的史事交替研究之中，透過不同類型的人口移動和生活交流，介紹香港自開埠以來至今的歷史點滴。這是一項重要的歷史研究成果，開拓了香港歷史研究一個重要的跨學科及跨文化方向。

文化與歷史融合在旅行、尤其旅遊產業管理及發展之中，已是一個全球性課題。文化遺產旅遊（cultural heritage tourism）的策略性規劃，結合文化資源的管理及可持續性發展，已成為各地政府釐定文化產業政策不可或缺的因素。香港政府在近二、三十年開始推動文化保育、歷史活化以至鄉村文化重塑，各種生態歷史文化旅行紛紛出現。在政策及規劃的策略性研究方面，自有不少空間可以發展及創新。因為不同持份者的資源以至他們的需求及期望，既林林總總，更縱橫交錯，造成微妙而複雜的關係，以致策略性的規劃顯得更為重要。自然生態的保育、鄉村文化重生與文化產業發展的平衡，必須在整體規劃的啟動階段建立一些穩固的概念性及策略性的分析，否則很容易陷入粗疏簡化的設計抄襲或片面而零碎的活動堆砌，更難滿足社會及生態多方面的要求或期望。基本的策略性考慮，其中一個方式便是從較早之前的文化生態旅行景點（dot）的開展，逐步開拓成線形（line）以至平面（face）或平臺（platform）式設計。近年佛教團體在大嶼山（法門古道、鹿湖佛教村）及天主教團體在西貢（鹽田梓文化景點以至考慮十個古村結合起來的「古道行」）分別研發這些多元性（生態歷史文化及健行）及多層次（結合旅遊、行遊及神遊）的社會文化經濟項目，既代表著帶有香港歷史文化的旅行模式的深化，更同時發掘香港開埠以來，

本土宗教（佛教）及西方傳入的基督教如何在新界（大嶼山及西貢）與鄉村互動共融的歷史。鹽田梓承載著天主教宗教及客家文化，融入文化生活（鹽田生產）、文物展覽、藝術及綠色之中，取得聯合國教育科學文化組織的獎勵。至於近年開始孕育的古道行計劃，期望透過教堂的復修、鄉村文化的重生與生態的保育，揭示出當時外國傳教士、本地信眾與原居民攜手塑造這些久被遺忘的鄉村文化。教堂、祠堂、學校、碼頭及農村小徑，都是他們赤手空拳，冒著風雨烈日，默默而齊心地，把一石一磚一瓦砌堆建築成的、中外文化融和合體的村落。假若這些殘破的小教堂能夠與鄉村文化一起更生，重新串連構劃成多條的行山小徑，將會塑造一個廣闊歷史面貌的活化，成為一個更具立體感的歷史文化重現。這是生命創造歷史的另一例證。

綜觀歷史研究，在香港過去二、三十年面對著許多不同的時代環境轉變的挑戰，同時承擔著更重要的時代使命。她的歷史任務是非常重要的。歷史既不能抽離生活，更需要超越生活。因為成一家之言，必須開拓一個廣闊而深厚的歷史文化視野。人類歷史並非是偶然的，而是充滿無限的變數。道可道、非常道，名可名、非常名。沒有究天人之際、通古今之變的歷史哲學和胸懷，歷史研究或教學只會淪為一個平淡無奇的知識積累及傳遞，而缺乏生命及價值昇華的機會。

生命的旅程是歷史的記載，歷史也記載著無數的生命旅行的經驗。旅行的靈性價值（spirituality of travel）是人生一個不能逃避的或視若無睹的課題。人每天的生活便是在人生旅程中踏出的另一步。蘇東坡眼見大江東去浪淘盡，感嘆千古風流人物，也可說是對意大利文學家但丁（Dante）的《神曲》（*Divine Comedy*）的一種豪放的迴響。

掌握歷史也是掌握人生的真諦。旅行或旅遊的歷史便是一種反思人生很有意義的媒介。

郭少棠　　19

推薦序二

手上接過來的是阮志的新作《形塑香港的旅遊文化史》，細看之下，雖然在主題上，有別於他之前對沙頭角歷史的研究，但仍然保留了他一貫的風格，也就是不折不扣的冒險精神和仔細的梳理分析。無論從《中港邊界的百年變遷：從沙頭角蓮麻坑村說起》（2012）到《禁區：夾縫中的沙頭角》（2021），阮志給大家的印象是一位愛冒險的年青歷史學家，不但在學術科研上表現出他對理論抱著有如對未知世界的好奇，而且也喜愛遊歷於邊界異域，探索有別於主流的生活及其過往。有別於一般探討旅遊現象的處理，作為全書的起步點，阮志為讀者帶來的是東西方文化的旅遊觀、其反映的差異和各自的特質，正好為我們了解清末文人墨客和洋人眼中的香港及其塑造過程，提出一個重要的參考角度。

香港旅遊的重要性，不可不提的是它可以為低技術勞動力帶來就業出路，而且也帶動了戰後的社會經濟發展，而在 1957 年成立的法定機構——香港旅遊協會，也正代表著香港旅遊業的起航。香港旅遊協會是根據《香港旅遊協會條例》成立，屬於業界會員制度機構，目的是於海外宣傳，吸引遊客到訪香港旅遊；但其定位總是離不開本書的第四、五和六章談論到的大眾口味、「東方之珠」概念，和酒店服務質素等。香港旅遊業議會在 1978 年成立，當時的訪港旅客人次已經打破 200 萬大關，東南亞旅客更成為香港當時的最大客源。從 1984 年開始，內地居民可以參加中國旅行社組織的旅行團來港探親旅遊，2003 年 SARS 之後，從內地來港的自由行旅客到今天不但已經成為香港旅遊收入的指標，而且更是觸及香港與內地矛盾和社會資源分配的敏感課題。加上近兩年間的社會運動和新冠疫情帶來的影響，香港社會更明白旅遊業的脆弱性，對本地歷史文化遊的討論聲音也不斷出現。鑑古知今，本書的第七、八和九章正好為當下議題提供一個反思的機會；究竟香港在旅遊發展的定

位是對外為主的消費型，或是以文化教育為主導的學習型；在推行上，要注重文化生態或是購物享樂；在形象上，香港又應該以國際大都會，或是亞洲文化為主的沿海城市自居。阮志的新書定會幫助讀者在香港旅遊的問題上找出方向。

張展鴻

香港中文大學人類學系教授

2021 年 6 月 2 日於新亞書院

前言

旅遊業是香港經濟的四大支柱之一，反映出香港文化和社會的變化。最初，本地旅行僅限於來自上層階級的外國居民，他們有金錢和休閒時間，穿著雅緻的衣服，帶著僕人和照相機出遊農村，代表了他們傑出的社會地位。來香港旅遊的外國人則喜歡拍攝平民百姓，特別是下層階級，反映洋人以西方文化為本位，探索「其他」地方。從 1930 年代起，來自報紙和出版社等本地文化組織的人士，或一些希望能擺脫民國初年影響的前清官員，開始在香港境內推廣旅行，其主要目的是探索香港的中國特色及其性質。他們對「家」的認同仍然是中國內地，而不是香港，認為香港只是動盪時期的避難所，他們對香港旅行的推廣，並不在於香港的文化和自然本身，而在於這片移居地與內地之間的聯繫。儘管如此，這仍然是倡導當地旅行的肇始。第二次世界大戰後，香港變得更加工業化，參加短途旅行團的既有富裕階層，也有工廠工人，旅行縮小了不同社會階層之間的差異。人們還可以藉周日的短途旅行暫時擺脫工作帶來的壓力，具有自我認同的意義。

但是，隨著政府在 1970 年代末開始參與推廣本地的郊遊活動，建立了郊野公園和第一條遠足路線「麥理浩徑」，削弱了志願者或非牟利組織的作用。本地旅行的制度化，有助政府促進遊覽活動，以吸引本地和海外遊客。一日遊旅行社的興起，特徵是旅遊景點的商品化，減少了此類活動的社交聚會功能，同時加速了旅行產品的商業化，例如旅行裝束、遠足和野外定向裝備，遠足亦越來越依賴互聯網和大眾傳播的信息。另一方面，面對香港回歸，促進市民對文化遺產的認同及其與中國內地的聯繫，也鼓勵了政府機構、政治團體和其他相關組織發展文化旅遊業。過程中，旅行變得越來越商業化和制度化，與經濟問題互相緊扣，組織度較低的旅行團和非牟利組織的參與越來越少，也很少聽到社區中原居民的聲音，一些旅遊勝地的當地色彩日漸變質，傾向於普遍文化旅遊者的口味。

坊間以旅行史為題的書籍只有鳳毛麟角，就是在學術界，旅行史或旅行文化史也是近年才成為史家的焦點。筆者曾計劃以旅行為題撰寫文化史論文，但當時的指導老師認為不可行，因為遊記並不可靠，亦非正式的史料。但事實上，「行旅者」是近代一種新的身份，隨著文明進程在 20 世紀的加速而流行，鐵道、輪船、公共汽車等大眾運輸的出現，加上新式旅店、旅館以至今日金碧輝煌的酒店的發展，均使旅行成為現代消費主義的雛形，因此旅行史應在世界文化史中佔有重要的一席。關於旅遊研究及編寫旅遊史，王永忠的《西方旅遊史》是這方面的先行者，當中涵蓋了從古希臘文明開始，經歷羅馬時代、中世紀基督教傳播、世俗旅遊、文藝復興和大航海時代、科學與理性時代、工業文明以至現代，西方旅遊興起的變遷及發展，除了是旅遊史的標準讀本外，亦是瞭解西方社會生活的參考書籍。

香港人較多到外地旅遊，較少關注本地景點，但外國旅客卻往往對香港的古蹟十分感興趣，知識可能比許多香港人更多。日本是香港人最喜愛的旅遊地點，筆者有朋友每年均到日本旅行三至五次，差不多整個日本都遊玩過了，接下來還有什麼地方可以去呢？其實旅行的樂趣可以很多樣化。從富田昭次的《觀光時代：近代日本的旅行生活》（台灣譯，日本原著名為《旅の風俗史》）封面插圖，便可以想像旅行的多姿多彩。他提出：「旅行的樂趣，當然因不同的人，而有不同的體會。」他多年蒐集帶有美麗圖案的資料，如手冊、明信片、旅行導賞書，以此寫成一本旅行文化史，呈現了近代日本旅行的有趣面貌。他並指出，日本在明治時代以前，一般民眾是禁止自由旅行的，外國人更不能在國內自由活動，直至1874 年才終於取得有限的旅行權，但還要待《安政五國條約》所定的外國人居留地制度於 1899 年（明治三十二年）廢止，才能在日本國內自由移動。剛才那位朋友，問到他對香港古蹟文物的認識有多少，往往便支吾以對。香港人要加強對香港的歸屬感，便應對本地的文化古蹟有更深入的瞭解及認識。

旅遊業一直是經濟和管理研究領域的題目。[1] 近年來，雖然它仍處於相對邊緣的地位，但人類學對旅遊的研究——從文化與旅遊、主客關係和遊客體驗等方面——正在成為一種新興的視角。[2] 早期西方世界的大型旅遊，如法國帶薪假期

和托馬斯・庫克（Thomas Cook，1808－1892）在英格蘭的短途旅行，在 19 世紀末和 20 世紀初展開。然而，旅遊史一直不被視為史學研究的重要領域。就算如英國這個早已開展歷史研究的國家，旅遊研究也是長期處於邊緣地位。沃爾頓（John K. Walton）便指出，「旅遊業在現代英國歷史寫作中，不是一個發達的主題，亦反映出歷史專業的文化保守主義。」[3] 然而，隨著借鑒其他觀點，近年來旅遊史研究日漸擴展。最為活躍的爭論是有關博物館或文物旅遊中對「歷史」的保存、主題公園旅遊及復修工業遺產等。此外，文化旅遊問題的整合和認同、全球化、原居民參與和城市更新，也進一步為旅遊研究提供了框架。[4]

與新加坡、泰國和馬來西亞等東南亞後殖民社會不同的是，香港的旅遊研究在人類學、歷史和文化研究等學科領域尚未成為主流。直到近年，旅遊業成為政府和私人企業認可的經濟原動力後，在教育、社會或非政府機構才陸續出現各種旅遊活動，如文物、生態、宗教和博物館旅遊等。儘管如此，張展鴻對香港從殖民地過渡至回歸中國時期，文化旅遊與香港特色的關係，進行了較早的觀察。他指出一種名為「冷凍文化」（Process of Freezing Culture）的過程，特別是「香港一日遊」是一種以重視昔日文化與自我認同感的消費模式。[5] 儘管這是作為國際都會的香港現代化發展的一環，香港旅遊的歷史也仍然是一個非常邊緣的，不起眼的題目。旅遊研究主要集中在經濟方面，在香港政府的具體政策背景下進行，以作為促進經濟繁榮的手段。香港旅遊發展局（旅發局）是政府於 1957 年成立的法定組織，目的是「吸引遊客到香港，令他們對香港留下最好的印象，並幫助他們愉快地逗留。」[6] 這樣一個政府資助機構，關注的是旅遊的經濟貢獻，而不是其在各個研究項目中的社會文化意義。雖然旅遊業早已將集中參觀歷史建築物的活動視為「文物旅遊」，而且在前行政長官董建華的倡議下，文化委員會在 2003 年亦已提交一個工作議程，但沒有經過有意義的公開討論，迄今尚未宣佈或達成任何政策決定或結果。

綜上所述，筆者感到有需要全面研究香港旅遊文化的歷史。例如，早期殖民地的歐洲旅行者的經驗，可以揭示他們對當時的香港及人民的印象。因此本書旨在從

文化和經濟兩方面，考察旅遊與香港的歷史發展。筆者想指出，旅遊業務以各種形式（例如遊覽、暫居和移民）在香港發展，促進了西方人與中國人的社會和文化交流，從而幫助英國在殖民地初期保衛他們在香港的統治，直到第二次世界大戰爆發。然而，從戰後直至 1997 年，「遺產旅遊」的引入，幫助英國人樹立香港國際化和現代城市的風貌，同時也加速了香港人的當地語系化和身份建構的進程。因此，戰後旅行業的發展，可視為與英國的非殖民化政策一致。香港通過保護自然資源、歷史古蹟及商業上的推廣，成功將東西方文化並置於各方旅客眼前，令香港成為一個令人嚮往的旅遊城市，在東亞以至全球享負盛名。

雖然如此，本書粗疏的歷史論述仍獲得旅遊跨文化研究創建性著作《旅行：跨文化想像》的作者郭少棠教授賜序，深感榮幸，這位歷史學家 15 年前出版的著作，建立了從中國旅行文化到現代旅遊研究的範式，對筆者往後對文化論述的探討影響深遠，促使我開始從事香港旅遊文化史的研究。人類學家張展鴻亦為筆者作序，他對旅遊與文物的「冷凍文化」論述，為香港文物及文化研究開創先河，本書多次引用他的論述作為支持點，使整本書有了理論基礎，特在此作一不可或缺的註釋。作者希望從足見粗疏的敘述，帶出旅遊業的文化及社會研究角度，從不同旅遊景點、機構以至旅行者的感受或經驗，為這個香港經濟支柱的發展勾劃出初步框架，讓海內外從事相關研究的學者開拓另一個領域。本書只是筆者將多年考察的資料作非常有限的疏理，鄙陋眾多，敬希各界相關研究者賜教指點。

註

1　Stephen Page and C. Michael Hall, *Managing Urban Tourism* (Harlow, England; New York: Prentice Hall, 2003); M. Thea, *The Economics of Tourism* (London; New York: Routledg, 1997).

2　Valene L. Smith, "Tourism Issues of the 21st Century" in Valene L. Smith and Maryann Brent (eds), *Hosts and Guests Revisited: Tourism Issues of the 21st Century* (New York: Cognizant Communication Corporation, 2001).

3　John K. Walton, "British Tourism Between Industrialisation and Globalisation – An Overview" in Hartmut Berghoff [et al], *The Making of Modern Tourism: The Cultural History of the British Experience, 1600-2000* (New York: Palgrave, 2002), pp.109-110.

4　Melaine K Smith, *Issues in Cultural Tourism Studies* (London; New York: Routledge, 2003).

5　Cheung, Sidney C. H., *Cultural Tourism and Hong Kong Identity (Working Paper No.4)* (Hong Kong: Department of Anthropology, The Chinese University of Hong Kong, 1996).

6　Hong Kong Government, *Report of the Working Committee on Tourism* (Hong Kong: Government Printer, 1956), p.6.

目錄

東西方

旅遊觀和 文化特質

第一章 01

旅遊最普遍的定義，是指個人或團體，到一個陌生的地方進行吃、住、觀、玩、購的活動，從而在精神和物質上獲得滿足。現代西方的大眾旅遊業（Mass Tourism）隨著技術的進步而發展，可以在短時間內將大量旅客運送到度假場地或聞名景點，使更多的人可以享受閒暇時光。雖然旅遊可算是現代人類社會一種不可或缺的經濟活動，但從西方人類學的角度而言，旅遊亦是人類現代文明的大眾行為。張文認為，旅遊在帶給人們樂趣、享受和知識之餘，亦引起不同文化之間的直接碰撞和衝突，顯示出不同的矛盾。[1]當旅遊的經濟活動成為旅遊學的主要研究對象時，旅遊中的文化現象、事物本質、變化規律仍是關注旅遊這個大眾行為必要的主題，因此本書將會以旅遊文化為側重點，瞭解香港這個作為不同文化交匯點的城市，在世界旅遊發展中的角色。

旅遊（Tourism）與旅行（Travel）有什麼分別呢？在 *Reclaiming Travel* 一書中，Ilan Stavans 與 Joshua Ellison 將旅行者與遊客區分出來，認為旅行者就像一個觀察者（observer）般去看事物，通過瞭解才去接受，而遊客則像一個偷窺者（voyeur）般只是來看事物，並被幻想的東西保護及抽離出來，不像觀察者般熱心及盡責（the voyeur is removed, protected from the object of fantasy while the observer is involved, even committed to it）。[2]為莘莘學子安排遊學團，是否就可以令他們擴闊眼界呢？香港人普遍不太關注自己的歷史，對居住之處附近有什麼文化遺產不甚了了，這是否又意味著，他們對其他地方的文化也不夠關注呢？人們很熟悉日本、韓國或中國台灣（下簡稱台灣）等地的旅遊資源，是否也代表他們很認識別人的文化呢？就算近年多了香港人留意集體回憶與身邊民間建築的關係，如當舖等，但觀乎反應，好像只限於某些群組的焦點而已。筆者認為若不加緊步伐，多認識本地的文物，恐怕連遊客對香港歷史文化的認識，也會較我們為深。在習以為常的環境中，文化旅遊的功能，除可重新認識當地外，更能培養人們對一個地方的歸屬感。

1.1 | 西方旅遊觀：
　　　從旅行到旅遊

觀乎西方旅行的根源，是隨著季節變化和動物遷徙而興起的，人們最初不過是為了生存而展開旅程，如因應打獵及畜牧需要而不斷遷移，或者在不同地方找尋所需的種子。早期的旅行者主要以步行到達目的地為主，並局限在細小的地理區域內。在這段時間裡，旅行仍然是一種本地的體驗，但是人們天生就有追求旅行樂趣的傾向，旅行者爬山渡河，發現不知名的地方，以滿足自己的冒險和好奇心。古代航海民族腓尼基人、波斯人及中國人為了貿易和軍事需要而旅行。隨著文明的建立和地域的擴展，旅行變得越有必要。

在古典時代（公元前 5 至公元 4 世紀），從埃及人、希臘人到最後羅馬帝國的衰落為止，人類開始大規模的旅行活動，以實現政治、商業、教育和宗教等目的。其後出現的城邦國家，由於是政治及商業中心，它們本身就是一個景點。那時候，是否出門旅行取決於有沒有足夠的時間及金錢、長途旅行是否安全、貨幣是否流通、語言是否通用以至保護人身安全的法律體系是否完善等因素。

古埃及人的商務和閒暇旅行非常興盛。公元前 2700 年之後，古埃及人和克里特島、腓尼基、巴基斯坦、敘利亞的貿易日益興旺，[3] 他們習慣前往一些處於外圍地帶的城市，這些城市均為旅客提供了各種便利設施。為了參加每年舉行的節日及娛樂活動，古埃及人很喜歡旅行，亦習慣性地經常參加這些節日活動。

古希臘人是最早塑造現代旅行方式的民族，他們崇尚自由，沒有神權統治或階級制度，閒暇式的旅行在當時很受歡迎。希臘的城市普遍接受外國貨幣，能夠自由兌換及流通，促進了旅行的發展。另一方面，希臘在公元前 7 世紀末，透過殖民發展了不少城邦，從馬賽到西班牙、意大利、小亞細亞、非洲等，遍及整個地中海地區，希臘語言被廣泛運用，使旅行者更加方便，雅典城正式成為

東地中海的經濟、政治、文化中心,當地亦提供了所需的所有便利設施。古希臘著名歷史學家希羅多德(Herodotus,約公元前 1800－前 420)亦是文學家、地理學家和旅行家,他約在公元前 454 年起,進行了多次艱苦遊歷,寫成巨著《歷史》,成為西方史學的基石。

羅馬帝國的繁榮,體現在旅行活動的發展上,富裕有閒的羅馬中產階級都是旅行的常客。從公元前 27 年起,奧古斯都(至公元 14 年在位)統治龐大的羅馬帝國,創造了和平時代,保障路上安全,羅馬人大規模修築了完善的道路、運輸和基礎系統,商業貿易繁榮,亦興建了為旅客提供食宿的客棧。

在中世紀(5 至 14 世紀),旅行變成了一種危險和困難的活動,主要面對的問題是道路破壞和盜賊橫行。在此時期,封建制度取代羅馬統治,有組織和管制的社會分崩離析,出現了許多不同的自治領域,羅馬原有的公路系統受到破壞,交通不便、貨幣和語言混亂,使旅行變得不穩定,有時甚至帶來危險。因此在這段時間,一些旅行活動都是有軍隊或隨從陪同的,如十字軍東征前往聖地的朝聖旅行,當中就有喜愛刺激的冒險家、尚武的騎士、商人等;意大利人馬可·孛羅(Marco Polo,1254－1324)將自己在 13 世紀後期(1271－1295)經中東前往中亞、東亞、東南亞及南亞的歷史性之旅寫成《馬可·孛羅遊記》,是 13 世紀歐洲人瞭解東方的重要讀本。他在元朝當過官,對中國社會的風俗有洞察力,十分清楚地闡釋了當時中國的繁榮,令西方人大開眼界,可說是溝通東西文化的先行者。

在文藝復興時期(14 至 16 世紀),「回歸自然」成為一句普遍的口號,人們盡情欣賞山水,追求美善,旅行開始慢慢復甦。隨著教廷、國王和王后控制的疆土越來越大,商人開始遠離村莊向外探險,商業活動增長,貿易之路慢慢重新開放,人們對商務和休閒旅遊的興趣增加。在這段時期,伊比利亞半島的西班牙和葡萄牙開始了史無前例的大航海運動,旅行成為西方人求知、探險、貿易、殖民的方式。近代歐洲的航海從葡萄牙人開始,1415 年在國王若奧一世(John

I）的指揮下，葡萄牙人攻克了北非摩爾人的商業中心及軍事重鎮休達，取得探航西非的橋頭堡，亨利王子（Prince Henry the Navigator）封為騎士。[4]

在大旅行時代（1613 － 1785），富裕的英國人開啟了豪華旅行的時尚。旅行成為身份的象徵，並傳播至整個歐洲，旅行的目標是體驗「文明世界」，研究藝術和科學。這些人文旅行通常會持續數年，而在商業旅行方面，尤其是荷蘭，人數亦不斷增長。除了英國，在德國、俄國及北歐國家等地，出行亦很常見，反映旅行者對古典文明及現代文化的嚮往。當時旅遊屬於一種「高雅文化」或「精英文化」的生活方式，Fred Inglis 曾以文化研究角度，分析人們怎樣通過假期或閒暇來獲得樂趣，寫成 The Delicious History of the Holiday 一書。他在回顧旅遊的發端時，認為歐洲的大旅行時代應該是世界旅遊之始。當時在英格蘭興起的大旅行具有教育性及政治性，導師教授學生古籍、語言、儀態、舞蹈等，為他們日後成為政治領袖作訓練。[5]

出行時代（1800 至 1944 年）是經濟繁榮發展的時期，旅行無論在系統、方式和速度（如公路、鐵路及輪船的普及）上都有長足的發展。19 世紀著名社會經濟學家佩克爾（Constantin Pecqueur，1801 － 1887）曾指出，當時乘坐火車與蒸汽船的共同旅行，縮短了人與人之間因地方分隔而產生的距離，激發了人們對平等與自由的感受與習慣。[6] 當中托馬斯·庫克（Thomas Cook）發展出旅行團的概念，汽車和飛機的發明亦增加了旅行的自由度。1841 年，庫克為 570 人組織了世界上第一個旅行團，參加在英格蘭拉夫堡舉行的禁酒集會，旅途配有郊野午餐和管弦樂隊表演。旅行企業的成功，以及對旅行安排的需求，使庫克的通濟隆公司（Thomas Cook）成為了一家專職提供旅行服務的公司。

到了現代（1945 年至今），旅行正式過渡到以「旅遊」或「觀光旅遊」為經、企業經營為緯的一種行業（Industry）。有薪假期制度自 20 世紀初開始實施，更方便勞動和中產階層在閒暇時出門旅行，形成以大眾口味為主的「旅遊」活動，而其中一個標誌，就是旅遊相關企業或代理商，即俗稱旅行社的湧現。在

第二次世界大戰後，數以百萬計的人加入國際旅行的行列，光顧以大眾興趣為依歸、以景點為主的旅行團。戰後的繁榮使大量旅客乘坐汽車、火車、噴射客機出行，代替過往以步行或輪船為主的方式，大大節省了交通時間和金錢，出行亦更安全。這種消費模式對傳統的個人旅行方式造成衝擊，但從全球經濟角度而言，大眾運輸帶動了旅遊業的空前增長，最終引致大眾旅遊業急速發展。現代旅遊業發展的重要里程碑包括：

1903	萊特兄弟在北卡羅來納州的基蒂霍克進行飛機首航
1903	第一家主要的酒店公司 Trust Houses 在英國各地開設了多家連鎖酒店
1920	旅遊業出現包機飛行
1945	國際航空運輸協會成立
1947	10 月，巴黎舉行第二屆國家旅遊組織國際大會，會上決定成立國際官方旅遊聯盟（International Union of Official Travel Organizations, IUOTO）。
1950	商業航空運輸增加，令飛行變得更便宜。
1958	波音 707 噴射客機啟航
1966	世界旅行社協會聯合會（Universal Federation of Travel Agents Association, UFTAA）在意大利羅馬成立
1970	首架寬體噴射客機波音 747 投入使用，可容納 400 人。
1975	世界旅遊組織（World Tourism Organization, UNWTO）正式成立，前身是國際官方旅遊聯盟。

自大眾旅遊興起，不同的旅行者可以有不同的旅行方式：閒暇、度假、醫療、飲食、購物或者在公幹的餘暇時間旅遊，這些都與西方中產階級的興起有密切關係。在工業革命時期，英國是第一個向工業人口推廣閒暇時間的歐洲國家，令閒暇旅行興起。最初，這些人口包括機械生產的工廠老闆、寡頭壟斷的商人等，後來成為新興的中產階級。Cox & Kings 在 1758 年成立，是世界上歷史最悠久的旅遊公司，被利戈尼爾勳爵（Lord Ligonier）任命為印度步兵軍團的旅行總代理。1878 年，C & K 成為派駐海外的大多數英國軍團的代理，包括皇家騎兵、砲兵、步兵以及皇家火車。緊隨其後的是皇家海軍，1912 年，皇家空軍亦加入了該公司的客戶行列。事實上，以地名反映的度假勝地多不勝數：法國

的蔚藍海岸（French Riviera）是最古老的度假勝地之一，「Riviera」一詞正是解休憩之地，其海濱長廊被稱為盎格魯街（Promenade des Anglais），字面解即「英國人的步行道」。在法國普羅旺斯、亞維農及蒙彼利埃等地，有一些歷史悠久的皇宮式酒店如布里斯托酒店（Bristol）、卡爾頓酒店（Carlton）或雄偉酒店（Majestic），名稱都與英國有關，反映出英國遊客佔主導地位。在美國，最早的歐式度假勝地是新澤西州的大西洋城和紐約的長島。

現代西方旅遊業的其中一項文化創造，就是以滑雪為主的冬季旅遊。瑞士是聞名全球的滑雪勝地，雖然瑞士人不是滑雪的發明者，但有充分的文獻表明，瑞士格勞賓登州的聖莫里茨是冬季旅遊業的搖籃。聖莫里茨位於阿爾卑斯山脈，是著名的滑雪勝地，東阿爾卑斯山脈的最高峰貝爾尼納峰，就位於該鎮南面幾公里處。自 1865 年起，聖莫里茨就有許多酒店管理者冒著風險，堅決要在冬季開放酒店。這裡先後舉辦過 1928 和 1948 年冬季奧林匹克運動會，但是直到 1970 年代，包括聖莫里茨在內的瑞士許多地點的冬季旅遊，才從夏季旅遊中脫穎而出。即使在冬天，多達三分之一的遊客也並非為滑雪而來（視地點而定）。除了滑雪外，瑞士的山景及湖景，如少女峰、馬特洪峰以及夏季舉目無際的高山草原，均是舉世知名的旅遊景點，不少人均想親身體驗阿爾卑斯山脈的壯麗。事實上，瑞士是世界上數一數二以旅遊業為主要行業的國家，Afred Kuoni 早於 1906 年在瑞士蘇黎世成立瑞士旅業集團（Kuoni Group），是英國托馬斯·庫克以外，世界上另一間最早的旅行社，後來在五大洲各大城市建立網絡，成為全球首屈一指的旅行團營辦商。瑞士亦是世界首創酒店及觀光旅遊課程的國家，酒店管理的專業學校聞名世界，兼重理論與實務經驗的培育，令瑞士成為許多研讀旅遊的學生夢寐以求的學習場所。

總括來說，在早期的西方社會，旅行屬於「高雅文化」或「精英文化」的一種生活方式，但隨著時代的步伐，人們開始想看一些普通事物。在 20 世紀初期的浪漫主義年代，第一次世界大戰後，人們首次從貴族文化中解放出來，受當時新興的人類學研究影響，中產階級開始受民族文化所吸引，著重普通人的文

化如民歌或爵士音樂等,並到一些較為落後的地方進行民族志式的旅行。

1.2 | 中國旅行觀:
遊山玩水的情趣

在古代中國,司馬遷、荀子、徐霞客周遊列國,遊山玩水,瞭解當地風土人情後寫成史書及遊記。另外,文人墨客所遺下的牌匾、碑記等,成為現今遊客取景攝影的名勝古蹟。由於文化背景相異,各地的旅遊文化觀、審美眼光以至希望從旅行中獲得的滿足都會有所不同。朱希祥概括比較中國與西方旅遊,他認為中國旅遊是「尋仙」,來自李白的「尋仙不辭遠」,即一種追求幻美、超脫現實生活的所謂仙境的情趣,又或是自得其樂、自我滿足的審美觀;而西方人則將「勞累」看作是旅遊的目的及結果,藉此擺脫舒適環境,尋求一種冒險而刺激的經驗或挑戰。[7] 香港歷史學家郭少棠則指出:「傳統的中國旅遊重視文化內涵和情趣。一個傳統的中國旅遊者喜歡在旅遊活動中尋求一種淡淡的哀愁和眷念,追求一種虛幻、超脫的仙境情趣。」[8]

章必功指「旅遊」一詞最早出現在六朝:齊梁時沈約(441 − 513)的《悲哉行》有「旅遊媚年春,年春媚遊人」的詩句,專指由個人意志支配的,以遊覽、遊樂為主的旅行。[9] 南北朝時代,由於世局混亂,旅遊包含了濃郁的思辨、宗教及抒情色彩,旨在讓人生在山水中超脫,將靈魂在自然中淨化,有「玄遊」、「仙遊」及「佛遊」幾個類型。

曹魏正始年間,當權的司馬家族黨同伐異,許多正直的賢臣均以玄遊為尚,以山水為友,如阮籍、嵇康、向秀、劉伶、阮咸、王戎及山濤,常常千里聚會,聯袂出遊,在碧綠幽靜的竹林中酣飲,人稱「竹林七賢」。東晉河山半壁,偏安江南,大批南渡士族更為放任,在如詩的南國山水中參悟朗吟,如出身士族的謝安(320 − 385)及王羲之(321 − 379)。《世說新語‧雅量》中說,謝安

有一次與孫綽等人泛海遊覽，遇上大風大浪，他仍神情自若，吟嘯不言。後來謝安入仕，官至宰相，果真能大敵當前，而指揮若定。

王羲之是中國最傑出的書法家、山水遊客，353 年於會稽太守任內，相約 40 多位官員名士在蘭亭雅聚，飲酒作詩，是魏晉南北朝最大的一次玄遊集會。陶淵明（365 － 427）是中國古代傑出詩人，「少無適俗韻，性本愛丘山」，40 歲前一度出仕，41 歲辭官歸里，有時登廬山找慧遠和尚，或與道士陸修靜談天說地，交流交心，是東晉末年只近遊不遠遊的玄遊家。他所謂的「山氣日夕佳，飛鳥相與還，此中有真意，欲辨已忘言」，講的就是遊觀山水應該應目會心，尋言以觀象，尋象以觀意。[10] 但到了南朝宋齊時，玄遊漸漸變成遊樂，較看重悅目賞心的官能享受，追求的主要是對自然山水景物的審美快感。[11]

秦漢神仙家及方術之士鼓吹仙遊，他們認為神仙住在有仙風的地方，通過遊歷仙地如奇山異水，或者飲用仙泉，能夠有益於個人修道，最負盛名的仙遊家有葛洪、陸修靜、陶弘景等。葛洪（283 － 363），精於道術，編撰了首部全面論述道教宗旨、哲理及儀式的《抱朴子．內篇》，其中一篇〈登涉〉記述了他有登山符，能夠驅趕妖邪、逢凶化吉，鼓起了仙遊者旅遊山水的膽量。陸修靜（406 － 477）是道教的一代宗師，他整合了道教組織、戒律、齋醮及神仙家譜，相傳也是道教經典《道藏》的作者。他亦喜雲遊四方，走遍了巴蜀，見聞廣博，是山水遊家，與廬山的釋慧遠及住在山下的陶淵明經常同遊同樂。

佛遊，亦作釋遊，主要是為傳經、取經而開展的中外旅遊，另外亦指居靜修閒，清談佛理的山水遊。釋法顯（337 － 422），三歲出家，20 歲受大戒，於東晉隆安三年（399）攜慧景等四僧，從長安出發，經由張掖、敦煌到西域戈壁，在沙河莫知去向，惟有以死人枯骨為向導，進入鄯善國、烏夷國、于闐國、子合國、於麾國、竭叉國，越過蔥嶺，到北天竺、中天竺，遍訪名僧，周遊故蹟，終於從巴連弗邑的摩訶衍僧伽藍等處，抄得《摩訶僧祇律》、《薩婆多眾律》等佛門戒律。之後他獨自一人從恆河入海，搭乘商船到獅子國（今斯里蘭卡），

停留兩年，抄寫了一些佛經後回國，途中遇上南海大風暴，飄流 13 晝夜後到一島修補船隻，再經 90 天顛簸，泊止於耶婆提國（今蘇門答臘），改乘船回廣州，至東晉義熙八年（412）七月十四日回岸，結束了長達 13 年的旅程。釋法顯是中國最傑出的宗教旅遊家，他廣遊西域，留學天竺，海陸並用，攜經而返的事蹟，足以和唐僧玄奘的西域取經並列，他寫的《佛國記》亦與玄奘的《大唐西域記》成為古時橫跨阿富汗、尼泊爾、印度及巴基斯坦等國的歷史性旅遊文獻。[12]

唐代佛教興盛，與文人關係密切，許多文人在遊覽佛教名勝時也會留下詩句，對旅遊也有很多的表述。唐代孔穎達《周易正義》云：「旅者，客寄之名，羈旅之稱；失其本居，而寄他方，謂之為旅。」郁龍余指出，在《全唐詩》中以旅遊為題的詩共有六篇：賈島《旅遊》、李群玉《旅遊番禺獻梁公》、李昌符《旅遊傷春》、高適《東平旅遊奉贈薛太守二十四韻》、王建《初冬旅遊》及劉滄《春日旅遊》。[13] 由玄奘大師口述，弟子辯機筆撰的《大唐西域記》，堪稱中國歷史上的經典遊記，更是歷史文化學者研究古天竺地理歷史時不可或缺的文獻。

玄奘（602 － 664），俗姓陳，名禕，洛州緱氏縣（今河南省偃師市陳河村）人，出身儒學世家，具有非常深厚的傳統文化修養。獻身佛門後，玄奘遊歷各地，遍訪名僧，並於貞觀三年（629），抱著學習大乘教義、求取大乘經典的目的，從長安出發，開始了西遊天竺的 19 年旅程。他首先出玉門關到高昌國，得高昌王麴文泰禮重供養，其後涉渡沙漠，經屈支（今庫車）、凌山、碎葉城，受到突厥可汗的熱情接待。再經過千泉、怛羅斯，折向南行經過蔥嶺（今帕米爾高原），越過雪山，終於到達當時天竺佛教的最高學府那爛陀寺，師從寺主戒賢學習大乘有宗教義。[14] 貞觀十三年（639），更代戒賢講授《攝大乘論》和《唯識抉擇論》。後來玄奘又訪問印度其他佛教聖蹟，徒步考察了整個南亞次大陸，「印度」的名稱，正是始於其《大唐西域記》，之前中國的典籍均稱這片土地為「身毒」或「天竺」。

宋朝張澤端以一幅《清明上河圖》，重現東京（汴京）熙熙攘攘的景致。汴京是北宋、甚至是 11 世紀東方最大的「遊樂場」，而杭州則比汴京更加繁華，其西湖等自然景觀得天獨厚，是北宋最重要的旅遊都市。熙寧四年（1071），蘇軾任杭州通判，在職三年治理了一些河岸水道。元祐四年（1089），他又任杭州太守，顧慮到西湖年久失修，故上表朝廷說：「西湖如人之眉目，豈能廢之？」並募集民眾開湖，在湖最深處建了三座石塔，嚴禁在石塔範圍內植藕，成為了「西湖十景」之一的「三潭印月」。他又用挖掘出來的湖底淤坭築成長堤，就是著名的「蘇堤」，在堤上修築石橋，溝通水流，堤畔種植垂楊。經過一番修整，西湖成為蘇軾《飲湖上初晴後雨》中描述的「水光瀲灩晴方好，山色空濛雨亦奇，欲把西湖比西子，淡妝濃抹總相宜」的美麗景色。宋人的旅遊文獻有多種：記遊詩、記遊詞、遊記文、點綴景觀的題記、題名、匾額、楹聯、記錄風物的筆記及地理圖志，可算是奠定此後中國旅遊文學的典範。

杭州在元朝的《馬可・孛羅遊記》中又成為旅遊的主角：意大利人馬可・孛羅（1254－1324）跟隨他從商的父親在 1275 年來到元京上都，當時元王朝正在進攻南宋，急需人才，21 歲的馬可得元世祖忽必烈的喜愛，與父親、叔父一起得到官職。他很快就通曉蒙古語及漢語，後來遊歷了山西、陝西、四川、川藏邊境、雲南及緬甸北部。他曾外放揚州總督，描述杭州這座城市的莊嚴及秀麗，是世界城市之冠，名勝古蹟很多，恍若置身天堂一樣，所以有「天城」之名。但由於元統一中國後，漢人在階級制度中受到歧視，故比起唐宋，漢人的旅遊生活稍遜，此時期的旅遊記述以馬致遠、張可久、鄧牧等較有代表性。

到了明朝，漢族重掌政權，士大夫為政之餘，愛出門遊樂，消閒遣興，以歌舞昇平。宋濂作為朱元璋的開國文臣之首，身負重任，亦不忘一遊桃花澗，寫成遊記。明初大興文字獄，文士常因片言隻語而惹禍，或被濫捕，不少為官者也深感痛絕，寧願到山居歸隱。唐寅（1470－1523），字伯虎，吳縣人，弘治十一年（1498）鄉試第一，後上北京參加會試，因科場案入獄，放歸後看輕仕途，遠遊祝融、匡廬、天台、武夷山及洞庭湖等，自稱江南第一才子。明朝士

大夫及才子均興遊園，故此在明朝有多個歷史性的名園建成，如蘇州的拙政園、留園及上海的豫園都是嘉靖至萬曆年間（1522 – 1619）建成的。

中國歷史上的大航海家鄭和，是元代由中東移居雲南省的阿拉伯人後裔，鄭姓為明永樂帝所賜。[15]永樂帝為推行海外貿易，顯耀中國的強大及爭取海外朝貢，遂打破了傳統的閉關政策，從永樂三年（1405）到宣德八年（1433），任命鄭和主持一支龐大的遠洋船隊，在「洪濤接天，巨浪如山」的南洋海面，開展了來往中國東海岸和非洲東海岸的大航海活動。這比起 1492 年由哥倫布領導的西班牙船隊橫渡大西洋，發現新大陸要早 87 年，亦比 1497 年由達伽瑪率領的葡萄牙船隊繞過非洲好望角，開向東印度要早 92 年。相對於西班牙與葡萄牙的船隊以殖民為主，鄭和的船隊滿載禮物，沿途禮尚往來，樂善好施，是一支友好船隊。綜觀鄭和每次出航，除首次及第七次外，六次均經過錫蘭、古里、柯枝，四次到忽魯謨斯，兩次到阿拉伯半島南部各地及東非沿海，惟後兩處可能是船隊的分隊，鄭和未親自前往，然而馬六甲及蘇門答臘則是東西航必經之處，鄭和在兩處均設立官廠，以作修船或補給。[16] 現在爪哇三寶壟及馬來西亞馬六甲等地，均有與鄭和有關的古蹟可尋，馬六甲亦有神廟供奉鄭和。[17]

1.3 | 清末的文人墨客： 旅遊的根源

古代中國文人對西方的認識一向較為自我中心，含有自大的目光，而一班士大夫對西方的知識及技巧，多採墨守成規的態度，鮮有鼓勵向外學習的風尚。清朝段玉裁的《說文解字注》云：「又凡言羈旅，義取乎廬；廬，寄也」。自清中葉開始，這種風尚有所改變，一批新興的知識分子喜歡通過到西方遊歷，視察當地的社會、教育及人民質素，形成一種較複雜的心理，一方面羨慕西方社會的經濟及技術，另一方面亦對西方的倫理價值觀存有偏見。然而，早於道光二十六年（1846），清代文學家梁廷枏（1796 – 1861）撰成《海國四說》，

對後世影響深遠，其成書時間比由林則徐（1785－1850）、魏源（1794－1857）編寫的《四洲志》與《海國圖志》［刊印於咸豐二年（1852）］更早。雖然該書不是遊記，但旨在開闊國人視野，加深中國人對西方社會的瞭解，改變當時中國人盲目自大的心態。梁廷枏，字章冉，廣東順德人，道光副貢，是一名主張放眼世界，積極介紹西方資本主義文明的先進知識分子。[18] 他一生著述有 30 餘種，其以「籌海防夷」為目的而著的《廣東海防彙覽》、《粵海關志》及《海國四說》，對後世影響深遠。當中又以《海國四說》為佼佼者，該書包括四部分：「耶穌教難入中國說」、「粵道貢國說」、「蘭崙說」和「合省國說」。[19]《合省國說》主要取材於美國傳教士裨治文的《合省國志略》，定稿於 1844 年。《蘭崙說》主要取材於當時翻譯的西人著作；《粵道貢國說》主要依據當時粵海關所存歷年中外通商交涉檔案；而《耶穌教難入中國說》則主要根據基督教的宣傳書籍。

雖然梁廷枏一方面主張抵制西方侵略，但他不以傳統態度對待西方國家，而是面對現實、放眼世界：西方不是野人及蒙昧不化的「夷狄之邦」，反之比「天朝上邦」的中國更文明開化。他尤其讚賞英美的議會制度及民主政治，指美國的政治制度是民選總統，國家大事均由總統「與民共議」，云：「彼自立國以來，凡一國之賞罰、禁令，咸於民定共議，而後擇人以守之。未有統領，先有國法。法也者，民心之公也。統領限年而易……既不能據而不退，又不能舉以自代。其舉其退，一公之民。」[20] 他亦發現西方的物質生產比天朝發達得多，介紹輪船、火車是如何「輪轉機動，行駛如風」，紡織機是如何「機動而自成布，故成製多而用力省」。《海國四說》震動了中國的知識界及思想界，他對新事物的洞察力及探索精神，可以比擬魏源及龔自珍等思想大家，對後世有劃時代意義。

其後林則徐的《四洲志》、魏源的《海國圖志》進一步讓中國人意識到，外面的世界並非如史書裡描述的那樣，一場觀念的革新之旅悄然啟程。林則徐任欽差大臣時，由於與西方傳教士交往的關係，命人編譯英國人慕瑞所著的《世界地理大全》（*Encyclopedia of Geography*），集成《四洲志》，但未及出版。[21]

鴉片戰爭後,林則徐被遣戍新疆伊犁,將書稿全部交給魏源,希望他繼續完成。
魏源以此為基礎,搜集更多世界地理的資料,一年後成書《海國圖志》,開宗
明義謂:「以夷攻夷」、「以夷制夷」及「師夷長技以制夷」。魏源又根據西方
傳教士如馬禮遜、郭士立、裨治文及伯駕等人出版的書刊,寫成《籌海論說》、
《地理論說》及《夷情論說》等書。[22] 但魏源在書中一方面介紹當時世界民情,
一方面亦附上自撰的〈釋五大洲〉、〈釋崑崙〉,否定地球五大洲說,認為這是
「強割為五為四」,可見「華夏文化的優越感、天朝上國的自負意識」仍然是
魏源文化思想的基礎,並沒有視西方為真正平等獨立的國家。[23]

約從 19 世紀中葉開始,清代的一班有識之士如容閎、郭嵩燾、黃遵憲、錢單
士厘等人,以第一身的方式走向世界,包括歐美與日本等地,冀望透過親身經
歷、記述與思考,為國人重建一個可以參照的目標。[24]

容閎(1828－1912),廣東人,道光八年生於葡屬澳門,幼年受教於由倫敦傳
道會創辦的馬禮遜紀念學校,道光二十六年(1846)與同學黃寬、黃勝三人隨
美國傳教士白朗(S. R. Brown)負笈美國,兩年後進入耶魯大學,為中國最早
的留美學生。[25] 容閎在八年的外國生涯中,受西方學問的影響非常深,思想行
為有很大改變,興起改造中國的念頭,希望以生平所學,見諸實用。容閎除了
作為首位畢業於美國一流大學的中國人,足以載入史冊外,其返國後的服務,
均反映外國教育對他的影響,如在同治二年(1863),容閎任曾國藩幕僚時,
被派往美國購買機器,設立江南製造局,另一項主要成就,是推動遣派幼童赴
美升學的計劃。宣統元年(1909),容閎的自傳體回憶錄 *My Life in China &
America* 在美國出版。1915 年,惲鐵樵和徐鳳石將其翻譯成中文版本《西學東
漸記》。容閎在《西學東漸記》自序中講述了留學計劃的原委:「故續敘遣送幼
童留美諸事,此蓋為中國復興希望之所繫,亦即予苦心孤詣以從事者也。」可
見他心繫祖國和對中國前途的關注,[26] 被譽為中國留學生之父實在當之無愧。

過港的文人墨客

以上近代學者為中國的洋務運動開創先河，他們的著述雖是以外國傳教士的早期書籍為基礎，但其宏觀的態度影響著後來的知識分子及社會名流，如王韜、黃遵憲、陳鏸勳及徐建寅等，他們走出國外，大部分更取道香港。當時香港成為了國內知識分子瞭解西方資本主義的橋樑，也是他們認識西方文化及物質生活的場所。除了文人雅士外，不少朝廷官員或名人均曾以不同身份到訪香港，《歷史的跫音——歷代詩人詠香港》便收錄了唐代以來 130 餘位詩人共 600 餘首詩作，可見這塊南疆地域早以成為不少騷人墨客傾注感情之地。當中佼佼者，當推位於西貢大廟灣的南宋石刻，於南宋咸淳甲戌年（1274）刻成，為香港最早有紀年的刻石，記載了一位鹽官與友人到南北佛堂門遊覽的事蹟。

19 世紀中葉，雖然香港已在《南京條約》中成為英國殖民地，但不少中國知識分子和官員也曾因為私事或公務，多次來到香港，從這裡登上遠洋輪船出訪海外，當中 1872 年 11 月 18 日上海《申報》一篇題為〈長人詹五將在香港〉的報道有以下描寫：

> 徽州長人約於十八日可以到港，其在港會客則於本港大酒店也。長人足跡雖多歷海外，而於香港則未之及也，此次港中都人士，料多拭目以俟之矣。[27]

「長人」經香港遊海外時，均喜歡在香港大酒店寓居。在另一篇半個月後的報道中，可見這位身高七呎的奇人又在該酒店居停：

> 原夫詹五乃長大人也，體度超群，身材出眾。既經美國，復抵英京，凡海外鄰邦，差窮遊轍。所到之處，雖國王公相皆重聲價，樂於品題。信哉，天下之奇人也！現由外國順道香港，寓大酒店，計期半月，又作榮行。茲議於十月二十五日為始，每日由十點鐘至晚上十點鐘止，凡到看

者，每位收洋半元。所費非多，即可以見夫未見；取資從少，又何妨因此以擴其星眸也。[28]

「長人」每次給人參觀身體，也可以獲取半元，因未見他遊覽香港的報道，可見居停香港，只是順道賺取酬勞。他光顧的是當時有名的香港大酒店，由時任港督麥當奴於 1868 年主持揭幕，位於維多利亞城的中心地帶，1926 年被大火焚毀，其後被置地公司收購，重建為告羅士打大廈，於 1970 年代被拆卸，重建成今天的置地廣場。[29]「長人」本居於內地，其後他到訪印度前，亦曾暫停香港，可見香港已成為他遊歷海外的中轉地。

《嶺南叢書》輯錄了包括《漫遊隨錄》、《航海述奇》、《歐遊雜錄》等晚清遊記共 20 種。其中，陳鏸勳在《香港雜記》的〈街道樓房〉中詳細記載了清末中上環一帶的景觀，使人有如置身其中。同文館學生張德彝，於 1860 至 1870 年間二次出使歐美，把經歷寫成《航海述奇》。他旅港期間曾光顧理髮店，剃髮師使用西洋刀及福建刀各一把，可能因為其祖籍福建，對福建刀有更深入的認識。曾於 1879 年由李鴻章派往歐洲訂購戰艦的徐建寅，在 1897 年到港時，已談及現在仍是熱門話題的香港地價問題。

王韜《漫遊隨錄》

清末文人王韜（1828－1897），又名王瀚，字蘭卿，中國近代著名思想家、政論家及文學家。王韜出生於書香世家，自幼飽讀經書，博學多才。1849 年，他接受英國傳教士麥都思（Walter Henry Medhurst）的邀請，到上海墨海書館從事編譯西學書籍工作達 13 年。太平天國期間，王韜因為在天京（今南京）受到款待，又上書向太平軍建議不應強攻上海，令他被清廷通緝，1862 年 10 月 4 日乘船逃離上海，到港時才 34 歲。避居香港時，他的接待人正是剛從馬六甲遷來香港的英華書院校長、倫敦傳道會傳教士理雅各牧師（James Legge，1814－1897），於是他便協助理雅各將中國的四書五經譯成英文，促進了中國

文化在西方的傳播。1867 至 1869 年間，王又應理雅各之邀漫遊西歐，將所見所聞撰成遊記《香港略論》及《漫遊隨錄》兩種，並附議論，是於香港寫成最早的歐遊實錄。他在《漫遊隨錄》的〈香海羈蹤〉中寫道，西人經營香港不遺餘力，尤對香港的建設印象深刻：

> 香港本一荒島，山下平地距海只尋丈。西人擘畫經營，不遺餘力，幾於學精衛之填海，效愚公之移山。尺地寸金，價昂無埒。沿海一帶多開設行舖，就山曲折之勢分為三環：曰上環、中環、下環，後又增為四環，俗亦呼曰「裙帶路」，皆取其形似也。粵人本以行賈居奇為尚，錐刀之徒，逐利而至，故貿易殊廣。港民取給山泉，清洌可飲。雞豚頗賤，而味遜江浙。魚產鹹水者多腥，生魚多販自廣州。閱時稍久則味變。上、中環市廛稠密，閭閻閎深；行道者趾錯肩摩，甚囂塵上。下環則樹木陰翳，綠蔭繽紛，遠近零星數家，有村落間意。「博胡林」一帶，多西人避暑屋，景物幽邃，殊有蕭寂之致。下環以往，漁家蛋戶大半棲宿於此。

王韜是文人及知識分子，對一景一物的描寫十分細緻，對粵人、西人及蛋（蜑）戶漁民等的分佈情況亦略有提及。由於他與理雅各的關係，王韜對於當時香港首份中文報章《遐邇貫珍》知之甚詳：

> 中環有「保羅書院」，上、下交界有「英華書院」，上環有「大書院」，皆有子弟肄業，教以西國語言文字，造就人才以供國家用。「英華書院」兼有機器活字版排印書籍。[30]

理雅各在課餘時，經常邀請王韜到遊港島的博胡林（今薄扶林），王回憶他在港和理雅各的融洽關係道：

> 「博胡林」相距較遠，為西人避暑所居，霧閣雲窗，窮極華美。四圍環植樹木，雜以名花，綠蔭繽紛，綺交繡錯；……理君於課經餘閒，時招

> 余往（其別墅），作竟日留連。一榻臨風，涼颸颯至，……理君不敢獨享，必欲分餉，真愛我哉！[31]

王韜從博胡林拾級而上，終到達山頂，見一旗桿屋，立旗而示港口船隻，當處大風永遠向內吹。他後來見遊客到來，居於公墅，相信是位於山頂的酒店，覺得在此小居非常有閒情逸趣：

> 再由此曲折而登，更上一層，則為山頂。[32] 小屋數椽，窗明几淨，守者所居。戶外高矗一竿，上懸旗幟。外埠有船至，則一旗飄揚於空中，從下瞻之，了然可識。余曾至懸旗處當風而立，擲手中巾於地，仍復飄回。守者謂：無論何風，必向內而吹，亦一奇也。

> 遠客來遊此間，必往公墅。[33] 公墅廣袤數十畝，雜花異卉，高下參差；惜無亭榭樓台為之點綴，殊遜於中國園囿耳。每日薄暮，踆鳥將落，晧兔旋升，乘涼迢暑者翩然而來。霧縠雲裳，蕉衫紈扇，或並肩偶語，或攜手偕行，殊覺於此興復不淺。此亦旅舍之閒情，客居之逸致也。

從以上的描寫，可見王韜對景物觀察深遠，用詞意境非常精妙，不啻一位博學多才的文人。他亦非常享受薄扶林及山頂的環境，從他的讚賞之詞中不難看出。

王韜在港五年有多，一面協助理雅各的譯事，一面廣泛接觸西方的文化知識。[34] 同治六年（1867），理雅各返國時，邀王韜隨行，赴蘇格蘭翻譯《易經》，順遊英法等國，可見華洋之間的關係並非全然對立，而是可以互相依賴或融洽相處。王韜於 11 月 20 日啟程：

> 余至香海，與西儒理君雅各譯「十三經」。旋理君以事返國，臨行約余往遊泰西，佐輯群書。丁卯[35] 冬，書來招余，遂行。香海諸君餞余於杏花酒樓，排日為歡。十一月二十日，附公司輪船啟行，已正展輪。與余

左右為房相鄰者，為法國醫士備德，普國船主堅吳，略通華言。船中無物不具，侍役皆西，房外即飯廳，非食時亦可小坐觀書。舟離香海未卅里，即覺簸蕩，供午餐不能食，僵臥至晚。既夜，燈燭輝煌，朗如白晝。翌晨頭暈稍可，強登舵樓以遠眺，彌望汪洋，浩無涯涘。海面遙見飛魚成群，鼓翅竹翱翔，似有行列。[36]

王韜在船上約 40 多天，終於抵達法國南部的大城市馬賽，從此展開了他在歐洲兩年多的生活，期間他曾訪問英國首都倫敦，參觀大英博物館，又到英格蘭的牛津以中文演講，往蘇格蘭的愛丁堡、鴨巴甸等地遊覽等。雖然他過往在香港及上海已接觸過西方文化，但歐洲之行令他有破天荒的感受，大開眼界，思想激變，於是在 1870 年回香港後，將遊歷寫成《漫遊隨錄》。1874 年 2 月 4 日，王韜在香港創辦了中國第一家以政論為主的報紙《循環日報》，自任主筆，通過報紙積極傳播西方文化，呼籲改革開放及變法圖強。

《漫遊隨錄》是晚清知識分子對歐洲最早的實錄，描寫非常真實及細緻，全書分為三卷，是對西學的啟蒙佳作。王韜在香港居停期間完成這部實錄，可見香港可以讓他安心立命，將在西方的經歷透過文字陳述出來，直至內地局勢明朗為止。1884 年，王韜舉家遷回上海，但 1897 年他又去了一趟日本，接著再寫成《扶桑遊記》，可說是由《漫遊隨錄》延伸而來的作品。王韜的遊記開創了文人借所見所聞議論國事的方式，從他的描述，可見香港成為清末騷人墨客在南疆地域傾注感情的中心，對國家的關懷之情溢於言表。

王韜在另一本著作《香港略論》中亦描寫了當時香港的景貌，議論香港本為朝廷放棄之地，在英人佔據後得以創建衙署，人口增加，富有的英人亦在泉林間興建別墅，華人則居住在密集的樓房中。作者以「所謂棄土，今成雄鎮」來形容當時的香港，可見對香港得英人建設成繁華之地，有感嘆意味。[37]

‖ 19 世紀末上環半山的石板街道。 ‖

陳鏸勳《香港雜記》

陳鏸勳（？－ 1906），又名陳曉雲，祖籍廣東南海，清末商人，曾任濟安洋酒保險有限公司、萬益置業公司、廣運輪船公司、咸北輪船公司司理人，1904 年擔任東華醫院總理，與輔仁文社關係密切。他著有《香港雜記》、《富國自強》等書，當中《香港雜記》是首本香港華人撰寫的香港史中文著作，用客觀切入的方式，詳細描述了香港的風土人情、社會文明和經濟發展建設，「以便入世者知所趨」，「觀風者知所訪」，一改當年大清官員與內地人士所抱的「天朝大國」觀念，可說是開創先河。[38] 他在港島實地察訪各種見聞，例如〈街道樓房〉一章，詳細記載了中上環一帶的景觀，猶如置身其中。另外，他又對香港當時的酒店有些論述：

酒店以香港大酒店為巨擘，其深處由皇后大道通至海旁。樓設六層，內

有餐房及波樓、住房多至百餘間，高聳青雲，登樓者不異置身雲漢，亦且華麗異常。

域多厘酒店在中環，亦有餐房、波樓、住房四十餘間。其東主則打笠治及興記。

山頂則有阿士甸酒店，在域多峽之上，由海面計有一千四百呎之高，搭火車十五分鐘可到，亦有餐房、波樓、住房等地。[39]

作為一名社會名流，陳鏸勳對西人開設的酒店非常好奇，因為那比中國的旅館、客棧，在服務態度及設施方面也優勝許多。作者提到的香港大酒店、域多厘（利）酒店及阿（柯）士甸酒店，均是早期香港的著名酒店，其中以香港大酒店為最。位於山頂的柯士甸酒店可以搭纜車直達（陳鏸勳稱為火車），他對三間酒店的設施均有「餐房及波樓、住房」的記載，足見其對這些設施的重視，是當時中國人關於香港罕有的描述。

張德彝《航海述奇》、《再述奇》、《三述奇》

張德彝（1847－1918），又名張德明，字在初，祖籍盛京鐵嶺（今遼寧省蔡牛鄉張家莊），清初被編入漢軍鑲黃旗。[40] 張德彝有豐富的航海經驗，旅程大部分集中在歐洲，由於香港有遠洋輪船出航，故他經常途經香港。他於同治五年（1866）出訪時由北京出發，在香港換乘法國船「崗白鷗士」號，描述香港樓房整齊，道路廣闊，指香港原本是中國的一個海口，現歸屬英人管治。當中更提到車行常快，但如撞死途人，在中午前後的處理竟不同，中午前需要賠償，中午過後卻不需要，實令人感到匪夷所思：

十一日辛丑，[41] 早入粵界，微晴。已初抵香港，住船，見群峰壁聳，番舶雲集。迤西一帶，洋樓鱗比。明等乘小舟登岸，道途平闊，商戶整齊，

此原係中國海口也。現有英兵持梃，專司行旅一事。其地約不准行旅路
傍便溺。行甚疾，人須自避。若撞死在午前者，車主賠銀十兩，並不償
命；過午撞死者無論。現有英華銅錢，體小孔圓，上鑄「香港一仙」四字，
並英文一行，譯即此意。正面一樓如塔，上懸一鐘，外繫表面，按時交
鐘。在彼偶大興徐蘭濃先生，暨二三泰西人，旁午回船。

張德彝在上岸遊覽不久後即回船，翌日換航。他後來換了一船，是法國公司的
輪船，並形容該船為「上等行船」，「船身鐵包極厚」：

未正換船名「崗白鷗士」，長三十九丈，寬四丈七呎，深四丈四呎，亦
法國公司船。此係西國上等行船，船通身鐵包極厚，下分四層……[42]

張德彝上船後途經安南、西貢（今胡志明市）、新加坡、印度、錫蘭（今斯里
蘭卡）、埃及乃勒（尼祿）。另外，他在同治九年十月（1870 年 11 月 19 日）
乘船從上海到訪香港，居於畢打街附近英人開設的酒店：

歸寓，與英國千總額爾德坐談片刻，知其人曾駐北京二載，頗能華語。
午後，有俄國領事官王臥北、德國艾木貝及美國郭拉定來拜。申初，同
慶靄堂步至大丹利街、[43] 威靈頓街、大興隆街、德吉拉街[44] 一遊，路途
平淨，市廛繁列，皆系華洋人開設者。後在蘭桂芳[45] 楊蘭記茶社少憩，
詢張需霖之叔張秀之耗，始知在上環定安昌舖內，距此數里，因路遙未
去。乃入對面榮華里，步石梯而上，擬至山頂一觀。不料行百步外，竟
入人院矣，遂急回，由嘉賢街入閣麟街，自大鐘樓[46] 左歸寓。

張德彝旅港期間，曾光顧維多利亞城中心地帶的理髮店，剃髮師傅用西洋刀及
福建刀各一把，更詳述其尺寸，可見其觀察仔細，並非走馬看花。機利文街是
香港開埠初期英資四大洋行林立的地方，理髮師傅用上中西不同款式的剃刀，
反映當時中上環已是華洋雜處之地，不少在洋行工作的洋人都會光顧。另外他

又留意到在香港有供奉呂祖大仙、譚公仙師兩位道教神靈，又談及中上環同文新街與永安街一帶的花檔，賣的花種類繁多，都間接反映出中西文化交匯的情況：

> 三十日壬戌，晴。早，在機利文新街[47] 義昌舖中剃髮，所用一西洋刀，一福建刀，一長二寸五分、寬六分，一長三寸，寬如韭葉，皆活骨柄，甚銛利。對面有呂祖大仙樓，上懸「佛心勝手」一匾，系粵人獻掛者。又各舖門首貼一黃帖云：「九龍宋王臺，重修譚公仙聖古廟，喜助工金若干」，以此足見釋道二教當遍行天下也。後步至同文新街與永安街，有賣鮮花者，羅列晚香玉、雞冠花、金菊、玫瑰、紫龍蘇、鳳尾球等，乃五色菊花與芙蓉各一握回寓，供養瓶中，香透窗外。

張德彝於同治元年（1862）考入京師同文館，是該館第一屆學生，同治五年（1866），即因成績優秀，被選派隨同中國近代第一個官方使團出訪歐洲，是中國首次按西方的國際法準入西方社會。張德彝作為通事（即翻譯）出使，被形容為「於外國語言文字均能粗識大概」。[48] 自此之後，至光緒三十二年（1906）卸職為止，張德彝八次出洋，曾駐英、法、意大利及比利時等國，遊歷歐美亞非數大洲，在中國近代外交史上雖無顯著成績，卻以另一種方式留下珍貴記錄。1866 年，他第一次隨斌椿出訪歐洲，即於日記中筆錄遊歷見聞，定名為《航海述奇》，善於觀察且勤於記錄的他，自謙寫作動機為「逐日登記藉驅睡魔」。他秉持每日記錄的習慣，從《航海述奇》到《再述奇》、《三述奇》直至《八述奇》，八次出洋均留下相關日記，詳細記載所見所聞，累計 78 卷，洋洋 200 餘萬字，數量之豐、記錄之詳，不但是中國近代外交史的寶貴記錄，也是中西文化交流的重要文獻。

徐建寅《歐遊雜錄》

徐建寅（1845－1901），字仲虎，江蘇無錫人，其父徐壽為中國近代化學先驅。徐自幼受父親影響，熱愛自然科學，1861 年隨父在安慶軍械所供職，1875 年

‖ 19 世紀末的路旁小販。‖

任山東機器局總辦，1879 年由李鴻章派往歐洲訂購戰艦。後來，他在 1897 年到訪香港，對這地方的描述無所不包，甚至談及今日仍然熱門的地價話題，指出「地價甚貴」，可見香港樓價貴，是自開埠時已有的事實：

> 十四日早到香港。香港街路，修築寬平，雖較上海地方稍小，而繁盛亦正相埒。各洋房皆背山面海，層級而上，氣象似更軒昂。且樓房盡係四五層。地價甚貴。沿海之地，以中國畝計，每年收課銀百餘兩之多。[49]

在歷史上，香港與上海被稱為「雙城」，彼此有競爭亦有互補。徐建寅將香港與上海比較，認為香港比較小，但一樣繁盛。他形容香港的樓房背山面海，層級而上，氣宇軒昂，詞藻與現代樓盤廣告宣傳有異曲同工之妙。

香港地價，近水者每方呎價五六圓，近山者二三圓。除地、船、屋三項

收稅外，尚有票稅。凡買賣交易，每開一票，均須貼一印花（俗名「人頭紙」）。每印花收稅二仙（每十仙值銀一毫）。每票貨價在十圓以內者，可免貼印花。十圓以外漏匿者，查出罰洋五十六圓。[50]

徐建寅對當時香港的地價已有獨到的理解，觀察到以近海的較昂貴，平均呎價比近山的貴一倍，與現今的樓盤情況相符。他指出票稅是交易買賣時所徵收的稅項，類似今天的印花稅。

1.4 | 滿清遺民：
與中國內地聯繫的旅遊雛形

每逢朝代更替，均會出現前朝遺民。早在民初，香港已是遺民群體的聚居地，他們被視為「文化遺民」，與主張政治復辟的政治遺民代表如張勳、升允及溥偉等人不同，他們不純粹停留在眷念傳統文化的層面，而是學術方面的承傳與開拓，以自己的實踐和相關文化活動等具體的表現方式，進一步繼承和推演，在中國文化從傳統向現代的轉型過程中，擔當了薪火傳遞的角色。

從 1920 至 1930 年代起，來自報館、出版社等本地文化機構的人士，或那些一心擺脫民國時代影響的清末官員，亦開始宣傳境內旅行。他們的主要目的是探討香港的「中國性」及其本質，反映出在動盪時期，他們仍視中國內地為故鄉，而非香港。他們推動香港旅行，並非以香港本身的文化和自然為主，而是更著重香港與中國內地——其原居地的關係。然而，這仍然是本地倡導者自願組織旅行的肇始。

旅居香港的清朝遺老

1911 年辛亥革命爆發，滿清政府被推翻，大批前朝官員遷居香港，成為隱居香港的滿清遺老。根據羅惠縉在《民初「文化遺民」研究》中的分析，遺民可概

括地分為四種類型：混世者、避世者、逃世者及入世者，但只有入世者才是「遺民之正」。遺民與非遺民的界限，在於作為舊朝之「遺」，是否能堅持不與作為政治實體的新政權發生直接的君臣關係（即官方關係）。例如，陳伯陶與賴際熙選擇與一個外來政體（港英）建立關係，入世而不臣服於提倡白話文的民國政府，更將中國文化植根於香港這個中國皇朝的邊陲，為香港造就了一層遺民身份的學術研究根基。他們的描寫均反映出，他們雖然旅居香港，但仍心繫中國內地。清末民初之際，一批忠於舊時代的南方士人，為避開翻天覆地的改革，從此隱逸，不再望北。然而改朝換代的哀思，勾起清遺民對當年落難南方的宋帝的共鳴，互相酬唱之餘，又到香港宋王臺弔念，遂有遺民詩集《宋臺秋唱》的誕生，是流離者對所寄之處和家國興亡的真情紀錄。

陳伯陶（1855 － 1930） ｜ 清末政治人物，字像華，號子礪，別署礪道人，廣東東莞縣（今東莞市）中堂鎮鳳涌鄉人，近代廣東大儒陳澧的門生。[51] 光緒五年（1879）舉人，光緒十八年（1892）進士，歷任翰林院編修、國史館總纂、武英殿校理及文淵閣纂修，又出任貴州、雲南及山東鄉試副主考等地方官。[52] 辛亥革命後，陳伯陶謝職歸里，奉母移居香港，初年居於紅磡蕪湖街，後遷居九龍城長安街，齋號「瓜廬」，自號「九龍真逸」、「九龍山人」，平時喜與友人遊山玩水，吟詩作樂。其詩歌以寄託故國之思為多，如《避地香港作》詩云：

> 瓜牛廬小傍林扃，海上群山列畫屏。
> 生不逢辰聊避世，死應聞道且窮經。
> 薰香自燒憐龔勝，藜榻將穿慕管寧。
> 惆悵陽阿晞髮處，那堪寥若數星晨。

陳伯陶曾住在九龍城，其附近的宋王臺，當時之所以發展為名勝，他功勞不少。1916 年左右，香港崇正總會創立人之一、客家人李瑞琴怕該古蹟湮沒於城市發展中，故集合各位賢士，於宋王臺四周捐建石垣環繞，供人遊覽。陳伯陶更大張其事，對宋王臺及周邊遺蹟的來歷加以考據和發揚，招引文人登臺雅集，

成為民初香港值得注意的遺民論述。詩人題詠宋王臺的詩篇，引起酬唱無數，進而由蘇澤東輯錄為《宋臺秋唱》（1917），可視為香港地區最早的漢詩雅集刊物。從遺民文學的角度切入，亡宋遺蹟和九龍避地之間形構的地方感，揭示了漢詩與香港地方景物之間發生的意義。文人筆下的歷史敘事和抒情詩學，在英殖民地和殖民體制下，有效開展出香港文學獨特的遺民空間。正如台灣學者指出：詩人置身九龍，藉由漢詩表徵的「地方」（place）與九龍宋史「地景」（landscape）的建構，在 20 世紀初期的東亞漢詩系統中，建立了香港離散詩學的參照脈絡和意義。[53]

陳伯陶因為宋王臺與南宋末年的遺蹟，而斷定附近九龍城侯王廟供奉的為南宋功臣、宋帝昰母舅楊亮節，並於 1917 年寫成一篇《侯王廟聖史碑記》，將侯王廟的淵源及侯王的史蹟刻成石碑，安放在廟內：

> 考楊侯古廟所崇祀者乃宋末忠臣楊亮節，宋帝為元兵追逐至於海隅九龍駐蹕……亮節侯護駕並禦元軍……帶病奉公，不幸藥石無靈，薨逝九龍，葬於城西，歿後追封為王，其公忠體國名垂青史，士人為崇功報德，遂建廟奉祀，藉期庇蔭每於農曆六月六日侯王寶誕。

碑記指，楊亮節曾協助南宋末代皇帝，即帝昰及帝昺逃至九龍，因護駕有功，世人敬其忠義，建廟紀念。然而碑記大部分都是陳本人的臆測，沒有真憑實證，只謂：「相傳神楊姓，佚其名。」所謂楊侯王廟，在各鄉村多有建立，如大埔墟、元朗舊墟、屏山坑尾村、東涌等。清初屈翁山撰寫番禺侯王廟碑云：「廣之州，多有侯王廟，蓋記秦將軍任囂者。」故侯王廟應是一個統稱，實無定祀，九龍城的侯王廟內，亦有清道光二年（1822）由楊世常所撰的重修楊侯王宮碑可考，云：「自宋迄今，數百年如一日，又安知非侯王助法護宋，而能起後人誠敬之心若是乎。」國學大師饒宗頤在其《九龍與宋季史料》中列舉多條史料，證實侯王並非楊亮節。[54] 另外亦有說法指，侯王是一位曾為宋帝昺治癒失眠的楊姓村民，或曾協助宋兵抗元的楊姓人家的祖先。雖然歷史上對侯王的背景未有定案，但一

般也認同該廟與宋帝南渡有或多或少的關係。陳伯陶以楊氏為侯王，民眾信以為真，約定俗成，自此成為普遍說法，是文人穿鑿附會的又一例證。但無論如何，陳伯陶對宋王臺的紀念及對侯王廟的考證，可視為清朝遺老在香港的懷古之旅，開創以傳統中國文化為核心，遊山玩水留下文人墨寶的初端。

1922 年，遜帝溥儀在北京成婚，陳伯陶專程攜巨款入京祝賀，從九龍乘船，繞道上海前往北京，獻上了一萬銀元作為賀禮，並重經昔日入值的南書房，感慨萬分。當年《香港華字日報》亦有登載宣統大婚的啟事云：

> 宣統大婚。黎元洪曹錕以次皆有賀禮。廢國公以私人名義觀禮。馮玉祥、張紹曾、孫寶琦、溫肅、陳伯陶等均賞紫禁城騎馬。[55]

陳氏居港期間，除了南宋二帝留下的史蹟外，亦致力考證宋明廣東遺民的詩文事蹟，如編《勝朝粵東遺民錄》、《宋東莞遺民錄》、《明季東莞五忠傳》等作，均為研究宋明遺民的重要著作。此外，他隱居香港 20 年，最大的貢獻莫過於與賴際熙等人創立學海書樓，以救當時不振的國學。[56] 陳氏不接納民國政府內閣總理熊希齡、廣東督軍龍濟光、廣東省長張鳴岐等徵召復出，以滿清遺民終老香港，不知道還有多少人記得他的風骨氣節？

陳氏生逢朝代更替，其詩作反映出一股孤獨淒冷的心情，且重視氣節，往往即景寄意，自比管寧、陶淵明。如《九龍山居》二首其一：

> 布衣皂帽自徘徊，地比遼東亦痛哉。
> 異物偶遇柔佛國，遺民猶哭宋王臺。
> 驚風蓬老根常轉，浮海桑枯葉已摧。
> 欲學此機狎鷗鳥，野童溪叟莫相猜。

陳伯陶身處香港這個故國之濱，將自己比喻為有相同背景的故人，讀來倍感滄

桑。他又常集賴際熙、蘇澤東、吳道鎔等人到宋王臺憑弔寄興，諸人詩作的輯錄《宋臺秋唱》流傳至今，依然為人津津樂道。又如《宋王臺懷古》、《登九龍城放歌》各作品，都是陳伯陶抒發朝代興亡，感懷身世，忠於前朝而不仕新朝的氣節。他又編纂《東莞縣志》。

較少學者提及的，是陳氏與港商的人脈關係，令他能夠匯集不少紳商創辦學海書樓，及保育宋二帝的遺蹟。其實早在清朝覆亡前，不少港商為了與朝廷保持良好關係，均十分支持陳氏的政績，如清亡前一年，有港商在《香港華字日報》登〈港商致陳伯陶江孔殷書〉，讚揚陳伯陶與另一位太史江孔殷倡言禁賭，功德無量。云：

> ……此二位太史所由熱血熱心任勞任謗，倡言禁賭而為我粵除害者也，今日二位太史之謀公益鉅矣，而肩責任艱矣，能勝此巨艱為百世流芳者令二位太史其誰歸，粵賭禍滔天幾於積盡難返，上而朝廷為鉅餉之大宗，下而劣黨為居奇之利藪欲，旦妖氣掃盡撥雲霧而見青天，此乃造福梓桑為功德無量也……港商謂與革命圖謀不軌含血噴人，徒汙自口入，雖欲絕其何傷於日月多見其不知量也　未完。[57]

此文述及陳江二人因倡禁賭，而被人陷害與革命黨同流，有另一批港商抱打不平，為他們寫謝恩書，以表對二人的支持。翌日《香港華字日報》續刊出此文章的續篇，十分罕見：

> （續）溯自賭毒禍粵，從前或未害及十分，今日賭害弗除，則鑒捐牌則捐酒捐承餉數百萬，若一旦款歸部提，則賭既不能禁……二位太史始終不懈，……作中流之砥柱，造福同胞，馨香頂祝，非特我粵省之幸，更為國家之光也，敢佈區區仰祈垂鑒……港商團李煜堂、何藻雲、趙佩琪、何椿三、趙威如、伍燿廷、何爾昌、陳仁山、徐煥文、陳楚卿、區林、區彬、李佐周、馮爵臣、譚甫卿等頂言。[58]

‖ 1920 年代的「宋臺舊址」入口牌坊，可見山上的宋王臺大石。‖

文中提到，港商為禁賭害捐款鉅額，卻被貪官沒收，非但不能禁賭，更過之而無不及，因此十分銘謝陳江二人能夠不同流合污，署名者包括當時香港有名的紳商李煜堂及何藻雲等。可見陳伯陶未來香港前，在一些紳商中已是一個非常正直的官員，因此他居港後才能得到不少紳商的支持，如他創立學海書樓時，香港富商何東、郭春秧、利希慎、李海東也踴躍出資購書。

1930 年 10 月，陳伯陶卒於香港，終年 76 歲。他逝世時仍住在九龍，廣州陳氏宗親為他在龍津路尾連元大街的陳氏書院舉行公祭，此事載於《香港工商日報》：

> 遜清遺老陳伯陶，於上月在香港九龍逝世，現廣州市陳氏書院宗親，以伯陶為粵省文宗，特發起在該書院，開會追悼，聞定期本月九日，即星期日，在龍津路尾連元大街陳氏書院舉行云。[59]

前清遺老登上宋王臺合照。

賴際熙（1865 - 1937） | 賴際熙，字煥文，號荔垞，廣東增城湖塘埔人，客家人，光緒朝舉人、進士，歷任翰林院編修、國史館總纂，又被尊稱為賴太史。[60] 賴際熙自幼好學，於廣州廣雅書院讀書，光緒十五年（1889）鄉試舉人，光緒二十九年（1903）科舉二甲進士。同年閏五月，清廷按舊制授予翰林院庶吉士，派他往進士館修習法政學，學成後授翰林院編修，出任國史館纂修，不久更擢升為總纂。[61] 辛亥革命成功後，他無意改事新朝，遂與陳伯陶、吳道鎔等原籍廣東的清朝遺老移居香港，專心從事文化教育和國學研究工作，並在民初遷居香港，主講於香港大學。[62] 1913 年，香港大學以計時受薪的形式聘任賴際熙與區大典為漢文講師，仿照廣東廣雅書院學制，教授史學和經學。賴際熙負責「史學」，講授三代至明朝的歷史，另教「正音班」（Mandarin Class）給不諳粵語的學生學習。1921 年 9 月 29 日，賴際熙創辦香港崇正總會，是香港歷史悠久的客家人組織，賴氏被推任會長 13 年，更主編《崇正同人系譜》。[63]

1926 年，賴際熙與區大典向港大提議改革中文科，設立「華文部」，在原有史學和經學的基礎上增辦「文詞學」。身兼港大校監的港督金文泰支持他們的建議。1927 年，香港大學中文學院（School of Chinese Studies）成立，由賴際熙領導，被委任為全職的中國歷史教授（Reader in Chinese History）。[64] 1927 年 2 月 23 日，賴際熙為答謝港督及其他紳商名流對建立中文學院的支持，當天 7 點半在銅鑼灣利園，「設筵款待港督金文泰，並邀請華人紳商多人，如周壽臣爵紳、羅旭龢博士、何曉生爵紳、何棣生、何世光等到列席，場內佈置極其冠冕堂皇，由院主利希慎君佈置一切云」。[65] 賴際熙是中國傳統文化及書法的大師，因此屢次獲邀至法庭，出任一些華人風俗案件的專家證人，如在 1927 年 8 月的「七姊妹村爭產案」中，魏鍾氏與其姑魏二妹爭產，賴際熙作為香港大學華文教授上堂作供，陳述有關「寡婦再婚與承受家產」的意見云：

> 寡婦再婚，若其後夫是由前夫家族中人所邀請入屋同居者，可認為結婚，若只由寡婦自請男子入內同居者，則違背法律，並非正式結婚，華人觀念，寡婦再婚，則寡婦與其後夫，同為其前夫之仇人，故不得承受其遺產，寡婦可買子以管理產業，該買子不必同姓，若無別人，彼可承受產業，但無承繼宗祧之權，寡婦若非正式改嫁，只與別男子同居，則不得承受產業，並當逐其出家云，活桌評論證供後，暫判原告得直，兼得堂費，但被告律師，若欲得書面判詞，以進行上控，可遲日申請發給。[66]

1937 年，賴際熙逝世，享年 73 歲。《香港華字日報》登刊訃文：

> 賴太史際熙，久旅居本港，歷任香港大學中文學院院長，及創辦學海書樓與崇正會館，提倡文化事業，異常努力，至舊曆歲杪得病，時發時癒，昨（廿七）日下午八時五十五分，在九龍譚公道一百五十五號寓中逝世，享壽七十有六，有子孫多人，戚友聞耗，多為悼惜云。[67]

香港崇正總會在賴際熙逝世後 58 年，重印其主編的《崇正同人系譜》，該書是

該會的重要文獻，亦是客家文化的經典之作，除了作紀念外，亦為全球研究客家文化者提供重要的參考書。

文化界人士的本地遊蹤

旅居香港的文化人亦常常在遊歷本地後，將所見所思通過短文發表，其中以報界人士較多。大潭篤水塘是香港最早的飲用水水塘，由水務局管理，由於風景優美，成為不少文化界人士到訪的郊遊地點。[68]《香港華字日報》及《實報》主筆潘飛聲，廣東番禺人，祖籍福建，為文學團體「南社」成員。[69]潘飛聲亦被認為是本港最早的旅行家之一，根據掌故專家魯金一篇題為〈一八九八年一位本港旅行家〉的文章，1898 年 3 月 18 日，潘飛聲與殷商何星橋等八人，步行往大潭篤水塘旅行，寫下旅行紀錄，登於《香港華字日報》中，可算是香港最早的一篇旅行記。但筆者根據香港中央圖書館有關《香港華字日報》的收藏，發現潘的文章〈遊大潭篤記〉早於 1897 年 3 月 30 日刊登，署名者是「獨立山人」，文章內容與魯金所引述的相同，現節錄部分如下：

> 泊舟香港，望扯旗山，纍然一大嶺耳。余嘗坐輪車蹴山巔見十數峯由海浮來，環擁遮罩，其勢甚雄，乃知幽靈所鍾，必有深邃秀峭蘊其中，不可以海隅荒服限也。寓港四年，客言大潭之美，未嘗一遊，適何子星僑，屢促踐約，仲春二十六日，欣然從之。春風輕妍，客已換白袷，茶具酒榼，委之兩童。入山行十四五里，客足稍憊，尋鄉人茅屋，叩以潭路，並煮泉鑰茗，酬以值不受，鄉落純風，有足感者。再蹴數里，從山罅遙見潭色碧若蔚藍，隔松林聞水聲如鳴環珮，鏗然已滌塵累。潭廣數十丈，曲折繞十數山，英人於其東駕石橋，護以鐵闌。度橋至廣處，席地圍坐，或啜茗或進酒，天風泠泠，如在雲際。瞭望延賞，四山蒼然，潭之盡處，乙太曲不能窮也。[70]

文中「仲春二十六日」相信是指 1897 年 2 月，比較魯金所指一行人於 1898 年

61

3月18日到訪大潭篤，相差近一年，是否代表潘主筆在一年前已獨自到該水塘遊覽，亦不得而知。無論如何，《香港華字日報》這篇〈遊大潭篤記〉算得上是19世紀末最早的一篇本地遊記。

清末商人陳公哲（1890－1961），廣東中山人，創辦上海精武體育會，亦是著名書法家、考古學家及發明家。他在1938年北平淪陷後避居香港，閒時喜歡採集香港的風土人情及探尋古蹟，同年出版了《香港指南》，是香港最早以中文寫作的地方誌，介紹了港九新界的歷史沿革、名勝古蹟、風土人情等，是一本珍貴的戰前香港紀錄。他於書中序云：

‖ 大潭篤水塘，約攝於 1920 至 1930 年代。 ‖

指南之作，除為旅客之衣、食、住、行指導外，於一地之歷史、沿革、古蹟、名勝、風土、人情，務求詳盡。香港於百年前原為海盜出沒之荒島，載籍既鮮，寶安縣志亦少論及。自割歸英國後，積極經營，漸成重要商埠，為東方大港之一。顧其實況，在我國出版物中向無詳盡之記載，而西文載籍以立場不同，取材亦異，未能盡適國人之閱覽。故本書編述頗費周章，蒐集採訪，咸須親自為力，如溯源歷史，繪譯地圖，訪求古蹟名勝，調查工、商、教育，以及詳定遊覽程式等，皆是。書末並摘附粵語及中西街名對照表，以備初蒞斯土者之參考與認識，是則指南之外兼及於港志也。

陳公哲有感於本地缺少中文寫作的指南書，洋人的著作則立場偏向西方，故積極搜集相關資料，匯編成書。他本身亦是一位業餘的考古學家，與西人頗為稔熟，昂首名在香港從事考古發掘的華人。他於天津市得知日本侵華戰事爆發，遂南遷來港，在偶然機會下，翻閱香港大學出版的《自然科學界雜誌》（*Hong Kong Naturalist*），讀到愛爾蘭籍耶穌會司鐸范達賢（芬戴禮）神父（Father Daniel Finn, S.J.，1886－1936）的報告《香港考古發現》，興趣油然而生，便與秦維廉一同在香港多處發掘古物。他在〈香港考古發掘及考古學家〉一文敘述：「讀書之暇⋯⋯因知有芬神父之考古事。再覓香港自然雜誌所載芬神父之《香港考古發現》，更知其詳，乃租艇往南丫島，探求芬神父所發掘之海灘故址，撿得陶片數件而歸，心猶未足，組隊再往，實行試探。」陳後來在香港南面各小島發現古蹟，便自資購買了一艘小船，名為「一芥」，每日往來於各島之間，用科學方法有秩序地進行考古發掘，經個八個月的時間，於 1940 年 2 月向外發表其發現：他共發掘了 16 處遺蹟，最早的是新石器時代，次之為銅器，再其次是三代至秦漢時的文物，出土地點包括九龍城打鼓嶺、青山公路掃管笏、屯門、舶寮洲（即南丫島）榕樹灣、大灣、鹿洲、大嶼山東灣及沙崗背等，所得古物有嶺南獨有的魚鈎，證明香港史前是捕魚區，當中又以沙崗背的史前摩崖石刻最重要，將香港歷史推前四千年。最值得稱頌的是，這項研究經費不菲，全由他本人負擔，將發現公諸於世，出版專著及舉辦展覽，造福社會。[71] 他特

別為普羅市民，特別是教師介紹他的考古發現，如為香港東區教聯會主講「香港古物之發現及其古代民族」講座，以探討香港掌故、發揚文化精神為己任，是中國文化協進會會員。[72]

陳公哲在 1939 至 1940 年間，多次舉辦書法展覽，如在西環石塘咀的金陵酒家二樓，展出其著述、作品及用具等。由於他對印刷素有研究，亦喜歡到新界遊玩攝影，故在 1940 年出版彩色明信片集，計有青山灣、淺水灣、香港仔、九龍塘、侯王廟、九龍城六處風景，在商務印書館及集大莊出售，可說首創在港出版風景攝影沙龍集。[73] 日佔時期，陳公哲遷回內地居住，戰後回港，專研漢字近代化，他又設計一套袖珍印刷機，面積、重量及經費較原來的印刷工具便宜 94%，是文化宣傳的利器。[74] 陳公哲亦是一位國術專家，1954 年他報告設計了拳擊用具及規則宗旨等，可說是多才多藝。[75]

1961 年，陳公哲不幸因腦溢血在香港逝世。雖然他一生在港時間不長，但所做的文化事業多采多姿，創意無限，以新的技藝弘揚中國傳統文化，藉此在香港推動文化教育，亦曾任北角健康村理事長、北角街坊會副理事長，推動福利慈善事業，性格正直，不怕強權，可算一位傳奇人物，其事蹟更曾被電視台搬上熒幕。

另一位對本地文史貢獻良多的是教育界名宿宋學鵬（1880 － 1962）。他熟砥經史，來香港後於 1911 年任教育司署督學，歷任庇理羅士女子中學校長、高級中文教師，掌理教育司署中文教務及夜師範學校。宋學鵬著述豐富，曾著有《香港地理簡明漢文讀本》、《廣東地理》、《香港國家簡明漢文讀本》，經教育司批准為學校課本，他又著有廣州白話讀本，銷路十分廣。1927 年，任香港大學方言館主任。1930 年，調任英皇書院，經常發表論文，述香港掌故，又參與組織新界贈醫工作。1933 年榮休，退休後搜集中國文學孤本。他是一位基督徒，曾在公理堂男女青年會參加傳道員工作，及協助創辦夜校等。宋學鵬曾在新界進行了半年調查，據統計，當時新界共有學塾 260 間，學生 3,223 人，而 1911 年

人口普查指出，新界及離島居民共 80,622 人，5 至 15 歲的人口共 17,623 人，即入學率僅為總人口的 4%。宋學鵬所撰寫的〈凌雲寺史〉，在 1937 年刊載於《華僑日報》。

自宋學鵬之後，報界人士如《華僑日報》編輯吳灞陵、《大公報》專欄作家葉林豐等，均是推廣本地康樂旅行的先驅者。吳灞陵出版《九龍風光》、《新界風光》等書，並撰寫了多篇關於本地古蹟的文章；而葉林豐則出版《香港方物誌》，收錄〈香港的香〉、〈香港的野馬騮〉、〈除夕雜碎〉等逾百篇短文，是他 1953 年間陸續在《大公報》副刊發表的，所涉範圍廣泛，飛潛動植、花鳥禽獸、掌故風俗無所不包，有科學亦有傳說，當年每冊只售 1 元 2 角。[76]

國民政府官員訪港與避居

1931 年「九一八事變」爆發後，日本入侵東三省，建立偽滿洲國，為配合其對中國東北的侵略，引發進一步衝突。1932 年 1 月 28 日晚，日軍突然向上海閘北的國民革命軍第十九路軍發起攻擊，並進攻江灣和吳淞，史稱「一二八事變」。十九路軍在軍長蔡廷鍇、總指揮蔣光鼐的率領下，經過近 40 日的浴血奮戰，粉碎了日軍「四小時佔領上海」的狂言。蔡廷鍇堅決主張抗日，反對國民黨政府的不抵抗政策，亦不願繼續與紅軍作戰。1933 年 11 月 20 日，蔡廷鍇與陳銘樞、蔣光鼐等人一起，以蔡廷鍇所統率的第十九路軍為軍事資本，聯合國民黨內的反蔣人士、第三黨人及神州國光社的文人，在福建揭起反蔣介石抗日的旗幟，並建立「中華共和國人民革命政府」，是為「福建事變」，又稱「閩變」。革命政府與當時中國共產黨建立的中華蘇維埃共和國接壤，由蔡廷鍇任軍事委員會委員、人民革命軍第一方面軍總司令，抵抗合圍福建的國民黨嫡系部隊，並與紅軍簽訂了抗日反蔣介石的初步協定，在當時產生了巨大影響。[77] 然而「中華共和國」只維持了短短 50 多天便被國民政府瓦解，蔡廷鍇及餘部包括陳銘樞、李濟深及徐謙等暫避於香港。

福建事變前，有不少國民政府官員訪問香港時，喜歡到新界一遊，相信他們中有一部分對國民政府、尤其蔣介石的不抵抗政策心感不滿，故選擇在香港避居。1933 年 4 月，國民黨軍訓練總監李濟深離開南京，當時人們以為他已返回家鄉廣西，實際上他是偕同朋友來到香港，遊覽新界各地，計劃購置土地興建牧場，因其子在美國的大學修讀農業，對這方面甚有經驗。[78] 福建事變失敗後，蔡廷鍇及一班不容於蔣介石的民主派人士陸續抵港，四處找尋牧場暫避。1934 年 2 月，參與過「中華共和國」的李濟深、陳銘樞及徐謙等先後秘密從福建來港，行蹤隱秘，鮮與部屬會晤。他們抵港後無所事事，政變失敗之餘想有所遣興，於是陳銘樞聯同徐謙、彭澤湘、王禮錫、胡秋原等，分坐兩輛汽車往遊新界，早上 9 時出發，下午 5 時返回，惟李濟深未隨行。彭、王、胡三人抵港初下榻新亞酒店，後為避嫌，遷居香港仔某屋，徐謙亦同居，據報當時蔡廷鍇仍在其家鄉龍巖，其後準備抵港。

1935 年，蔡廷鍇在香港與李濟深、陳銘樞、蔣光鼐等組織「中華民族革命大同盟」，主張聯合各黨各派，團結抗日。蔡廷鍇享受在屯門的生活，興建了一間西式別墅，前面的拱門有匾額刻「瀧江別墅」，而向青山公路的另一道拱門則刻「芳園」二字。芳園於抗日時期曾借予廣東國民大學作臨時校舍，到了戰後，蔡更將芳園免費借予「達德學院」，自己出任學院的董事局成員，由於其與中國共產黨的關係，該學院是戰後首間被殖民地政府註銷的學校。該學院在關閉後，由倫敦傳道會購入，於 1961 年以 1 元象徵式轉讓給中華基督教教會，其後建成何福堂中學。[79]

1933 年 8 月，兩位廣東省政府官員香翰屏、沈載的夫人亦曾到訪香港。她們乘汽車到新界遊覽，深夜才回到香港島，據報兩人參觀了一些牧場及花園等景點。她們與其後國民政府的其他官員來港有沒有關係，已不得考究。1933 年 12 月，國民政府立法院院長孫科由菲律賓回國時，順遊香港，會見胡展堂，商議時局。他在港有餘月閒暇時間，便特往高陞戲院看戲，觀賞亨利幻術團表演，後偕夫人下榻半島酒店，並前往新界遊覽，同行者有傅秉坤等。據報，孫科趁遊新界

之便，往訪李福林，李氏在新界有康樂園一座，發展種植，他知道孫科到訪，便親自迎接。孫科其後則在唐紹儀陪同下，經澳門往中山故鄉一行。

總括來說，國民政府或反對政府的民主派人士到訪香港，目的不單只是遊覽新界，而是找尋一個在政治運動中能夠暫時休息的位置，因此他們均喜歡到偏遠地區如屯門、香港仔等地，以便暫避風頭。這些隱於背後的目的反映出他們「遊新界」的意義，與當時的時代背景有密切關係。

註

1　張文：《旅遊與文化》（北京：旅遊教育出版社，2001），6-8 頁。

2　Ilan Stavans and Joshua Ellison, *Reclaiming Travel* (Durham; London: Duke University Press, 2015).

3　王永忠：《西方旅遊史》（南京：東南大學出版社，2004），23 頁。

4　Martin Page, *The First Global Village: How Portugal Changed the World* (Casa das Letras, 2002), pp.92-106.

5　Fred Inglis, *The Delicious History of the Holiday* (London; New York: Routledge, 2000).

6　沃爾夫岡·希弗爾佈施著，金毅譯：《鐵道之旅：19 世紀空間與時間的工業化》（上海：上海人民出版社，2018），117-118 頁。

7　朱希祥：《中國旅遊文化審美比較》（上海：華東師範大學出版社，1998），1-11 頁。

8　郭少棠：《旅行：跨文化想像》（北京：北京大學出版社，2005），61-62 頁。

9　章必功：《中國旅遊史》（昆明：雲南人民出版社，1992），51 頁。

10　［魏］王弼注：《周易略例·明象章》，《漢魏叢書》本。

11　《中國旅遊史》，107-108 頁。

12　同上，101-131 頁。

13　郁龍余：〈序一〉，載《中國旅遊史》，1-8 頁。

14　霍國慶：《佛教旅遊文化》（北京：北京圖書出版社，2000），44-45 頁。

15　江鴻：《最早的中國大航海家——鄭和》（台北：中華書局，2018）。

16　同上，28 頁。

17　鄭和到過印尼的地方最多，如在爪哇的三寶壟市有「三寶洞」、「三保廟」，在雅加達之南的茂物市有「三寶井」。在馬六甲，亦有「三保井」及「寶山亭」（三寶廟）等名勝。見《最早的中國大航海家——鄭和》，53-54 頁。

18　鴉片戰爭前，梁廷枏歷任澄海縣訓，廣州越華、越秀書院院監，學海堂學長，廣東海防書局總纂等。鴉片戰爭期間，他支持林則徐領導的禁煙運動和反侵略戰爭，於咸豐元年（1851）獲授內閣中書銜，後加侍讀銜。見［清］梁廷枏：《清代史料筆記叢刊：海國四說》（北京：中華書局，1993），1-6 頁。

19　合省國即美國，蘭崙國即英國首都倫敦，泛指英國。當時人們稱呼美國為「美利堅合眾國」，「合省國」疑為時人對美國各州皆以「省」為名的稱謂所致。見《清代史料筆記叢刊：海國四說》，1-6 頁。

20　《合省國說》序、卷二。見《清代史料筆記叢刊：海國四說》。

21　李志剛：《香港基督教會史研究》（香港：道聲出版社，1987），89 頁。

22　同上。

23　章鳴九：〈瀛寰志略與海國圖志比較研究〉，《近代史研究》，1992 年 01 期，68-81 頁。

24　這些作者的著述被鍾叔河編錄入《走向世界叢書》，為中國人從東方走向西方的實錄，反映當時一種獨特的文化意義和歷史價值。

25　陳瓊瑩：《清季留學政策初探》（台北：文史哲出版社，1989），8 頁。

26　《香港基督教會史研究》，90 頁。

27　楊文信編：《香江舊聞：十九世紀香港人生活點滴》（香港：中華書局，2014），54 頁。

28　同上，57 頁。

29　同上，54 頁。

30　［清］王韜：《漫遊隨錄》中〈物外清遊〉，載［清］王韜著，顧鈞校注：《西洋映射手記：漫遊隨錄》（北京：社會科學文獻出版社，2007），36-37 頁。

31　同上，39-41 頁。

32　相信當時王韜是站在扯旗山山頂，身處位置應已建有一個瞭望台，是老襯亭的前身。

33　公墅是指遊客多會暫住的酒店，相信是柯士甸酒店或山頂酒店。

34　鍾叔河：《從東方到西方：走向世界叢書》（上海：上海人民出版社），273 頁。

35　丁卯年即 1867 年。

36　［清］王韜：《漫遊隨錄》中〈新埠停橈〉，載《西洋映射手記：漫遊隨錄》，41-42 頁。

37　［清］王韜：《香港略論》，載［清］王韜著，李天綱編校：《弢園文新編》（香港：三聯書店，1998），97-98 頁。

38　莫世祥〈序言〉，載［清］陳鏸勳著，莫世祥整理：《香港雜記（外一種）》（香港：三聯書店，2018），xix -xxiv 頁。

39　《香港雜記（外一種）》，56 頁。

40　張德彝每次出國都寫下日記，輯成《航海述奇》、《再述奇》、《三述奇》《隨使法國記》）、《四述奇》《隨使英俄記》）直至《八述奇》，共約 200 萬字。其中《航海述奇》和《四述奇》手稿於 1951 交北京圖書館柏林寺書庫內存管。

41　時為同治五年二月十一日（1866 年 3 月 27 日）。

42　《香港雜記（外一種）》，205-206 頁。

43　大丹利街，應指現時的士丹利街。

44　德吉拉街，應指現時的德己立街。

45　蘭桂芳，即中環蘭桂坊一帶。當時有不少喝茶的茶莊。

46　大鐘樓，即曾於畢街建設的大鐘樓。

47　機利文街（Gilman Street）是英文譯音，舊稱機利民街。其名字來源的 Gilman & Bowman 是香港開埠時的洋行之一，與 Gibb Livingston（現已被英之傑合併）、Jardine Matheson（怡

和洋行前身）及 Butterfield Swire（太古集團之前身）當年合稱「英資四大洋行」。Gilman & Bowman 後來成為英之傑的成員，再之後又成為利豐集團的成員。

48 謝貴安、謝盛：《中國旅行史》（武漢：武漢大學出版社，2012），437-441 頁。

49 ［清］徐建寅：《歐遊雜錄》（何守真校點），載《香港雜記（外二種）》，232-233 頁。

50 漏報的會罰款，以大洋為單位。同上，232-233 頁。

51 朱汝珍：《詞林輯略》（台北：明文書局，1985）。

52 陳伯陶所編纂的志書有《勝朝粵東遺民錄》、《宋東莞遺民錄》、《元廣東遺民錄》、《明東莞三忠傳》、《增補羅浮志》、《東莞縣縣圖》、《東莞縣志》等。《東莞縣志》由陳伯陶任總纂，民國四年（1915）始修，到民國十年（1921）在九龍告成，共95卷。另附《沙田志》4卷，130萬字。史志學者對此書評價甚高。見方志欽、蔣祖緣主編：《廣東通史近代下冊》（廣州：廣東高等教育出版社，2010），1139-1140 頁。

53 高嘉謙：〈刻在石上的遺民史：《宋臺秋唱》與香港遺民地景〉，《台大中文學報》，第41期，2013年6月，http://ntur.lib.ntu.edu.tw//handle/246246/282379，取用日期：2020年3月22日。

54 饒宗頤：〈楊太后家世與九龍楊侯王廟〉，《九龍與宋季史料》（香港：萬有圖書公司，1959），84-92 頁。

55 《香港華字日報》，1922年12月1日。

56 1923年，陳伯陶與友人賴際熙等同道成立「學海書樓」聚書講學，以宏揚中國文化為宗旨，香港富商何東、郭春秧、利希慎、李海東踴躍出資購書，以表支持。當時香港尚未建立公共圖書館，學海書樓藏書數十萬冊供市民借閱，可稱為香港第一間圖書館。至1962年香港大會堂圖書館啟用，學海書樓遂將館藏永久借藏該館，公開給市民閱覽，同時借用大會堂演講室舉辦免費講座。2001年香港中央圖書館落成啟用，35,000餘冊學海書樓藏書，包括數以千計善本珍本亦移至新館的珍本室，並設閱覽室以利讀者閱覽。學海書樓，http://hokhoilibrary.org.hk/，取用日期：2020年3月21日。

57 《香港華字日報》，1910年12月26日。

58 《香港華字日報》，1910年12月27日。

59 《香港工商日報》，1930年11月7日。

60 《廣東通史近代下冊》，1141 頁。

61 劉智鵬：〈賴際熙：香港中文教育的先驅（一）〉，《am730》，2011年11月24日。

62 《廣東通史近代下冊》，1141 頁。

63 當時創會者包括僑商李瑞琴、黃茂林、廖新基、徐仁壽、古瑞庭等。見香港崇正總會編印：《崇正同人系譜》（卷一、卷二）（重印版）（香港：香港崇正總會，1995）。

64 當時中文學院沒有專用課室，亦沒有具規模的中文圖書館，因此鄧志昂捐資6萬餘元興建教學大樓（鄧志昂樓），馮平山捐款10萬元興建中文圖書館大樓（馮平山圖書館），兩座樓宇分別在1931年和1932年啟用。

65 《香港工商日報》，1927年2月23日。

66 《香港華字日報》，1927年8月26日。在另一案件中，賴太史受邀為「控討租借戲院按金」案的被告上堂證字跡。見《香港華字日報》，1927年7月12日。

67 《香港華字日報》，1937年3月28日。

68 在19世紀末至20世紀初，香港島已興建三大水塘，分別為「黃坭涌、薄湖林、大潭篤三水塘共存食水四百八十三兆四萬八千加倫」。見〈水務局報章〉，《香港華字日報》，1903年7月23日。

69 潘飛聲號歸盦、老蘭、獨立山人、水晶菴道士，是廣東美術史上關鍵人物，與羅瘦公、曾剛甫、黃晦聞、黃公度、胡展堂並稱為「近代嶺南六大家」。見中華古詩文古籍網，https://www.arteducation.com.tw/authorv_a9745662cb72.html，取用日期：2021年4月1日。

70 〈遊大潭篤記〉，《香港華字日報》，1897年3月30日。亦見魯金：〈一八九八年一位本港旅行家〉，《香港旅行界聯會十周年紀念特刊》（香港：香港旅行界聯會，1992），26頁。此文亦由郭志標引述，見其《香港本土旅行八十載》（香港：三聯書店，2013），9-11 頁。

71 《大公報》，1940年2月21日。

72 《香港華字日報》，1940年3月22日。

73 《大公報》，1940年10月17日。

74 《香港工商日報》，1948年7月9日。

75 《香港工商日報》，1954年3月16日。

76 《大公報》，1959年1月9日。

77 王宏松：〈蔣中正對「閩變」的態度與作為〉，《國史館館刊》，第二十八期，2011年6月，73-114 頁。

78 《天光報》，1933年4月22日。

79 "History and Architectural Assessment of the Former Dade Institute at 28 Castle Peak Road, Tuen Mun", *Annex A to LEGISLATIVE COUNCIL BRIEF Preservation of Former Dade Institute*, File Ref: HAB/CS/CR 4/1/49.

香港之初

在第一次中英鴉片戰爭後，清廷被迫在 1842 年 8 月 29 日簽訂不平等的《南京條約》，將香港島割讓予英國，香港正式成為英國在遠東的殖民地，但這個地方在南中國一直寂寂無名，其知名度比鄰近的澳門低很多。香港的命名，主要是由一位在香港仔附近上岸的英國軍官從「疍家人」口中聽到「香港」（Hong Kong）這個名字而來的。在建立殖民地之前，這裡沒有摩天大樓，亦沒有擠滿上班族的繁忙街道，也沒有混凝土塊，只有起伏的丘陵、鬱鬱蔥蔥的綠色林地和田野，以及湛藍的天空。這個地方定居著一群被稱作「疍家人」的水上人，他們幾代人都住在船上，儘管遠非富貴，但生活簡樸，對自己的處境感到滿意。滿清朝廷願意將這個地方奉獻給英國人，在一定程度上也是由於這只是一個貧瘠的中國南部角落。但是對於殖民者和其他歐洲人來說，這卻是一個無限商機的地方，也成為不少遊歷東方的旅客的新目標。

旅港的歐籍人士首要面對的一大考驗，是衛生問題對生命的威脅。當時香港疾病肆虐，一種被稱為「香港熱病」（Hong Kong Fever）的疾病相當流行，華人是最大的受害者，但歐籍人士往往由於預防措施不足，更易受到致命的侵襲，在 1843 年一個軍團只在兩個多月內就病死 100 人，五年後的死亡率為每千名軍人中有 204 人（估計華人約有 11 人）。隨著開埠初期人潮從中國內地湧入，維多利亞城的人口由 1841 年接近零，增至 1853 年的四萬人，到 1881 年已超過 16 萬，其中 15 萬人是華人。但歐籍及華籍商人不願付出額外的差餉及稅項去改善環境，加上殖民地當局的政策優柔寡斷，例如港督軒尼詩（Sir John Pope Hennessy，1834－1891），他在 1887 年阻止採用水廁及排水系統的提議，令殖民地的公共衛生問題被嚴重忽視。[1]

2.1 ｜ 早期西方旅者的動機

研究早期殖民地的歐洲旅行者的經驗，可以揭示他們對香港及其居民的印象，其中一個主要來源是他們的旅行記述和坊間的旅遊指南，我們可以從中看到他

們訪港的目的，想去的地方，以及遇到什麼樣的中國人。香港島是香港開埠後最早發展的地區，當時的中環已成為香港的商業和政治中心。英國的傳教士、商人、殖民者等，最初便是居住在維多利亞城內政府山以西一帶，如士丹利街。例如倫敦傳道會的傳教士理雅各將馬六甲的英華書院於 1843 年遷來香港時，便定居在上環下市場一帶，並在此地創立以西人為主的教會愉寧堂（Union Church），當時由於九龍半島還未正式開發，故此很少外國人住在維多利亞港對岸。這些初到香港的英國人有醫生、商人及探險家，他們在回國後將經歷寫成紀錄，讓後來者參照，對我們瞭解 19 世紀中葉的香港是重要的參考文獻。

見證黃熱病的愛德華‧克里醫生

愛德華‧克里（Edward Hodges Cree，1814 － 1901），蘇格蘭人，1814 年 1 月 14 日在蘇格蘭德文港（Devon Port）出生，父親羅拔‧克里（Robert Cree）是一位旅居各地的商人。愛德華長大後獲得醫生資格，在 1837 年 6 月加入英國皇家海軍，與維多利亞女皇登基同月。這是他的隨軍日記《海軍醫生：皇家海軍醫生克里在其私人日記的旅程 1837 － 1856》開始記錄的時間，他一直擔任此職直至 1861 年（另一說法是 1869 年）。[2] 克里醫生多次隨軍訪港，在他的私人日記中除了多幀當時香港的水彩及素描外，亦有甚多與各方名人接觸的描寫，包括當時的清朝官員。

1841 年 1 月英軍在水坑口登陸，發現這地區瘴氣嚴重，需另覓一個地方駐軍。同年 6 月克里隨海軍初抵香港時，發現有許多海軍士兵因發燒而病死，相信是感染了華南地區盛行的黃熱病（Yellow Fever），而其中一位染病的是在 6 月 13 日去世的漢弗萊‧弗萊明‧森豪斯爵士（Sir Humphrey Fleming Senhouse，1781 － 1841），他是英國皇家海軍軍官，曾參與對拿破崙戰爭和第一次鴉片戰爭。鴉片戰爭時，他從 1841 年 3 月 31 日起擔任英國艦隊的高級海軍官，佔領廣州期間染上黃熱病，在香港旗艦 HMS Blenheim 上去世，死後按他的遺願，葬於澳門的基督教墳場，因為他臨死時仍不肯定香港會否被英國佔領。[3] 當時黃熱病

一幅 19 世紀中葉克里醫生所畫的水彩畫。圖中的民居相信為黃泥涌村，而英國海軍正為將在跑馬地下葬的軍官送別。（圖片出處：*Naval Surgeon, The Voyages of Dr. Edward H. Cree, Royal Navy, as Related in His Private Journals, 1837-1856*）

盛行，許多軍士病倒，包括另一個指揮官詹姆士・博迪（James Brodie）的父親，老博迪去世後，葬在跑馬地最新建成的墳地。6 月 19 日，另一位朋友威爾遜——第十八旅的副官長剛從廣州之戰回來，也因黃熱病死去，隨即葬在跑馬地。根據克里的記述，直至 1841 年 6 月 21 日，全船有一半人均因黃熱病臥床。[4]

英軍佔領後的香港天災不斷，1841 年 7 月 21 及 26 日，香港接連受到兩個颱風吹襲，首個颱風破壞力驚人，有許多船隻被破壞，其中佐治王子號（Prince George）全毀，響尾蛇號（Rattlesnake）[5] 亦嚴重損壞。[6] 1843 年 6 月 10 日，克里第二次到港，又記述多種疾病在此地盛行，包括弛張熱（Remittent Fever）、發燒（Intermittent Fever）及腹瀉（Diarrhoea），每艘兵船有百人病倒，在西區兵房的第五十五旅，每日均奪去三條生命。克里認為疾病的源頭，可能跟建樓及

築路掘起的「新土」（New Soil）所產生的大量碎石有關。[7] 這種說法是有根據而且有先見之明的，《循環日報》在 1882 年的一篇報道中，對當時在香港流行的熱病來由這樣說：

> 時症可慮：本港近多熱症，而西人頗患傳染，有格致之士推求其故，謂邇來修葺水喉掘發地脈，故觸之易於生病，且水喉皆用鐵管以資流注，藏於地中經年累月易於生鏽，則濕熱薰蒸已屬可慮，又其中蓄積穢物，水由此出或致不潔，故飲之者恆多患病也。[8]

1845 年 1 月 16 日，克里搭乘的軍艦經鯉魚門來到香港。[9] 1 月 20 日，他與剛來到的商人麥克奈特（McKnights）及其三位漂亮的繼女約會，當時麥克奈特在西區經營餐廳（Agent Victualler）。[10] 翌日他又到市內參觀新建的樓宇，發現環境比兩年前他來港時變得更美妙。他在日記中寫道：

> 1 月 30 日（四）乘坐阿金庫爾號（Agincourt）到達赤壁灣（Chek Pi Wan），[11] 即由「小香港」（Little Hong Kong）形成的狹長港口，當地有計劃興建船塢。[12] 赤壁灣是一個漁村，景色優美，山石嶙峋，有一至兩個瀑布、一間美麗的寺廟，故我上岸看了一會。政府正忙於建屋，請些來自附近的數以百計蜑家艇[13]的苦力，就像一個浮城，但非常多海盜在此附近出沒。[14]

克里在日記中形容自己為人隨和外向，但也喜歡評論時事，如他對鴉片戰爭感到深切遺憾，對英國人與中國人處理鴉片問題的手法十分不滿。日記中處處顯示他是一位善於交際的隨軍醫生，特別是他與清朝官員如耆英（1787 – 1858）[15] 有過接觸，他把耆英描繪成一個開心的人，常展露人性的一面，特別讚賞耆英在宴會上經常又唱又跳，而且很樂意與一班歐洲人打交道。1845 年 11 月 21 日，耆英在港督府作客，與一班官員檢閱英軍，耆英又參與了該晚的舞會，更盛讚一位名叫希克森小姐（Miss Hickson）的賓客為「美麗天后」

（Queen of Beauty）。最令人驚訝的是，耆英兩日後送贈了一頂精心刺繡的帽子，又與另一位女士交換了手帕。[16]

克里在港期間經常與女士出外約會：米高‧列維恩（Michael Levien）在為克里寫的序言中，形容他從亞歷山大港到香港，都可以與最漂亮的女士跳舞，打情罵俏。[17] 他與威科斯克小姐在船上晚餐，又與她一同出外閒逛。在臨離開香港前一邊聽著歌曲，一邊在希克森小姐的露臺上俯瞰海港，形容港海的寂靜：

> 夜晚是寂靜的，遠處見到行雷閃電，表示風暴將至，是時候說再見了。
> 從來都不想這樣說，但從今晚始，我們真不知幾時可以再見。[18]

克里經常與友人結伴作短途旅行，如 1845 年 3 月 16 日的星期天禮拜後，他即興與友人及幾位小姐駕船到一處海灣，上岸爬上岩石遊玩。[19] 1845 年 3 月 25 日，他們在鯉魚門的對岸野餐，包括之前提過的希克森小姐，為慎防下雨，他們租用了一艘配有精緻船艙的大型船屋：

> 然而，女士們登了船，說她們無論下雨或沒有下雨都會去，並且不會對野餐感到失望。所以我們從中午開始，在陰暗的天色下，派對包括了希克森小姐、佩特小姐、福特先生和夫人、露芙和卡彭特、船長吉法德、威科斯克小姐和我。露芙把鋼琴置於船上。雨和風很快來到，我們無法再登上海灘，不得不返回港口，但及時在船上共進晚餐，我們設法為突然增加的客人提供足夠的食物。天氣變晴朗，所以晚飯後我們上了甲板，露芙為我們作鋼琴演奏，我們中間還有三位音樂家，他們很快就把我們推到最高興的時光，直到午夜時分，我們安全地送了女孩們回家。[20]

由於我們在閒暇時回到香港，所以一直在市內愉快地度過，以及在附近划船和漫步。今天早上，與中尉海‧約翰‧達林普[21]和韋伯一起，開始步行到太平山頂，這是早餐前的好運動。在那裡，我們欣賞了城鎮和

克里即興駕小船上岸，與友人及女士們爬上岩岸遊玩。（圖片出處：*Naval Surgeon, The Voyages of Dr. Edward H. Cree, Royal Navy, as Related in His Private Journals, 1837-1856*）

海港以及周圍群山的壯麗景色。下午在顛地的度假別墅中，與藝術家錢納利 [22] 愉快聊天 [23]……自從我在中國以來，香港發生了什麼變化？當我1841 年第一次看到它時，那是一片荒涼的岩石，海灘上有幾個漁民的小屋；現在這個英俊的小鎮遍佈整個地方。[24]

克里除了在香港遊玩外，亦記述了有一晚，耆英為他們舉辦晚宴，製作了約500 種不同的中國菜。中英雙方為維多利亞女王和中國皇帝的健康祝酒，發表演說及演唱歌曲。在另一場與總督的晚餐中，耆英提議舉杯為英國人與中國人的和平與友誼祝酒，但總督起身說道：「時間已差不多了，不是現在」，意味著是在晚餐後才喝酒，而不是在晚餐中喝酒，但這被認為是顯露了總督缺乏機智。[25] 克里說：

著上西裝的耆英在 7 點之前上船，海軍上將等著接待他，他們擁抱一起，好像是摯友就要分手一樣。海軍上將送了一隻望遠鏡和一支手槍給他。他之前則給海軍上將送了一些漂亮的絲綢和其他貴重物品。他想向海軍上將的船員送 100 元，又向維森號[26]的船員送 500 元，但他們婉拒，令他有些不滿，並說如果他們不接受，他就不會坐下來或在船上吃飯。為了平復他，他們於是轉達這件事給總督。他又給冥王星的船員 300 元，也被拒絕了。有人向耆英解釋，為女王服務的人是不允許接受金錢禮物的。[27]

克里隨船離開香港時，受到中國方面以禮砲送行，顯示出中英雙方在戰爭與談判桌以外，雙方官員在日常交往中仍然保持著禮儀：「當我們通過汲水門海峽時，砲台鳴響了禮砲。在路上，中國的城堡和戰船也向我們敬禮……」克里於 1849 年，在香港遇見了由倫敦園藝學會（Horticultural Society of London）派到中國做植物研究的羅拔・科頓（Robert Fortune，1812—1880）。

在顛地那處午餐，我遇見了羅拔・科頓，他是一位植物學家和旅行家，於是我向他送贈了一些我到訪中國時所描繪的素描。他其後在其書中刊印了這些圖畫，但沒有任何鳴謝我的字句。其實他原是被政府派遣去找尋一些茶樹以運返印度，試圖在喜馬拉雅山區種植這些茶葉。[28]

克里回國後，將隨軍日記整理成書，以上節錄只是其記述的一鱗半爪，而作為佔領香港的軍隊的一名隨軍醫生，他對清朝官員及時局有不少鮮為人知的人性化描寫，成為日後瞭解香港早期發展的重要文獻。

冒險的植物學家羅拔・科頓

羅拔・科頓，1812 年 9 月 16 日出生於蘇格蘭伯威克郡，是當時許多「植物獵人」中的典型人物。科頓接受正規教育後，在布坎先生的花園裡做學徒，最終於 1840 年在愛丁堡的植物園獲得了一個職位，在那裡接受培訓，讓麥克納伯

（McNabb）留下了深刻的印象。1842 年,當科頓應徵倫敦園藝學會 [29] 花園的溫室部總監時,正是麥克納伯的支持為他確保了職位。幾個月後,他申請並獲得了園藝學會到中國採集植物的差事。雖然薪水很低,但學會要求他在中國尋找藍色的牡丹、茶樹,並調查皇帝的私家花園中種植的桃子等。[30]

1843 年 7 月 6 日,科頓在海上航行了四個月後首次踏足香港島,立即著手尋找植物,並形容這島嶼是一個「光禿禿而沒有用的山丘」（barren and disolate）。他後來在 1845 年再到香港,在其印象記中,謂香港當時僅具有城市輪廓而已,並描寫得很有趣。他指:

> 渣甸洋行的後面及其四周,有各式華人建築物及歐人屋宇,其數約有
> 三十餘所。次為黃泥涌,有歐人屋宇三四所及一個包含四五十戶的華人
> 貧民村、摩利遜教育會屋宇、醫藥傳教會醫院、海員醫院及按察司署,
> 亦為黃泥涌西部的宏大建築物。在海邊,結集了一群稠密的商店,含有
> 軍需局、倉庫和兵房等建築。其時海與山之間,僅留　斜坡地帶而已。
> 如基督教會與羅馬天主教會的墳場,及海邊幾間細小屋宇,便是維多利
> 亞城東區的主要建築物。一個市場的廢墟,包括一所古舊的陸軍醫院及
> 一所軍械庫,為中區僅有的點綴品,海旁背後之高地,尚未有妥善設計。
> 只有幾所半建成半毀壞且超齡的建築物,即砲兵房。在一條小溪出海處
> 的沙灘上,建有海軍船塢。其南正在建築軍營,再南為一帶以葵篷蓋搭
> 的印度兵營。由此西行,則為操兵地。在操兵地與皇后大道之間,為香
> 港教堂（後已無存）。操兵地南為郵政局,西為總督公館。再往西行,
> 則是巍然之督憲府署。由此更西而至海邊,為香港最完美的商行地帶。
> 過皇后大道之南,是船政署,此為維多利亞城中區終點。西區的開發,
> 正在萌芽時期,已有街道高臺等。由此可見雲咸街、德忌笠街及其他約
> 15 條街道。在此區內,還有香港裁判署、監獄所、禮拜堂四所、回教堂
> 一所。

科頓還注意到，香港各類建築物所用的材質大有差異，從花崗石、磚瓦而至泥屋皆有。早期各個政府機關，除裁判司署外，大都建築簡陋，兵房設備尤為粗劣，其中多數，連牛畜亦不適宜居住，醫院設備亦然。但他認為香港的私人住宅建築較佳，且有堪稱良好者，各樓宇款式勝於中國其他地方。

科頓在其後三年，多次前往中國北部省份遊歷，他到過五個通商口岸以外的地方，旅途上遇到了許多痛苦的經歷，包括仇視洋人的暴民、黃海的風暴與長江的海盜，他都一一克服。由於他能說流利的中國話，穿著中國人的服飾，又剃光頭，紮成馬尾辮，因此這位性格粗野的蘇格蘭人能逃過耳目，成功潛入許多外國人不能進入的地方。在第一個三年任務中，科頓偷運了幾批貨物回英國。1846 年 5 月返回倫敦後，1847 年出版了《中國北方省份的三年漫遊》（*Three Years' Wandering in the Northern Provinces of China*），書中做了以下描述：

> 維多利亞城的本地人口包括店主、商人、僕人、船民和苦力，形成了一個最雜亂的群體。不幸的是，這城不能促使受尊重的中國商人建設房舍，直到這情況出現前，這裡永遠只有該國最差勁的人群。這個小城上堆滿了小偷和劫匪，只能被最近才建立的配備強力武裝的警察所控制。[31]

雖然科頓在香港的行程沒有遇到任何襲擊，但他認為主要原因，是他沒有任何東西可以被盜！科頓在他的第一本旅行書中，描述了香港的氣候、景觀、植物學、果樹、採石場以及不健康的居住環境。他強調在雨季襲擊島嶼時，山坡在暴雨的影響下，實際上已構成對居民、房屋及其他公共工程的嚴重威脅。在科頓的眼中，香港是一個這樣的地方：

> 非常小的平地能夠被培養；不適宜和不健康的氣候，炎熱的夏季、寒冷的冬天和突然的溫度變化；發育遲緩的幾棵樹、不豐富的土著動物。在西區和跑馬地等不健康的地方傳播的惡性疾病「香港熱」，使許多有希望的商人走向那個未被發現的國家，其中沒有旅行者返回。[32]

這裡「未被發現的國家」相信是指中國，如果真的如他形容，有很多旅行者一去不返，那香港可能算是一個較安全的地方。雖然看到了一些平衡言論，但科頓對黃熱病的描述，確實讓那些想要訪問香港的讀者取消他們的旅程。科頓試圖在不完美的建築、潮濕的房屋以及熾熱的陽光中，得出對疾病和死亡的結論，表示英國應該繼續改善香港的衛生狀況：「沒有人認同選擇香港作為英國人的解決方案，但這個基業是不可挽回的，我們必須充分利用我們的討價還價力。」[33]

從植物學而言，科頓認為香港比中國的海岸更加貧瘠：

> 從海上看，這裡到處都有燒焦的外觀，地面滿佈花崗岩和紅黏土的岩石；樹木稀少且發育不健全，除了可作為此地常用的炭木外，沒有任何可用之處，而在山坡兩邊則種滿了樅樹（Pinus sinensis），但亦在苦苦掙扎求存，因為這地的土壤貧瘠，以及中國人砍伐樹木作燃料的習慣，這裡僅僅是一處發育不良的灌木叢而已。[34]

從植物學的角度來看，上述描述揭示了倫敦人的印象，即香港，或者更準確說香港島，是一個沒有太多植被的地方，這與英國官員的言論是一致的，即香港只是「一個貧瘠的島嶼」。他還將這種貧瘠的外表，歸因於中國使用樹枝作為燃料的做法。在他看來，香港島也缺乏像爪哇島那樣繁茂的植被。在殖民早期，可以預期的是，英國旅行者會認為這樣的島嶼幾乎沒有任何用處或自然資源。

從科頓的表達中，我們看到了一個典型英國人的觀點，他們認為中國是一個非常有潛力的市場，中英簽署了《南京條約》，五個口岸被迫開放。然而，香港沒有受到重視，只不過是在英國統治的保護下臨時居住的地方。在科頓的第二冊書中，他對香港的描述令人感到不安，他顯然對香港在自然資源、藝術以及絲綢文化方面是不滿意的。[35]他指與澳門和廣州相比，香港在衛生環境和貿易前景方面的吸引力要小得多。科頓的中國之旅，是為了調查容許外國人進行貿易的五個港口，對他來說，香港似乎只不過是與中國進行貿易的踏腳石（A stepping stone for the trade prospects with China）。科頓的說法，確實顯示出英國人對香港前景的消極態度，因為他總結說：「作為貿易場所來看，我擔心香港將是一個失敗的地方。」[36] 在科頓眼中，廣州才是貿易蓬勃發展的地方，香港不是。

科頓第二次前往中國的旅程，是為東印度公司獲得最好的茶樹，並在印度建立種植園。他再次偽裝成「來自遙遠省份」的中國人，聘請了翻譯，進入中國的茶葉種植地區，用沃德箱（Wardian cases）裝載了超過二萬株植物和幼苗，運往喜馬拉雅山，建立了印度的茶產業。科頓進行了兩次中國之旅（1853-56、1858-59）和一次日本之旅（1860-62），將 120 多種植物引入西方。他的出版物包括《中國北方各省的三年漫遊》（1847）、《中國茶國之旅》（1852）、《中國人的住所》（1857）及《野戶與北京》（1863）。退休後，他靠銷售圖書的收入過著舒適的生活。

嚴詞批判的律師亨利・查爾斯・西爾

亨利・查爾斯・西爾（Henry Charles Sirr，1807-1872）是一位英國律師、外交官和作家。他畢業於都柏林三一學院，並成為倫敦的大律師，最終進入政府部門，擔任錫蘭（今斯里蘭卡）南部的副皇室律師。他在一本名為《中國與中國人》（*China and the Chinese*）的書中描述了他在中國的經歷，該書的副題為：「他們的宗教、品格、習俗和產品、鴉片貿易帶來的弊端、一睹我們與該國的宗教、道德、政治和商業往來」。這本書提供了有關鴉片貿易的性質，和他對珠三角地區的鴉片走私活動的見解。開埠之初的香港是一個什麼景況呢？

1842 年 8 月 29 日，香港正式成為英國的殖民地。西爾於同年擔任英葡委員會秘書，然後於 1843 年在香港擔任英國副領事。1844 年 10 月 1 日，西爾和保羅・艾維・斯特林（Paul Ivy Sterling）成為香港最高法院第一批獲准執業的大律師。1848 年西爾返回英國，寫了《中國與中國人》，在第一章「香港」中這樣描述了這個島嶼：

在以前，香港是葡萄牙人所稱「強盜群島」[37]中的一個。島上幾乎全是不毛之地，雖然有的地方也有人耕種，但是其所得尚不足抵償農夫們所消耗的精力……維多利亞城就建在這五穀不生的屬地的山麓上，各式屋宇雜陳，間以一些分開及封閉的別墅。同時，毒蟲、蛇蟻叢生，時令居民有「居不得也」的感想，這島上早就有「不宜居住」的名聲，既毫無衛生可言，又是海盜竊匪及各種無賴之徒的巢穴。在這島轉入英人手中的時候，島上的八千居民幾全是這類不良分子。人命、財產毫無保障，搶劫案在光天化日之下發生，有時甚至就在維多利亞城的英國軍艦附近。唯一的馬路橫貫維多利亞城東西兩頭，路的兩旁全是人家、棧房和商人的私人碼頭，其中還夾雜著英國傳統的兵房、醫院、政府倉庫及軍營等。

西爾在第一章開首對香港的描述，令旅客感到這個地方不宜到訪，可算是他對當時西方人發出的「旅遊警告」。雖然香港給他的印象實在不很差，但他仍以頗長的篇幅詳細描述了島上的居民：

該城的最東和最西都是中國居民集結的地方，房屋和出售中西各式舊貨的店舖雜亂地堆在一起。島上除了這城以外，還有些小村莊分散各處，其中以山南英軍駐紮的赤柱為最大，居民約有一千六七百人。西環也是一個較大的村莊，有居民四五百人，同樣駐有英軍，還有個軍隊療養院。黃泥涌，或快活谷，可能稱為死亡谷更恰當，是一個風景絕佳之處，吸引許多人在這裡建房居住，但這些居民陸續因感染癘疫而死去，埋在墳墓中的人原本是滿有希望及健康地來到這裡。[38]

由於西爾是一位律師，他所用的言語相當精準，沒有任何修飾，因此我們從他的敘述可以見到，他對香港是不存希望的。他又指這裡的房租及物價與倫敦差不多，不見得因為環境欠佳而特別便宜：

屋租相當的貴,譬如一所比較可住的房宅,租款每月需 150 元葡幣,平
常一所中等的房子月租也要 60 元。食物更是貴得厲害,火腿要 1.5 先令
一磅,牛油或羊肉則 2 先令一磅(每先令約合港幣 8 毫),其價格竟不
亞於倫敦。只有酒比較賤,由於食水和衛生極糟,故酒幾乎成為從外邊
來的人唯一可解悶的東西。

總之,在西爾眼中,香港簡直如地獄一般,他離開香港時詛咒道:「情願在別
的地方做乞丐,也不願在香港做富翁,埋骨在這又乾、又臭、又熱的地方」。
至於寫作該書,他覺得這是他的責任,要把香港不健康的情況告訴那些想到香
港來的人。他認為香港的夏天比印度更難耐,其天氣,特別是寒冷的冬天導致
了許多軍人染病去世:

> 與印度炎熱的月份相比,我們在中國遇到的所有英裔印度人都認為,香
> 港的夏天比印度炎熱得多,對體質造成的傷害更大,而且我們發現就算
> 站在住宅的有蓋陽台中,溫度計仍然徘徊在 100 度。從 1840 年在香港
> 首次登陸直到 1848 年底這段時間,我們部隊的死亡人數將充分證明這
> 一說法,儘管有營房及醫院,可憐的同胞仍然成為受害者,香港的致命
> 性氣候造成了可怕的影響。冬天非常寒冷和刺骨,東北風吹起,烈日灼
> 熱人頭。要從夏天的炎熱過渡至冬天的寒風,就算最強壯的人都會受到
> 傷害。[39]

他對旅客發出了最嚴厲的警告,奉勸想來香港的人要三思而行,免致一去不返,
就算有錢人也應該想一想,是否值得押上健康的代價。而能活著離開香港的人,
相信劈頭第一句便會是「感謝上帝」:

> 如果是因為好奇而來的,最好把那些時間和錢用到別的事情上;如果是
> 為尋金而來的話,我要告訴他健康比財富更值得珍惜;如果是因為職務
> 而被派到這裡來的,那我就勸他硬了心,相信一切命運都是由天定,萬

一他能活著離開香港的話，我知道他一定會說一聲：感謝上帝。

西爾絕對想不到他所說的地獄，在 160 年後脫離英國殖民統治時，會有如此翻天覆地的變化。在此以一位華人領袖的語言與西人初到香港的描述作對比，可瞭解數十年後香港的發展是如此之快。1940 年香港的華人領袖羅旭龢，在紀念香港開埠 100 周年之際撰文寫道：「香港在 100 年前，猶是一荒島……今日則竟成世界一著名海港，不獨為商業的重心，轉運之樞紐，而且風景幽美，實為一登臨勝境，設如西方神話所述，果有一睡百年之人，則一覺醒來，眼見昔日之莽蓁荒穢，一變而為璀璨莊嚴，在陸上則有樓宇巍峨，屋櫛鱗比，肩摩轂擊，車馬喧闐。在水上則見舸艦迷津，千檣雲集，碼頭船塢，錯雜其中，必疑是另一世界。」

2.2 | 殖民伊始的傳教士：中國內陸的「踏腳石」

對於傳教士、商人和其他貿易從業者來說，香港似乎是前往中國其他地方的一塊踏腳石，藉此尋求更大的商業和戰略目的。後來的指南手冊則揭示了作者的視角，以證實英國物質文化在香港移植的成功，或者看起來像是英國人的身份認同。

在第二次世界大戰前，西貢並沒有公路連接，人們要經山路才能抵達，當地的村落分佈廣泛，有的建在河谷，有的則聚集於海灣。究竟香港的郊野，如西貢或元朗等有什麼特點，吸引傳教士在 19 至 20 世紀初到訪？

自 1898 年英國租借新界至 1910 年代滿清被推翻時，西貢仍是一個免受政治動盪，如義和團等干擾的地方，不少西方人包括傳教士認為這是一個安穩之地，因此長途跋涉前來，進行各種工作，拍攝當地的風土人情。究竟他們瞭解到的

中國人民的生活是怎樣的？通過一張張舊照片，我們可發現到當時一些鮮為人知的習俗與民間生活的風貌，這可能是他們在傳教以外一份意外的收穫。

基督教與華人相遇：佐治・史密夫及其他傳教士

倫敦新教徒傳教士佐治・史密夫牧師（Rev George Smith），把他在訪問中國期間（1844 － 1846）的經歷，寫成《代表教會宣教會探訪中國每個領事城市、香港和舟山的故事》。這本共 36 章的書，與科頓從植物學家出發的角度相若，他認為香港不太適合做傳教服務，因此開首篇章是從香港出發到廣州：

> 1844 年 10 月 2 日星期三晚上，在我們來到香港寬敞的港口停泊一週後，克拉奇牧師和我僱用了一艘本地快艇，前往廣州。[40]

儘管缺乏對快艇的描述，但我們可以肯定地說，這樣一艘由當地人操作的快艇是一艘小型而速度快的船。抵達香港後，旅客可能會花幾天到附近的廣州和澳門旅遊，而在正式的汽船服務發展之前，本地快艇更常見於將旅行者帶到這些城市。

正如史密夫牧師所描述，當時基督教會傾向在舟山傳教，因為那裡的氣候、形勢和自然資源都較香港優勝。他亦承認，儘管傳教士讚許英國人以香港作為殖民地的解決方案，但香港的前景仍然是貧困和具爭議的，這種想法與科頓不謀而合。因為氣候、地理位置以至華人的道德和社會特徵等因素，令香港成為人們心目中沒有希望及不受傳教士歡迎的地方。[41] 史密夫牧師對香港的感覺似乎與科頓首次訪問時一樣，他坦言中國人的性格使他的傳教目的受挫。

除了對香港的印象類似外，如科頓和史密夫這類早期旅行者也對香港的貿易或傳教工作的前景產生懷疑。史密夫認為，香港華人與他在中國北方遇到更加受尊重的人不同：

VIEW OF VICTORIA, HONG KONG, FROM THE OPPOSITE MAINLAND.

香港維多利亞城一景。（圖片出處：*A Narrative of an Exploratory Visit to each of the consular cities of China and to the islands of Hong Kong and Chusan in behalf of the Church Missionary Society, in the years 1844, 1845, 1846*）

VIEW OF HONG KONG HARBOR FROM EAST POINT.

從東角（今銅鑼灣）望向維多利亞港。（圖片出處：*A Narrative of an Exploratory Visit to each of the consular cities of China and to the islands of Hong Kong and Chusan in behalf of the Church Missionary Society, in the years 1844, 1845, 1846*）

香港的華人在道德和社會特質方面與北方的華人有很不同的缺點。在中國大陸的北方，（外國人）與本地社會普遍的日常交往會受到多些尊重，一名外國人到處都會遇到聰明友善的人，但在香港，傳教士可以做了很多年工作也不與任何中國人交流，一般來說，除了與最下層的人以外，很難對其同胞施以道德教化……[42]

但是十年後，一些中國人，甚至是史密夫所說的「最下層」的人，卻能夠受人尊敬，其中一個是疍家人「亞忠」。1858 年，小說家兼劇作家亞伯特·史密斯（Albert Smith，1816－1860）訪問香港，多次與英國名人和殖民地官員（包括總督寶靈）會面，並在 1858 年 8 月 28 日的一場中菜晚宴上遇到了這位聞名的亞忠，因為他是香港的百萬富翁。亞伯特在日記中，指亞忠是鐵行火船公司的買辦，財富據聞有三至四萬英鎊。接待亞伯特的這位買辦和他兩個朋友是「看起來很年輕，但肥胖而年老的先生，身著白衣」。據說在鴉片戰爭期間，亞忠曾為英國人提供物資和船員，因此被中國政府宣佈為叛徒。然而，他因為與英國人建立起密切的聯繫而致富，後來購買了由鐵行出售的整隊船員及工程部門，於 1880 年在財富和榮譽中去世。[43]

基督教的巴色傳道會（Basel Mission，或稱巴色差會，後稱崇真會）在 19 世紀於廣東寶安創立，由德國及瑞士的教會組成，專向客家人傳教。西貢海濱一向是客家人的聚居地，因此在香港開埠早期，巴色會到新界傳教時，便集中以新界東為主，1896 年成立的黃宜洲堂與 1905 年的窩美堂，均位於這一地區。西貢南部的黃宜洲村，在英國租借新界之前便建立教會，據記載：「香港西營盤巴色會的西人牧師，每年三、四次前往華界之寶安葵涌福音堂視察教會事宜，而黃宜洲村，適是沿途中的一站，西人牧師，必須在這村的村民家中借宿一宵，翌日才起行，因此西人牧師便有機會和村民談道。」[44]

巴色會的傳教士亦到過新界許多地方，期間可能經過一些天主教傳教士所建立的傳教站，如西貢、赤徑、大浪、汀角及爛泥灣等。他們後來亦繪製了自己的香港

‖ 早期在香港的巴色會傳教士。（圖片出處：The Archives of the Basel Mission） ‖

‖ 巴色會傳教士跟華人學習中國風俗。（圖片出處：The Archives of the Basel Mission） ‖

地圖，當中以上的傳教站以德文命名，卻沒有中文地名。跟隨牧師或傳教士行動的攝影師，拍下了他們與中國人交流的情景，如向中國人老師學習中文、禮儀、客家話等，以方便到鄉間傳教。有部分巴色會的傳教士會經由沙頭角，取道香港東部的水域進入中國內地，在經過香港時記下一些當地村落，以作識認。

高神父的傳教與早期的九龍半島

早於 1842 年香港島割讓後不久，來自廣州的梁神父（Fr. Franciscus Leang，1818 – 1884）就成為了首位到九龍半島宣講福音的神父。[45]1858 年，按照羅馬教廷傳信部的計劃，香港監牧區交由米蘭外方傳教會（後稱宗座外方傳教會）負責管理。高神父（Fr Giovanni Timoleone Raimondi，1827 – 1894）（其後升為高主教）於 5 月 15 日和達基尼修士（Br. Tacchini）抵港。[46]米蘭傳教會的傳教士在九龍半島被割讓後，亦相繼到訪這個新的領土，廣東監牧紀利文蒙席將原來 30 多里的天主教監牧區伸展至整個新安縣。1860 年 12 月，高神父、梁神父及兩位中國籍朋友首先到九龍視察環境，並到淺灣（今荃灣）探訪周邊村落。1861 年 4 月 21 日，高神父、穆神父（Fr. Giuseppe Burghignoli，1833 – 1892）與一位中國執事和兩位年輕人再作第二次旅行，這次到了新安縣城南頭，但當地人不願意跟香港來的人打交道，一行人遭到冷待。同年夏天，柯神父（Fr. Gaetano Origo，1835 – 1868）抵港，由於要負責照顧駐九龍的英軍，他常會於星期六在該地營幕度宿一宵，一直逗留至主日晚上。[47]

雖然以上的九龍之旅未有詳細交代九龍半島的情況，但以下關於高神父九龍城、沙田及西貢之旅的文獻記載，足見他對探訪過的村落瞭如指掌，並記下了當時他對腹地的印象：

> 2 月 2 日，淨化日（Purification Day，又稱聖燭節），在中央座堂遊行並參觀灣仔的市中心後，高監牧越過海峽，到達了大陸首個居住處——九龍城。這裡的聖芳濟沙勿略小堂 [48] 抵抗了颱風，除了陽台破損外仍然完好。這

裡聚集了鄰近的基督徒，許多異教徒都很好奇地來朝見主教，與他們一起生活了一段時間後，在梁子馨神父的陪同下，高監牧繼續前往西貢。經過兩個小時的旅程，他看到一群人帶著樂器來歡迎他，原來他們是一群西貢的基督徒。當他在巡行中到達西貢時，在小堂門前等待的和神父（Fr. Luigi Piazzoli，1845 － 1904）接待他。小堂雖曾被颱風吹毀，但在那些日子裡重建得比以前更大。

第二天，高監牧到了鹽田梓，那裡「一切都充滿著天主教的精神，整個島嶼、遊行、聚會和生活使我們補足了鄉郊的天主教村莊維持的信仰和簡樸」。他從鹽田梓乘船前往黃宜洲，那裡有 25 名受洗的兒童和另一些慕道者，然後他從那裡步行上山，到達赤徑和大浪。他也受到了一大群男人的夾道歡迎，並在遊行隊伍中進入了教堂，與那裡的梁子馨神父和副執事譚先生會合：「大浪是一個有更多基督徒的村莊，異教徒很少，所有的迷信跡象都被摧毀了，所以一切都像古老基督教一樣堅定地行進中」。他在那裡待了四天和那個社區一起慶祝農曆新年。

他從大浪來到疍家灣，那裡有一個小社區，但小教堂的屋頂被颱風吹走了。然後，主教跟隨傳教船「海星號」到了深涌，在那裡他見到他非常欽佩、富進取精神的和神父（他在 1895 年 1 月 11 日繼任為第二位香港代牧區代牧）[49]：「深涌就像位於胸脯的下部一樣，使海洋覆蓋所有的田地，從而形成一個非常無用的土地，因此和神父激勵中國人建造一堵防止海水覆蓋田地的長堤，這項工作已經完成，一片巨大的土地被拯救了，足以養活村裡一半的人。颱風來到並摧毀了長堤的一部分，但勇敢的和神父並沒有氣餒。他召回一批基督徒重建了長堤，比以前更加堅固。」

從深涌，他們前往沙田，經過烏溪沙時看到剛於去年開放的新小堂，並探訪了一個約 30 名天主教徒的社區。他們從沙田越過山脈，再次回到九龍，從那裡渡海，在聖灰瞻禮（Ash Wednesday）前夕回到代牧區總務處，

開始四旬期。這次探訪用了大約一個星期，由 2 月 2 日至 9 日結束。[50]

從這次旅程中，我們可見兩位傳教士走訪了九龍城、西貢、沙田、鹽田梓以至烏溪沙等地，最後回到中環，差不多覆蓋半個香港，用了一個星期。高神父能與中國人溝通，與村民共度農曆新年，又幫助他們建築長堤，顯示他對這些中國人印象良好，認為他們能接受信仰，對傳教使命是一個鼓舞，值得發展更多的傳教站，這次旅程亦為日後深入內地傳教鋪路。

和神父繪製《新安縣全圖》

傳教士初次與鄉村人民的接觸始於 19 世紀中葉，自巴黎外方傳教會將傳教區交予米蘭傳教會後，不少米蘭會神父便到大埔及西貢開展傳教工作。有傳教士開始到鹽田梓傳教，包括聖福若瑟神父（Fr. Josef Freinademetz 1852 － 1908），[51] 他曾於該村服務兩年，為兩名女嬰付洗。於 1858 年已到香港傳教的米蘭會一向以在中國內陸傳教為目標，因此他們重視大埔及西貢等比較接近內地的鄉村，在那裡設立傳教站，讓他們較容易進入內陸如寶安及惠州等地，設立更多傳教點，慢慢讓重心北移。當時的主教、會士或傳教士經常在此區進行傳教之旅（Mission Journey）或鄉村傳教探訪（Visitation of Country Mission）。1865 年，柯神父及和神父（又名安西滿，Monseigneur Simeone Volonteri，1831 － 1904）開始在大埔汀角傳教，坐小艇或徒步來往村與村之間，有「巡迴傳教士」之稱。復活節過後，他們前赴廣東淡水，7 月 1 日，柯神父又到了西貢，在企嶺下為一名成人施洗，然後便前往西貢其他村落。[52]

和神父後來與梁子馨神父（Fr. Leong Chi-Hing Andreas，1837 － 1920）繼續留在汀角傳教，不時翻山越嶺到附近村落服務，和神父每次都將經過的村落記下，於 1866 年繪製了著名的《新安縣全圖》，被視為第一幅詳細描繪香港早期狀況的地圖，以中英文記錄了他們探訪過或知悉的新安縣村落。相信中文地名是梁子馨神父的字跡。[53] 英國租借新界時，更是以這份地圖為藍本，

撰寫新界報告。當時分佈於西貢半島的十數條村落，即西貢、鹽田仔、赤徑、大浪、企嶺下、蠔涌、烏溪沙、大網仔、斬竹灣、黃毛應、白沙澳、南山、糧船灣等，都是米蘭會神父的工作地區。在這種情況下，奧地利男爵許納到此一遊。

許納（Baron Huebner）是奧匈帝國的男爵，後來晉升為伯爵，出任大使到訪不同國家。他從 1867 年開始環遊世界，1871 年到訪香港，於同年著《1871 年環遊世界》，他在書中這樣描述當時從遠處眺望的九龍城及若干客家村落：

> 這裡的鄉村，住著的不是農人便是匪徒，他們謀生技能所需的不是鏟，便是槳和槍。那些在山徑往來的小販和小商人，更經常遇劫，時常經驗到諺語所說的「趁機打劫」。「如此，我們打消到新安縣的念頭吧。」高神父正好在場，聽見我們的話微笑地對他們說：「我親自帶你們去吧，保證你們平安無事。」[54]

許納記載了他與高主教及另一位能說拉丁語的神父，一起出發前往新安，渡過分隔香港及中國內地的海（相信是指維多利亞港），攀登一座圍牆後，香港的景色便一覽無遺。從他的描述，可見那應該是九龍城寨的圍牆。[55]

> 在這三天中，我們的行裝簡便，在這些佬大的地區和海盜結集的地方居留往返。那裡部分的海盜已願皈依天主教，改邪歸正，其他的也逐漸改過遷善。第一晚，我們在西貢村度過；翌晨往訪鹽田仔，這小島上的居民，全都領了洗；傍晚則來到新安傳教區域中心——汀角，這裡有所寬敞的房子，為神父所有，隱蔽在樹蔭深處，原因是非教徒迷信，不肯將那些樹砍去。

自 20 世紀初，中國發生了義和團及八國聯軍等政治動盪，使傳教士在內地傳教舉步為艱。香港因為殖民地的身份，與內地制度分隔，吸引傳教士在新界地

和神父繪製《新安縣全圖》中的西貢村落。（圖片出處：澳洲國立圖書館）[56]

區傳教，建立了多個傳教站，包括大埔汀涌、汀角、西貢、元朗等地。英國租借新界時，雖然在大埔的升旗儀式中發生了鄉民燒國旗的事件，但對宗座外方傳教會（前身為米蘭傳教會）的傳教士而言，香港仍是一個比較安全的傳教區，整體上未有暴力發生。而西貢雖然海盜比較猖獗，但亦不成氣候。根據宗座外方傳教會的紀錄，當時雖然在內地的傳教區發生過迫害天主教及傳教士的事件，這在新界卻很少見，香港的天主教徒反而利用機會幫助在內地受困的人。這段期間，前往新界東部許多傳教區的交通也變得方便，例如可以乘坐小船到沿海村落，避免了行山徑；以前需要用舢舨，由那時開始也有機動的小艇了。[57]

表一：駱克報告中關於沙田及西貢北部的部分村落及人口

村落	人口	族群
徑口	140	本地
灰陶角	40	客家
隔田	130	本地
大圍	250	本地
長龍	50	本地
上禾輋	60	客家
下禾輋	30	客家
火炭	70	客家
落路下	140	客家
馬尿水	30	客家
狗肚	60	本地
樟樹灘	500	本地
塔門	200	客家
海下	50	客家
潭仔	10	客家
白沙凹	150	本地
上洋	120	客家
下洋	220	客家
高塘	100	客家
荷木墩	50	客家
屋頭	20	客家
帳上凹	10	本地
蜑家灣	80	客家
禾狸叫	60	客家
大柳	160	客家
南輋	60	本地
林屋圍	60	本地

資料摘自：*Report by Mr. Steward Lockhart on the Extension of the Colony of Hong Kong October 8, 1898*, Eastern No. 66 Colonial Office, 1900. 劉智鵬主編：《展拓界址：英治新界早期歷史探索》（香港：中華書局，2010），頁 225-226。

2.3 西方人眼中的 19 世紀香港

自殖民地時期開始,香港的旅遊歷史似乎是文化和社會變化的啟示。在開埠早期,境內的旅行活動原只限於來自上流社會的外國人,因為他們有錢,並有餘暇時間旅行。他們帶同女僕,穿著優雅的衣服,備有攝影機出外郊遊,代表了他們崇高的社會地位。訪問香港的外國人則喜歡拍攝普通人,尤其是社會下層人士或原居民,在西方文化面前探索「他者」。從當時的旅遊書來看,外國人都是因為特定的業務來到香港,而不是休閒旅行。

在 1860 年代,香港的人口已近 50 萬人,旅居香港的外國人,除了英國人及來自意大利、德國的傳教士外,還有蘇格蘭人、美國人、俄羅斯人及日本人。隨著他們在港的活動增加,如攝影、錄像、寫作、繪畫、講座等,這些以不同方法留下的記錄,使我們對早期殖民地的生活有更立體的瞭解。

遊遍中國的蘇格蘭攝影師約翰・湯遜

在芸芸到過香港的外國攝影師中,不得不提約翰・湯遜(John Thomson,1837 − 1921)。他 1837 年 6 月出生於蘇格蘭愛丁堡,兩年後,世界便有了第一部攝影機。湯遜畢業後曾在一間光學儀器公司工作,1862 年他首次到亞洲,其後十年於暹羅、越南、中國遊歷與拍攝。1868 年,他到達中西薈萃的香港後,在皇后大道中的商業銀行大廈成立攝影室,之後一年四處拍攝香港的自然風貌、建築、海港及人物等,特別是 1869 年英國皇室愛丁堡公爵訪港,維多利亞城到處張燈結綵,湯遜亦拍攝到許多歡迎公爵訪港的裝飾。他描述說:

> 1869 年愛丁堡公爵訪港,我剛巧在香港。他是第一位遊歷世界各地的英國王子。為了一睹「偉大的中國」的榮耀,他克服了浩瀚的汪洋。縱然他在小島上只是逗留數天,但已為小島的歷史加添一段愉快的小插曲。[58]

除了拍攝之外，湯遜亦用文字記錄了他的遊歷，其中《馬六甲海峽、印度支那和中國》（*The Straits of Malacca, Indo-China and China*）可說是他的代表作，該書中亦有關於香港的資料。[59] 這位來自蘇格蘭的先驅攝影師和旅行者，代表了維多利亞時代西方人對殖民主義的典型看法。他對殖民管治的觀點十分正面，因其為香港建立了美輪美奐的維多利亞城：

> 在島上，你可以看到歐洲風格的大廈，中國式的街道，基督教堂和佛教寺廟，這是一個我們並不感到羞愧的英國殖民地⋯⋯維多利亞城裡那堅固的花崗石建築物，美麗而平坦的開闊地，富麗堂皇的官邸，都是那些被人們稱作惡人的僑民手工製作的。島上岩石被他們鑿開，按要求造。[60]

他認為由於政策不濟，中國受到洪水、饑荒、瘟疫和內戰的禍害，因此在英國的殖民統治下，香港吸引了許多中國人（其中也許有些人不受歡迎）來到此地居住：

> 我們的自由主義政府，以及我們的法律所賦予的自由和保障，竟使這個地方成為中國城市的敗類的庇護所，對於太窮但過於墮落的痞子來說，他們實際上不能夠進入自己土地上的佛教寺院而獲得刑罰豁免權。令人高興的是，其中一些尋找到更廣闊的空間，以一股誠實的幹勁，成為了可敬的公民，但可惜大部分若非要在我們的監獄中才可以獲得支援，便要在歐洲和當地人的社區掠食。[61]

他喜歡拍攝普通人，尤其是那些在船上生活的人的相片。他形容香港的流動人口是不容忽視的，這些人熟知天氣變化，能推測將要來臨的風暴，當颱風迫近時，他們便躲避在九龍灣，直至可怕的風遠去。他形容船上男人多長年日曬，女人的服飾則很漂亮。[62] 在《湯遜的中國》（*Thomson's China*）中，他這樣描述：

> 船上的男人赤裸裸地，衣只穿至腰部，青銅色的身體經常暴曬，但是女

人穿著得體，而且看起來很漂亮。其中一些人，如果以他們蒼白的皮膚判斷，他們精緻的形狀，以及他們的大眼睛，不是純粹的中國血液。[63]

湯遜將最美好的一面攝入鏡頭時，特別喜歡留意中國人的面孔特徵，譬如他有許多廣府水上人的照片，最令人驚奇的是，他認為這個族群並非純正的中國人血統，形容男人有黝黑的皮膚，女人則衣衫整齊、漂亮、眼大而帶光澤。在其攝影集中有一些中國女孩，她們穿著上衣和褲子，一些戴著竹編的帽子，眼睛或大或小。但我們估計，湯遜的特殊描述也許是想告訴讀者，他們與來自中國內地的人有所不同。

湯遜像許多評論員一樣，意識到這個英國殖民地亦存在著許多社會問題，他在港島西區的街邊看到許多售賣烈酒的商店，對船員及普通人的酗酒及賭博行為有透徹的描述：

> 我們沿著皇后大道往這個城市的西面走，來到各國船員經常光顧的地方。在這裡幾乎每隔一間店舖就出售烈酒，成群的水手們會把時間和金錢花在一些來歷不明的酒類，以及可疑的人群中，他們或是醉酒合唱及咆哮，或是唱一些粗俗的海員歌曲，或者在鼓、長笛、手風琴或短號的樂聲中跳舞。[64]

湯遜十分留意日常生活的情景，描述中國人的不良嗜好——賭博也很生動。他對中國彩票遊戲「字花」特別感興趣，述及了這個遊戲的詭計：

> 彩票在中國也一直很流行。彩票是這樣玩的：出售的彩票上有一系列數字，買票者獲得彩票後，便從數字中選出十個——他有自己的秘技去選出幸運數字。付錢後便獲得有關數字的票據證。在開獎的過程中，數字應該是由一個神秘的人物來開彩，他永遠在幕後。中了三個號碼的人可以收回他的賭注，如果持有十個中獎號碼的人則可以獲得相等於賭注

6,000 倍的獎金。假設整個過程都是誠實地進行，那麼莊家可以高達百分之五十的利潤。[65]

儘管湯遜或許對中國人抱有偏見，而且十分肯定殖民地的管治方式，但他無疑對當時的香港作了一個詳細而生動的描述，讓我們瞭解普通市民的生活。他因為攝影師的身份，通過為人拍攝肖像，從中獲得某程度的便利，接觸到一般西方人未必願意或未必敢嘗試的事物，往往為他帶來不少驚喜，讓西方社會看到殖民地鮮為人知的一面。

1868 至 1872 年間湯遜拍攝的九龍城一帶，九龍城寨的城牆伸延至白鶴山。
（圖片出處：Wellcome Library）

約 1870 年湯遜拍攝的土瓜灣一帶，海中的小島為現今海心公園的巨岩，背景為飛鵝山至慈雲山山嶺。
（圖片出處：Wellcome Library）

費利斯‧比特在 1860 年代拍攝到九龍半島的英法聯軍軍營，海上亦見海軍艦隊，駐軍地點相信是在紅
磡至土瓜灣一帶，背景為港島群嶺。（圖片出處：Wellcome Library）

在那個時代來中國拍攝風景照的，還有英國與意大利雙重國籍的費利斯‧比特
（Felice Beato，1832 – 1909），他是最早拍攝中國及最早的戰地攝影師之一，
曾拍攝到第二次鴉片戰爭前夕，英法聯軍進攻北京前駐紮在九龍半島的軍營及
維港的海軍艦隊。

愛迪生等美國人帶來商機

1888 年，美國發明家湯瑪斯‧愛迪生（Thomas Edison，1847 – 1931）有一
個想法，要發明一個裝置，能夠像留聲機留存聲音一樣，留存活動的影像。愛迪
生公司的威廉‧甘迺迪‧迪克遜（William Kennedy Dickson，1860 – 1935）實
現了這個想法，在 1889 年發明了最初的卡尼風（Kinetoscope）放映機。他制
定的 35 毫米菲林，至今仍舊是電影菲林最常用的尺寸。[66] 法國的盧米埃兄弟
進一步將放映機改造，1895 年拍攝了《工廠大門》等一系列記錄現實生活的影
像，成為了現代電影的雛形。愛迪生公司也發明了攝影機，在 1898 年派人到
世界各地拍攝，在取道香港前往中國內地時，曾拍攝了六部短片，共四分鐘，
分別為《香港總督府》、《錫克砲兵團》、《香港街景》、《香港碼頭》及兩段《香
港商團》，是香港最早的活動影像，記錄了當年的港督府、錫克砲兵團、上環
南北行及尖沙咀九龍倉的面貌。片中可見砲兵在調整大砲的射向，也有當時中
環一帶的主要代步工具「山兜」（即轎子），乘客都是衣著光鮮的外國人，而抬
轎者則是衣著粗陋、身體瘦削的華人。另外在九龍倉碼頭一段，亦見從事勞動
的苦力盡皆華人。這些風光短片雖然鏡頭簡單，影像不清晰，但從中可以窺見
19 世紀末的香港景象，畫面中有身穿西服的外國人，亦有紮著辮子的華人，是
傳世最早期記錄香港的影片。[67]

波頓‧賀姆斯（Burton Holmes）也是其中一位來港拍攝風光片的先驅，他將
自己在 1901、1906 和 1913 年數度在香港拍下的城市風光帶回西方，影像紀錄
中包括了搬運工人、人力車夫、建築物及街景。另外，安力‧高勞羅（Enrico
Lauro）曾定居上海，拍攝過慈禧太后和光緒帝的國喪儀式，於 1911 年也在香

港以攝影機記錄了英皇佐治五世的加冕慶典。[68]

記錄香港早期面貌的影片或相片,早於 19 世紀末開始出現,多由外國人拍攝,作商業或教學用途。基於當時到外國旅遊相對困難,無論遊記、相片還是吸引外國觀眾的官方影片,都引發了觀者對東方神秘國度的幻想及嚮往。除了前述的愛迪生及波頓・賀姆斯外,到了 20 世紀初,許多記錄香港街景的短片不斷出現,如港澳碼頭、維多利亞港、淺水灣、山頂及跑馬地、九廣鐵路鐘樓、中環和平紀念碑、最高法院等地標,一一被攝入鏡頭,同時亦捕捉了香港華人的艱苦生活面貌。

美國著名作家斯托達德(John L. Stoddard,1850 - 1931),也曾在周遊列國時訪問過香港,留下對香港的描述。他出生於麻省的布魯克萊恩,1871 年畢業於威廉姆斯學院,在耶魯大學神學院學習了兩年神學,之後在波士頓拉丁學校教授拉丁語和法語。[69] 他從 1874 年開始環遊世界,1884 年在海外出版了 *Red-Letter Days*。他將自己的經歷轉變為一系列講座,並定期以書籍的形式出版(1897 - 1898),內容包括他拍攝的照片,涵蓋藝術、建築、考古學以至自然歷史,在當時非常受歡迎。後來斯托達德成為一名新教徒,出版了詩歌及宗教題材的書籍。他及後與妻子一起轉信羅馬天主教,1922 年出版了護教學名著《重建失落的信仰》(*Rebuilding a Lost Faith*)。

斯托達德在其講座中,如其他西方人的看法一樣,肯定了英國對香港殖民統治的正義和仁慈。他對維多利亞港岸上的維多利亞式建築驚訝不已,為英國的成就感到驕傲,說:「英格蘭對這個島嶼的觸動,令她在 55 年的時間內發生了驚人的變化。在英國來之前,這是一個貧困的漁民和海盜的度假勝地。但現在維多利亞城有 20 萬人,橫跨香港山區的大型水槽和道路,堪與古羅馬的一些紀念性作品比較。」[70] 他非常喜歡坐轎前往太平山頂:

訪港遊客的首要願望之一,就是探索盤踞在維多利亞城上的山峰。到了

近 2,000 英尺的高度，為了用最少的氣力做到這點，我們每個人都採用了由中國苦力的肩膀及長桿所支撐的、以帆布覆蓋的竹椅，在平地上兩個苦力是足夠的，但在山路上通常需要三到四個人。令我驚訝的是，我發現這些椅子搖動得令人滿意，兩支竹桿非常有彈性，我稍稍向後挨，輕輕地上下搖動，沒有最不愉快的感覺。事實上，有時這種震蕩的節奏，會讓我感到難以抗拒的舒緩感。[71]

此外，斯托達德對歐洲人墓地的描述也非常有趣，認為歐洲人為東方付出了巨大的犧牲：

下山時，我們討論了這個主題，令我們不由得要造訪在香港的外國人墓地。在這裡，與公共花園一樣，護理和灌溉得非常好。我們有一位在島上居住了近 30 年的紳士陪同我們參觀：「儘管這個地方十分美麗，」他說：「我害怕即使在死後也無法逃離中國，我可能便會被埋葬在這裡。儘管在這裡有許多令人愉快的朋友，但我的生活，就像許多人的生活一樣，充其量只是一種沉悶的驅逐，使你的東方生活如此富有刺激、智力和快樂。」[72]

俄羅斯人發表尖銳評論

香港開埠早期亦有俄國人到訪，當中小說家岡察洛夫（Ivan Alexandrovich Goncharov，1812 － 1891）與外交家哥維治（Iosif Antonovich Goshkevich，1814 － 1875）在 1850 及 1870 年代到過香港，從俄國的角度發表了一些對早期香港的觀察，令人耳目一新。

岡察洛夫以小說《平凡的故事》（1847）、《奧勃洛莫夫》（1859）和《懸崖》（1869）等聞名，同時也任職政府公務員。他有一些典型的東方主義傾向，認為香港對工作的人來說實在太熱了，他說：「我沒有給你從香港寫信：沒有寫

‖ 1904 年，洋人坐轎旅行的明信片。 ‖

作的可能性——因它太熱了。我無法理解那裡的人們如何坐在辦公室寫作、計算、發表期刊！太陽下山了，當我們在那裡的時候，光線直射——人們怎麼可能做任何事情！」[73] 但與英國不同的是，他發現由強大的商人（如渣甸洋行）控制的香港，仍然是瞭解中國的一雙眼：「在香港廣闊的公路的一端，渣甸洋行這間貿易公司成立了。我們四個人去看看這個不知疲倦和貪得無厭的英國企業的例子……也許一些對渣甸在商業上輕率的疑慮可能是有道理的，但他們在香港擁有大砲及港口——所有這一切都在中國的家門口，確保與中國的貿易英國人永遠有份，而這個小島將會成為中國政府對外一個永遠的門窗。」

哥維治 1839 年畢業於聖彼得堡神學院，1839 至 1848 年間是俄羅斯駐北京宗教代表團的成員，1853 到 1855 年在日本大使館擔任中文翻譯，1856 到 1858 年是外交部亞洲司的官員。他曾與日本人一起編寫了第一本日俄詞典，是俄羅斯在日本的第一位外交代表，也寫了幾本有關中國和日本，以及日文和中文特點的作品。他在訪問香港後，流露出對香港社會問題的關注，譴責富人和

上位者奴役中國人抬轎：「每個家庭通常都有附兩支桿的輕竹扶手椅，名為 portechaise。兩個中國人抬著前面和後面，這顯然比馬匹便宜，但從道德的角度來看，中國人被貶低到像動物的水準，並沒有比任何奴隸更好。在不止一次的情況下，一個可憐的苦力因為沒有及時移開，而被花花公子毆打，或只是因為後者想要使用他的手杖。」

哥維治還發現，中國商人之所以有優勢，是因為他們樸實無華，能夠以比歐洲同行更便宜的價格出售貨品。哥維治對中國畫沒有很高的評價，說它更像是一種手藝而不是藝術。

‖ 20世紀初的皇后大道中，左邊可見占美餐廳招牌。 ‖

葡萄牙人讚賞國籍神父

香港開埠之初，許多重要設施，如醫療衛生服務仍很落後，反觀澳門，因為建設較完善，不少英國人在患病時均會往澳門求診。在 1844 年香港市政事務處的一篇報告中說：

> ……輔政司患重病，離港赴澳；測量處長患重病，離港赴澳；工務局長患病，離港赴澳；核數師患病，離港赴澳；船務兼水務司，患病返回英國，而其繼任人，亦患病往澳門。

賽馬是英國人的娛樂，但在香港未有正式馬場前，據聞亦在澳門舉行。英國商人亦多在放假時到澳門消暑。[74]《南京條約》後，香港主權為英國所佔，由於香港水深，適合大型商船停泊，不少原駐澳門的外僑商賈無不喜躍，基督教傳教士亦束裝待旦。雖然香港在英國佔領之初，百廢待興，未有定所，但仍有不少葡人冒險到港經營開發，當時一篇名為〈香港葡僑〉的文章云：

> 居於香港之葡人，生活極為艱苦，日間工畢，無娛樂去處，夜裡又因城內歹徒橫行，不敢外出。他們皆為安份守己，努力工作的人，晚上唯與親朋團聚在家，共敘天倫，以消磨時間。對外界事，除非必要，則無理睬。此等初期香港的澳門葡人，對開發香港成為要港，居功至大。[75]

隨著越來越多葡籍商人僑居香港，有感要在餘閒時間團結一致，便於 1865 年在伊利近街創設一所俱樂部，由葡商德芬諾及巴萊多支付，提供康樂活動。俱樂部頗為堂皇華麗，內設舞廳，葡人喜愛莎士比亞的舞台劇，後來更成立業餘劇社進行公開表演，初時便在這個俱樂部舉行，後來香港中區建成了大會堂，設有皇家劇院，劇社才移師該處。

葡萄牙人大部分是天主教徒，天主教得以傳入香港，與他們有密切關係。羅馬

教廷傳信部的若瑟神父（Rev Theodore Joset，1804-1842），於 1841 年獲教宗批准在香港傳教，便由澳門轉到香港，在威靈頓街與砵甸乍街之間建了一座木棚教堂，根據《葡萄牙人在香港》一文的記述，香港第一場彌撒就是在這木棚內舉行，時為 1842 年 2 月 22 日。[76] 葡萄牙人雖然信仰天主教，但本國的教士十分缺乏，牧養工作都由意大利米蘭傳教會的神父負責，當時有葡籍人士對他們的工作不以為然。如葡國官員馬楂度（Joaquim Jose Machado）曾在香港與清朝官員談判澳門勘界問題，撰成《勘界大臣馬楂度：葡中香港澳門勘界談判日記》，[77] 記述了他 1909 至 1910 年間的所見所聞。當時，香港天主教以服務從澳門來港僑居或工作的葡萄牙人為主，因此馬楂度也參加過在香港舉行的彌撒，他認為國籍神父在彌撒中的表現較許多歐洲神父好，而對其他中國人的評價則很負面，認為他們多是野蠻、殘暴、不可理喻的。與馬楂度談判的中國代表高而謙名重一時，又曾留學法國，但可能馬楂度覺得這位對手沒有良好的教養及品行，故直覺上認為中國人都是不文明的。

日本人瞭解西方的窗戶

19 世紀中葉，通航歐洲的輪船未算繁多，因此香港成為英國殖民地後，日本人多會從這個歐亞文化樞紐，獲得歐洲的最新知識，如購買一些中文翻譯的書籍。幕末時代至明治維新初年，日本評論家及政客在訪歐美時經過香港，1873 年日本在香港設立領事館，所留下的遊歷記及官方紀錄也不少。[78] 日本各界人士如成島柳北、矢野龍溪、森鷗外、岡千仞及谷干成等，亦在日記中提及遊歷香港的情況。

根據陳湛頤的研究，明治時代著名文士岡千仞（1833 － 1914），在 1884 年得岩崎家的資助前往中國遊歷。他第一次經過香港，主要是與駐港的日本領事館聯絡，安排赴廣州的事宜。他曾於 1885 年 1 月 12 日逛過香港市街，在其《觀光紀遊》中轉述他的印象：

午後，從田邊（貞雅）書記出市街。香港全埠山坡，人多坐轎，轎編籐
為籃狀，織竹為蓋，衣以油幕，受兩臂以欄，欲右則攲右，欲左則攲左，
大有雅致。街衢四達，屋皆三四層，瓦石建築，無以木者……右折出大
路，洋館突兀，街畫十字。[79]

岡千仞訪廣州時，因遇濕霧而染上風寒，其後折返香港，治療多月，康復後有
機會到更多地方瀏覽，留下較詳細的記述：

三月二十五日。坐轎出觀，山腰有二徑，岩根石隙，涓泉湧出，男女爭汲，
蓋全港飲水，仰自來水，層樓高廈，壁設支管，設螺塞接取，而千百僑
寓者，不遍及，皆汲泉自給。小民婦女童孩，爭業擔水。香港自來水異
上海，香港山峻，溪澗無數，接以鐵管，行地中，分注百街……。[80]

跟大多數當時來港的日本人一樣，岡千仞對香港印象尚佳，尤其對香港採用的
西洋法制，覺得值得學習。

四月九日……余在香港踰十旬，每妍日坐轎，歷探勝地，唯北郊未周探，
乃沿海岸右折，市街盡，架一石橋，溝上有製糖場。香港有製糖、絢索、
製玻璃、釀酒、造船、諸機器，而製糖、絢索、機器為最大。南背為競
馬埒，四周木柵，互二、三里，其前為歐人墓域，基石或像或十字，或
累圓石，其制不一，中央鑿池噴水大餘，花卉爛燦，不點一塵，猶庭園
焉。此亦死在嚴根骨亦清者。香港一大市場，至此周覽無遺。[81]

岡千仞所指的「北郊」，即前太古糖房所在地，今日銅鑼灣糖街一帶。「南背為
競馬埒」，即今天的跑馬地，以前那裡有西人墓地，埋葬了死於瘴氣的軍人。

以上記錄香港的資料，均是從中華帝國邊緣的角度來探索這個城市，在這個時
期的旅遊，很少會從香港文化的角度探討。到 19 世紀末，人們逐漸改變了對

香港作為英國立足點的態度。隨著維多利亞城的迅速發展,更多旅行者和照片向海外展示了香港現代的外觀,英國對香港作為貿易中心的前景更有信心,對其氣候不佳和自然資源匱乏的負面情緒繼續減少。隨著這種發展,香港居民開始更加關注與祖國的聯繫,以及島嶼的自然景觀。但是,這個時期西方人對中國人民的生活和習俗,普遍沒有正面態度,仍然受到歐洲社會在殖民事務中的主導地位的束縛。

註

1　李偉思：《一個偉大城市的健康狀態：香港及其市政局一八八三—一九九三》（香港：市政局，1993）。

2　Michael Levien's Introduction, in Edward Hodges Cree, *Naval Surgeon, The Voyages of Dr. Edward H. Cree, Royal Navy, as Related in His Private Journals, 1837-1856* (New York: Webb & Bower, 1986), p.9.

3　*The Asiatic Journal and Monthly Register for British and Foreign India, China, and Australasia*, Volume 36 (London: Wm. H. Allen & Co., 1841), pp.207-208; *The Nautical Magazine and Naval Chronicle, for 1841* (London: Simpkin, Marshall, & Co.), pp.858-859.

4　*Naval Surgeon, The Voyages of Dr. Edward H. Cree, Royal Navy, as Related in His Private Journals, 1837-1856*, pp.88-89.

5　響尾蛇號於 1822 年由英國海軍建造，配備有兩支槍砲，後來作為海軍測量船使用。

6　*Naval Surgeon, The Voyages of Dr. Edward H. Cree, Royal Navy, as Related in His Private Journals, 1837-1856*, p.89.

7　Ibid, p.121.

8　《循環日報》，1882 年 4 月 8 日。

9　*Naval Surgeon, The Voyages of Dr. Edward H. Cree, Royal Navy, as Related in His Private Journals, 1837-1856*, p.140.

10　Victualler 是餐廳（Restaurant）的舊稱，當時在西區一帶很盛行，後來由於引起環境問題，當局在批地條款中加入禁止此類食肆的條文。現時西環某些地契仍有禁止食肆經營的條款。

11　赤鱲灣相信是指今天的香港仔。

12　「船塢」指日後在石排灣一帶興建的船廠。

13　「蜑家」當時是指一些在水上活動或生活的居民，由於他們居無定所且沒有地位，故被陸上人歧視。此詞有貶低族群的意味，故現今多以「水上人」指稱。

14　*Naval Surgeon, The Voyages of Dr. Edward H. Cree, Royal Navy, as Related in His Private Journals, 1837-1856*, p.142.

15　耆英，愛新覺羅氏，字介春，清朝宗室，正藍旗人，官至兩廣總督。鴉片戰爭期間多次任欽差大臣，代表清廷與英國和談，後因談判失利而被咸豐帝賜死。

16　*Naval Surgeon, The Voyages of Dr. Edward H. Cree, Royal Navy, as Related in His Private Journals, 1837-1856*, p.175.

17　Ibid, p.12.

18　Ibid, p.148.

19　Ibid, pp.144-145.

20　Ibid, p.146.

21　海·約翰·達林普（Hay John Dalrymple，1821-1912）曾參與 1835 年第一次卡菲爾戰爭，及在西非海岸鎮壓奴隸叛亂。他其後參與鴉片戰爭，在地中海、東印度及中國沿岸的軍艦上服役，包括 Vixen 號，參與摧毀中國海盜艦隊。

22　錢納利（George Chinnery，1774－1852），英國著名風景畫和肖像畫家，1802 年放棄家人搬到印度居住，後移居廣州。1825 年，他離開廣州到澳門逃避債務，他的妻子也一直跟隨他。他以鉛筆素描、水墨畫、水彩畫以及歐洲和中國商人的繪畫而聞名，在維多利亞時代的畫家中佔有獨特位置，是當時在遠東生活和工作的唯一著名歐洲藝術家。

23　*The Voyages of Dr. Edward H. Cree, Royal Navy, as Related in His Private Journals, 1837-1856*, p.178.

24　Ibid, p.179.

25　Ibid, pp.175-176.

26　維森號（Vixen）為一艘蒸汽船，由威廉·西蒙茲爵士在彭布羅克建造，1841 年 2 月 4 日開始服役。

27　*Naval Surgeon, The Voyages of Dr. Edward H. Cree, Royal Navy, as Related in His Private Journals, 1837-1856*, pp.176-177.

28　Ibid, p.191.

29　倫敦園藝學會位於奇斯威克（Chiswick）。

30　"Robert Fortune", https://www.plantexplorers.com/explorers/biographies/fortune/robert-fortune.htm，存取日期：2020 年 4 月 1 日。

31　Robert Fortune, *Three Years' Wandering in the Northern Provinces of China* (London: J Murray, 1847), p.27.

32　Ibid, pp.18-25.

33　Ibid, p.27.

34　Robert Fortune, *Three Years' Wandering in the Northern Provinces of China* (New York: Garland Pub, 1847), pp.12-13.

35　Robert Fortune, *A Residence Among the Chinese: Inland, on the Coast and at Sea: Being a Narrative of Scenes and Adventures During a Third Visit to China, from 1853 to 1856* (London: John Murray, 1857; Reprinted. Taipei: Ch'eng Wen Pub Co., 1971).

36　Ibid, p.28.

37　「強盜群島」在葡語為 Ladrones，即英語 Piratical Islands。見 Henry Charles Sirr, *China and the Chinese: Their Religion, Character, Customs, and Manufactures: the Evils Arising from the Opium Trade: with a Glance at Our Religious, Moral, and Commercial Intercourse with the Country Vol. 1* (London: Orr, 1849), pp.2-3.

38　Ibid.

39　Ibid, p.7.

40　George Smith, *A Narrative of an Exploratory Visit to each of the Consular Cities of China and to the Islands of Hong Kong and Chusan in behalf of the Church Missionary Society, in the Years 1844, 1845, 1646* (New York: Harper & Row, 1847), p.3.

41　Ibid, pp.506-508.

42　Ibid, p.508.

43　Albert Smith, *To China and Back: Being a Diary Out and Home*. With introduction by Henry Jamese Lethbridge (Hong Kong: Hong Kong University Press, 1974, reset from the original 1859 edition), pp. xi, 35-36. 此書為史密斯 1958 年 7 至 11 月在中國的旅行日誌。

44　余偉雄：《基督教香港崇真會史略》（香港：香港崇真會出版部，1974），89 頁。

45　天主教香港教區檔案處：《先賢錄——香港天主教神職及男女修會會士（1841-2016）》（香港：天主教香港教區檔案處，2016），118 頁。

46　天主教香港教區檔案處：〈高主教〉，https://archives.catholic.org.hk/In%20Memoriam/Clergy-Brother/GT-Raimondi.htm，取用日期：2020 年 4 月 20 日。

47　田英傑編，游麗清譯：《香港天主教掌故》（香港：聖神研究中心暨聖神修院校外課程部，1983），64-65 頁。

48　在 1860 年代，九龍城海旁已經設有傳教站，並在 1869 年建立聖方濟各沙勿略堂（紀念 16 世紀到東南亞開教的耶穌會士聖方濟各沙勿略）。1930 年代興建啟德機場時，政府以換地形式在附近批出土地重建，資助人亦將聖堂改名為「聖五傷方濟各堂」。日佔時期日軍為擴展機場，教堂再被拆去，其三口大鐘現時在粉嶺聖若瑟堂。

49　夏其龍：《香港傳教歷史之旅——旅途上的古人》（香港：天主教香港教區福傳年跟進小組，2006），7 頁。

50　P. Sergio Ticozzi, *IL PIME e La Perla Dell' Oriente* (Hong Kong: Caritas Printing Training Centre, 2008), pp.49-51.

51　聖言會福若瑟神父於 2003 年獲教宗封聖。

52　《香港天主教掌故》，76 頁。

53　夏其龍：《香港傳教歷史之旅——碗窰、汀角、鹽田仔》（香港：天主教香港教區福傳年專責小組，2005），16 頁。

54　同上，77 頁。

55　同上，78 頁。

56　1866 年意大利傳教士和神父繪製的《新安縣全圖》（*Map of the San On District, Kwangtung Province*）由澳洲國立圖書館（National Library of Australia, Canberra）收藏，可於 https://nla.gov.au/nla.obj-231220841/view 瀏覽。

57　Thomas F. Ryan, *The Story of a Hundred Years – The Pontifical Institute of Foreign Missions (P.I.M.E.) in Hong Kong ,1858-1958* (Hong Kong: Catholic Truth Society, 1959), pp.113-120.

58　英國文化協會：《約翰‧湯遜：中華風情（1868-1872）》（*John Thomson: China and its People, 1868-1872*）（香港：英國文化協會，1992），9 頁。

59　John Thomson, *The Straits of Malacca, Indo-China and China* (New York: Harper and Brothers, 1875), pp. 179-217.

60　約翰‧湯姆森著，楊博仁、陳憲平譯：《鏡頭下的舊中國——約翰湯姆森遊記》（北京：中國攝影出版社，2001），16 頁。原著為 John Thomson, *Thomson's China: Travels and Adventures of a Nineteenth-century Photographer* (Hong Kong: Oxford University Press, 1993)。該書在 1875 年由倫敦出版社 Sampson Low 首次發行。

61　*The Straits of Malacca, Indo-China and China*, p.180. 亦見約翰‧湯姆森著，顏湘如、黃詩涵譯：《十載遊記——現代西方對古東亞的第一眼：麻六甲海峽、中南半島、台灣與中國》（台北：商網絡與書出版，2019），152-181 頁。

62　《鏡頭下的舊中國——約翰湯姆森遊記》，17 頁。

63　*Thomson's China: Travels and Adventures of a Nineteenth-century Photographer*, p.3.

64　*The Straits of Malacca, Indo-China and China*, p.193. 亦見《十載遊記——現代西方對古東亞的第一眼：麻六甲海峽、中南半島、台灣與中國》，152-181 頁。

65 Ibid, p.201. 亦見同上，152-181 頁。

66 魏時：《東西方電影》（香港：香港城市大學
    出版社，2014），4-7 頁。

67 「香港記憶──早期香港的城市面貌」，https://
    www.hkmemory.hk/collections/ECExperience/
    early_motion_pictures/cityscape/index_cht.html

68 同上。

69 Dates and schooling from the biographical
    material, in *John L. Stoddard's Lectures*, 1905.

70 約翰‧L‧斯托達德講座，第三卷（芝加哥、
    波士頓：Geo L. Shuman & Co.，1910；首次
    出版於 1897 年），236 頁。

71 同上，242 頁。

72 同上，258-259 頁。

73 I. A. Goshkerich & I. A. Goncharov, "Russian
    Impressions of Early Colonial Hong Kong"
    (Translated from Russian by the Hong Kong
    Branch of the Royal Asiatic Society), *Journal
    of the Hong Kong Branch of the Royal Asiatic
    Society*, Vol. 38 (1998), pp.229-246; "Hong Kong
    (From the notes of a Russian Traveller)", translation
    of an article written by Iosif Antonovich
    Goshkevich in 1871, *Journal of the Hong Kong
    Branch of the Royal Asiatic Society*, Vol. 38
    (1998); "Hong Kong", translation from a book
    chapter written by Ivan Alexandrovich Goncharov
    in 1853, *Journal of the Hong Kong Branch of the
    Royal Asiatic Society,* Vol. 38 (1998).

74 郭永亮：《澳門香港之早期關係》（台北：中
    央研究院近代史研究所，1990），81-82 頁。

75 同上，119-120 頁。

76 同上，122-124 頁。

77 外國人對香港和上海等其他條約口岸的印象，
    在卡特賴特（H. A. Cartwright）的特刊中呈
    現。見 Arnold Wright and H.A. Cartwright (eds),
    *Twentieth Century's Impression of Hong Kong:
    Histories, People, Commerce, Industries and
    Resources* (Singapore: Graham Brash, 1990).

78 有關日本人訪港的見聞，參自陳湛頤：《日本
    人訪港見聞錄（1898-1941）》（上、下卷）（香
    港：三聯書店，2005）。

79 岡千仞：《觀光紀遊》，輯入沈雲龍主編《近
    代中國史料叢刊》（第 62 輯）（台北：文海出
    版社，1981），251-252 頁。轉引自陳湛頤：《日
    本人與香港：十九世紀見聞錄》（香港：香港
    教育圖書公司，1995），208 頁。

80 同上，306 頁。

81 同上，315 頁。

Kennedy Road and Peak Tramway, Hongkong

工業文明

與旅行方式

的革新

隨著住在香港的外國人或商人漸多，20 世紀初，許多外國人會選擇住在半山或山頂，而華人則較集中在維多利亞城中區至西區一帶。他們在閒暇時亦會到其他地方遊覽，如攝影、野餐、觀賞動植物、打哥爾夫球、參加舞會，都是一些富有人家的活動。當時，香港是一個華洋分隔的社會，旅居香港的西人在遊歷一些平常少接觸的地方時，均喜歡記錄下來，因此收集了不少關於早期香港形象的資料。

在開埠早期，多數旅行者或冒險家均會從香港島的北岸，即維多利亞港首先登陸。在 1840 年代，維多利亞城被旅行者形容為一個快速發展的地方，有長長的街道、大量的房屋、軍營、商店或市集，偶爾也會提到海港東部和西部的中國人住宅區，如黃泥涌（快活谷）及西環等。除了維多利亞城外，島南面的小城鎮如赤柱或香港仔，[1] 均被早期的冒險家如科頓或佐治‧史密夫視為不太重要的華人漁村或聚落。[2] 對這些華人聚落的簡略描述，反映了旅行者的某些偏見，認為跟由英國人建立及發展的維城相比，他們發展落後，因而興趣較少。

3.1 | 在港外國人的旅行方式

在 1890 年代的導遊書中，越來越多旅行者，尤其那些旅居香港的西方人，記述了殖民地一些有趣的景點或地方。例如《1893 年香港指南》（*The Hong Kong Guide 1893*）中便有一章，集中介紹了華人居住區的遊覽路線，包括香港仔、鰂魚涌、筲箕灣、石澳、荃灣、九龍城、馬頭涌、深水灣、淺水灣[3] 等地，以及在香港島和九龍均有垃圾灣（Junk Bay）。

由歐洲居民在香港製作的旅遊指南書籍，確實代表了他們態度的改變。他們對這個地方更有歸屬感，急於告訴住在香港的人們，閒暇時更有趣及值得一遊的景點。當時西方人最感興趣的，是一些短途旅行景點，首選應是山頂。自 1888 年山頂纜車開通以來，正如《1893 年香港指南》的作者布斯‧謝帕德（Bruce

Shepherd）形容：「參觀者可能會選擇太平山頂作為他抵達香港後第一個參觀的景點⋯⋯」他詳實而生動地描述了搭乘亞洲首部纜車的經歷：「還有在『種植園』有一個車站，從這個高度望向維多利亞海港的景色，鳥瞰海港對岸大陸的山脈，是一幅壯觀的畫面。」[4] 英國皇家地質及測量學會的自然學者薛尼‧史葛切尼（Sydney B. J. Skertchly，1850-1927）於 1893 年在其著作《我們的島嶼：香港的自然描述》（*Our Island – A Naturalist's Description of Hong Kong*）中提出，「我們需要瞭解多些這個島嶼，我們生活的地方」，這本書與謝帕德的書同年出版，目的是引起更多人探索這個家，尤其是喜歡自然的人、年輕人或者運動愛好者。[5] 史葛切尼也形容山頂為一個美麗的地方：「我們聽到有人說這裡（香港）沒有美麗的地方⋯⋯讓我們向地球感恩，它充滿了美麗，我的眼睛仍然很明亮⋯⋯我們從山峽遠望的夜景令人難忘⋯⋯。」[6] 與英國佔領香港後不久的早期旅行書不同，山頂變成了香港美景。旅行者前輩，如科頓和史密夫的書籍，除了提及維多利亞城外，幾乎沒有描述島上其他地方，因為他們的重點是進行貿易和開展傳教。而 1890 年代的這批旅港西方人似乎還有一個目標，就是改變陌生人對於這個地方的想法：「我們為我們的島嶼感到驕傲。」[7]

史葛切尼的作品帶有一種人文主義色彩，這與 19 世紀末 20 世紀初旅行者倡導回歸自然的浪漫情懷有關。他將香港島稱為「我們的島嶼」，代表了一種與當地融入的觀點。儘管謝帕德的作品更加實用，更有系統地描述島上不同的社會和經濟情況，如酒店、教堂、學校、公共建築和街道等，但也提及了一些自然景觀如植物園、丘陵地帶和海灣。他針對早期旅行者描述香港「炎熱的夏天」和「潮濕的環境」可能導致客死異鄉的情形，還獨立地介紹了香港的氣候和衛生環境，雖然他批評了政府在改善環境方面的工作，但採取的觀點更為中性，與科頓的負面評論形成強烈的相比，這可能是由於他與公務員有密切關係所致。[8]

從 1890 年代到 20 世紀初，我們看到住在香港的歐洲人團體，對這個殖民地的描述如何轉變。這些歐洲人主要在香港從事各種商業活動，如洋行、輪船公司、纜車、商店、酒店或酒館等，隨著香港在遠東的商業地位提升，他們對香

HONG KONG, FROM THE PEAK.　　　　　　　　　　　　*From the painting by F. D. Barnes.*

‖ 從山頂遠望港島南部的繪畫，F. D. Barnes 原作。（圖片出處：*The P. & O. Pocket Book*）。‖

港的重要性日漸看好，一個可能的原因是他們普遍支持英國經營香港作為貿易中心，還設想香港可能已經超過澳門作為華南的重要港口，儘管其地位仍然低於廣州。隨著英國機構在香港不斷投資，如 1888 年的山頂纜車，主要服務住在半山區或太平山的歐籍人士，令旅客和居民認為香港有更值得一遊的地方，對這個地方更有歸屬感。不少歐洲人如蘇格蘭人、德國人或法國人都有自己的團體，以學會、扶輪社或各種球會作為聯誼的場所，他們間或會為改善生活提出善意的批評，但從留下的記錄或作品中，可見他們對這個殖民地已經有一些較正面的想法，與開埠初期旅行者不屑一顧的評論南轅北轍。

事實上，維多利亞時代的旅遊作家及畫家康斯坦丁・戈登・康寧（Constance F. Gordon-Cumming，1837 － 1924）認為，香港的自然美景受到殖民者建立的企業影響，是「人工修補」（Reclaimed Artificially）的。我們可以看到，英國人開始將優化自然美景視為殖民政府的功績，以此宣揚他們的「香港」。康寧列舉植物園

VIEW FROM THE PEAK - HONG KONG

‖ 1930 年代香港山頂風景的明信片。 ‖

（即兵頭花園）這個殖民地建設，最初是為港督營造一個優美環境，可看到海港
的船隻及舢舨，但在康寧眼中，是英國人為操縱人民而建的天堂。[9]康寧又用她到
過斐濟的經驗評論香港，認為英國人實際上沒有解決香港 13 萬人口（1881 年）的
食水及環境衛生問題。她看到廣州水上人用的食水受到污染，因此特別對殖民者
及被殖民者的生活環境不平等，以及華人住宅區的擠逼環境感到憂心。康寧進一
步從旅行者的角度，批評殖民當局忽視被殖民者的苦況，並逃避問題的複雜性。[10]

在香港的英國人之中，有部分人加入了義勇軍（The Volunteers）或稱皇家香
港軍團（Royal Hong Kong Regiment），[11] 這反映了不少英國人對所住的地方
有一份歸屬感，願意用私人時間參加有意義的運動。1854 年義勇軍成立，1859
年舉行了一系列活動，如在當時仍一片荒涼的跑馬地紮營訓練。義勇軍在成立
40 年後的 1895 年，亦舉行了一連串活動，包括到昂船洲及大嶼山旅行，還拍
下了一張乞丐的照片，反映他們對華人聚落開始產生興趣。1896 年 5 月 28 日，

‖ 1930 年代初，港督貝璐與一群義勇軍軍官在新界野營時留影。 ‖

皇后像在中環揭幕，香港義勇軍團亦有參禮。1899 年義勇軍再在昂船洲露營，可見那是他們經常旅行、活動及訓練的場所。

比起主導殖民政府的英國人，蘇格蘭人較多從事貿易和商業活動，他們遊歷較多，喜歡寰宇風情，前述的約翰‧湯遜就是一個最為人熟悉的例子。蘇格蘭人對香港山水也情有獨鍾，如會將大嶼山看成像蘇格蘭的外島天空之島（Isle of Skye）。艾倫太太（Mrs Allen）是 1920 年代在香港生活的蘇格蘭人，相信住在半山區一帶，經常使用山頂纜車來往住宅及市區。她有一幅 1920 年 11 月的照片，可見跑馬地至銅鑼灣的景色。從收藏品中可見她的活動範圍，應主要在中環、半山區、山頂或渣甸洋行所在的銅鑼灣區，如會到山頂酒店享用晚餐，到香港木球會觀看網球公開賽，及參加在督憲府或香港會所舉行的舞會等，反映出當時一般歐籍人士在香港生活的面貌。[12] 另外，她像許多在香港生活的外國人一樣，喜歡帶相機到市外作短途旅行，拍攝一些風景照片，包括在新界馬料水一帶眺望吐露港、搭乘小船到九龍昂船洲，欣賞沿岸風光，或參觀一些商業活動如中國礦業及鐵器公司的廠房等。1922 年聖誕節，艾倫太太在山頂酒店享用晚餐，菜單包括烤羊架、烤松雞、冰蘆筍、碎肉餡餅，甜品有聖誕布丁，非常豐富。

1920 年，她參加了香港聖安德魯協會一年一度的晚宴暨舞會。[13] 每年 11 月 30 日的聖安德魯日（St. Andrew's Day）是蘇格蘭人的重要日子，艾倫太太參加該舞會的一年，協會主席是怡和洋行大班約翰‧約翰史東（John Johnstone，1881－?）。[14] 1922 年 6 月 3 日，她出席了在督憲府舉行的舞會，有一張備忘卡，列出當天皇室樂隊伴奏的樂曲，並寫下曾與之共舞男士的名字。備忘卡背後有港督的紋章，最有趣的是，旁邊特別列出了回程纜車的時間表，從凌晨 1 時至 2 時，每隔 15 或 30 鐘開行。同年 11 月 30 日，她再度出席了聖安德魯日舞會，當時的主席是亞歷山大‧戈登‧史蒂芬（A. G. Stephen，1862-1924），他是滙豐銀行的總經理，當晚香港義勇軍蘇格蘭團的管弦樂隊及鼓手亦有在舞會演奏。同年聖誕日，她又去了在山頂酒店舉行的聖誕舞會。

‖ 約 1910 年代，洋人在新界席地野餐。（圖片出處：澳洲國立圖書館）‖

1922 年聖誕節，艾倫女士的節目相當多，除了參加聖誕舞會外，也觀賞了在大會堂皇家劇院上演的莎士比亞名劇《暴風雨》（*Tempest*），[15] 該劇由香港業餘戲劇學會（Hong Kong Amateur Dramatic Club）製作，1922 年 12 月 26 日拆禮物日至 1923 年的 1 月 3 日公演七場，時段分別為下午 5 時 15 分的日場及晚上 9 時 15 分的夜場，劇場更贈送精美的場刊，由本地最重要的英文出版社 Kelly & Walsh 印刷。根據場刊資料，該劇的舞蹈由 Mrs D. De Newcomb 編排，男角的服裝由香港業餘戲劇學會委員 W. Sinclair 設計，一間名為 Ah Men Hing Cheong 的華人公司負責製造，Grossman 監督；女角的服裝則由一間名為 Maison Lily 的公司製造，Mr. E. Rice 設計，雖然說是業餘劇團，製作亦相當認真。舞台劇上演的地點皇家劇院是舊大會堂的西翼，於 1869 年 11 月落成，1933 年 1 月拆卸。東翼有幾個表演廳及房間，上層可以舉行舞會、酒會或會議，下層是公眾圖書館及博物館，後來借予香港基督教青年會（YMCA），為駐港海陸空三軍的康樂活動場地。直至 1931 年，該劇院都是大部分業餘和專業戲

‖ 1916 年，話劇《屋中的天使》演員在皇家劇院外的顛地噴泉彩排。 ‖

團的表演場地，如 1916 年上演的《屋中的天使》（*Angel in the House*），便是在外面的顛地噴泉彩排。皇家劇院及大會堂，間中也有旅行團前來參觀，它亦是香港業餘戲劇學會的常駐場地，[16] 惜於 1933 年被拆除，建成第三代滙豐銀行總行。1923 年，艾倫太太出席了在皇家海軍霍金斯號（Hawkins）巡洋艦上的一次晚宴，晚宴菜單包括龍蝦、忌廉雞、火雞沙律及甜品雲呢嗱雪糕等，[17] 可見她經常參與名流聚會，活躍於當時香港的蘇格蘭人社區。

艾倫太太留下一些昔日消閒活動的收藏，反映出 20 世紀初香港洋人社會的生活面貌，是珍貴的歷史文物。她的活動亦使我們瞭解到學界較少注意的洋人女性在香港的日常生活、交際應酬、品味以及嗜好等，是研究當時閒暇旅遊很值得深入分析的材料。

3.2 水陸交通的改進：
輪船與鐵路旅行的興起

自 1841 年開埠後，歐洲商人打算在香港貿易中分一杯羹，到 19 世紀末，香港展現了它國際城市的一面。第二次鴉片戰爭以及 1900 年的八國聯軍之役，令清廷處於無法擺脫的困境而停滯不前，另一方面，歐洲工業革命加速，西方國家進入了前所未有的經濟發展的新時代。在英國，詹姆斯・瓦特（James Watt，1736 － 1819）的蒸汽機一直是經濟和工業發展的動力，蒸汽推動的槳式蒸汽船及火車頭，大大方便了各洲之間的旅行。從紡織、鋼鐵生產到運輸等貿易活動，以及科學技術的傳播和交流，刺激了國際旅行和旅遊業的發展。工業生產的擴大和海外市場的發展，亦促進了商務和閒暇旅行。香港緊隨西方腳步，著手轉型為東亞主要港口，其國際貿易中心的地位，很大程度上歸功於擁有廣闊而深厚的海港，成為幾條重要歐亞海上航線的連接港口。在 19 世紀後期，隨著旅遊業的發展，遠洋客輪無論在艙位、行李運輸、娛樂設施、餐飲、員工服務等方面都大為改進，提高了海上假期的質量，客人旅程更為舒適，令輪船在 19 世紀末至 20 世紀初，航空旅行問世之前，成為國際旅行者長途旅行的主要交通工具。

輪船：早期旅行的交通工具

在殖民時代初期，輪船是前往香港的普遍方式。在 1840 年代，許多航運公司已經到達香港、東亞和中國南部的鄰近城市，槳式蒸汽船在新加坡、澳洲和香港之間提供服務。亞太地區航線的擴展，增加了香港與區內其他貿易夥伴之間的聯繫。

在火車越來越普遍之前，蒸汽船是東亞和北太平洋旅行的主要方式。最著名的是鐵行火船公司（Peninsula & Oriental Steam Navigation Company），早在殖民地成立時就在皇后大道設立了辦事處，其後在西環開設分處。[18]1845 年，鐵行開辦每月一次的輪船服務，運送往來倫敦和香港之間的郵件。另一間早期的

輪船公司是佛蘭西火船公司（Service Maritime Des Messageries Imperiales），辦事處亦位於皇后大道。[19] 加拿大太平洋鐵路公司（Canadian Pacific Railway Company）營運太平洋和大西洋的跨大陸蒸汽船，以內陸火車橫貫加拿大東西岸，再以輪船延伸服務至歐洲及亞洲地區，如日本及中國大連、上海等，把三大洲聯繫起來。值得注意的是，輪船的票價反映了特權人士享有比普通客人更好的待遇。如該公司會為經常以固定航線往返中國或日本的傳教士、軍官、外交官和公務員等，推出特價船票（僅頭等艙），[20] 以優惠吸引他們長期光顧。

當時旅客會從報章或船公司的告示參考輪船班次，後來旅遊指南的出現，多了一個管道可預先知道航班時間。而除了刊登船期表外，指南亦會提醒搭客一些安全或注意事項，例如在 1918 年出版的《僑旅錦囊》有「搭船警告」（附錄二）忠告乘客，要預先包裹好行李並注明本人姓名，才交寄船艙人員；不可拍攝沿岸各埠的軍事設施；凡有染病者應立即向醫生求診，不得推諉；船上嚴禁賭博；必須依時用餐；吸煙者進入吸煙室等。從以上可見，當時旅客須遵守許多規定，而且旅程不免有一定程度風險，如船期不定、取消、遇事時可能停駛等。較有趣的是，當時在船上用膳分華人、西人及日本餐，且旅客不能任意在船上行走，否則面斥不雅。《僑旅錦囊》是專為旅居香港的各省僑胞而寫的指南，在香港及馬來亞等有華人的地方有售，通常在大書坊、旅店及輪船辦房售賣或借予旅客參考，定價大約為 5 角半一冊。[21]

由於香港早年適合停泊大型遠洋輪船的只有九龍倉碼頭，位置有限，不少輪船未能泊岸，要租用維港不同位置停泊，搭客需要自僱小電船，接駁往輪船的碇泊處上船，因此在另一本 1930 年代的指南《港僑須知》中亦有「香港輪船浮碇表」，讓旅客能按圖索驥。[22]1920 年代，遠洋輪船的噸位越來越大，到維港停泊的船隻越來越多，[23] 船隻的停泊處（或稱浮碇處）愈見擠逼，上環至油麻地海灣一帶的維港西面多以中航線（或稱內航線，往返廣州、梧州或澳門）及南航線為主，靠近上環的渣甸碼頭及西營盤的三達公司碼頭，有多達 46 個浮碇處，亦為接駁艇的停泊場。尖沙咀及九龍倉的碼頭，主要泊的是噸位較大的遠洋輪船，而維港東

1930 年代香港輪船浮碇表。（圖片出處：《港僑須知》）

部的亞細亞碼頭及近銅鑼灣避風塘一帶，亦設有十數個浮碇處。

出入維港外的船隻，不是泊在碼頭便是海中的浮碇處。凡美國總統輪船、鐵行輪船等遠洋大輪船，均可以泊在尖沙咀九龍倉碼頭；太古的黑煙囪輪船泊在中環大阪橋碼頭；港穗、港澳、港江（江門）輪船，靠中環起到西環的碼頭；其餘較小型的公司則多泊在浮碇處。維港有兩個出口，一個是東面的鯉魚門，一個是西面的汲水門，其餘都是九龍半島與港島之間的屏障。浮碇處分為 A、B、C 三組，A 種停泊 450 至 600 呎的船，B 種 300 到 450 呎，C 種則給 300 呎以下的小輪停泊。1938 年 8 月，如不計算內河船，則停泊在維港中的船有 130 艘以上。[24]

輪船航線及船程

香港自 19 世紀末至 20 世紀初，開始成為東亞遠洋航運的重要樞紐。在中日戰

爭前，每年出入香港的船舶約 10 萬艘、貨物 5,000 萬噸。[25] 根據 1932 年的一篇專訪，由香港往外埠的輪船航線，分東、南、西、北四條主線，現列如下：

（一）東航線：由香港起航經上海、日本、檀香山、舊金山、溫哥華及美洲西印度群島沿海各埠；
（二）南航線：由香港起航經南洋群島至歐洲沿海各埠；
（三）西航線：由香港起航經南洋群島至歐洲沿海各埠；
（四）北航線：由香港起航往汕頭、廈門、福州、上海、青島、煙台、大連、天津沿海各埠。

除了以上各主要航線外，亦有分支線適合其他搭客，如南航線間或有船開往小呂宋、澳洲；西航線會經小呂宋到南洋群島，跟著駛往歐洲；北航線亦稱內海線，經中國東部沿岸城市後，部分船亦會東往日本橫濱。以上各船到港後，大都泊在尖沙咀西岸各碼頭或近尖沙咀的海中。[26]

至於華南地區的旅行，則有汽船連接香港和珠江三角洲其他港口。每天都有從香港到廣州的航班；而往返澳門的航班，除了周日的上午 8 點和下午 5 點 30 分，也分別在每個工作日的上午 8 點和下午 2 點出發。這三個地方之間頻繁的航行，揭示了珠江三角洲日益緊密的貿易聯繫。往返廣西的也有專航梧州的輪船。

當時的船費，12 歲以下小童半價，3 歲以下免費，但以一名為限，價目隨各公司更改。[27] 至於船程，從上海來香港要四日，與火車時間相若，而從越南海防到香港則較短，平均兩日。但乘火車往來廣州及香港只需三小時半，比水路節省二至三小時。

表一　長短程輪船日程及里數表

航線	船程	里數
香港往澳門	3 小時半	/
香港往廣州	5 至 6 小時	/
香港往上海	4 日	941 英里 [28]
香港往海防	2 日	/
上海往法國	44 日	/
上海往英京（今倫敦）	50 日	/
香港往西貢（今胡志明市）	4 日半	/
西貢至星架波（今新加坡）	3 日	/
紐約往古巴 / 夏灣拿埠	/	1,350 英里
紐約往上海（經巴拿馬）	/	11,169 英里
紐約往香港（經巴拿馬）	/	11,579 英里
上海至橫濱	7 日	1,210 英里
亞士並窩兒埠至紐約	/	1,989 英里
亞士並窩兒埠至英京（倫敦）	/	4,643 英里

遠洋輪船公司介紹

鐵行輪船公司 ｜ 鐵行輪船公司（P&O），前身為鐵行火船公司（Peninsular and Oriental Steam Navigation Company），始創於 1837 年，直譯為半島東方輪船公司，但由於名稱過長，買辦也想不到更能反映東方意思的中文名，便以洋行大樓每層露臺的鐵欄杆，命名為「鐵行」。公司總部後來在 1881 年遷到中環中央街市附近，該條橫巷亦因而名為鐵行里。1887 年，鐵行將物業轉賣予政府，並遷至德輔道中 22 號。[29] 鐵行於 1837 年開始，經營從倫敦運送郵件至里斯本和直布羅陀的郵輪服務，大約兩三年後，航線擴展至馬爾他和亞歷山大港，並於 1840 年根據《英皇制誥》正式成立公司。

1843 年，鐵行取得英國皇家特許狀，在東方經營航線，包括印度、中國及澳洲。1845 年 9 月 1 日，該公司的瑪麗·伍德夫人號（Lady of Mary Wood）郵輪由香港出發，[30] 從此每月於英國與香港往來一次，是歐亞第一條定期航線，之後航班陸續增加，香港由此成為歐洲商客進入中國的中轉地。1848 年 10 月，顛地（寶順）、怡和、丹拿等洋行合資組建了香港第一家省港輪船公司，屬下客輪定期往來穗港兩地。幾年後，實力雄厚的鐵行取而代之，開闢了港滬航線，在汕頭、廈門、福州等沿途口岸上落客。鐵行的巨大成功吸引香港不少洋行紛紛買船造船，投入航運業的競爭，香港與中國沿海口岸以至各國的航線陸續開通。

1860 年代，鐵行主席壽德隆（Thomas Sutherland）曾當選立法局議員，與當時怡和洋行大班齊名，亦是滙豐銀行創辦人之一。1866 年，鐵行船隊行走於香港與上海、香港與福州、上海與日本等的輪船多達九艘：

表二　鐵行輪船在 1866 年的船隊

船名	船長	噸	馬力
星加坡	E. M. Edmond（署任）	1,190	470
北京（Paddle）	/	1,182	400
卡迪斯	W. Soames	816	220
阿丁	W. B. Andrews（署任）	812	210
阿索夫	E. J. Baker（署任）	700	180
福爾摩沙	P. S. Tomlin（署任）	675	155
格蘭勒達	G. F. Cates（署任）	561	160
恆河（槳式）	I. Bernard	1,190	470
尼泊爾	H. C. Bluett（署任）	796	200

資料來源：*The Treaty Ports of China and Japan, A complete guide to the open ports of those countries, together with Peking Yedo, Hongkong and Macau*

表三　英國與中國間的輪船路線

港口	日期及出發時間
直布羅陀 馬爾他 亞歷山大港 阿丁 加里（錫蘭） 檳城 星加坡 香港 上海	<u>從南安普敦出發</u> 每月逢 4 號及 20 號，下午 1 時 如遇星期日，蒸汽船會在上午 9 時出發 <u>從馬賽出發</u> 每月逢 12 號及 28 號，上午 7 時 如遇星期日，郵船會在 11 號及 27 號從倫敦出發，而蒸汽船 則會在 13 號及 29 號上午 7 時出發

蒸汽船從英國南安普敦出發後，大約在 9 號及 25 號會抵達直布羅陀，稍為停留後前往馬爾他，等候六小時左右，再出發往亞歷山大港。正常情況下，從南安普敦至此大約需 13 天。船公司會安排搭客到蘇伊士搭乘蒸汽船，大約在 19 號及 4 號出發，到達亞丁 [31] 時大約為 25 號及 10 號，並於下個月 5 號及 21 號到達錫蘭（今斯里蘭卡）。如繼續前往海峽殖民地及中國，需要在 6 號及 22 號轉船，經檳城、星加坡到達香港，從香港可再轉乘分支船前往上海，航程五天。前述多次訪問中國的攝影師約翰・湯遜，據說也於 1868 年乘坐鐵行的輪船抵達香港。鐵行在運送旅客的同時，主要服務仍然是貨運和郵寄。[32] 通過這些輪船服務，香港與其他地區如新加坡、日本甚至澳洲之間的聯繫越來越多，許多旅客選擇香港作為探索中國的起點。從 1840 到 1880 年代，維多利亞時代的英國旅行者，例如植物學家科頓、作家康寧和亨利・納諾斯少校（Henry Knollys），都是從香港轉向上海、北京和漢口等其他省市。19 世紀末，鐵行以香港為遠東業務的終點站，除了辦公大樓外，還設有私家船塢。1890 年，鐵行首創提供予旅客的袖珍手冊《鐵行袖珍書》（*The P. & O. Pocket Book*），介紹公司的歷史、航線及出發時間詳情等。

‖ 由鐵行輪船公司出版手冊內的香港地圖。（圖片出處：《鐵行袖珍書》第三版） ‖

1907 年鐵行在香港的搭客多達 2,000 人，運載的貨物有 15 萬噸。[33] 香港當時為公司在遠東的總部，控制著檳城至橫濱的貿易。1908 年左右，香港經理為 E. A. Hewett，屬下有八名歐籍員工，其他為華籍及葡萄牙籍。[34] 按《鐵行袖珍書》顯示，搭乘鐵行輪船到港的乘客，會先在九龍倉碼頭下船，行李卸至九龍倉貯存，等待客人認領，每件每 40 立方呎收取 3 角手續費。手冊附有詳細的價目表、航線出發日期及行李寄運條件等。[35]

1908 年鐵行刊印第三版《袖珍書》，內容更適合普通顧客，除介紹公司歷史、提供時間表及價格等資訊外，公司還希望該手冊成為旅客的「同伴」，因此附有許多彩色的地圖及示意圖，並歡迎旅客提供任何建議，以作為將來版本的參考。手冊的結尾處有些空白頁，讓旅客寫下海上生活的愉快體驗。[36] 這種親切的表現，提升旅客對公司的印象，令它在同行中脫穎而出。《袖珍書》對香港的描述十分正面，比 19 世紀末一些旅遊指南對香港的讚賞更明顯，如「證明

了它在東方貿易中的領導地位」、「香港港口是世界上最美麗的港口之一」、「維多利亞城的外觀令人印象深刻,房屋大而壯觀」、「香港美景給人留下了良好的印象」、「這座城市建築精良,道路和街道令人欽佩,並保持良好,公共花園十分精緻,道路上種滿了樹木」、「山頂的酒店及俱樂部會所提供良好的住宿」、「陌生人將沒有理由抱怨」等,對香港的讚賞跟 50 年前實有天壤之別。

鐵行經歷百多年的發展,中間發生多次重組合併,2000 年英國鐵行集團重組資產,旗下的郵輪業務與美國公主郵輪合併,名為鐵行公主旅遊客船公司,同年 10 月在倫敦以及紐約交易所掛牌。鐵行餘下的公司,則於 2006 年被杜拜環球港務購併。

加拿大太平洋鐵路公司 │ 加拿大太平洋鐵路公司(Canadian Pacific Railway Company)成立於 1881 年,不僅在加拿大,而且對世界許多地區都具有重要意義。[37] 早於 1887 年,公司就展開了「溫哥華—橫濱—香港」的臨時輪船服務。[38] 由於管理層預見西方與中國和日本的貿易將會大增,故設立了橫越太平洋的蒸汽船航班,來往香港、日本、檀香山和溫哥華之間,並於 19 世紀末在香港畢打街開設辦事處。因應巨大的貿易發展,公司在英格蘭的巴羅因弗內斯(Barrow-in-Furness)建造了艘輪船:「印度皇后」、「日本皇后」和「中國皇后」,1890 年一起駛向溫哥華,於新一年的 1 月 15 日、2 月 15 日和 3 月 15 日進行首航。公司主要吸引一些從北美前往上海和香港的美籍華人,尤其是以紐約華人社區的精英人士作為對象 [39] 此後,三艘船一直保持定期和高效率的服務,以其舒適度、速度和準時享譽世界。英國政府迅速承認,這是一條全英國人路線,並簽訂了運輸郵件、軍事、旅客及貨物的合同。後來,三艘「皇后」號提供的服務已不足以應付貿易需求,因此公司再增派三艘中型船,擴大太平洋船隊,並與常規郵輪交替運行。太平洋郵輪的停靠港是香港、上海、長崎、橫濱、加拿大維多利亞和溫哥華。溫哥華與香港之間的郵件傳遞,縮短至只需 18 天,而與橫濱之間則為 11 天,是 20 世紀初到達太平洋海岸最快的路線。

該公司乘著太平洋航線取得的業績,決定將業務範圍擴大到大西洋,並為此購置

了一批輪船，將英國本土、歐洲大陸與加拿大聯繫起來，與以直通火車服務貫穿加拿大領土，與太平洋航線連結。公司於 1905 年建造了兩艘 15,000 噸的快速輪船，分別為「英國皇后號」和「愛爾蘭皇后號」，用於大西洋郵遞和客運服務，很快便成為旅行人士最愛的輪船。旅客可以從英國或歐洲坐船到加拿大，從東部上岸，再接駁鐵路，沿途欣賞高地風光，然後在溫哥華的港口上船，經日本神戶及橫濱，到中國上海及香港等地。加拿大太平洋鐵路開展大西洋線，使公司能夠以自己的旗幟，將旅客和郵件從英國運送到香港或中間地點。憑藉定期的太平洋航線服務，橫貫加拿大的特別「海外郵件」火車以及快速的「大西洋女皇號」，從香港到倫敦僅需 29 天，從橫濱到倫敦只需 22 天，當時是一項值得驕傲的成就。加拿大太平洋鐵路成為前往英格蘭的普及路線，從乘客人數的持續增長可見一斑。

該公司的線路貫穿整個溫帶，吸引來自熱帶的旅客在休假時選搭，沿途享受不同的風景，可從太平洋和加拿大山脈的清新空氣中獲得最大滿足，無論娛樂或公幹，旅行者都能各取所需。第二次世界大戰後，公司在 1953 年亦有建造新輪船，重 22,500 噸，建造費約 1,600 萬鎊，於 1956 年加入「皇后號」陣容，頭等艙可容納 150 人，二等艙 900 人，速度為每小時 22 海里。[40]

太平洋輪船公司 ｜ 太平洋輪船公司（The Pacific Mail Steamship Company）成立於 1848 年，在香港的代理機構則於 1866 年成立，船長 E・A・哈里斯是公司在殖民地的第一位代表。在早期，公司經營一系列從美國東岸紐約，經麥哲倫海峽到西岸舊金山的輪船。1865 年，公司收購了范德比爾特（Cornelius Vanderbilt，1794 － 1877）[41] 所擁有的航線，並於次年開始，設航線來往上海和橫濱之間。1867 年 1 月 1 日，「科羅拉多」號離開舊金山前往香港，成為第一艘穿越太平洋的定期輪船。隨著交通運輸的需求增長，舊的槳式輪船被現代的螺旋式取代，直到 1902 年，公司建造「韓國」和「西伯利亞」兩艘輪船，標誌著跨太平洋航運的新紀元。這些氣勢恢宏的輪船，排水量各 18,000 噸，長551 呎，馬力為 18,000。在 1903 至 1904 年，太平洋輪船獲得了更大的「蒙古」和「滿洲」號，排水量 27,000 噸，長 615 呎。這四艘船加上「中國」，從香港

到舊金山每週均有航班，停靠港口包括上海、長崎、神戶、橫濱和檀香山。這條路線，更被馬克‧吐溫和其他著名作家描寫為不朽的「太平洋天堂」，在旅行者中格外受歡迎。[42]

渣甸輪船公司 ｜ 除了其他眾多的商業利益外，渣甸輪船公司（Jardine, Matheson & Co's Shipping Department）也是印支半島中國蒸汽航行有限公司的總經理，以及遠東幾家大型包船貿易公司的代理商。該公司在 20 世紀初把已經運行了多年的加爾各答線擴展至日本港口，由三艘新的輪船運營，其中最新的是「庫桑」。它是全新的貨船，重 4,895 噸，船艙客房均裝有電燈，為 21 個頭等艙和數量有限的二等艙旅客提供了絕佳的住宿。Namsang 和 Fooksang 也提供頭等艙和二等艙住宿，當時是舒適的現代蒸汽船；同時還有兩艘中等蒸汽船 Kumsang 和 Laisang，旅客可定期從加爾各答前往香港再到日本，大約每十天就有一班從加爾各答出發，船上均駐有合資格的外科醫生照顧旅客。[43]

而廣州、香港和天津的直達線則有專門為此建造的「清興」和「奇星」，分別重 1,980 和 1,984 噸，有客艙，並能承載大型貨物，航行到天津外灘。爪哇線以 3,000 至 4,000 噸的輪船，定期在香港、新加坡、三寶壟和泗水之間提供服務，另一艘輪船則在香港、古塔、山打根和其他婆羅洲港口之間定期運行。行走這條線的船隻 Mausang 特別適合處理重型木材，這是主要的運載貨物。[44]

香港至馬尼拉線有「隆桑」和「元生」，每個星期五定期開航。而廣州、香港和上海的航線則使用三艘新的輪船，每艘載重量達 3,000 噸，可根據需要在沿海港口停靠，但通常泊在汕頭。公司還在東方港口之間開展大型租賃業務，有「阿馬拉」等九艘輪船，配有中間甲板及側埠，能安全及便捷地處理各種貨物。在東方地區服務的船員中約有 330 名歐洲人，擔任船長、軍官、工程師、醫生和領航員。該公司屬下還有英屬印度蒸汽航行公司和亞洲蒸汽航行公司。當中前者從仰光到香港和中國港口的輪船，設頭等艙住宿，並裝有電燈。[45]

法國輪船公司 ｜ 法國人亦對中國各省的商業和發展感到興趣。法國輪船公司（Messageries Cantonaises，前稱法蘭西火船公司）於 1907 年由法國企業聯合會創立，得到法屬印度支那政府的補貼，經營香港、廣州和梧州（廣西）之間的法國郵政服務。在巴黎總部的監督下，它經營著 Paul Beau 和 Charles Hardouin 兩艘輪船。Paul Beau 以印支總督的名字，Charles Hardouin 則以曾積極投身於建設這條航線的法國駐廣州總領事的名字命名。這兩艘船每隻 1,900 噸，1904 年在法國南特建造，速度為 14 海里。公司註冊辦事處在廣州，在香港的代理商是著名的 Barretto & Co. 公司，董事是法國海軍預備隊的上尉 P. A. Lapicque。戰前（以 1938 年計），法國輪船公司經營香港至上海的大輪船航線，頭等收 8 鎊、二等 5 鎊半、三等 3 鎊、四等 1 鎊半。而開往越南西貢的輪船則頭等 12 鎊、二等 8 鎊，每隔一個星期二開出。[46]

此外，戰前在香港開辦往沿海各埠及南洋航線的輪船公司，還包括招商局輪船公司、太古輪船公司、德忌利士輪船公司、印華輪船公司、渣華中國日本輪船公司。這些公司來往的口岸包括廈門、福州、曼谷、德里、巴泰維亞、[47] 煙台、大連、海防、馬卡薩、牛莊、西貢、桑打康、[48] 上海、泗水、新加坡、汕頭及天津等。另外由於上海的客路比較多，有專門營運的公司，包括大來輪船公司、昌興輪船公司、意大利郵船公司、大英輪船公司、藍煙囪（太古）、北德輪船公司及亨寶輪船公司。[49]

來往珠三角及內河航線

戰前華南地區的旅行，則有汽船連接香港和珠江三角洲的其他港口，包括廣州、澳門、江門、九江、三水、肇慶及德慶等。[50] 每天都有從香港到廣州的輪船：天一號、泰山號、東安號，逢星期一、三、五早上 8 點由香港開行上廣州；佛山號、西安號逢星期二、四、六早上 8 點開行。省港輪通常設有西餐房、唐餐房、尾樓及大艙，船費由單程 3 元至 7 毫不等，旅客在康樂道（今干諾道）西平安碼頭、康樂道中省港輪船碼頭、同安碼頭或元安碼頭上船。[51] 廣州政局

動盪時，大型船之中曾僅餘佛山號行走，每週開一班，其餘的小輪均加入澳門線，故至 1933 年往澳門的小輪多達八至九艘，包捨虎門、劍門、廣西、廣東及祥興等，每日開上午 9 時半、下午 3 時或 5 時半，由上環三角、元安、海安、泰興及長洲碼頭開出。而行走香港至三埠的客輪則有桂海、桂山及文山三艘，隔兩日從寶德碼頭開出。廣福祥則是開往江門的客輪，亦由寶德碼頭隔日開出。

因為戰事頻繁，內河航線的經營不景氣，加上航線競爭大，利潤不高，年年虧本，所以服務亦比較不穩定，經營內河船的公司中較大有五家：太古公司，有佛山、武穴兩輪；大興公司，有祥興、永興、成興、華興四輪；元安公司，有廣東、廣西兩輪；廣西航業公司，有桂山、桂海兩輪；民生公司，有龍門、虎門、劍門及石門四輪。惟內河航線的客輪，一向對專走此線或另走他線，沒有嚴格的限制，變動較大。[52] 到了 1939 年 9 月，只剩下龍門、石門、武穴及佛山號，逢單日及雙日甚至不定期從三角碼頭、省港碼頭等開出的省港輪。戰後初期水道不靖，搭這些內河船（又名「夜船」）到內地各埠有一定危險性，與戰前可以舒適地躺睡一晚便到達的情形不一樣，但因為價格經濟，以最高的西餐房計算也只不過 30 元（以 1939 年 8 月計），不少乘客仍會選搭。[53]

九廣鐵路

往來廣州至九龍尖沙咀的九廣鐵路於 1906 年動工，1911 年開通。當時有評論指，英國開設這條鐵路是有政治企圖的，在《香港──東方的馬爾他》中，作者提出：

> 這種鐵道的建設，顯然是殖民地政策的一種策略，即所謂鐵道的政策。英帝國主義有她發展的企圖，而且是深遠的企圖，她想藉廣九鐵道的完成，同將來的粵漢鐵路，結成一無懈可擊的侵略中國「武器」。最近建築粵漢鐵道的呼聲，曾高唱入雲……因為粵漢鐵路如果完成的一天，英帝國主義從政治經濟上足以威嚇封鎖廣東的情態，一舉便可將侵略的鐵腕伸展到長江一帶。實際上，她就支配了全中國。[54]

事實上，鐵路的英段較華段（即深圳至廣州）更快完成，廣東政府是後來才完成工程。自 1915 年，九廣鐵路增設一班中午直通車至廣州後，[55] 因為方便快捷，客運量增加，吸引了不少原本搭乘輪船的旅客，如果不是攜帶大型行李，大多數會選擇九廣鐵路，比較簡便及安全。以戰前（1939 年 9 月底）為計，頭等的票價是 22 元，二等 17 元 6 毫，三等是 8 元 8 毫。另有一架「江南號」直通車 18 元 5 毫，中途不停站，下午 2 時從九龍開，下午 5 時 55 分便到達廣州，車程約四個小時以內。如果並非直通車，中途會停靠深圳、樟木頭及石龍等站。普通快車從九龍開出是上午 8 時 10 分，要中午 12 時 47 分才到達，即大概需要四個半小時。如搭乘上午 8 時 52 分從油蘇地站開出的慢車班次，更要晚上 7 時 45 分才到達，差不多要 11 小時。但根據時人的觀察，這些火車班次經常誤點，到站時間可以比原定超過一小時。每逢過時過節，或星期日的例假，尖沙咀火車站經常大排長龍。

九廣鐵路英段初期設有尖沙咀、油蘇地、沙田、大埔、大埔墟、粉嶺及上水站，終點站位於深圳邊界的羅湖，頭班車（以 1939 年為準）為上午 5 時 40 分由九龍開出，上午 6 時 30 分到達深圳，需約一小時。由九龍開出的尾班車於下午 5 時 55 分開出，晚上 7 時 1 分到達深圳站。[56] 當時火車票有三個等級，以尖沙咀至深圳為例（1933 年為準），頭等收港銀 2 元 5 仙，二等收港銀 1 元 4 毫，三等收港銀 6 毫半。[57]

深圳站後來改名為羅湖站，是英段的最後一站，下一站已為深圳境內的深圳墟，油蘇地站後來則取消，改為旺角站。上文提到的初期路線，在沙田及大埔墟之間還有一個「大埔」站，由於此處原有一個碼頭，可乘街渡前往吐露港的離島或沿岸村落如深涌、荔枝莊、赤徑、高流灣及塔門，甚至曾有人經營小輪至深圳的鹽田等地，因此在這裡設站。但後來因為太和市成立，貿易日漸繁盛，九廣鐵路增設「大埔墟站」，原有的大埔站則為免混淆，改稱「大埔滘」站。又自從位於香港中文大學的大學站開設後，大埔滘站使用量大減，加上隨著馬料水碼頭的落成，該站鄰近的水路運輸式微，於是車站連同碼頭，均於 1983 年 5 月

No. 269   Cowloon Canton Railway Hongkong Station Kowloon K.K.

‖ 尖沙咀火車站。 ‖

‖ 戰前尖沙咀火車站的火車頭。 ‖

2 日隨著九廣鐵路英段第二期電氣化工程完成停止服務，只餘下古色古香的站牌，在火車經過時仍可見到，後於 1990 年代初拆卸，火車站舊址現為大埔滘港鐵職員宿舍。粉嶺站的開設，則是為方便洋人到粉嶺哥爾夫球會打高球。該會會員是從尖沙咀坐火車到粉嶺站，再乘人力車或騎馬到會所打球，1914 年在時任九鐵公司經理溫思勞（C. H. P. Winslow）的協助下開通特快列車，於週末直接接送會員到粉嶺站，車上並提供熱食及冷飲，此服務受到會員歡迎。[58] 而上水站的開設，主要與石湖墟在戰後日益蓬勃有關，方便了前往鄉村市集進行商業的人士。火車的普及，帶動了洋人及華人往新界北部的短途旅行。

除了富裕階層外，學生亦會乘火車到新界旅行。如 1934 年官立學校英皇書院的學生七人，搭乘廣九專車到上水旅行，下午始回港，場面十分熱鬧。[59]

‖ 1982 年大埔滘火車站拆卸前情況。 ‖

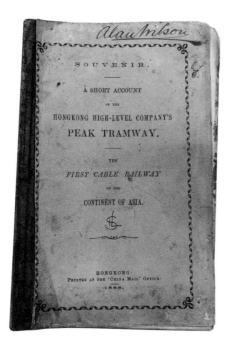

1888 年山頂纜車開幕時出版的紀念小冊子，封面號稱這是亞洲大陸首個纜車系統。（圖片出處：香港社會發展回顧）

山頂纜車公司

山頂纜車公司（The Hong Kong High-level Tramways Co. Ltd.）成立於 1888 年，開業後大受歡迎，以往坐轎子攀登山頂需要差不多一個小時，但纜車可縮短到十分鐘以內。1905 年，艾利・嘉道理爵士（Sir Elly Kadoorie）收購山頂纜車公司，於 1971 年由香港上海大酒店全資擁有。在 1893 年出版的一本旅遊指南的廣告中，介紹這項新的交通工具是旅客到香港不能錯過的行程。

山頂纜車是全亞洲最早建成的纜車索道系統，至今仍是全球同類系統最陡峭之一，全程 1,350 米，坡度由 4 度至 27 度不等。山頂纜車曾是著名電影取景之處，例如 1955 年國際巨星奇勒基寶（Clark Gable）主演的《江湖客》（*Soldier of Fortune*）。[60] 在山頂纜車啟用首天，接載的 600 名乘客差不多全是山頂的居民。時至今天，山頂纜車每年的乘客多達數百萬人次，是遊客訪港的必到景點。一些

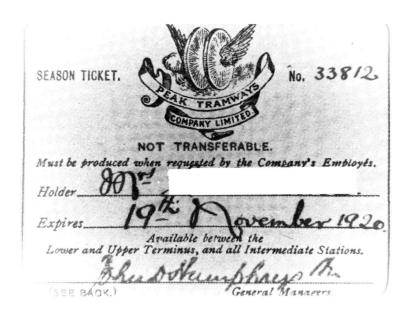

‖ 1920 年代，一名英籍居民持有的山頂纜車季票。 ‖

經常往返山頂或半山區的住客，多選擇購買季票，可在山下、山上及中途站上落。[61] 纜車除了花園道及爐峰峽的總站外，還設有四個中途站，即堅尼地道、寶雲道、梅道及白加道。在 1938 年，從花園道總站搭乘纜車至各站的價目表如下：

	堅尼地道	寶雲道	梅道	白加道	山頂
頭等	1 毫	2 毫	2 毫	3 毫	3 毫
三等	1 毫	1 毫	1 毫	1 毫	1 毫

山頂纜車的時間表，平日與週日相同，以 1938 年為準，頭班為上午 6 點，尾班為凌晨 12 時 15 分，惟顧客可在 12 小時前接洽公司包特別車。[62] 因此居住在半山區的西人團體，會在舉辦特別舞會時要求纜車公司加開班次，如舞會預計在凌晨 1 時半結束，則尾班車將會開到 2 時。正如艾倫太太收藏的 1922 年 6 月 3 日的舞會票，便可見加開了 1 時、1 時 30 分、1 時 45 分及 2 時的纜車，

141

‖ 1905 年的山頂纜車。‖

Kennedy Road and Peak Tramway, Hongkong.

　‖ 纜車經過堅尼地道的情景。‖

接載參加完舞會的洋人，反映出纜車與中半山區以至山頂區居民的關係。[63]

原有的花園道纜車總站由木材所建，於 1935 年拆卸，代之而起的新車站坐落於聖約翰住宅大廈底層。同年 6 月，纜車公司在香港大酒店召開會員周年大會，讓股東們審核周年報告及財政報告，董事何東、史釗域及嘉道理於會上辭去董事局成員。1936 年，全新的花園道纜車總站揭幕，設計出自香港著名建築師事務所巴馬丹拿（Messrs. Palmer & Turner）的手筆。纜車總站其後再重建，成為今天 22 層高的商業大樓聖約翰大廈（同為香港上海大酒店旗下物業），其獨特的設計曾於 1983 年榮獲香港建築師學會頒發銀獎。

戰後香港旅遊業復甦，遊客增加，對纜車的需求大增，纜車公司在 1949 年改善車箱設計，將原本木製的車箱改為鋁質，令車身更輕便，載客量更從 55 人增加至 62 人，鋁片從英國訂製，運來香港裝上車身而成。[64]

3.3 │ 旅遊書籍及旅行指南的普及

早於 19 世紀中後期，以香港為主題的旅遊書籍開始出現，包括由倫敦傳道會傳教士佐治‧史密夫、植物收藏家科頓、維多利亞時代旅行作家康寧所撰的遊記，以至約翰‧湯遜的遊記兼照片集、史葛切尼的《我們的島嶼》對自然環境的描述，均透過自身的經歷撰寫，是西方旅者對香港早期面貌的珍貴紀錄。到了 19 世紀末，輪船服務和火車成為更普遍的交通工具，旅行變得越來越受歡迎，對香港這個英國殖民地的最新發展感興趣的旅行人士越來越多，特別是 1890 至 1900 年間，便出版了多本有關香港的旅遊指南書籍。1890 年代，前述謝帕德著的《1893 年香港指南》、威廉‧萊格（William Legge）的《香港指南》（*Guide to Hong Kong*）已經出版，主要是為了滿足當地居民的需求。[65] 這些指南提供了非常有用的資訊，讓我們瞭解人們如何將香港視為遠東地區的目的地。

與開埠早期不同，隨著外國人對中國的瞭解增加，加上香港在東亞的經濟地位相對提升，他們對殖民地的態度也在不斷變化，從有關的遊記或指南顯示，不再停滯於「荒島」印象。更確切地說，港英政府在 1903 年的憲報中確立維多利亞城的界線，並豎立界碑，從此建立了香港的印象。粗略估計，自 1890 年至第二次世界大戰爆發，有多種有關香港的旅遊書籍出版，重要的舉例如下：

年份	作者	書名
1893	Bruce Shepherd	A Hand-book to Hongkong, being a Popular Guide to Various Places of Interest in the Colony, for the Use of Tourists[66] (Kelly & Walsh)
1893	William Legge	Guide to Hong Kong
1893	Sydney Skertchly	Our Island
1897	Robert Hurley	The Tourist's Guide to Hong Kong, with Short Trips to the Mainland of China
1901	Robert Hurley	Tourists' Map of Hongkong, Describing Fifteen Trips on the Island
1905	Robert Hurley	The Far East, Sixty Pictures – Hong Kong, Canton, Macao, Shanghai, Peking
1920	Robert Hurley	Handbook to the British Crown Colony of Hong Kong and Dependencies (Kelly & Walsh)
1925	Robert Hurley	Picturesque Hongkong – British Crown Colony and Dependencies

外國人出版關於香港的早期旅行書籍

布斯・謝帕德：《1893 年香港指南》 ｜ 謝帕德（Bruce Shepherd）的身份，一說是最高法院的圖書館主任，一說是土地註冊處的文員，以當時的工作時間為上午 10 時至下午 4 時為止，他有可能是在工餘時間寫作。該書由 Kelly and Walsh 於 1893 年出版，主要針對到訪香港這個英國遠東轉口港及海軍基地的旅客及觀光客。

謝帕德以五個篇章介紹了香港的歷史，代表了英國對殖民香港的解釋。從今天的

角度來看，在旅行指南書中包含如此多歷史事件是非常奇特的，但這在當時來說應該不可或缺，可以將英國成功把貧瘠小島改造成現代城市的形象，介紹給當地和海外讀者。「指南」的出版是在 1893 年，香港剛剛過了殖民統治的首 50 年，在指南中大量納入香港歷史回顧，促進了英國殖民統治對目標讀者的影響。

根據 H. J. Lethbridge 在 1982 年版本的指南中介紹，謝帕德原來是香港政府的公務員，儘管詳細的身份尚未明確，但我們不禁會問，為什麼政府官員喜歡寫旅遊書，並且包括這麼多關於香港歷史的章節？也許我們可以確信，這本指南中的觀點應該與當時英國人的思想一致。因此，即使在那個時代，華人社群已經能夠發揮一定的政治影響力，然而指南中提到的中國事物仍不算多。[67]

除了運載郵件和乘客的蒸汽船外，維多利亞港也有許多其他船舶進入。船隻的數量從 1844 年的 538 艘增加至 1907 年的 8,249 艘（不包括從事當地貿易的船隻）。這間接揭示了早期殖民地前往香港的旅客大幅增加。正如在《1893 年香港指南》中，謝帕德寫道：

> 在 1841 年之前的年代，它（香港）僅作為一個不受歡迎且沒用的島嶼，顯然只能支持最低形式的生物。到了今天，它在世界面前以其維多利亞城和超過 20 萬市民的常住人口脫穎而出——一個著名的英國採摘和企業的紀念碑。[68]

指南中很少提及中國人的村莊和居處，可能是出於政府隔離政策下的安全原因。然而，謝帕德在短途旅行的章節中提到，筲箕灣是「距離維多利亞城約 7 英里的一個小鎮」，前往筲箕灣最好的方法是從維多利亞城乘坐蒸汽輪，或以低價僱用一名船長及其船隻。如果步行到那裡，就像一個旅遊陷阱，如果有人想爬山前往，更是「愚蠢的，而且可能他們永遠不會回來」，因為遊客根本不瞭解中國的語言和生活方式，不會感受到樂趣。謝帕德描述，筲箕灣除了海港外，在岩石上還有一座已倒塌的古廟（應為筲箕灣阿公岩的譚公廟，現存）。據瞭解，總督初步計劃在岩石上建立一間警署，並提出要賠償給中國人。然而，

中國人拒絕了，因為該廟是附近最古老的廟宇之一，是無法以金錢衡量的。謝帕德在這個問題上沒有偏向任何一方，只得出結論：「廟宇仍未受到干擾」。[69]

羅拔·赫爾利：《風景如畫的香港》 | 羅拔·赫爾利（Robert Hurley）於 1879 年受聘為會計師來到香港，後來加入托馬斯·庫克的公司（Thomas Cook & Son）成為旅客導遊，再之後則在政府部門擔任分析師。赫爾利多才多藝，身兼會計師、公務員、攝影師、導遊及業餘地圖出版者於一身，撰寫過多本香港旅遊指南。我們不清楚 1897 年維多利亞女王登基的鑽禧紀念，是否促使他邁進旅遊指南出版事業的原因，但在那年他確實出版了一系列的書籍，如 *Sixty Diamond Jubilee Pictures of Hong Kong*，但發行量有限。不久後，他又出版了 *The Tourist's Guide to Hong Kong, with short trips to the Mainland of China*，介紹還有一年才租借給英國的新界地區的短途旅行路線，其中一些路線甚至深入中國內陸。

1901 年，他以會計師身份成為陪審團成員，同年發表了極為罕見的香港遊客地圖，名為 *Tourists' Map of Hongkong, Describing Fifteen Trips on the Island*，以一吋對一英里的比例，描繪島上 15 條旅行路線。直至 1909 年，他仍被列入陪審團成員名單，同時是托馬斯·庫克的職員，有可能還身兼美國運通（American Express Company）的導遊。至 1920 年，他完成另一部作品 *Handbook to the British Crown Colony of Hong Kong and Dependencies*，並授權 Kelly & Walsh 出版。

赫爾利亦曾在廣州的沙面酒店工作，因此對內地，特別是珠江三角洲等地的旅遊瞭如指掌，曾撰寫有關廣州及澳門等的指南，對當時的遊客非常有用，1905 年，他便出版了 *The Far East, Sixty pictures – Hong Kong, Canton, Macao, Shanghai, Peking*。該書不僅是一本指南，還提供了許多實用的資訊。[70] 這本小書的文字、照片和地圖亦具維多利亞時代色彩，全部由赫爾利包辦，令他與這本指南都贏得了聲譽。

然而我們推測，出版旅遊書籍沒有為赫爾利帶來應得的回報。他後來更與 Kelly & Walsh 出版社發生了糾紛，1921 年 10 月 12 日的《德臣西報》（*China Mail*）[71] 載有一份以赫爾利為起訴人的法庭聽證起訴書，指控 Kelly & Walsh 還未清繳他 600 美元的文學工作薪酬。1920 年，赫爾利 72 歲時，竟然獲聘為政府實驗室的公務員，但因為身體虛弱和年邁，他工作了四年便正式退休，但在 1925 年出版了最後一本旅遊書，名為《風景如畫的香港──英國皇家殖民地和屬地》（*Picturesque Hongkong- British Crown Colony- and Dependencies*），是他對與 Kelly & Walsh 出版的前作重新演繹，證明他保留了著作版權。[72] 這亦是他所寫的旅遊書籍中最為人熟悉的一本，對香港的旅遊景點作出詳細的描寫。

赫爾利於 1927 年在明德醫院去世，葬禮在跑馬地的天主教墳場舉行，終年 79 歲，追思彌撒由萬家珍神父（Rev. Banchio Luigi，1888 － 1955）主持，羅師祿神父（Rev. Rossello Vadell Antonio，1899 － ?）和神學院的學生協助。赫爾利被形容為香港殖民地最年老的一位居民（1879 年 5 月至 1927 年 11 月），[73] 無論作為攝影師或是地圖繪製師，他都可算開本地旅遊書之先河。他製作了最早的香港旅遊指南以及早期的攝影紀念冊，後人多以此為藍本，製作其他受歡迎的旅遊書，如南華早報出版的《香港指南》（*Guide to Hong Kong*）（1906）和 J. Arnold 的《風景如畫的香港》（1910），均明顯是向赫爾利致敬。[74]

旅遊日記反映的華洋距離

19 世紀末至 20 世紀，西方旅行者敘述在香港的經歷時，多了與香港華人的接觸，也增加了對新界地區的認識，會前往一些早期旅行者少講及的圍村、離島以及風景等觀光。這些遊記反映他們開始留意華人社會與洋人的距離，雙方在文化、風俗與信仰上的分別。

博斯曼：《貧窮的浪漫》 │ 博斯曼（W. Bosman）的《貧窮的浪漫》（*Romance of the Poverty*）出版於 1940 年，書中未見對華人的偏見，且描述頗為細緻，

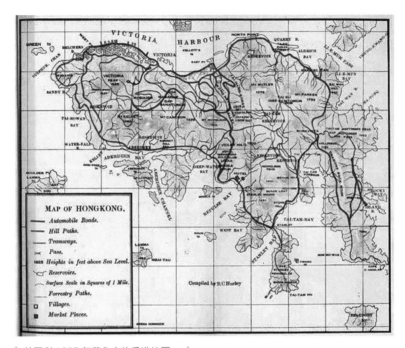

‖ 赫爾利 1925 年著作中的香港地圖。 ‖

借平庸而浪漫的故事，描寫了日佔前的香港。他描寫歐洲人在酒店裡享樂，伴隨著所有的流言蜚語和醜聞：「那是在 1939 年 4 月份……在間歇性的陣雨中，一股迷霧正在慢慢籠罩整個香港島，並包圍了各種各樣數以百萬計的居民……對於歐洲人來說，霧和雨並不意味著不舒服……他們一部分人舒適地坐在香港酒店寬敞的大堂裡，圍坐在巨大的壁爐旁……女人們坐在另一個角落，議論著督憲府舞會上各式各樣的禮服，八卦在雞尾酒的作用下倍增成醜聞。」[75] 博斯曼又描寫：「另一邊，中國人在『番攤』桌上爭搶好運，動輒上落數千美元。」博斯曼又詳細介紹了這種賭戲的玩法：

這玩意叫番攤，是東方最著名的遊戲。莊家隨意拿出一些骰子，用碟子蓋上。賭客下賭注，直至這位綽號「黑心」的莊家拿起碟子，便不再允許進一步的下注……他用一根長而細的棍子將四枚骰子分開，餘下的點數便成了中獎號碼。如果剩下的點數恰好是三，那麼莊家便要支付三倍

的賭注。下注為「一」的所有賭注都歸莊家，下注在「二」或「四」上的賭徒則能拿回他們的錢。[76]

博斯曼又形容他見過中國最富有的人是何世福（音譯），這位買辦以富麗堂皇的大宅和身後的眾多工人彰顯他的財富：

> 在他富麗堂皇的大宅中，何世福和家人坐在家裡一同吃早餐，這其中有他風華正茂的妻子和五個男孩，其中兩個已擔任文員，另外三個仍在大學學習。此外他還有六個女兒，都很漂亮⋯⋯何是商業銀行的買辦，並且以他的身份全面掌控屬於華人的業務。他手下有 85 名文員、一名助理買辦及一名副手。[77]

博斯曼又提到何世福家中一名光彩照人的女僕「珍珠」，並寫到：「（珍珠）可以說是第二個聖女貞德，是一個天生就有能力引領人們打勝仗的女士，所以戰爭來了⋯⋯」通過博斯曼精到的描述，我們得以對戰前香港上層華人的生活有所瞭解。

阿諾‧維特：《二十世紀香港的印象：歷史、人民、商業、工業和資源》 |

倫敦的萊德‧大不列顛出版公司（Lloyd's Greater Britain）在 1901 至 1914 年間出版了一系列旅行、政治和社會通鑑，當中《二十世紀香港的印象：歷史、人民、商業、工業和資源》（*Twentieth Century Impressions of Hongkong: History, People, Commerce, Industries, and Resources*）是一本關於 20 世紀初的香港年鑑，由不同作者供稿。[78] 阿諾‧維特（Arnold Wright，1858 － 1941）是其中大多數單行本的總編輯及作者。

維特被認為是一位殖民主義者，書中或多或少包含了殖民主張和風格，正如他另一本作品《殖民主義的浪漫：英帝國經濟發展的故事》所示。[79] 而《二十世紀香港的印象》對中國人的偏見特別嚴重，作者聲稱中國官員在銷毀鴉片時，實際上已經扣留了大部分貨物，供自己使用和加工：「人們普遍認為這種藥物並沒有被徹底銷毀。有人確信，當時沒有銷毀所有鴉片，質量最佳的一部分已

被據為己有，並最終成為負責這項工作官員的收益。」[80] 這種毫無根據的指控，反映殖民主義者是透過污衊而將本身的侵略行為合理化。

編者還抨擊先後擔任兩廣總督的林則徐和琦善迴避問題，並指出港督砵甸乍爵士（Sir Henry Pottinger，1789－1856）需要用他的決斷力和力量來使中國人有個好好的教訓：「爵士並不會因缺乏能力而妥協。他曾經在最好的學校——印度政府中，接受過『東方手法』（Oriental Methods）的長期訓練，而且他知道決斷是遇到困難時必不可少的特質。」[81] 在描述第二次鴉片戰爭期間兩廣總督葉名琛被俘虜的時候，該書將他說成一名「被鄙視的」客家人寫到：

> 一個英國的苦力軍團碰巧在路上遇到了被押送往英國軍艦的葉名琛，這些粗人立即放下他們的重擔，向著他大笑。這樣對客家人的公開蔑視，令葉只能在無力的憤怒中咬牙切齒。也許他一生中從來沒有經歷過更大的侮辱，但他不會再受到廣東人的怒目注視了，因為這次羞辱是他最後一次在廣州，甚至是在中國現身。[82]

維特在其他篇章也不免流露出當時西人對香港華人的普遍偏見乃至歧視，例如他認為大部分人雖然表面是漁民，但也是海盜；又認為水上人由出生到死去也離不開那艘船：

> 「Kowloon」一詞源自中文字詞「九龍」，意為九條龍，是指在半島後方的九座山丘。在英國人到達之前，該島的人口可能從未超過 2,000 人。居民表面上的職業是捕魚，但是葡萄牙人以「強盜」（Ladrone）一詞來指涉這裡和附近的島嶼，說明這些人多年來實行種種除「文明」以外的其他行徑。海盜問題已是英國人多年來所面對無限麻煩的根源。1841 年 10 月，香港人口，包括軍隊和不同國籍的居民，總計約有 15,000 人，比六個月前增加三倍。到 1848 年，總數已增加到 21,514 人。1850 年代初期，廣州附近的省份爆發了一場叛亂，使大批移民湧入香港。[83]

香港現時的人口，如不包括新界的 85,000 名華人，則可能會減少到 330,000。其中包括約 9,000 名士兵和水手，以及近 50,000 名男女老少的水上人，他們從搖籃到墳墓，除了船帆及舢舨外一無所知。非華人居民約有 10,000 人，包括歐洲人、歐亞裔、印度人、馬拉人和非洲人。在殖民地的初期，疾病的肆虐帶來災難，以至於 1844 年當地曾認真討論過放棄該島的建議。女王陛下的司庫蒙哥馬里·馬丁起草了一份詳細報告，在報告中他表示相信歐洲人永遠都不會居住在這個地方……。[84]

另一方面，維特重視殖民當局為這個城市作出的努力，如改變擠逼的華人生活環境、骯髒的商店、惡劣的衛生環境等「事實」，而且交通工具也有洋人與華

‖ 1920 至 1930 年代的跑馬地。 ‖

人之分的隱喻。衛生局對華人社區以及交通的改善，使城市面貌改觀，無疑是當時編者意圖推廣的殖民主義優點：

> 華人社區從砵甸乍街向西延伸。街道上，許多街道非常狹窄，全天均擠滿行人，這裡有華人生活中那些看上去很骯髒的商店，裡面充斥著各種奇怪的事物……正是在這個人滿為患的環境中，瘟疫和天花找到生存點，但是在最近十年中，衛生局通過不斷探訪、提供正當的空間、空氣流通及清潔措施等，為防止這些疾病的傳播做出了很多努力。[85]

> 維多利亞城和九龍半島之間的交通是透過許多渡輪接連，其中最重要的是天星小輪公司的渡輪，這些船從維城直達尖沙咀角。其他的渡海小輪只供中國人使用，往半島東側的紅磡和九龍城，西側的油蔴地和深水埗。目前，九龍鐵路還處於發展期，但它正在蓬勃發展，並為九廣鐵路與北京和西伯利亞大鐵路的連接提供了美好的前景。[86]

維特主張，縱使香港曾被視為歐洲人不可居住的地方，衛生環境惡劣，而且中國人處於尚未開化的階段，但殖民當局種種措施，令這個城市變得看來較浪漫化，令人對前景有所憧憬，這是當時一種以殖民者自居的典型觀點。

修頓夫人《在蚊子帷幕下》 ｜ 修頓夫人本名貝拉·西德尼·伍爾夫（Bella Sidney Woolf，1877 － 1960），是布政司湯瑪士·修頓爵士（Sir Wilfrid Thomas Southorn，1879 － 1957）[87] 的妻子，於《在蚊子帷幕下》（*Under the Mosquito Curtain*）中對新界有一些有趣的觀察。[88] 在訪問錦田時，她提到了中國的綠茶：「一位僕人端來了一杯美味的綠茶。每個杯子都配有一個碟子，須稍微傾斜蓋子並通過一個小開口喝茶，雙手握住杯子是一種棘手的表現，如果一個人不擅長此道，最好不要嘗試。」[89]

清政府在1898年正式簽訂《展拓香港界址專條》，將新界租借給英國。但翌年，

錦田村村民拒絕被英國接管，經過數次對峙與交戰，村民最終不敵英軍，退至吉慶圍。英軍攻入後強行拆掉圍門，並送回英國當做戰利品。後來關於歸還圍門的問題，修頓夫人在書中記錄了吉慶圍的完整題詞：「現在，代表全村人民的父老——第 26 傳後人鄧伯裘向香港政府請願要求歸還大門，並像以前一樣恢復原貌，從而保護其和平狀態。香港政府支付了所有費用，港督司徒拔親自參加了重新安裝大門的儀式。清楚地展示了英國政府的深厚善意和慷慨。我們的人民也表現出對英國政府的忠誠和敬意。銘文已被寫於圍門的紀念碑，以作永恆的紀念，時為 1925 年 5 月 26 日。」[90]

修頓夫人在另一本介紹英國殖民地如直布羅陀或馬來亞等地情況的書《大英帝國》（*The British Empire*）中，保留她支持殖民主義的論點。[91] 她在書中寫道中國是被錯誤的管治者所破壞，香港為華人的投資提供了保障，且不會回到中國：「被誤導的人們傾向於輕描淡寫地說：『現在戰爭已經結束，我們必須讓香港回到中國。』這種態度意味著認為英國人強行從中國奪取香港，但卻完全忘記了他們親手塑造了香港，這是與華人合作的辛勤成果。在這些華人中，有很大一部分人出生在香港，是英國公民。殖民地是與華人密切合作管治的，如果英國人要貫徹戰爭期間的原則，將領土和英國臣民交給任何其他政府，都不是其意識形態的一部分。」此外，修頓夫人又讚揚孫中山是一位偉大的愛國者，並引用他在香港大學一次演講的內容，說明孫中山讚賞香港為人民帶來的好處。無論如何，身為高官夫人，修頓夫人以大使身份探訪華人領袖，也試圖表達對市民生活的關顧。

多蘿西・迪克斯：《我環遊世界的歡樂騎行》 ｜ 多蘿西・迪克斯（Dorothy Dix）是美國記者伊利莎伯・紀利瑪（Elizabeth Meriwether Gilmer，1861 － 1951）的筆名，她去世時是全美國收入最高且讀者最多的女記者。她在報紙專欄提供的婚姻顧問意見備受廣傳，同時其世界各地的遊記也非常流行，書中有一張穿著和服乘坐人力車的照片，相信是在日本旅行時所拍攝。在《我環遊世界的歡樂騎行》（*My Joy-Ride Round the World*）一書中，香港給迪克斯的第

一印象是好的，特別是像她這樣的女人：「香港的第一個味道是純粹英式的。你覺得你回到了親愛的老倫敦，當你在每一個角落遇到瘦長的英國人，他們的眼睛都是單片眼鏡，皮帶上的鬥牛犬，女人則穿著襯衫和平底鞋。除了談及上帝的恩典或出生在英格蘭之外，他們總是一副漠不關心的樣子。」[92]

從女性的角度來看，迪克斯想知道白人是如何控制在香港佔多數的中國人的，就像在其他英國殖民地一樣：「當你進入華人城區，看到成千上萬的中國人，你開始意識到這個城市的外國部分只是本土的邊緣，你面對的是不可思議的種族——白人都不知為何能支配這種情形，無論他們身處何地。」[93] 迪克斯認為外國人在理解種族問題時經常陷入麻煩，因為他們沒有真正融入佔大多數的當地人。

對於香港的風俗，迪克斯進行了一些有趣的討論。對中國人的納妾問題，她綜合地指出，那些反對該制度的人認為，它導致了上流男性對女性的癖好；而為納妾辯護的人解釋說，女性需要被教導消除思想中的嫉妒，接受與其他女性分享她們的丈夫。不過後者的論據似乎沒有真正說服迪克斯，她寫道：「後來我瞭解到，這位傑出的政治家在為納妾制度辯護時已經娶了他的第二任妻子，他的第一任妻子已經去世，那是一位才華橫溢的年輕女子，是一所美國大學的畢業生。而她嫁給丈夫的條件之一，就是要他將許多妾侍送到他在遠方的莊園。顯然，任何禁錮都需要花費數百年的時間，才能從女人的心態中消除嫉妒，並讓她願意與其他女人分享她的丈夫。」[94] 迪克斯還在有關香港的報道中提到，海盜的威脅是真實存在的，船上唯一的預防措施是用高鐵柵欄將白人乘客與當地人分開。她在書中解釋：「這是為了防止海盜混在乘客之中，因為這些人可能屬於海盜在香港的聯盟，目的是要將船劫持，交給同夥處置。」[95]

城市邊陲的遊蹤

希活《香港漫遊》 ｜ 由於香港山多地少，而且海岸線長，不少外籍居民或旅港的西洋人士均喜歡遠離城市，到郊外去看看香港的風景。當中葛咸·希活

（Graham S. P. Heywood，1903 － 1985）的《香港漫遊》（*Rambles of Hong Kong*）是此類遊記的代表作。希活於 1932 年被派駐香港，供職皇家天文台，戰後任天文台台長直至 1955 年。其他對新界風景的描述，則多由過境的外國旅客所著，例如英國旅行記者瑪麗·波因特（Mary A. Poynter）就曾經寫道：「無論去東方或是西方，都必須要遊覽香港，因為這裡是必經之路。」[96]

《香港漫遊》面世於 1938 年，並於 1992 年再版，是一本專為遠足者而寫的書。作者非常坦率地表達了他對所到訪地方的愛與恨。他喜歡大帽山、八仙嶺和大嶼山，但討厭九龍和青山。他鼓勵市民多去郊遊，外籍人士應該放下其他社會活動，到新界遠足。他在書中寫道：

> 離鄉別井多年而喜愛家鄉的人，最初會想念許多事情：因為在香港很少會見到花海，他會很想念報春花或風鈴草，也會記掛「在腦海中那些藍色一片的山丘」，並很遺憾不能在遙遠觀景時，看到美妙的溫柔和家鄉山區的氣息；如果他喜歡舊建築，這個小鎮對他來說會很蒼白，村莊雖然與景觀融為一體，但似乎沒有什麼時代的魅力。然而漸漸地，當他逐漸瞭解香港的郊野時，他就會逐漸愛上它。這些郊野大部分美麗寧靜，能滿足我們許多城市人對郊遊的渴望。無論你要觀鳥、狩獵、登山，還是只是步行，在文明生活中遇到的小小擔憂都會像魔術一樣遠離你，健康是你的，而友誼則會為你帶來幸福的回憶。所以在下週末取消你的社交應酬，推卻網球派對或賽馬節目，讓我們向北走進新界中。[97]

希活提到，香港很多景點很像英倫三島的蘇格蘭和威爾士，對他來說，到訪這些地方可以令外籍人士在精神上感到舒泰：

> 爛頭[98] 總是讓我想起斯凱島：[99] 兩個島嶼的相似之處，都有矗立於岩石海岸超過 3,000 呎的山嶺，沿著海岸有零散的小村莊，與它們身後的光禿山坡形成強烈對比。大澳漁港就好像波特里，[100] 爛頭峰[101] 很像是 Sgurr nan Gillean。[102,103]

155

‖ 1930年代錦田吉慶圍。(圖片出處:《香港漫遊》) ‖

最後,他敦促人們要珍惜郊野,使之免受人為破壞:

> 城市肆無忌憚地蔓延,幾乎沒有綠色空間或珍貴的建築物,而且還有迫
> 切的威脅,即許多周邊的郊區正被新道路上不甚美觀的建築發展所吞
> 噬。其實是可以避免的:一個城市本身可以是美麗的,這個郊野可以從
> 投機的地產發展所拯救出來。我們要確保那些接班人不會因為我們留下
> 醜陋的事物(我們曾喜愛的)而唾罵我們。[104]

瑪麗‧波因特《在亞洲的海岸附近》 │ 香港給瑪麗‧波因特(Mary A.
Poynter)的第一印象是它的國際性,她所著的《在亞洲的海岸附近》(*Around
the Shores of Asia, A Diary of Travel from the Golden Horn to the Golden
Gate*)對香港有如下描述:

雖然它是英國的土地，我相信旅行者在這裡找到了地球上最國際化的土壤，但人們會覺得中國這個偉大的神秘帝國——不，共和國——此時就近在尺尺。雖然她從來沒有對外表現自信，反而在自我掙扎中努力地保持身心一致，每個人總是在工作，一有空就在家工作，或在外面為他敞開大門的地方工作。[105]

波因特還描述了她到山頂的朝聖之旅，讚美這裡非常壯觀的景色：

你可能只在香港停留一天或一星期，但你在島上的首次朝聖，將會步行或坐纜車到達山頂，如果山上沒有霧氣，處處都是有利的欣賞位置，每一方的視野都是令人心曠神怡的。[106]

在山頂上，香港東道主的慷慨和熱情款待令她感到特別高興：

如果香港山頂的大自然是慷慨的，那麼門內的好客則是整個東方國度的熱情款待。我們在山頂的一側眺望（南）中國海群島和海景，在另一邊的花園裡我們則俯瞰九龍大陸並享用茶，那邊看起來是藍色的，植被貧瘠而令人印象深刻。[107]

但波因特也有意無意地顯露出她對種族主義的認同，她在遊記中寫道，居民的種族隔離是必要的，特別是考慮到歐洲人與中國人在「清潔」的觀念上有所不同。她指出：「在本地華人和英國人的城市部分中間有一條明顯的分界線，我應該說是從清潔角度而言，因此只有歐洲人獲准在山頂上建屋。」[108] 最後，她描述了抬轎的優點是能夠較輕鬆地攀登山坡：「雖然人力車甚至偶爾的摩托車輛都是在平坦道路上經常見的，但抬轎依然是香港最受歡迎的交通工具，人力車仗無法上陡峭的斜坡，而擁有兩名華人轎夫的轎可以更容易地站在地面上，即使動作不那麼穩定或讓椅子的乘客滿意。」[109] 波因特的遊記將所有典型的東方主義印象共冶一爐，反映出她對殖民地香港的看法。正如薩義德（Edward Said）所言，香

Hongkong, Travelling in Rickshaw.

‖ 20 世紀初人力車上的洋人。 ‖

港最初的定位是英屬印度鴉片的轉口港，以及具有異國情調的東方商品（如絲綢
和瓷器）貿易集散地，許多西方過境旅客均以此視角來看待香港。[110]

柏勞與巴克《香港的周邊》 │ 《香港的周邊》（*Hong Kong, Around and
About*）是一本以香港為主題的出色的人類學概述，詳細介紹了一些香港的風
俗及提出有趣的觀察。[111] 兩位作者柏勞（S. H. Peplow）與巴克（M. Barker）
均是公務員，柏勞很可能是一位理民官。他們對華人村落有很詳細的描述，如
將九龍衙前圍村描述為一條有趣的圍村，周圍由一條 30 英尺寬的護城河環繞
著。他們還提到，當時沙田出產的大米得到清廷的欣賞：

> 沙田的大米被譽為中國最好的大米，並被作為年度的貢品，送給在北平
> 的皇帝。現在這農作物被送到香港（島）出口，因為它在國外的價格高
> 於中國人在當地支付的價格。外國大米是為了自己的消費而購買的，因

為就如日本的情況一樣，更便宜而且比自家產品更受歡迎。[112]

作者亦指出老大澳很有趣，特別是它的建築物：

> 新界最古老和最有趣的村莊之一，是位於大嶼山西端的大澳。它有個大
> 型淺水港。村裡只有一個真正令人感興趣的景點，就是大部分居民住在
> 港口淺灘上用竹椿建造的棚屋裡。[113]

在作者眼中，理民官制度非常值得欣賞且有效率，因為它能消除大部分的法律
程序，村民對港英行政當局所給予的對待感到欣慰：

> 對新界村民來說，理民官就是政府。無論發生什麼事，他都是他們特定
> 的官員，更重要的是他們的朋友。他以最少的法律形式和最簡單的方法
> 完成他的工作，這種方式傾向於充分利用人民的信心，亦吸引人們參與
> 我們的實事求是的制度。[114]

作者還提到了中國農村制度的一些不利因素。例如，女人通常被視作財產，被
父親或丈夫以貧窮或不忠等理由賣掉；相反，男性的地位則更高。作者指出這
些民俗是不為西方所認同的：

> 華人將女性視為財產，並容許丈夫或父親出賣妾侍或女兒的觀點，可能
> 會令西方有良知的人感到厭惡；但根據華人的道德觀，兩者都分別以不
> 忠和貧窮為理由，相信在女性的社會地位漸變之前，她們仍舊未能很快
> 地逃脫這種命運。華人對孩子的態度是富有特色且有趣的。當一個中國
> 父親被問到他有多少孩子時，他總是會給出兒子的數量。如果他沒有兒
> 子，他會回答說諸神尚未贊成他生育，因為他註定沒有繼承人。[115]

作者對香港的華人有一種莫名的關注，雖然指出性別平等尚未到來，但根據其

描述,他們未至於對華人產生反感,而且相信平等終會臨到這個族群。

華人參考的旅遊指南

有許多早年飄洋過海的華人,發跡後回國探親或居住時,往往會途經香港或在此旅居。礙於人生路不熟,當時便有華人開設的出版社,刊印針對這類華僑的旅遊指南,例如隨書附有廣東話的英語拼音及中文書面語,方便不諳廣東話的中國或東南亞華人旅客,當中又以香港慈善家、東華三院總理戴東培居士(1885 - ?)所編寫的《港僑須知》最為詳細。現介紹這類書籍數種如下。

盧少卿《僑旅錦囊》 │ 盧少卿,筆名餘恨,生卒年不詳,主要活動於民國初年香港。曾任職於香港滅火局及海關等,後遠航數年,通巫語,即馬來語,回香港後創辦「香港美術廣白公司」等。此書在 1918 年於香港廣發印務局印刷,由浣香家塾發行,是為當時僑居殖民地(如香港、澳門)及海外(包括日本、東南亞、美國等)的華僑讀者而作。書中序云:

> 盧君少卿,創著新書二種,一曰外國商業新識,次曰僑旅錦囊,詞句淺顯,一目了然,商務之調查,旅行之秘要,詳註無遺,閱之令人不忍釋卷,斯誠經濟之寶鑑,旅行之秘笈也,爰為之序。

> 國窮政紊,民不聊生,於是出洋者,日見其多……外埠關津不同,語言亦異,果未問津,不無有所隔膜,《僑旅錦囊》之著,正因為僑旅者而作也……可作旅行之南針,可作營私當頭之棒喝。[116]

全書取材涵蓋稅務、國法、關稅、外債、領海、驗貨常識(度量衡及貨幣制度)規則、中國出入口貨稅則、中國郵信傳遞期、中外郵政、電報章程、普通船規、來往中外各埠海里表船費表、風暴警告等,是華僑重要的營商指南,反映民國初期香港作為轉口港的功能,以至各地華僑商旅所面對的具體實況。作者力陳

‖ 1910 年的中國戲班。 ‖

煙害，又勸勉遊學生勿忘富國，從側面反映當時中國在不平等條約之下的營商
環境。書末附有〈華英譯音巫語指南〉，巫語即馬來語，通行於南洋的馬來西
亞、印尼等國。書中華語則主要是粵語，保存了百年前的粵語用字用詞。

戴東培《港僑須知》 ｜ 戴東培畢業於香港大學，乃著名慈善家、佛教居士，
1928 年設追遠堂於青山，1929 年辦「女子佛學會」，1930 年代任東華三院總理。
時至今日，香港東華三院尚有很多以戴東培命名的建築物，如安老院及護理中
心等。《港僑須知》的編者序云：

> 客居異地，受治於外人者，可不知其例禁耶？……居留僑胞數達八十餘
> 萬，往往觸犯當地例禁而不自知，外人每以華人愚昧，缺乏常識見誚，
> 可恥孰甚……則以本港例書向無繹本，非盡人所能讀，有以致之。[117]

161

此書可說是 1930 年代專為旅港僑胞、內地外埠與本港有商業來往的人使用的工具書，類似電話公司的黃頁，資料十分詳盡，範圍覆蓋廣泛，包括當時香港商貿、經營、差餉、交通、衛生、建築、醫療、教育、娛樂及婚喪等方面的則例與風俗，為研究戰前香港生活面貌、社會風俗等的必備工具書。書中附有超過 50 幀珍貴照片，反映香港市面風貌的變遷。最重要是作者將不少艱深的英文律例翻譯成中文，方易來港經商的華人，收錄有《香港居民禁例撮要》、《香港刑律撮要》、《酒牌則例》、《售洋酒牌照》、《規定酒樓售酒時間牌照》、《規定酒店售酒時間牌照規則》、《大酒店售酒牌照》、《拘留欠債人辦法》。最有趣是書中「特載」部分，介紹了「治頭髮不生簡法」、「治失音法」、「治臭狐方法」等，甚至「癲狗及貓狗咬傷救急法」及「治痲瘋之特效國藥方法」亦有登錄，可見選材廣泛無遺。該書更獲當時在港的華人領袖作序支持（相信亦有財政支持），如陳廉伯、羅旭龢、周壽臣、鄧肇堅、何東、潘曉初、曹善允、李樹芬等，稱讚為「旅居指南之針」、「咸認此書有益於人群故樂為一言以介」。[118]

戰前其他風景指南 ｜ 1930 年代，日本加緊侵略中國，隨著 1931 年 9 月 18 日九一八事變、1937 年 7 月 7 日蘆溝橋事變，加之廣州淪陷，不少內地人到香港逃避戰火，一些知識分子到港後，更創立新的文化機構。陳公哲的《香港指南》成於 1938 年，是這個時代的佼佼者（見第一章）。

逸廬主人的《香港九龍便覽（附粵語舉要）》，刊行於 1940 年，即香港淪陷的前一年。該書刊出各區重要名勝照片，是當時來香港旅遊、經商、定居的中國及東南亞華人的主要指南之一，正文除了巨細無遺地描寫香港的歷史、地理、人口及氣候等事項外，亦羅列了交通、衣食住行、娛樂和文化機關等有用資訊。因國語在香港一地並未普及，故選取有用語句 30 餘則，介紹國語對應的廣州話，再附英語拼音和中文書面語，對當時不諳廣東話的內地或僑胞照顧非常周到，可謂實用及文化交流兼備的旅遊手冊。

‖ 戰前的西營盤雀仔橋。 ‖

戰後的旅遊指南 │ 戰後由蔡斯達編著的《復員的香港》，1947 年 2 月由中華出版社出版，定價為 3 元。卷首有多版銀行廣告，如廣東省銀行香港分行、西南興業銀行、東亞銀行、僑聯銀公司、香港正和銀行，廣告多宣傳匯兌服務，如香港正和銀行云：「南洋各大埠及國內各大小城市均可通」。此外，又詳列香港政府的機構及長官的聯絡電話（如總督楊慕琦爵士）、交通便覽、重要法例、公價物品一覽表、工商團體，然後再分為「香港指南」、「旅行指南」和「郵電常識」三部分。較特別處，是書中帶有個人對時局的評論，其中較偏重殖民地政府的立場，如說：

> 軍政府以至民政府在施政上的努力，顯然有著相當的良好成績，在復員方面來說，成績可說是差強人意了……戰後的香港比較戰前有許多不同的地方。政（最）顯著的是人民獲得言論出版集會結社的自由。……香港政府當局對於一切或可引起反對的事情，都能夠運用聰明的手法予以防制，他們正在埋頭苦幹，努力於這個皇家殖民地的建設。[119]

雖然作者也點出一些香港社會問題，如公務人員貪污、糧食房租負擔增加、不斷發生的勞資糾紛等，但總體上是稱讚多於貶抑，有理由相信這本指南跟官方有較密切及友好的關係，甚或作者本人是公務人員也未可知。

湯建勛編的《最新香港指南》，1950 年 2 月由民華出版社出版，定價為 2 元，介紹香港歷史掌故、人口、文教、經濟及社團。其中在《旅行篇》詳細介紹港內外交通、旅行社、出入境須知及旅館等。另外，在《娛樂篇》有很長的篇幅介紹港九的名勝古蹟、運動場地、影劇廣播、跳舞廳，以至賽馬賭博娛樂等香港特色的消閒生活，便利由內地移居香港的中國人，更快適應和融入社會。正文前附有珍貴照片 30 餘幀，包括中環和平紀念碑、九龍半島酒店等地標。在《旅行篇》中所介紹的名勝，今可謂面目全非，如第 104 頁寫「小西湖」道：「……可以在九龍塘尾上山，經過廣九路的煙墩山隧道上面，向西走幾分鐘便到。妙處在山谷之中，有著青松綠水，小橋幽徑。」又如第 108 頁寫鑊底灣：「在荃灣對面的青衣島上，荒無人煙，有些炫奇的外國人和一些高等華人，在灣的海灘上，作『天體運動』，換言之即作裸體運動。但外人不得其門而入，要參加的非裸著體得著主辦西人的審查准許不可。」在《娛樂篇》第 126 頁，甚至連不同檔次賣淫業的地區分佈，以至價格範圍亦有簡介：

> 上等的在香港跑馬地、半山、九龍的太子道一帶，外表上是豪貴的住宅，屋內佈置，富麗堂皇，鋼琴冰箱沙發，應有盡有，這些秘窟當然不公開，非有人介紹不可，狎客前往，清茶一杯瓜子一碟的代價，最低是五十元。纏頭之資，沒有定價。

> 中等上級的在石塘嘴，其中也有舞孃暗中兼營的，一夜風流，代價在五百元以上。中等下級，在灣仔告羅士打道和中環歌賦街荷李活道一帶，也須有人指引，度夜代價在五十元左右，片刻之歡，約需二三十元。

> 下等的在灣仔修頓球場和九龍上海街一帶，即所謂流鶯，他們時常成為警

察「掃蕩」的對象，捉了去便犯「阻街罪」……一夜是二三十元，『關門』一次，甚至有低至十元五元的，當然她們在其中只實得一小部分。[120]

雖然作者表示不願意寫這一章，但作為社會學者去研究香港，總不能無視這都市陰暗的一面。[121]

雖然在 1893 年後，香港陸續推出介紹當地風景的旅遊指南，讓西方遊客認識香港，但無奈翌年香港爆發了開埠以來最嚴重的疫症——鼠疫，單在 1894 年 5 月已有數百人喪生，1896 至 1898 年再度爆發，造成毀滅性的影響，鼠疫問題前後經過 30 年才正式結束，[122] 大大影響了海外旅客到港遊覽的意願。

20 世紀初，隨著大眾運輸的發展，到香港旅遊的外國人陸續增加，加強了香港與外國的交流。不少外國人為了從商，在香港居住較長時間，對香港的風景名勝日益生出濃厚的興趣，製作出不少旅遊指南，但由於以外文寫作，故只流傳於外國人圈子。但同時，華人亦開始興起欣賞本地名勝古蹟，報業人士以他們的學識，連載很多關於香港文化、風景以至建築的文章，使本地旅行的風尚漸次發展起來，為戰後大眾旅遊的興起建立了基礎，開始走向現代旅遊活動形式，當中旅行團將旅遊模式規範化，主導了戰後旅遊業的營運。

註

1　赤柱原名「Chek-choo」或「Chuck-chew」，均是蜑家音譯。據説因為當地山嶺遍佈紅色的樹（應為木棉花盛開之時），因而名之，後來英文改稱為 Stanley。至於香港仔原名「Little Hong Kong」，即香港的小港口之意，後來改名 Aberdeen，與蘇格蘭一個港口城市「鴨巴甸」同名。

2　Robert Fortune, *Three Years' Wandering in the Northern Provinces of China* (London: J Murray, 1847), pp.13-18; George Smith, *A Narrative of an Exploratory Visit to each of the consular cities of China and to the islands of Hong Kong and Chusan in behalf of the Church Missionary Society, in the years 1844, 1845, 1646* (New York: Harper & Row, 1847), pp.503-504.

3　淺水灣英文初名 Shallow Water Bay，後改名 Repulse Bay。

4　Bruce Shepherd, *The Hong Kong Guide 1893/ with an introduction by H.J. Lethbridge* (Hong Kong: Oxford University Press, 1982), pp.86-87.

5　Sydney B. J. Skertchly, *Our Island: A Naturalist description of Hong Kong* (Hong Kong: Kelly & Walsh, 1893), p.1.

6　Ibid, p.4.

7　Ibid, p.1.

8　*The Hong Kong Guide 1893/ with an introduction by H.J. Lethbridge*, pp.121-122.

9　Susan Schoenbauer Thurin, *Victorian Travelers and the Opening of China, 1842-1907* (Athens: Ohio University Press, 1999), p.86.

10　*Victorian Travelers and the Opening of China, 1842-1907*, pp.86-87.

11　義勇軍於 1854 年成立，是一支基本由香港市民組成的志願部隊，以維持社會安定和提高市民歸屬感。義勇軍隸屬香港政府，行動時則由駐港英軍指揮，為第 48 喀喀步兵旅轄下的其中一個單位，配備輕型武器。義勇軍於 1995 年 9 月解散。香港歷史檔案處檔案編號：HKRS 212-215。

12　艾倫太太的私人文件，由九龍扶輪社的 W. T. Grimsdale 捐贈至歷史檔案館，編號 Personal Papers of Mrs M.M. Allen HKMS79-1。

13　香港聖安德魯協會（St. Andrew's Society of Hong Kong）1881 年在香港成立，是蘇格蘭人的精英俱樂部。老牌怡和洋行由蘇格蘭人創立，與蘇格蘭人社區有緊密的關係，在 19 世紀的廣州和香港均有影響力。1841 年英國佔領香港後，怡和洋行在東角（今銅鑼灣）建立總部、辦公室和宿舍。聖安德魯晚宴自 1850 年代在東角舉行，後來改至中環的香港會（當時位於皇后大道中和雲咸街交界）。從 1877 年起，聖安德魯晚宴變成了年度舞會，1881 年前，舞會由一個特設委員會舉辦。

14　約翰．約翰史東同時是一名騎師、上海市議會及香港立法局前議員，他於 1921 年離開香港。

15　《暴風雨》是知名的悲喜劇作品，一般認為最早出現在 1610 至 1611 年間，也被認為是莎士比亞最後一部獨自完成的戲劇和悲喜劇作品，被稱為「傳奇劇」。

16　*The P. & O. Pocket Book (Third Issue)* (London: Adam and Charles Black, 1908), p.234.

17　英國皇家海軍的霍金斯級巡洋艦是世上第一艘重型巡洋艦，於 1917 年 10 月開始服役。1939 年第二次世界大戰前曾重新裝備，任命為海軍上將亨利．哈伍德（Henry Harwood）的旗艦。

18　*The China Directory for 1861 (Second Annual Publication)* (Hong Kong: Printed by Shortrede & Co., 1861), p.17. 此出版社是香港開埠早期由 Andrew Shortrede 創立的一間印刷公司，曾與殖民地政府簽訂合約，負責印刷所有殖民地政府的出版物。香港政府檔案處編號：HKRS149-2-9。

19　*Directory and Chronicle for China, Japan etc, 1866* (Hong Kong: The Hongkong Daily Press Office), p.145.

20　*The Hong Kong Guide 1893/ with an introduction by H.J. Lethbridge*.

21　盧少卿：《僑旅錦囊》（香港：浣香家塾、廣發印務局，1918），143、180 頁。

22　戴東培編：《港僑須知》（上）（香港：永英廣告社，1933）。

23　1896 至 1901 年間，進入維港的遠洋輪船約有 3,463 艘，而每天停泊在維港只有 27 艘。但單單在 1923 年，超過 2,000 噸以上的遠洋輪船就有超過 12,600 艘。何佩然：《地換山移：香港海港及土地發展一百六十年》（香港：商務印書館，2004），96-97 頁。

24　湯建勛：《最新香港指南》（香港：民華出版社，1950），76-77 頁。

25　逸廬主人：《香港九龍便覽》（香港：中華書局，1940），20 頁。

26　《香港九龍便覽》，20-21 頁。

27　《港僑須知》，341 頁。

28　每英里即 3.3 華里。《僑旅錦囊》，148-149 頁。

29　Arnold Wright and H.A. Cartwright (eds), *Twentieth Century's Impression of Hong Kong: Histories, People, Commerce, Industries and Resources* (Singapore: Graham Brash, 1990), p.201.

30　Ibid.

31　亞丁是阿拉伯半島國家也門的港口城市，隔著亞丁灣（Gulf of Aden）與索馬里遙遙相對，是地中海與印度洋之間的重要航運樞紐。由於海盜猖獗，阿丁灣又被稱為「海盜港」。

32　英國文化協會：《約翰‧湯遜：中華風情（1868－1872）》（*John Thomson: China and its People, 1868-1872*）（香港：英國文化協會，1992）。

33　*Twentieth Century's Impression of Hong Kong: Histories, People, Commerce, Industries and Resources, p.201.*

34　Ibid.

35　*The P. & O. Pocket Book (Third Issue)*, p.233.

36　Ibid.

37　當時加拿大為自治領地（Dominion of Canada）。自治領地是大英帝國殖民地制度下一個特殊的國家體制，可說是殖民地步向獨立的最後一步。19世紀，所有實行自治或半自治的英國殖民地，尤其那些已具有自身憲政體制的，如加拿大、澳洲等，都稱為自治領地。它們都是由直轄殖民地或自治殖民地進化而成。

38　"Railway Management and Canadian Pacific", *The New York Times*, May 13, 1887.

39　當時的報章報導，中國人是此條航線的主要顧客對象。"The Chinamen were Pleased. They Viewed the Model of the Canadian Pacific's New Ships", *The New York Times*, December 23, 1890.

40　《華僑日報》，1953年10月14日。

41　范德比爾特是19世紀一位以航運及鐵路致富的美國工業家及慈善家，於1820至1850年代曾開設多條往返紐約和周邊地區的近岸及遠洋航線。

42　*Twentieth Century's Impression of Hong Kong: Histories, People, Commerce, Industries and Resources, p.203.*

43　Ibid, pp.205-206.

44　Ibid, p.205.

45　Ibid, pp.205-206.

46　陳公哲：《香港指南》（香港：商務印書館，1938），140頁。

47　巴泰維亞（Batavia）或八打威，是印尼首都雅加達（Jakarta）的舊稱，位於爪哇島的西北岸。

48　桑打康即山打根（Sandakan），位於馬來西亞沙巴州東海岸，曾有大量來自中國內地或香港的華人移居當地或在此從商，故有「小香港」之稱。現時是沙巴州的主要城市。

49　《香港指南》，139-141頁。

50　《港僑須知》，323-328頁。

51　《香港指南》，136頁。

52　同上，74-75頁。

53　《最新香港指南》，75-76頁。

54　李史翼、陳湜：《香港——東方的馬爾他》（上海：華通書局，1929），83-85頁。

55　Kowloon Canton Railway (British Section), *Annual Report*, 1915.

56　《最新香港指南》，78-79頁。

57　《港僑須知》，332頁。

58　劉智鵬：《香港哥爾夫球會走過的130年》（香港：三聯書店，2019）22-23、78頁。

59　《香港工商日報》，1934年12月12日。

60　電影講述一位美國新聞工作者在中國失蹤後，其妻決心來到香港追查他的下落，但遇到了陰險的航運大亨。

61　艾倫太太的收藏品，香港歷史檔案館：Mrs M M Allen (C. 1921): HKMS79-1-12。

62　《香港指南》，103頁。

63　艾倫太太的收藏品，香港歷史檔案館：Mrs M M Allen (C. 1921): HKMS79-1-25。

64　《華僑日報》，1949年12月16日。

65　H. J. Hethbridge's Introduction, in *The Hong Kong Guide 1893/ with an introduction by H.J. Lethbridge.*

66　該書於1982年的重印，即為 *The Hong Kong Guide 1893/ with an introduction by H.J. Lethbridge*。

67　有關華人精英社群的冒起，可見 Carl T. Smith, "The English-educated Chinese Elite in the Nineteenth century Hong Kong", in Carl Smith, *Chinese Christians, Elites, Middlemen, and the Church in Hong Kong* (Hong Kong: Oxford University Press, 1985); Elizabeth Sinn, "The Tung Wah Hospital Committee as the Local Elite", in Elizabeth Sinn, *Power and Charity: The Early History of the Tung Wah Hospital, Hong Kong* (Hong Kong : Oxford University Press, 1989), pp.82-120.

68　*The Hong Kong Guide 1893/ with an introduction by H.J. Lethbridge*, p.i.

69　Ibid, pp.110-111.

70　Jonathan Wattis, "Robert Crisp Hurley (1848-1927): Hong Kong Guidebook Pioneer", *Journal of the Royal Asiatic Society Hong Kong Branch*, Vol. 55 (2015), pp.135-156.

71　《德臣西報》又稱《中國郵報》、《德臣報》，創辦於 1845 年，1974 年停刊，是香港發行時間最長、影響力最大的英文報紙，其中文名來自第二任主編德臣（Andrew Dixson）。

72　Kelly & Walsh 約於 1878 年成立，是一間綜合印刷、出版、釘裝、零售及文具銷售的公司，除了在香港外，亦在上海、新加坡及橫濱有分店。香港分店最早位於皇后大道，20 世紀初遷至遮打道的約克大廈，本地的印刷廠位於都爹利街。書店售賣大量書籍，以遠東主題為主。見 *Twentieth Century Impressions of Hongkong: History, People, Commerce, Industries, and Resources*, p.224.

73　*Hong Kong Daily Press*, November 16, 1927。

74　*Journal of the Royal Asiatic Society Hong Kong Branch,* Vol. 55 (2015), pp. 135-156.

75　W. Bosman, *Romance of the Poverty* (Durban: Robinson & Co., 1940), pp.7-9.

76　Ibid, p.13.

77　Ibid, p.17.

78　*Twentieth Century Impressions of Hongkong: History, People, Commerce, Industries, and Resources.*

79　Arnold Wright, *The Romance of Colonisation: Being the Story of the Economic Development of the British Empire* (London: Melrose, 1923).

80　*Twentieth Century Impressions of Hongkong: History, People, Commerce, Industries, and Resources*, p.48.

81　Ibid, p.51.

82　Ibid, p.72.

83　Ibid, pp.147-149.

84　Ibid.

85　Ibid, pp.153-154.

86　Ibid, p.156.

87　湯瑪士‧修頓，1925 至 1936 年出任香港輔政司，在任期間曾三度署理港督一職。在香港服務前曾供職錫蘭（今斯里蘭卡）。

88　Bella Sidney Woolf, *Under the Mosquito Curtain* (Hong Kong: Kelly & Walsh, 1935).

89　Ibid, p.42.

90　Ibid, p.46.

91　"Hong Kong", in Hector Bolitho (ed). *The British Empire* (London: B. T. Batsford, 1947-1948), pp.229-234.

92　Dorothy Dix, *My Joy-Ride Round the World* (London: Mills & Boon, 1922), p.117.

93　Ibid, p.117.

94　Ibid, p.122.

95　Ibid, p.125.

96　Mary Augusta Poynter, *Around the Shores of Asia, A Diary of Travel from the Golden Horn to the Golden Gate* (London: George Allen & Unwin, 1921).

97　G. S. P. Heywood, *Rambles in Hong Kong* (Hong Kong: SCMP, 1938), p.5.

98　由於大嶼山在官方地圖中稱為 Lantau Island，故有部分中譯的旅遊書用音譯譯作「爛頭」。

99　斯凱島（Isle of Skye）是蘇格蘭東北部一個離岸島嶼，又名「天空島」，有一條連接蘇格蘭本土的行車橋。

100　波特里（Portree）是斯凱島上一個重要小鎮。

101　爛頭峰（Lantau Peak）即鳳凰山，是大嶼山最高、香港第二高的山峰，主峰高度為海拔 934 米，比全港最高的大帽山僅低 23 米。

102　Sgurr nan Gillean 位於斯凱島中部，高 964 米，鳳凰山與之只差 30 米，但由於蘇格蘭處於高緯度地區，故在冬季會積雪，鳳凰山則只會結霜。

103　*Rambles in Hong Kong*, p.54.

104　Ibid, p.59.

105　*Around the Shores of Asia, A Diary of Travel from the Golden Horn to the Golden Gate*, p.150.

106　Ibid, p.150.

107　Ibid, p.151.

108　Ibid, p.152.

109　Ibid.

110　Edward W. Said, *Orientalism* (London: Pantheon Books, 1978), pp.9-11. 轉引自 James W. Ellis, "Hong Kong's Elusive Identity: Searching in the Past, Present and Future", *Asian Culture and History*, Vol. 10, No. 2, 2018, p.90.

111　S. H. Peplow and M. Barker, *Hong Kong, Around and About* (Hong Kong: Ye Olde Printerie, 1931).

112　Ibid, pp.17-18.

113　Ibid, p.24.

114　Ibid.

115　Ibid, pp.75-80.

116　《僑旅錦囊》。

117　〈自序〉,《港僑須知》。

118　〈序〉,同上。

119　蔡斯達:《復員的香港》(香港,中華出版社,
　　　1947),5-6 頁。

120　《最新香港指南》。

121　《最新香港指南》,126-127 頁。戰後坊間出
　　　版的香港旅遊指南,包括《華僑日報》吳灞陵
　　　編著的多本新界名勝旅遊指南,當中《新界風
　　　光》圖文並茂介紹新沙田、大埔、沙頭角等
　　　地的風光名勝;1969 年風雨居士編的《香港
　　　尋幽探勝與釣遊》、《香港名勝古蹟與掌故》
　　　(新綠洲出版社)亦是早年有代表性的香港旅
　　　遊書。

122　Y. W. Lau, *A History of the Municipal Councils
　　　of Hong Kong, 1883-1999: From the Sanitary
　　　Board to the Urban Council and the Regional
　　　Council* (Hong Kong: Urban Council, 2002),
　　　pp.53-68.

大眾旅遊的形成

第四章

04

的形成

大眾旅遊是指旅遊者的數量由個人或少數，擴展至社會的普羅大眾。世界旅遊組織（World Tourism Organization）在 1980 年發表的《馬尼拉宣言》指出，旅遊是人類的社會基本需要之一。[1] 在第二次世界大戰後，隨著大眾運輸系統的改進及生活水平的提高，人們可以有更多時間到不同地方遊覽，加上旅遊成本持續降低，造成對旅遊產品的需求大幅增加。大眾旅遊另一個意思，是指現代旅遊活動形式的轉變，旅遊不只是個人的旅遊，而是以團體方式有系統地活動。旅行團將旅遊模式規範化，主導了旅遊業的營運，旅行社主辦各種高價、中價、低價的旅行團，針對各種需要的遊客。1922 年 5 月英國「工人旅行協會」主辦第一次旅行團「All In Holiday」，每人收費 5 英鎊，包含出行、住宿、膳食、遊覽的費用，隨即受到人們的歡迎。此後，許多原來只辦交通運輸的旅行代理爭相仿效，籌備計劃好的旅遊行程。[2] 這種方式的旅遊，務求消除或減低過程所遇到的不確定性，令參加者在無顧慮及擔憂下完成旅程。[3]

4.1 | 航空業對旅遊業的影響

早在戰前，較富裕的人士乘坐火車、汽車及郵輪到外地旅遊方興未艾，一直保持著發展。直到第二次世界大戰以後，不同地區的鐵路運輸大幅增加，成為旅遊走向大眾化的標誌。隨著戰後到港旅客不斷增加，政府比戰前投入更多資源發展旅遊業。1925 年啟德機場正式開幕，當時的跑道建築在一塊草坪上。1936年 3 月遠東帝航公司在香港成立分局，第一架帝航客機於 24 日從英國飛抵香港，27 日由香港轉飛馬來亞檳榔嶼，[4] 是首班抵港的航班客機，並是香港經新加坡至英國民航線的處女航，其後香港至倫敦的接駁站由檳榔嶼轉至曼谷，當時的機場仍位於九龍市區邊緣。[5] 1940 年 4 月前英國航空公司與帝航合併，成立英國海外航空公司（BOAC），1974 年再與英國歐洲航空（British European Airways）合併，組成現時的英航。[6] 雖然戰前航空服務昂貴，但仍吸引較富裕的商務旅客搭乘，為香港作為遠東貿易中心打下基礎。在日佔時期，日本人曾擴充機場，建築了兩條三合土跑道，但只有 4,000 餘呎，距國際民航規定的標

準相差尚遠。這是由於受了面積的限制，而且機場鄰近 1,800 呎的高山，使飛機升降困難，能降落的最大型飛機是 DC-4 型，DC-6 型已很難起降。[7]

戰後，由於航空技術的發展，對旅遊業產生了巨大的影響，眾多民用航空公司成立，如泛美航空（Pan American World Airways）及神鷹航空（Condor Flugdienst），[8] 經營跨大西洋以至全球航線。來港的航班數量亦增長迅速，1948 年每天已有 25 班機，全年共 25 萬名乘客經啟德機場抵港。[9] 飛機的降落數目由 1947 年的每月平均 228 架增加至翌年的 596 架，至 1949 年上半年已達 2,095 架，每月平均載客量由 1947 年的 6,813 人大增至翌年的 18,973 人，至 1949 年上半年已達 27,827 人，增幅四倍。[10] 1940 年代末，搭乘泛美逢週二及週四下午 2 時半的航班到倫敦，票價為 2,842 港元。[11] 購買飛機票，除找各旅行社代辦外，亦可到各航空公司辦事處。

表一 1940 年代香港各航空公司及地址

航空公司	簡稱	地址
中國航空公司	CNAC	香港告羅士打行、香港亞細亞行內
國泰航空	CPA	香港干諾道 1 號
菲律賓航空公司	PAL	九龍半島酒店內
環亞航空公司	TAA	香港都爹利街 1 號遠東公司
泛美航空公司	PAA	香港告羅士打行
南美遠東航空公司	SPFE	香港滙豐大廈華林洋行
暹羅航空公司	SAC	香港必（畢）打街 10 號歐必成
太平洋海外航空公司	POASA	香港滙豐大廈內
英國海外航空公司	BOAC	香港遮打道 6 號渣甸公司
香港航空公司	HKA	香港遮打道 6 號渣甸公司
法國航空公司	AF	香港皇后行法郵公司
澳門航空公司	NAT	香港遮打道 4 號

Fly PAN AM to HONG KONG

‖ 1965 年泛美航空公司的廣告，為精美的香港鳥瞰圖。 ‖

以上各航空公司大都在九龍半島酒店有辦事處，旅客必須在此過磅，然後由公司派客車免費接至機場的。[12] 當時仍有航班飛往澳門，由澳門航空公司於週日及週六起飛，票價只需 30 元正。但前往廈門及福州的航班因內戰而停止。[13] 1952 年西北航空公司在港開闢各航線班機。[14] 1958 年波音 707 客機面世，標誌著大眾旅遊時代的來臨，加上更多旅行社以包機作旅行團推廣，至 1960 年代初，在地中海以至北歐，出現許多新興的旅遊勝地，如西班牙、意大利、希臘以及波羅的海國家，造就大眾旅遊的組織方式。[15] 而在香港，因應更多旅客到訪，政府加建旅遊有關的運輸設施，在芸芸建設之中，啟德機場的發展，對促進香港旅遊業起最大作用，使更多旅客能夠通過飛機來港公幹或旅行，特別是一些來自歐美的旅客，不再需要乘坐數天以至數星期的船程。戰後初期，專程來香港旅遊的外國人還不算多，多數是因應特別航班才來香港，專做旅遊業務的旅行社亦未算很蓬勃。但到了 1960 年代中期之後，來港的考察或旅行團增加，一些本地旅行社如早期的東方旅行社

（Eastern Tour & Travel）及美華旅行社，會安排所有港澳觀光行程。

泛美航空公司於 1927 年創辦，[16] 號稱第一間橫渡太平洋及大西洋、第一間開辦航線往拉丁美洲的航空公司。當時一張機票價格不菲，非尋常人家可以負擔，是富人的專利。1936 年 10 月 23 日，泛美航空旗下的水上飛機「菲律賓飛剪」啟航，往返美國至亞洲各國，途經香港。[17] 1937 年，泛美正式開辦香港至小呂宋航線，並經關島、威克島、中途島、檀香山至舊金山（三藩市）。1937 年 4 月 28 日，泛美的「香港飛剪號」（Hong Kong Clipper）在港首航當天，被形容為中、英、美三國共同通航的國際大事，在啟德機場更有五千中外來賓參與儀式。[18] 1949 年 10 月，泛美已擁有往馬尼拉、曼谷、舊金山（經檀香山）、加爾各答、東京及倫敦的航線。[19] 1960 年代是泛美航空的黃金時期，分別在中環歷山大廈及尖沙咀半島酒店開設辦事處，為旅客辦理訂票手續，旅客還可以透過泛美及其特約旅行社，安排世界各地的住宿或往返機場的交通。[20] 1940 年，泛美航空的「加州飛剪」（California Clipper）抵港，有乘客 11 人，華僑 1 人。[21]

1945 年 9 月 5 日，英國皇家空軍重新執掌啟德機場。[22] 戰後的機票價格下調以及噴射客機的普及，對旅遊業的影響至為重要。有旅行社如通濟隆的總經理賈士唐便指出，由於大型噴射客機的面世，令經濟型旅客增加，他們未必能承受得起如半島、文華這類昂貴的一流酒店，因此香港應加快興建「二流」（即次一級）酒店，以應付 1970 年代巨型噴射客機開航後的旅客所需。[23] 1952 年 9 月，英國殖民地部建議，降低英國與香港等英屬地之間的航費，本港民航處長出席該會議，參與討論翌年新民航政策及民航機的供應問題，由英國專家研究啟德機場的擴建計劃。[24] 結果機場於 1950 年代擴建，1958 年新跑道正式啟用。當時啟德機場仍屬於市區邊緣，人們可以進入停機坪送機。1959 年，機場加設跑道燈光，令飛機能於夜間升降。1950 年代，啟德機場已有很多國泰航空的登記櫃位。1960 年代許多人到歐美國家也是搭乘飛機，故此 1962 年國泰航空購入康維爾（Convair）880 客機投入服務，香港的航空業開始邁進噴射機年

‖ 1950 年代啟德機場，人們可在跑道上送機。 ‖

‖ 英航一架客機正飛越九龍城一帶。 ‖

代。[25] 踏入 60 週年的啟德機場，年內旅客流量超過 1,000 萬人次。[26] 1970 年首次有珍寶客機抵港，啟德機場亦為配合新型客機的起降，而進行機場改善工程。1975 年，機場跑道由 2,540 米延伸至 3,390 米。

香港的旅行社亦為配合航運業的迅速發展，舉辦不同種類的旅行團。1960 至 1970 年代初，隨著勞工階層多了有薪假期，旅遊公司不斷推出較便宜的短途旅行團。1968 年四大旅遊公司，包括太平洋、環通、迅達及華富，舉辦「台灣環島九天遊覽團」，搭乘噴射客機，團費只需 990 元，行程包括入住中泰賓館等觀光大酒店，參觀台北、台中、日月潭、嘉義、阿里山、台南、高雄、花蓮及橫貫公路等名勝，相當超值。[27] 1971 年百善旅行社亦推出「環遊台灣十天團」，收費 1,400 元。[28] 香港的報社《華僑日報》曾設立讀者旅遊部，與泛美航空公司開辦往美國及加拿大的旅行團。選搭泛美航空，是因為 747 客機舒適寬敞，泛美在每架客機上設機務長，負責管理一切瑣事，務求令旅客獲得愉悅的旅程。1974 年該報社更擴充營業，在中區華人銀行大廈開設中區辦事處，專營旅行團。當年參加一個美加旅行團是富裕人家的專利，收費 12,600 港元，25 天的行程包括參觀迪士尼樂園、尼亞加拉大瀑布、世界博覽會、邁亞美等，相當充實。[29]《華僑日報》的旅遊觀光團由於團費超值、行程豐富，可親歷外國的現代建設、風土人情、科學成就等事物，大開眼界，因此十分受年輕人歡迎，團友大部分為 30 至 40 歲，他們上機前在停機坪合照，將旅行袋展示在身前，回來後給親友欣賞，讓人知道他們去旅行的威風感受。這種為團友辦理行李過磅、入閘證、報關、買旅遊保險等一切登機前手續的服務，減少團友自辦的麻煩，讓參加者非常受落，成為日後商業旅行團營運方式的典範，促進大眾旅遊業的發達。[30] 而國泰則以標誌性的空中小姐為吸引元素，她們的殷勤服務成為旅客在機上的一流享受，機艙用膳亦有一流水準，號稱能提供富有東方特色的美食，令泛美與國泰兩間航空公司在六七十年代成為旅客必選的心儀航班。

《華僑日報》與泛美航空公司聯合報章廣告，宣傳美加旅行團。（圖片出處：《華僑日報》，1974 年 4 月 16 日）

1970 年代，九龍巴士公司營運的機場巴士 201 號。

4.2 | 戰前的旅遊運輸代理

根據現行香港法例,所有在港經營的旅行代理商必須領取旅行代理商牌照,海外旅客在港亦會獲得保障。民國初年,外國於中國開設的旅行機構主要是英國通濟隆公司和美國運通銀行,它們在上海、香港等地均設有分支機構,主要業務有代售車船票等,並自主發行旅行支票(即所謂「通天單」),可見當時國人沒有想到要與他們競爭,為國家收回利權。[31] 直至 1923 年,上海銀行家陳光甫成立中國旅行社(香港中旅社前身),打破外國人經營旅行社的壟斷後,才陸續有華商經營代辦火車、輪船票務的服務或公司。

英國通濟隆公司

1841 年 7 月 5 日,浸信會傳教士托馬斯・庫克(Thomas Cook)與米德蘭鐵路(Midland Railway)達成協議,安排禁酒協會會員由萊斯特(Leicester)前往拉夫堡(Loughborough)參加禁酒大會,每人收 1 先令,費用包括車票及午餐。[32] 此次安排令庫克從鐵路獲得佣金,並成立了世界上第一間旅行社——英國通濟隆公司(Thomas Cook)。1906 年底,該公司在香港設立分支機構,初期地址位於中環干諾道中 5 號,[33] 給來往遠東和歐洲的商旅人士提供出行服務。之後通濟隆先後在上海、北京設立代辦機構,[34] 目標客戶主要是來中國的外國人以及富有的中國人。

1932 年偽滿洲國成立,通濟隆在北京與瀋陽的火車通行安排上擔當重要的仲介角色,由於當時國民政府未與日方達成協議,通濟隆就已訂立具體化的通車措施,亦辦理通郵手續,故曾被指與偽滿秘密商訂。據報,通車安排最後亦得到蔣介石及汪精衛等同意,經國民政府鐵道部審核,決定由通濟隆在天津、榆(山海關)、瀋陽設分社,運費由北寧鐵路局與通濟隆每月結算兩次,通濟隆可以抽 6% 作為手續費,車上懸掛萬國旗以示識別。1934 年 6 月,火車正式開通,

由通濟隆負責通車儀式，反映它除了是代理商外，實際上有其重要的政治角色。此次事件在香港各報章均有報道。[35]

除了代辦火車及輪船票外，當時通濟隆對新推出的空中旅行亦十分讚賞。1936年公司司理巴蓮氏由英國回香港時，便是乘坐英帝國航空客機，經中途站阿拉伯及新加坡等地到達，他大讚此行十分舒適：

> 本人認定旅行以空中旅行最佳，本人於本月 12 日由倫敦起程，因到巴黎時間略遲，致搭客不能趕搭到比連地士火車，但飛機到了阿拉伯與庇口能之間，已趕回速率，飛機每到一站停降，都係為添燃料，添罷，即起飛，大約全程在空中飛行時間約 48 小時左右，倫敦澳洲空郵，在星架坡放落，趕及星架坡達爾文島航機傳遞，其迅速為前此不及云。[36]

其後，通濟隆均有代售航空機票以應潮流，而當時的民航事業日漸發達，如英帝國航空公司的遠東線、泛美公司的太平洋航線，可見當時空中旅行已日見普遍。

戰後，通濟隆的業務更多樣化，更具規模，設有遊覽、運輸、銀行部門，遊覽部處理船票、車票、旅行指南等工作，運輸部承辦客運、行李或貨物至世界各地，銀行部則負責匯兌各地分社收發的支票，經常與滙豐、渣打等大銀行有業務往來。當時最暢旺是運輸及銀行部，因駐港英國軍人需乘飛機回國，他們所攜行李均託通濟隆運輸；[37] 亦安排外國豪華旅客來港觀光的一切住宿等事宜。

1950 年代，通濟隆在埃及的分行被接收及封閉，公司分別致信本港酒店、輪船及航空公司，提醒他們勿接受由埃及分行發出的旅行支票，香港分社亦不會負責兌現。[38] 1960 年代，通濟隆的業務已與銀行越走越遠，較多進行外匯及買賣旅行支票，因此經公司同意，港府會同行政局吊銷了通濟隆的銀行牌照，只授權其經營某種外匯業務及買賣旅行支票，但必須遵照外匯管制法規。[39]

1970 年代，通濟隆鑒於旅遊業的發展迅速，乃舉辦歐洲及美加旅行團，而且經常滿額，在 1972 年《華僑日報》刊登的一個歐洲旅行團細節，節錄如下：

（一）旅遊日期：由本年 9 月 16 日出發，全程 29 天。

（二）旅遊地區：請參閱該社之歐遊章程，查該社以積累的經驗，所有秩序節目，安排完善，必可保證各參加者以最高享受及樂趣，更給予參加者有充分時間在各地觀光，購買紀念品及自由活動，又如欲取閱此組歐遊章程可按該社地址函索，當即寄上。

（三）旅遊費用：包括來回乘坐豪華客機及一切內陸機票，高級酒店，一流食用（早午晚三餐）、遊覽門券、行李費用及小賬等，乘搭瑞士航空公司班機，全程收費八千九百港元。

（四）交款方法：報名時交全費百分之十，其餘在出發兩星期前交齊，亦有分期付款辦法。

（五）旅行證件：參加者要具備「護照」或「C.I.」（即旅行身份證）及相片乙張，即可由該社協助辦領各國入境許可證之一切手續，但如有旅行證件未備，而欲參加者，該社亦可代為辦理。

（六）報名日期：現仍接受報名，但餘額無多，參加者請從速報名，以免額滿見遺。

（七）報名地點：（甲）九龍彌敦道東英大廈 223 室 236 室，電話 K678107 及 K674115；（乙）香港歷山大廈 404 室，電話 H244261-2。

（八）良好領隊：每組均有經驗豐富之華人領隊，照料一切旅行團，到達歐洲時，更有當地分行嚮導陪同遊覽，再由華人領隊詳細繙譯及解釋。

（九）該社在倫敦總行更辦有世界知名之環遊歐洲各國之豪華巴士（Cooks Continental Motor Coach Tours）本港許多旅客亦曾經參加此種巴士環遊歐洲各國，各人均感收費廉宜，組織完善方便周到，舒適滿意，故如本港有客欲參加此種巴士環遊歐洲各國者，請即到該分社上述兩地址接洽，當司代為在倫敦總行預先安排妥善及訂實此種遊覽歐洲各國之巴士，以供各位參加者享用也。

此外如有私人欲往世界各地旅行或環遊世界旅行者，則更應到該社接洽，必可得到最完善之答案也。

以上刊登於《華僑日報》的本港新聞版，但實質上是一篇廣告，推廣通濟隆的旅行團，資料詳細，亦為倫敦總行的歐遊巴士宣傳，可謂一舉兩得。這類歐遊巴士仍有不少捧場客，相信通濟隆應是此類旅行團的始祖。

另外，通濟隆在 1970 年代更集中發展各種貨幣的旅行支票，1975 年 7 月與滙豐銀行首次發行港幣旅行支票，面額分為 100、200 及 500 元，全球通用，並無期限。英國的托馬斯・庫克同時在當地發行，亦是世界上首次由兩間公司聯合發行旅行支票。旅行支票上印有滙豐銀行行徽、托馬斯・庫克的肖像及兩大機構的名稱，是十分罕見的合作安排。

旅行支票早年十分流行，為出外旅行的香港市民提供方便，能安全地攜帶自己最熟悉的貨幣，返港時亦可以免除兌換折損問題，而且比現金安全，萬一遺失也可獲得適當數額的補償，以供急用。當年市民可向滙豐銀行、有利銀行、恒生銀行、中東英格蘭銀行、加州滙豐銀行分行、通濟隆、其他指定的銀行或代理購買及兌換旅行支票，在商店、酒店等場所，用旅行支票按面值支付。當時預計這種支票會提高旅客使用的興趣，尤其是日益增加的日本遊客。通濟隆有限公司執行董事暨滙豐通濟隆有限公司董事麥惠廉表示，發行旅行支票的前景很好，去年（1974）較前年（1973）增加 40%，其時除了港幣外，通濟隆發行的旅行支票還有美元、英鎊、加拿大元、澳洲幣及印度盧比，在全球的辦事處或代理多達 843 間。[40]

美國運通銀行旅遊部（American Express）

世界三大發卡機構之一的美國運通銀行（American Express）1850 年在美國水牛城成立，1915 年成立旅行部門（Travel Division），將所有能讓旅行更加輕

1938 年美國運通銀行香港分行廣告。（圖片出處：《香港指南》）

鬆的服務結合在一起，不久便就成立了集團旗下第一間旅行社。後來約於 1933
年，銀行在香港開設分行，位於中環德輔道中四號，初時經營匯兌及存款等業
務。[41] 當時的總司理是高路夫，據一張 1938 年的旅遊指南廣告，銀行設有遊
客部，代辦有關旅遊的業務，包括發出遊客尽（即支票）、定購船票、航空、
車運，支行設有專員，指導遊覽及運輸事宜。[42]

1939 年美國運通銀行獲港府批准，在本地買賣外匯，是繼擔任中央銀行角色
的滙豐銀行後，另一間外資銀行可以經營此類服務，為專售外匯的機關。[43] 自
1920 年代，達美航空（Delta）、美國航空（American Airlines）和泛美航空在
美國相繼成立，促進了歐洲及美國的長途旅行，亦帶動了旅行社發展。惟後來
第二次世界大戰爆發，對世界旅遊業打擊重大，旅行社的發展亦停滯不前。

直至戰後，隨著民航事業的改進，航空公司開發新系統，以應付日益增加

的訂位需求，令旅遊業的自動化邁進一大步。1952 年，美國航空安裝了 Magnetronic Reservisor，這是一個真空管和磁鼓存儲的機電系統，允許航空公司將座位的訂購狀況存儲在集中式平台上。大約在同一時間，環加拿大航空公司（TCA）與多倫多大學聯合開發了世界上第一個計算機預訂系統，稱為電子控制預訂系統，通稱 Reservec。1960 年代，美國運通銀行國際旅遊部亦與 IBM 合作，研發最新訂房系統，成為世界上最大的訂房服務中心，採用兩部 IBM 360 型電腦，儲藏世界各地與該中心簽約的大酒店的一切房間資料，可在最短時間內代客訂房，運通香港分社的旅遊部職員亦需要實習怎樣使用這套新系統。除訂房服務以外，公司亦投資百萬美元的經費，發展其他旅遊事務，包括遊覽觀光、汽車租賃、與各航空公司的聯絡等，服務更進一步。自 1970 年起，各旅行社、航空公司、遊客及公務遠行的商人，均可以電話聯絡運通，免費預訂房間。[44]

美國運通雖然是一間外資公司，但隨著更多華人有經濟能力負擔旅行，為了迎合華人高消費一族的市場，公司在 1968 年委任了相信是首位華人助理經理的吳華權，主理香港區業務。吳氏 1935 年在香港出生，1953 年英皇書院畢業，隨後遠赴美國深造，1963 年晉身旅遊界，翌年即加入美國運通旅行社，在該社安排下完成了美國旅行社協會的旅遊函授課程，為全球成績優良的學員之一。除榮獲獎項外，他更獲得美國總統輪船公司獎贈旅費，作觀摩性旅行。

1966 年，吳氏在國泰航空公司舉辦的「認識東方」比賽中，成為香港區首位得獎者。翌年，他完成運通旅行社的教育計劃「加納基課程」，隨即在 9 月率領由香港各旅行社代表組成的團隊，參加一個名為「親身見聞」的遊覽節目。節目由美國旅行協會、美國運通旅行社、泛美航空公司及西北航空公司聯合贊助，以促進港美之間的旅遊事業。吳氏與來自日本、新加坡、澳洲及關島的同事，在紐約百老匯 65 號的運通總社，[45] 參加了「東方研究計劃」，觀摩了旅遊、信用卡及旅行支票等各部門的工作。[46] 1969 年他更與美國運通東南亞區副總經理高路理一起，出席公司舉行的第 12 屆旅遊業務會議，與公司在歐洲、中東及

亞洲 22 個國家的 75 位高級旅遊行政人員會晤，交換有關旅遊業務的意見。[47]

自 1979 年 6 月起，美國運通屬下負責旅遊業務及行政的各個部門，在皇后大道中 37 號辦公，為客戶提供更完善的旅行服務。

香港中國旅行社

香港中國旅行社（1928 － 1953）是香港第一家由中國人開辦的旅行社，亦是香港規模最大的旅遊機構之一，最初的地址位於皇后大道中六號（後於九龍設立支社，位於尖沙咀廣九鐵路車站內）。[48] 1923 年 8 月 1 日，上海商業儲蓄銀行的創辦人陳光甫，在銀行架構內設立旅行部，是中國第一家旅行社，這已經是英國人托馬斯‧庫克在 1845 年創立世界第一家旅行社之後近 80 年的事。[49] 1927 年，旅行部獨立出來，成為「中國旅行社」，翌年在香港設置分社。

當時，外國人來中國旅遊，往往缺乏相應的接待。例如美、英、法、意大利等國郵輪駛進黃浦江，上海卻缺少訓練有素的導遊隊伍，僅由一些略通外語的人作嚮導，帶外國人逛城隍廟以滿足其獵奇心理。陳光甫頗為不滿，所謂「導遊」帶領的地方，往往不能代表中國文化或風景名勝，可能會使人對中國產生錯誤認識。

再者，陳光甫非常熱愛旅遊，早年走遍歐美名勝，但是在國內旅遊反而覺得不容易。據說他曾到一個外商經營的旅行社買票，呆立在櫃檯前十幾分鐘，職員只顧與人說笑，完全不理會他，他只好悻然退出。因此他立下宏願，要為舉國的旅行愛好者創辦一所完善的服務機構，目的是「與人方便」，一方面為國內旅客營造舒適的旅行環境、提供方便優質的旅遊服務，一方面讓自己訓練出來的導遊，為外國遊客介紹及推廣中國文化，促進中外交流，將真正的中國文化推向世界。「發揚國光，服務行旅，闡揚名勝，改進食宿，致力貨運，推進文化」也成為中旅社貫徹至今的 24 字方針。[50]

早在 1920 年代,香港的報章已刊登中國旅行社的消息。如在 1928 年《香港華
字日報》就有一段來自中國旅行社漢口分社的消息:

> 本港中國旅行社接漢口分社來電稱,京漢鐵路現改名漢平鐵路,特別快
> 車每星期開行一次,直達北平,著制服軍人概不准上車,縱購有車票如
> 無護照,亦不得上車,第六次尋常客車現已照常開駛,但不能直達北平,
> 乘客須由漢口至鄭州,改搭第五十二次車至石家莊,再改搭第二十二次
> 車,至北平車輛多壞,乘客極苦云云。[51]

中國旅行社在全國各地凡遊客可到之處,都興建了招待所,派專人專車接送到
埗的客人,安排入宿。招待所聘請專業人員管理,設施不求豪華,服務和清潔
卻有目共睹,為客人所稱道。

中國旅行社一直以考察各地風土人情為宗旨,因此除了國內旅遊之外,也大力
爭取國外遊客並拓展國外旅遊。如 1933 年爪哇華僑實業考察團來華考察,即
由中國旅行社全程招待。1926 年,中國旅行社組織了日本觀櫻團,之後又與日
本國際觀光局合作,接待了 20 餘個日本遊覽團計 3,000 餘人。[52] 1934 年中國
旅行社為香港人舉辦菲島旅行團,在聖誕假期間與大來公司合作組織,坐哥力
芝總統輪出發,環遊菲律賓各名勝。[53] 1936 年柏林第 11 屆奧運會期間,中國
體育代表團及參觀團的出國事宜,也都由中國旅行社提供服務。[54]

戰後,中國旅行社很快恢復業務,社長唐渭清由廣州乘佛山輪抵港,並計劃到
各地視察分社的業務,當時全國的分社及辦事處已達 120 餘所,專責輔助政府
的交通事業以及民眾的交通工作。[55] 該社又推出空運包機服務,凡國內設有機
場的每一角落,客商均可在港與該社接洽包機前往,旅客有 20 餘人以上,即
可包機,至於貨物約須在 1,000 公斤以上。[56]

1949 年 10 月 1 日解放後，作為獨立商業機構的中國旅行社，因政治因素陸續結束於內地的業務，如廣州分社在同年 11 月陸續傳出改組的傳聞。[57] 海外分社繼續經營至 1953 年亦宣告結束，為開創中國人的旅行服務完成歷史任務。而屬於國營企業的中國旅行社（現今的中旅社）則以另一模式開業至今，專辦港澳居民往來內地的通行證。

表二 1941 年前香港旅行社及運輸機構

旅行社或運輸機構	地址
九龍駁運公司	佐敦道 47 號
三益運輸公司	油蔴地廣東道 586 號
中和運輸公司	雪廠街 18 號 2 樓
中國聯運社	干諾道中 96 號
中華運輸公司	皇后大道中 16 號 5 樓
旅行顧問社	雪廠街經紀行
歐美旅行社	皇后大道中 20 號亞細亞行
香港旅行社	皇后大道中 11 號
香港旅行社九龍辦事處	九龍倉碼頭入口處
國際運輸公司	德輔道中 26 號 3 樓
華僑旅運社	利源東街 28 號 [58]
航空運輸公司	皇后大道中 53 號

香港淪陷前的旅行代理商或運輸公司，主要業務是經營國內外的水陸運輸、本港火車輪船的貨物裝卸，兼代報關驗關，如中華運輸公司常備有汽車及苦力，專接海陸運輸，包辦附寄貨物，代訂前往外洋客位、搬送行李傢俬交收等。航空運輸公司則專門辦理渝（重慶）、蓉（成都）、昆明各線航空客票及貨運事務，更可以國語、上海話、四川話及廣東話接待顧客。[59]

4.3 | 戰後華商旅行社的業務

香港所有出境或入境旅行社，均須獲得國際航空運輸協會（International Air
Transport Association，IATA）認可。國際航空運輸協會成立於 1945 年，以促
進安全、符合標準及經濟原則的航空交通為己任，會員為個別的國際航空公司。
協會的功能是擔任機票交換中心，確保價格、機票及行李檢查的標準化，以協
調國際商業航空，及磋商國際航空交通的收費。[60] 香港「重光」後的旅行社則
有大眾旅運社、中港旅行社、中國旅行社、香港旅行社、香港旅運社、空運旅
行社及華僑海員旅行社等。[61] 至於國內來港旅行，亦有旅行社代辦的，如在廣
州北京路的太平洋旅行社，創辦時間雖然短，但亦屢次為工商社團辦旅行團到
台灣及北平，1947 年曾辦華南工商考察團到粵港澳深，遊覽白雲山、黃花崗、
深圳、香港淺水灣、九龍彌敦道及澳門等地，是前往珠三角旅行的先驅。[62]

戰後經營的旅行社亦包括空運旅行社（德輔道中 26 號永安銀行 2 樓），為國
際民航協會審定航空代理，代售全城各線機票，亦代辦護照簽證、各線貨運
等。[63] 1949 年 4 月，中國旅行社、歐美旅行社及通濟隆仍有代辦廣九鐵路頭
二等及江南號快車車票，直至直通車中斷為止。[64] 1950 年代初，在香港的旅行
社包括中國旅行社（並非香港中旅）、世界旅行社、安達旅運、迅達旅行社、
太平洋旅行社、中僑旅行社、東方旅行社及歐美旅行社等多間。當中安達旅運
於 1957 年創立，現仍繼續經營，更是國際航空運輸協會機票銷量最高的旅行
社之一。[65] 另外亦有若干間「報關行」，如富強、大成、捷成等，代客辦理火
車輪船及郵政運送、出入口貨物的報關手續及運輸。有個別旅行代理商會刊印
旅行便覽、香港新界遊覽圖及地圖等指南，讓旅客在港遊覽時更為方便。例如
香港中國旅行社贈閱《旅行便覽》，刊登資料包括氣溫、外交官署、航空、輪
船、鐵路、本埠交通、電報電話價目、郵信價目、政府機關、大廈一覽表、旅
館、戲院及酒家等，還介紹香港的主要觀光景點如虎豹別墅及山頂等。雖然香
港與廣州的直通車在 1949 年 10 月新中國解放後停駛，但特稿中亦有報道內地

的火車票價，曾經要過萬元一張，後來經中央嚴格控制物品買賣後，才得到改善：[66]

> ……49 年中國解放，共產黨並未能使人民對貨幣回復信心，由下列之火車票價來看，一張火車票要幾萬元人民幣，貴得令人咋舌。後來共產黨改革人民幣，將幣值降價一萬倍，並嚴格控制物品買賣，將自由市場買賣變為計劃經濟，一切由國家企劃分配，情況漸趨穩定……

1960 年代，民航業快速發展，不少代顧客訂票的旅行社應運而生，例如永安旅遊（服務）有限公司（1964）（後改名永安旅行社）、康泰旅行社（1966）、百善旅行社（已結業）、《華僑日報》讀者旅遊部（已結業），它們早期的業務主要為顧客代訂機票、船票及營辦接待外國人來港的入境遊等。當時能出外旅行的人都較為富有，以公幹或視察為主，乘飛機時的裝束亦見斯文端莊，由於整體上飛機票價不菲，因此旅遊市場未算十分蓬勃。直至 1977 年，政府立法規定僱員可享有七天勞工假期，加上當時白領或勞工階層的收入提高了不少；另一方面公司為了挽留員工，也會以旅遊獎勵，令旅遊業興盛起來。有旅行社如康泰便率先推出各款東南亞旅行團（如菲律賓、泰國及中國台灣三大旅遊點），《華僑日報》旅遊部則推出澳紐地區等短線旅行團，吸引不少趁放假出去遊玩的市民報名參加。但由於當時打工仔的月薪一般只有數百元，而團費往往要二三千元，故此旅行團傾向較長時間，以抵消機票價格。[67] 很多存續至今、經驗豐富的旅行社均在 1970 年代成立，包括香港學聯旅遊有限公司（前身是香港專上學生聯會的旅遊部）（1970）、[68] 星晨旅遊有限公司（1972）、[69] 香港四海旅行社有限公司（1973）、[70] 西敏旅行社有限公司（1973）、[71] 新華旅遊（1974）[72] 及天祥旅遊（1978）[73] 等。

1980 年代，隨著內地改革開放，不少香港旅行社亦趁機開辦內地團，如回鄉探親團或能一睹萬里長城的北京團均大受港客歡迎。為減低團費，不少旅行團均是乘坐京九鐵路的軟臥火車到北京（經常平、廣州及鄭州等數個大站），夜宿

‖ 《華僑日報》讀者旅遊部主辦的觀光團，曾大受年輕人歡迎。（圖片出處：《華僑日報》）‖

於火車，而回程則搭乘豪華噴射客機直航返港。此外，港人喜歡到日本旅遊亦始於 1980 年代，當時電視台播映不少日本劇集，有非常高的收視率，令不少港人鍾情於日本文化、風景、名勝及食品等，日本旅行團大受歡迎，有旅行社以專門辦日本團著稱。此時創辦的旅行社有關鍵旅遊（1982），[74] 油蔴地旅遊（1983）[75]（恆基兆業地產集團成員，另一該集團成員為美麗華旅遊）、東瀛遊（1986）、永東旅行社（1987），[76] 它們主要提供中國長短線、東南亞、郵輪旅行團及自由行套票服務，還可代訂香港至廣東省或往來澳門船票、跨境巴士車票等。

由報業公司開辦的旅行社，如翠明假期（1987 年，明報集團有限公司全資附屬機構）、《華僑日報》讀者旅遊部（已結業，於 1973 年曾舉辦澳紐旅行團）[77] 等，則專門提供一些較特別或冷門的旅遊路線，如南極、東非或南美洲。隨著中國內地開發更多旅遊資源，加上京九鐵路營運改善，1990 年代初，住宿北京華潤飯店或價格更高的國貿飯店的「北京七天京九鐵路＋單直航高級團」，分別收費 4,799 和 5,199 港元，亦相當受歡迎。[78] 除了針對大眾化旅遊市場外，有部分旅行社以提供高檔的特色旅遊為宗旨，例如更充裕的自由活動和參觀時間、深度探訪，或以民族、文化或考古為主題的考察式旅遊團，如捷旅（1976）、勝景遊（1965）及金怡假期（1989）等。[79]

時至今日，以上的境外旅行社已趨向多元化發展。香港現時有超過 80 間大大小小的旅行社，分行遍佈港九新界，除了開辦各式長短線旅行團外，亦會提供自由行或旅遊套票（機票＋酒店膳宿）。另外，因應近年家長希望子女能到外國遊歷增廣見聞，致令遊學考察團的市場大增，大部分旅行社均設立遊學部、票務部及會議統籌部等，為各學校、非牟利機構、學術團體、商業公司提供一站式旅遊服務，安排觀光及考察包團。旅行社為增加市場佔有率，擴展業務對象，反映其發展與香港社會變遷息息相關。

此外，有些旅行社主要代辦海外簽證、代訂酒店、機票或車票等。處理簽證無論是團體或個人，均需要相當的專業知識、人力和時間，因此一些辦理大量海外旅遊團的旅行社或經常到海外旅行者，如未有時間精神處理這些瑣事，往往會將簽證手續委託給旅行社，尤其是歐洲多國行之類，所涉及的簽證國家較多。此類自助旅行社有福達旅遊（香港）有限公司（1992）、[80] 歐陸旅運（1992 年成立，1993 年起開始出版自助旅遊手冊，為讀者提供最新旅遊資訊）。[81]

本地遊（Domestic Excursion）是旅客在本地旅遊、食宿和觀光等。主要從事本地遊的，早期有鐘聲社（1950 年代），如到梅窩旅行。[82] 後來又包括玉泉水陸旅行團（1971 年，現已結業），由資深藝人朱維德每週帶參加者走遍香港不同山野海峽（後來他成立專做外國旅行團的「見聞會社」）、發達行〔發達旅遊（國際）有限公司〕，[83] 針對的顧客都以本地人為主；另外亦有接受海外旅行業者委託，承包旅客在港的接待（In-Bound Business），如食宿、交通和導遊等。1960 至 1970 年代，隨著日本旅客到港增加，出現了接待日本客的本地旅行代理商。如一個乘國泰航班抵港的日本東南亞考察團，在港作數天逗留，參觀港澳的石油工場及遊覽名勝古蹟，這些特定的景點便需要有本地接待的旅行社負責辦理；另有一個日本產經旅行社的名古屋港澳旅行團，由大阪乘中華航空班機抵港，在港逗留四日，期間的觀光行程，便由美華旅行社代理。[84]

‖ 1950 年代的啟德機場。 ‖

4.4 │ 旅行社同業機構

香港旅遊業議會

該會成立於 1978 年，是出境旅遊業的自我監管機構。1985 年，經過議會不斷
遊說，政府制訂了《旅行代理商條例》，規定所有經營外遊業務的旅行社必須
領取牌照。按《1988 年旅行代理商（修訂）條例》的規定，任何公司必須先成
為議會會員，才可以申領旅行代理商牌照，合法經營離港外遊服務。[85] 當時有
800 多間旅行社是議會的會員。

議會多年來推動行業自律，成績逐漸贏得廣泛認同。1987 年佳寧旅行社倒閉事
件轟動一時，之後小有多間旅行社如世紀旅遊倒閉，令港人參加旅行團的信心

頓失,政府為此加強對香港旅行社的監察,在 1990 年 3 月 22 日,旅遊業議會被指定為公共機構,協助推行及監察各類保障旅客的措施。為保障外遊旅客的權益,議會於 1993 年設立旅遊業賠償基金,最早期由旅行社支付團費的 1%,以便向感到不滿的外遊旅客支付特惠補償。[86]

旅遊業議會現有約 1,260 個會員,分別來自下列八個屬會:香港旅行社協會、香港華商旅遊協會、國際華商觀光協會、國際航空協會審定旅行社商會、港台旅行社同業商會、香港中國旅遊協會、香港外遊旅行團代理商協會、香港日本人旅客手配業社協會。其中較具規模的旅行社有 20 家,不僅每年接待眾多訪港遊客,還為香港居民提供外遊服務。旅遊業議會的主要職責是規管行業,包括改善業內經營手法、執行業內守則及法令、收取法定徵費、處理遊客投訴及查詢、訂立會員資格等。該會與政府有關部門配合,確定旅行代理商資格,由旅行代理商註冊主任發給經營牌照。旅遊業議會透過多套守則和指引,對屬下會員進行監管,旅行社如違反自我監管的規定,可能會喪失會員資格,以及被吊銷經營牌照。

港台旅行社同業商會

早在 1960 年代,香港人到台灣旅行已頗為流行,開始有一些專門主理遊台的旅行社。其中一間是大成旅行社,曾推出五、七及十天的旅行團,標榜「聖誕渡假,台灣最好」、「慶祝聖誕,特價優待」。[87]

1979 年,台灣行政院開放觀光護照,讓民眾出境觀光。當時作為英屬殖民地的香港,自然成為頗受歡迎的旅遊目的地之一。當時外遊的台灣民眾以中年及老年人較多,亦以參加旅行團為主,很少自由行。但礙於兩地文化的不同,台灣當局認為如果台灣旅客一旦在香港遇上問題,找協助會較困難。[88]

為了進一步促進港台之間的旅遊業,港台旅行社同業商會(Hong Kong Taiwan

193

Tourist Operators Association, TTOA）於 1980 年成立，是一個由營辦香港及台灣旅行團的旅遊機構所組成的非牟利工商社團，由王重山出任第一屆創會理事，副理事長為黃鵬緒，理事有陳木青、解存金、陳其銳，任期一年。同業商會成立後，台灣將之列入申請擔保書的簽發機構：港人申請台灣簽證時，必須提交以台灣居民名義或該商會發出的擔保證明，簡稱「擔保書」。反之，台灣人來香港旅遊時，該商會也可作為其擔保機構，發出「台灣旅客入境香港擔保書」，簡稱「團保」。

1987 年，台灣當局開始讓國民黨老兵回內地故鄉探親，同業商會便協助香港旅遊業議會，組織同業前赴福建省，訪問旅遊單位及到武夷山踩線，使兩岸的旅遊得以長足發展。至 1993 年 6 月，同業商會於香港正式成立有限公司。1996年同業商會與高雄的「高雄市旅行商業同業公會」結為姊妹會，並受邀參加其年會，反映出港台兩地在旅遊業的合作邁向更好的前景。[89]

香港旅行社協會

1954 年，香港國際航空運輸協會的代理商構思設立一個香港旅行社組織，到了1957 年，香港旅行社協會（Hong Kong Association of Travel Agents，HATA）終於正式成立並制定了章程和細則。1968 年，該會會員人數由 1958 年的 23 間旅行社，增至 59 個，當時的入會資金需要 10 萬元港幣。

1972 年美國總統尼克遜正式訪華，全球掀起「中國熱」。由於當年中國仍限制外國遊客訪華，香港便成為西方人認識中國的門戶，外國遊客喜歡到鄰近香港邊境的落馬洲（又稱勒馬洲），以望遠鏡眺望鐵幕背後的中國內地。這個熱潮導致交通擠塞的問題，旅遊團無法進入落馬洲這個有利的邊境監視點。旅協與政府溝通後終於疏導了交通，讓遊客進入該地，眺望當時仍封閉的大陸。

1979 年，協會提高入會資格，避免不良旅行社混入，欺騙顧客，影響其他會員

的聲譽：新入會旅行社的必需資金由 10 萬增至 20 萬，並繳交 2,000 元作為賠償基金，同時必須開業一年以上，職員亦必須接受訓練及有良好經驗。當時該會有 180 名會員，協會呼籲旅客光顧其屬下的旅行社會較有保障。[90] 1986 年協會於印尼首府雅加達舉行第 15 屆年會，有 150 名成員參加。

1990 年代，香港旅行社協會通過多次考察，包括參觀珠三角、北京、廣州、昆明、深圳、上海、桂林、長江和蘇州，與中國內地建立了更緊密的工作關係，還組織了前往亞洲其他國家如越南、柬埔寨、日本和印度的考察旅行。1997 年是協會成立 40 周年，會員旅行社達到 350 間。[91]

1970 年代以降，接待外地旅客的旅行社越來越多，業界出現良莠不齊的情況。1972 年，香港旅行社協會值成立 15 周年之際，首次與航空公司代表、酒店業代理舉行會議，討論香港旅遊事業的前景。該會主席吳晉藩承認旅行社質素參差，呼籲香港政府應設法保障百萬名遊客的權益，立法規定註冊旅行社須合乎國際標準。他指出業界有旅行社濫給回佣了航空公司（7%），而新設旅行社為了爭取海外生意，不惜在遊覽住宿上割價賠本，卻以購物佣金補償損失，都是有違商德的行為。遊客購物後，旅行社工作人員向商店索取佣金，這種做法影響了以全費和團體方式來港觀光的日本遊客。全費旅行社收費競爭激烈，迫使香港的本地旅行社以非常低廉的價格辦理遊覽業務，雙方為了達到合理利潤，向遊客購物施加壓力。有日本傳媒報道，香港導遊每月只有 50 元薪金，這也迫使他們想方設法補貼收入，購物天堂的美譽因而受損。[92]

由於旅遊業漸漸成為香港的一大經濟支柱，除港府採取措施管制旅行社外，同業間亦紛紛組織職會，以挽救香港旅遊業的聲譽，促成了香港旅遊業能夠更全面地平衡旅行社利益及顧客的權益。

註

1　王永忠：《西方旅遊史》（南京：東南大學出版社，2004），264-265 頁。

2　同上，257 頁。

3　同上，265 頁。

4　1824 年，《英荷條約》劃分勢力範圍，麻六甲（馬六甲）、新加坡及馬來半島荷蘭屬地正式歸入英國。檳榔嶼（今檳城）、麻六甲與新加坡稱為海峽殖民地（Straits Settlements）。

5　Hong Kong Government, "An International Airport — History", *Gateway to New Opportunities — Hong Kong's Port & Airport Development Strategy* (Hong Kong: Hong Kong Government, 1989), p.7.

6　《大公報》，1941 年 3 月 20 日。

7　湯建勛：《最新香港指南》（香港：民華出版社，1950），57-58 頁。

8　神鷹航空的其中一間母公司是德國漢莎航空（Lufthansa），神鷹航空在 1971 年引入了巨無霸波音 747 客機。

9　"An International Airport — History", *Gateway to New Opportunities — Hong Kong's Port & Airport Development Strategy*, p.7.

10　《最新香港指南》，57-58 頁。

11　同上，65 頁。

12　同上，65-66 頁。

13　同上，59 頁。

14　《香港工商日報》，1952 年 2 月 10 日。

15　《西方旅遊史》，259 頁。

16　"About", http://www.panambrands.com/. 取用日期：2021 年 4 月 1 日。

17　吳邦謀：《香港航空 125 年》（香港：中華書局，2015）。波音 314「飛剪船」是一種於 1938 至 1941 年由波音公司製造的長程水上飛機，是當時其中一種最大型的飛機。它使用了波音 XB-15 的巨大機翼，以符合橫越大西洋與太平洋的航程需要。波音為客戶泛美航空建造了 12 架，其中 3 架因租借法案而轉交英國海外航空（BOAC）。

18　宋軒麟：《香港航空百年》（香港：三聯書店，2003），頁 38。

19　《最新香港指南》，57-66 頁。

20　《香港工商日報》，1967 年 7 月 11 日。

21　《大公報》，1940 年 11 月 2 日。「加州飛剪」後來易名「太平洋飛剪」，並售予世界航空（World Airways），1950 年拆解。

22　《香港航空 125 年》。

23　《香港工商日報》，1967 年 3 月 28 日。

24　《香港工商晚報》，1952 年 9 月 11 日。

25　香港旅遊協會：《香港旅遊業五十年》，https://www.discoverhongkong.com/content/dam/dhk/intl/corporate/about-hktb/annual-report/07-08pdf/2007-2008-02.pdf，取用日期：2020 年 4 月 1 日。

26　同上。

27　《香港工商晚報》，1968 年 10 月 8 日。

28　《香港工商晚報》，1971 年 10 月 31 日。

29　《華僑日報》，1974 年 4 月 16 日。

30　同上。

31　中國商網，〈虧本也在所不惜：陳光甫與中國第一家旅行社〉，https://kknews.cc/travel/qqkl4oo.html，取用日期：2020 年 4 月 1 日。

32　Fred Inglis, *The Delicious History of the Holiday* (London & New York: Routledge, 2000), pp.14-15.

33　逸廬主人：《香港九龍便覽》（香港：中華書局，1940），149 頁。

34　中國商網，〈「全球第一家旅行社」申請破產保護，旅遊業一個時代結束？〉，https://kknews.cc/zh-hk/travel/gmn2kll.html，取用日期：2020 年 4 月 1 日。

35　《香港工商日報》，1934 年 5 月 25 及 26 日。

36　《香港工商日報》，1936 年 12 月 24 日。

37　《香港工商晚報》，1946 年 4 月 12 日。

38　《香港工商晚報》，1956 年 12 月 12 日。

39　《香港工商晚報》，1967 年 6 月 10 日。

40　《華僑日報》，1975 年 6 月 17 日。

41　《香港工商日報》，1933 年 1 月 12 日；《香港九龍便覽》，149 頁。

42　陳公哲：《香港指南》（香港：商務印書館，1938）。

43　《香港華字日報》，1939 年 9 月 15 日。

44　《華僑日報》，1969 年 12 月 6 日；《香港工商日報》，1969 年 12 月 11 日。

45　美國運通於 1850 年在紐約水牛城成立，1874 年總部遷到紐約新興的金融區百老匯 65 號，其舊址至今仍保留下兩棟建築。見 Kenneth T. Jackson, *The Encyclopedia of New York City* (The New York Historical Society: Yale University Press, 1995), p. 23.

46　《華僑日報》，1968 年 10 月 30 日。

47　《香港工商日報》，1970 年 10 月 20 日。

48　《香港九龍便覽》，148-149 頁。

49　〈虧本也在所不惜：陳光甫與中國第一家旅行社〉，https://kknews.cc/travel/qqkl4oo.html，取用日期：2020 年 4 月 1 日。

50　香港中國旅行社有限公司，〈公司歷史〉，

http://ww1.ctshk.com/zh/ch-aboutus/，取用日
期：2020 年 4 月 1 日。

51　《香港華字日報》，1928 年 8 月 2 日。

52　〈虧本也在所不惜：陳光甫與中國第一家旅行
社〉，https://kknews.cc/travel/qqkl4oo.html，
取用日期：2020 年 4 月 1 日。

53　《香港工商日報》，1934 年 12 月 12 日。

54　《香港華字日報》，1936 年 6 月 16 日。

55　《香港工商日報》，1946 年 2 月 26 日。

56　《香港工商日報》，1946 年 7 月 28 日。

57　《香港工商晚報》，1949 年 11 月 20 日。

58　《香港九龍便覽》，149 頁。

59　《香港指南》

60　國際航空交通協會，http://www.iata.org/index.
htm，取用日期：2020 年 2 月 22 日。

61　察斯達：《復員的香港》（香港，中華出版社，
1947），139 頁；《香港工商日報》，1948 年
12 月 5 日。

62　《大公報》，1947 年 3 月 18 日。

63　《香港工商日報》，1948 年 12 月 5 日。

64　《香港工商日報》，1949 年 4 月 30 日。

65　安達旅運，〈關於我們〉，https://www.
lotustours.com.hk/，取用日期：2020 年 2 月
23 日。

66　香港政府檔案處編號：HKMS176-167。

67　康泰旅行社，〈關於康泰——重要里程碑〉，
https://www.hongthai.com/tc/about/mileStone.
html，取用日期：2020 年 2 月 22 日。另外參
考康泰旅行社董事長黃士心訪問：《香港故事》
單元「愛·唱遊」（香港電台製作電視節目，
2012）。

68　香港學聯旅遊，〈集團簡介〉，http://group.
hkst.com/Home/about/chairman.html，取用日
期：2020 年 2 月 23 日。

69　星晨旅遊，〈公司簡介〉，http://www.mst.com.
hk/about.aspx，取用日期：2020 年 2 月 22 日。

70　香港四海旅行社有限公司，〈公司簡介〉，
https://www.fourseastravel.com/DEStandard/
zh-TW/aboutus.aspx，取用日期：2020 年 2 月
22 日。

71　西敏旅行社，〈關於我們〉，https://
westminstertravel.com，取用日期：2020 年 2
月 23 日。

72　新華旅遊，〈關於我們〉，https://www.
sunflower.com.hk/aboutus，取用日期：2020
年 2 月 22 日。

73　天祥旅遊，〈關於我們〉，https://anytours.
com.hk/zh-hant/about-us，取用日期：2020 年

74　由藝人關鍵與上官玉夫婦創立。

75　油蔴地旅遊為恆基兆業地產集團成員，亦提供
本地遊旅行團及澳門旅遊套票銷售服務。

76　永東集團，〈關於我們〉，https://
www.eebus.com/cmspage/cmspage.
aspx?contentid=177P760001，取用日期：2020
年 2 月 22 日。

77　《華僑日報》，1973 年 11 月 2 日。《華僑日報》
讀者旅遊部亦有舉辦本地遊，如 1977 年海洋
公園開幕後，舉辦過「海洋公園珍寶海鮮舫歡
樂遊」，《華僑日報》，1977 年 2 月 15 日。

78　「星晨旅遊：北京七天京九鐵路＋單直航高級
團」章程，1990 年代初。參觀景點包括故宮、
景山公園、萬里長城、居庸關、八達嶺、天安
門廣場、毛主席紀念堂、人民大會堂、頤和園、
王府井及天壇等 16 個景點。

79　金怡假期，<Corporate Porfolio>，https://
www.goldjoy.com，取用日期：2020 年 2 月
22 日。

80　該公司現為尼泊爾旅遊局香港代表，承辦項目
為到印尼或尼泊爾的朝聖團。香港貿易發展
局，http://www.hktdc.com/sourcing，取用日
期：2020 年 2 月 22 日。

81　http://www.ses.com.hk；香港公司目錄，
〈香港歐陸旅運有限公司〉，https://www.
hongkongdir.hk/supreme-europe-travel-
services-limited-eflqqp，取用日期：2020 年 2
月 22 日。

82　《華僑日報》，1952 年 8 月 9 日。

83　該公司亦有辦中國短線團及遊學團。發
達行，http://www.fth.com.hk/productcat.
php?CatID=10，取用日期：2020 年 2 月 22 日。

84　《香港工商日報》，1967 年 6 月 13 日。

85　香港旅遊業議會，http://www.tichk.org/public/
website/b5/council/introduction/html，取用日
期：2020 年 2 月 23 日。

86　澳門基金會，https://www.macaudata.com/
macaubook/ebook002/html/c03.html，取用日
期：2020 年 2 月 23 日。

87　《香港工商晚報》，1968 年 11 月 15 日。

88　港台旅行社同業商會，〈商會歷史〉，https://
ttoa.hk/history，取用日期：2021 年 4 月 1 日。

89　同上。

90　《香港工商日報》，1979 年 10 月 6 日。

91　HATA, http://hata.org.hk/about.htm.

92　《香港工商日報》，1972 年 5 月 29 日。

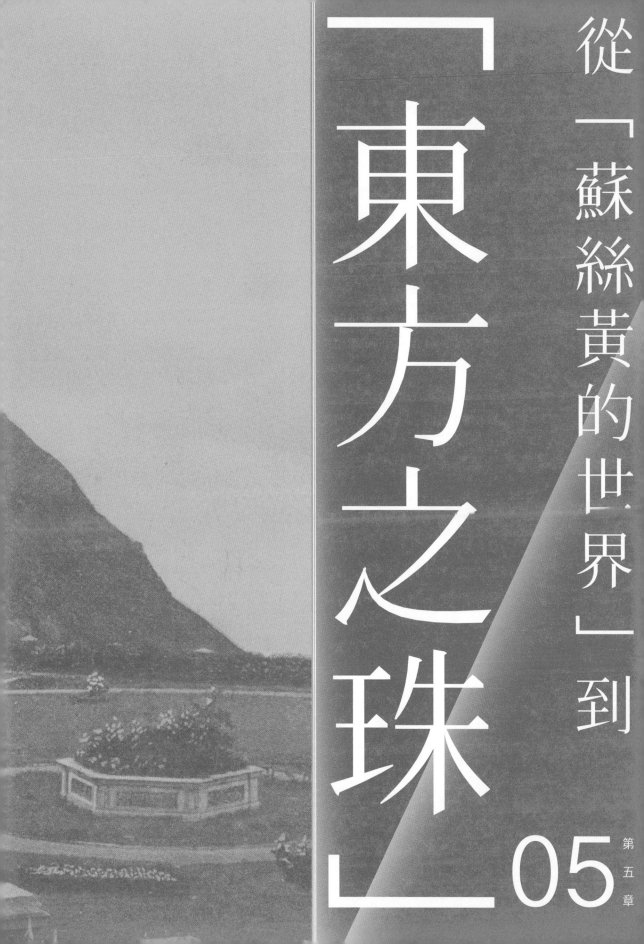

第五章 05

從「蘇絲黃的世界」到

「東方之珠」

戰前，香港政府曾針對經濟衰退成立委員會，瞭解衰退原因及研究改善香港貿易的方法，其中旅遊是當時分析的一大項目。委員會的報告反映了當時旅遊業的景況：「香港是一個美麗的地方，但沒什麼事可做！」、「很少廣泛推廣香港」。委員會想探討兩個可能性：其一是香港成為一流的冬季度假勝地；其二是除了欣賞自然景觀及休閒外，令香港變成更具吸引力的地方。[1] 委員會認為，需要多些宣傳香港的吸引力，並且嘗試開放一些遊客可以享用的康樂設施。總括來說，委員會勸喻政府，應積極吸引無論來自海外還是中國的遊客。政府亦應贊助旅遊業的發展，如同英國和其他國家一樣，提供財政援助。委員會認為，幾乎每一個擁有吸引遊客和度假者的景點的政治實體，都會付出有系統的努力來吸引遊客；在許多國家或地區，除了國家組織之外，每個市政當局都有自己的旅遊推廣機構，為來訪者提供便利及進行適當的宣傳，吸引國外遊客到訪他們管理的地區。[2]

1935 年，為慶祝英國喬治五世（George V，1865 － 1936，現任英女王伊利沙伯二世的祖父）登基 25 週年，香港從 5 月 6 日開始，舉行為期三日兩夜的銀禧會景巡遊，內地有 20 多萬人到港參觀。有見內地遊客不斷增加，港府深深意識到他們對本地經濟的正面作用，故此進一步落實以上報告的建議，首次成立諮詢機構，向政府提供推廣旅遊業的建議。1935 年 7 月 5 日政府刊登憲報，成立「香港旅行會」（Hong Kong Travel Association），委任七位董事，其中包括兩名華人領袖羅文錦及馬文輝。[3] 1936 年，該會在中環天星碼頭及尖沙咀九龍倉一號橋設立辦事處。[4] 其後羅文錦辭職，政府委任鄧宗彌接替。[5] 該會的宗旨是提倡旅遊、宣傳旅遊設施，及為訪港旅客提供協助。為此，該會實施各種措施，如跟火車、輪船、航空公司及其他公共運輸機構、酒店、商戶及其他旅行機構合作，以改善服務，促進互惠互利的環境；向旅客宣傳殖民地、提供旅遊資訊及設施，等等。[6] 當時，政府邀請了不少可以從旅遊業獲益的有關機構捐款予該會，包括酒店、商店、百貨公司、本地運輸機構如汽車公司、銀行及輪船公司等。為了吸引全球旅客，該會印刷小冊子及海報等，向歐美、澳洲甚至南非的旅客介紹香港的美景。其中旅行會計劃開放某些會所如哥爾夫球場或

網球場，讓短暫旅客可以享用設施。另外，旅行會最早提議興建一個水族館，令香港更具吸引力。[7] 這反映海洋公園的構想早於 1930 年代已開始出現。

為了更好地宣傳香港及華人的生活，1936 年香港旅行會耗資 3,000 港元，拍攝了相信是首套向外國遊客介紹香港風光名勝的官方影片。為振興當時受世界經濟困境影響的香港旅遊業，影片動用了不少人力物力及多個團體協助拍攝。香港旅行會邀請了霍士電影公司拍攝香港風光，以配合有關宣傳活動，又在尖沙咀及中環設立旅遊資訊站，方便旅客查詢。後來第二次世界大戰爆發，香港淪陷，該會未有機會再發揮作用，無疾而終。

5.1 | 帶動經濟：戰後港府的旅遊政策

戰後初期，香港政府正忙於應付大量因國共內戰而湧入的難民，在推動旅遊業方面處於被動，只可以做一些產業基線的研究。直至 1957 年，香港旅遊協會（今香港旅遊發展局的前身）成立，成為旅遊相關行業與政府溝通的橋樑，曾代表酒店業界爭取放寬建築條例對酒店建築的限制，促進了戰後酒店業的發展，在九龍及香港陸續開設。自此時期開始，香港的旅遊行業正式走向大眾化。

香港旅遊協會的成立

戰後，除了難民人數上升，港府還要面對由於東亞政局不穩而導致的旅客下降趨勢，但直到 1950 年代初，政府才重新關注旅遊對香港經濟的重要性。1955 年 8 月政府終於委任一個「旅遊工作委員會」，下轄兩個次級委員會，分別是鈕魯詩（W. C. G. Knowles，1908－1969）[8] 主持的負責草擬憲章的分會，以及賀理士·嘉道理（H. Kadoori，1902－1995）[9] 主持的負責財務事宜的分會，後者直接向工作委員會匯報。[10] 委員會一致建議，成立新的旅遊組織以加強推廣香港，這是 1957 年成立的香港旅遊協會（旅協）。[11] 旅協根據《香港法例》

‖ 旅協與加拿大航空公司合作印製主題為「東方就是香港」的廣告。 ‖

第 29 章正式成立，是法定的旅遊諮詢機構，專責向世界各地推廣香港的旅遊特色，臨時辦事處設於中環雪廠街 9 號。旅協於 6 月 11 日起委任理事會成員，由鈕魯詩擔任主席。由於旅遊工作委員會建議當局盡快向外宣傳香港，免被其他地區搶先，旅協成立第一年即取得 10 萬元，在本地報章刊登廣告，另外亦獲撥款 30 萬元，用於出版各類媒介的宣傳品，包括海報、地圖、小冊子及宣傳片等。[12] 在 1960 年代的小冊子中，旅協建議遊客到有旅協標誌的商店購物，以保障個人利益；此外亦提醒美國遊客，不要購買來自「北越」及「北韓」所製造的商品，但可以購買附有單據的任何國家出品的「中國類」貨物。[13] 旅協又與航空公司合作，印製主題為「東方就是香港」的廣告。

1958 年，旅協遷往位於九龍半島酒店的新址，又在港島天星碼頭設立另一間諮詢中心。翌年，旅協推出一段時長 21 分鐘、名為「萬家燈火」的宣傳短片，在戲院和展覽會上播放，更贏得 1961 年康城電影節的旅遊宣傳片大獎，使香

港在歐洲等地的知名度提升了不少。1960 年代初，旅協拓展海外業務，於美國紐約首次成立海外代表處，其後在澳洲悉尼開設辦事處。1960 年舉辦「香港就是東方」攝影比賽，向海外宣傳香港美麗的特色、香港市民的風俗習慣，香港從此開始被推廣為「東方之珠」（Pearl of the Orient）。旅協其後在維多利亞公園舉行彩燈晚會，藉此將中秋節推廣為旅遊特色。旅協又舉辦「禮貌運動」，並攝製了名為「微笑與忠誠」的宣傳片。

根據旅協 1969 年的數字，該年頭 11 個月的訪港人數為 704,542 人，比去年同期的 566,505 人，增長達 138,037 人，增長率達 24.37%，其中美國最多（198,075人），其次是日本（130,722 人）及歐洲（不包括英國，53,939 人）、其他國家（280,192 人）。[14] 這個數字反映 1960 年代末，來港旅客人數有很大增幅。1968 年，經濟及旅遊委員會曾建議擴建機場客運大樓，但旅協卻認為工作最快要 1973 年下半年才完成，有可能做成 1970 年代初期的擠塞情況。[15] 旅協亦曾向當局反映，指工務局拖延審批酒店的工程，工務局則反駁沒有因為它們的疏忽而延誤，反而大多是因為業主的意見經常轉變所致。

1972 年旅協歡迎第 100 萬位訪港旅客，幸運兒是從美國邁亞密抵港的空中侍應長嘉露碧珠小姐。同年，旅協開始使用紅色帆船的會員標貼。1973 年訪港旅客總數升至 129 萬人次，來自亞洲的旅客首次佔總人數一半以上。1980 年旅協推出由歌星林子祥主唱的《笑一笑，世界更美妙》宣傳歌曲，在電視上的廣告時段播出，以笑相待旅客的主題深入民心。[16] 旅協亦促進了與旅遊相關的行業如酒店、旅館、旅行社及代辦機構的發展，以及相關組織如國際航空運輸協會等的合作。

政府積極拓展旅遊業

戰後，隨著到港旅客不斷增加，政府比戰前更多投入資源發展旅遊業，包括前述香港旅遊協會的成立。政府開始了旅遊業的研究，特別是其經濟效益，旅

遊發展與經濟政策掛鈎。聯合國將 1967 年定為「國際旅遊年」，其口號「旅遊：通向和平的護照」，設想旅遊業將「更能致力於人類的福祉」和「人類福祉的改進」。作為世界旅遊業的主要參與者，香港無疑受益於圍繞此國際活動的宣傳：1967 年的頭六個月，遊客達到 253,250 人次，比 1966 年同期上升 19.25%，單單 6 月已有 11,010 名美國人抵港。在 1980 年代至 1997 年回歸前，政府積極推動本地旅遊制度化，吸引本地及海外遊客，以帶動經濟發展，「飲食購物天堂」的美譽不脛而走。

旅遊設施的研究 ｜ 早在 1968 年，政府成立經濟及旅遊委員會後，訂立了長遠的項目清單，將正在進行的旅遊及相關項目，作長遠的可能性研究，[17] 特別是在硬體的旅遊設施方面，均會進行大型建設，務求吸引更多旅客來到香港觀光，當中有部分後來陸續實施，包括海洋公園、郊野公園及濕地公園等。

表一　政府於 1960 年代末曾經研究的旅遊設施及其實施情況

項目	目標／可行性	實施情況
1. 機場客運大樓	擴建客運大樓以舒緩旅客擠逼情況。	舊啟德機場的客運大樓第四期擴建工程於 1982 年完成。
2. 國家公園	維護及更好地使用新界的郊野環境。	於 1976 年 12 月 3 日劃定首三個郊野公園。
3. 度假區	政府曾計劃在馬灣／愉景灣建立度假區。	旅遊協會曾在 1965 年 12 月提交可行性研究，但只屬初步建議；最終於 1980 年初由發展商在大嶼山愉景灣發展商住度假區。
4. 水族館	市政局議員多次建議建設水族館以吸引遊客。	旅遊協會 1965 年 6 月提交可行性研究，政府採納建議，海洋公園於 1977 年落成。

5. 會議中心	在紅磡新火車站上蓋加建會議設施及室內體育館／增加大會堂設施。	旅遊協會在 1965 年 11 月提交可行性研究，但最終政府只在紅磡新火車站上蓋建成公眾停車場，及 1983 年建成紅磡體育館。大會堂一直作為文化藝術場地，而非會議中心。 1975 年灣仔的香港展覽中心（華潤大廈）和銅鑼灣的世界貿易中心落成。 1977 年旅協成立新的會議部門，推廣香港作為舉行會議的理想場地。 1988 年 11 月 25 日，灣仔海旁的香港會議展覽中心第一期啟用，由總督衛奕信爵士和夫人主持開幕典禮。
6. 哥爾夫球場 （a）清水灣 （b）馬灣 （c）青山 （d）大嶼山 （e）其他	（a）政府一直對在清水灣建高球設施的態度未明。 （b）只有九個洞的球場，未有私人企業接觸政府，此外馬灣旨在本地旅遊。 （c）應會與龍珠島計劃合併，但發展商在未來 18 個月應不會有進展，而島的大部分土地屬私人擁有。 （d）現時發展商由於有其他計劃，未有進一步發展。 （e）市政局在石澳泳灘建一個迷你球場，並計劃在九龍仔及粉嶺興建，但進一步發展要留待市政總署完成經濟評估研究。	（a）由私人發展商發展哥爾夫球場及遊艇會，名為清水灣鄉村俱樂部，1982 年 12 月 16 日啟用。 （b）政府與發展商共同發展馬灣公園，但沒有設哥爾夫球場。 （c）政府要到 1995 年才建成滘西洲及屯門兩個公共哥爾夫球場。 （d）由愉景灣發展商興建。 （e）市政局 1964 年 6 月於九龍城延文禮士道建成九龍仔公園，設有足球場，但並無高球設施。
7. 博物館	由於需要比原先計劃更大的空間及設施，因此發展停滯。	1962 年，香港博物美術館設於大會堂高座 10 及 11 樓。1975 年 7 月，該館分拆為香港藝術館和香港博物館。香港博物館初時租用尖沙咀星光行為館址，1983 年遷往九龍公園臨時館址，1998 年 7 月遷至尖沙咀漆咸道南現址，即香港歷史博物館。

8. 藝術發展商	建議成立藝術發展局，協助提倡香港的文化吸引力。	政府其後向英國藝術發展局借鏡，但要到 1995 年，才根據《香港藝術發展局條例》（《香港法例》第 472 章），成立香港藝術發展局（藝發局）。
9. 教育設施	政府建議增設官方認同的培訓課程，以提高導遊的水準。其中工業學院有興趣增設導遊課程，旅遊協會曾向香港旅行社協會查詢建議；當時亦沒有進階的酒店培訓課程，故曾向酒店聯會諮詢有關可能性；青年就業促進組曾印備職業單張，介紹導遊行業。	香港理工大學的前身香港工業專門學院，在 1972 年改名為香港理工學院，成立機構及餐飲管理學系，課程分為全日制、夜校兼讀及假期班，設有餐廳、櫃檯及客房，讓學員學習實際技能。1979 年，正式成立酒店及旅遊業管理學院，是首間專上學院提供有關課程。
10. 保護文物及歷史建築	有關部門首先對廟宇進行研究，並提供資料予旅協，協助推廣；亦建議在學校的歷史學會組織進行有關歷史建築的資料搜集，以瞭解其現狀及業權。政府亦可贊助獎品，並在大會堂舉行歷史照片及繪畫的展覽；亦仿效英國，在城市的海岸線或昔日的歷史建築地點設立紀念碑。	《古物及古蹟條例》（《香港法例》第 53 章）於 1976 年實施，古物諮詢委員會及古物古蹟辦事處於同年相繼成立。1977 正式實施條例。 1989 年旅協首辦「香港古蹟遊」，極受美國旅客歡迎，行程包括李鄭屋古墓、三棟屋圍村和大夫第等。此外，旅協又創辦「公屋縱橫遊」項目，讓旅客領略本港普羅大眾的生活方式。
11. 山頂發展	山頂發展應有周詳計劃，旅協建議透過比賽挑選，但土地部門質疑，如政府不採納勝出的設計，會引起迴響。	1972 年 8 月 29 日，山頂凌霄閣首度向公眾開放，頂層開設西餐廳，下層則為咖啡室。1993 年，凌霄閣邀請英國著名設計師 Sir Terry Farrell 操刀，耗資 5 億港元將凌霄閣改建為一座集購物、娛樂與餐飲服務於一身的綜合大樓，並於 1997 年 5 月重新開放。
12. 介紹香港的專門文獻	應製作完備而不昂貴的介紹香港動植物的書籍，以吸引外地旅客到訪；《遠東經濟評論》雜誌曾為香港撰寫全新的旅遊手冊。	1978 年旅協試辦一條由荃錦公路，經石崗、鹿頸及船灣淡水湖的「遨遊新界東北觀光線」。香港的自然風光一直是吸引歐美遊客的重要元素。

13. 香港節 / 香港週	政府建議將香港節／香港週設成每年活動，Hong Kong Ready-to-Wear Fashion Festival Week 則獨立於香港節以外舉辦。旅協是委員會成員之一，但自 1968 年 1 月 19 日以來未開過會議。	香港節舉辦了三屆後便沒有再次舉辦。
14. 海運碼頭	政府認為有需要在港九兩地設海運碼頭，以接待日益增加的郵輪遊客，並應付大量的旅行團。	1997 年前，香港唯一接待國際旅客的客運碼頭，只有由九龍倉發展的「海運大廈」，於 1966 年 3 月 22 日開幕，是全亞洲第一個購物商場。英國鐵行郵船坎培拉號是第一艘在此停泊的四萬噸級遠洋郵船。 1989 年，全新的中港碼頭啟用，為往來珠江三角洲城市的旅客提供服務。
15. 新酒店	政府工務局十分重視新酒店的建設，對有關建築的草圖高度重視，旅協方面亦會注視發展。	1980 年代在九龍有多間新酒店落成，尤其是尖沙咀東部。
16. 影片	需要製作新的介紹香港的影片，以替代原本的《萬家燈火》（*A Million Lights Shall Glow*）；旅協正籌備製作一套 13 分鐘的宣傳片。	1974 年旅協舉辦「禮貌運動」，並攝製了一部名為《微笑與忠誠》的宣傳片。
17. 機票價格結構	國際航空運輸協會（IATA）會議未有為區內的機票作出相應的大幅降價。	其後由當時香港的主權國英國政府代表，向 IATA 提出機票價格結構方面的調整。
18. 旅行社的發牌	政府建議提升低效率旅行代理的水平，並要防止不專業及財政不健全的旅行社不斷增加。	香港旅遊業議會於 1978 年成立，政府於 1988 年通過《旅行代理商（修訂）條例》。
19. 遊客舢舨	遊客舢舨需要遵守新的安全規定，但有業界代理反映，為達成規定的要求需要額外時間，政府將寬限期延長至 1971 年 6 月 30 日。	香港仔避風塘昔日有不少舢舨作為街渡，以服務歐美客為主。根據規定，舢舨都領有牌照，並已購買第三者保險。

| 20. 酒店 | 政府將酒店業界定為工業，鑑於住房短缺，政府建議確立一些優質、便宜及簡約的旅館，以應需求。 | 酒店業組織反映意見，政府考慮容許一些在唐樓的旅館擴充營業範圍。 |
| 21. 為旅協行政人員提供航空機票 | IATA 規定，容許主權國家政府提出要求，為本國的旅遊組織行政人員公幹旅行時提供必須的航空機票。 | 其後由當時香港的主權國英國政府代表旅協及其他政府人員，向 IATA 提出機票要求。 |

5.2 「這是香港」：
冷戰期間香港作為東方文化的門窗

在 1959 年出版的《飛往福爾摩沙的旅程：民族主義中國自由堡壘和港澳港口的歷史和實況考察》（*Flight to Formosa: A History and Fact-finding Tour of Nationalist China's Fortress of Freedom and the Ports of Hong Kong and Macao*）中，作者弗蘭克·克魯恩（Frank Clune）的描述，是香港作為英國殖民主義宣傳的最佳明證。克魯恩從一開始就明確表示，他想要對親共的宣傳攻勢作出反擊。他認為「鴉片戰爭」不是強迫中國人吸食鴉片的戰爭，鴉片的零售和散佈，事實上是由中國人自己在中國境內處理的。「鴉片戰爭」這個名稱由英國的批評者發明，基本上適用於英國、法國和其他歐洲國家，從 1839 至 1860 年間對中國的所有武力展示，而這些武力是要迫使清政府開放通商口岸。正如評論家所說，這些並不是迫使中國人民吸食鴉片的戰爭，對於克魯恩而言，戰爭更多是由滿族統治者的傲慢造成的。[18]

克魯恩把象徵英國人的「約翰·布爾（John Bull）」描述為一頭仁慈的公牛，[19] 他向遠東地區贈送《大英百科全書》，又拯救在殖民地香港避難的華人。克魯恩不相信共產黨中國能夠妥善地管理香港，認為英國人不需要為香港的殖民主

義感到羞恥：

> 如果香港和新加坡不再是海運貿易的商場，他們就會枯萎。這兩個海港
> 是在貧瘠的地方由白人的商業倡議和專門知識製作的，特別是英國人的
> 法律和秩序。這兩處幾乎是東亞白人的最後立足點——在火山上立足——
> 但如果白人被中國人趕出香港和新加坡，如同白人幾乎被日本人趕走一
> 樣，亞洲人將會輸得很慘，當中大多數人包括中國紅衛兵在內都知道⋯⋯
> 所以香港繼續會生存下去。[20]

克魯恩也暴露了他的東方主義觀點，說「舢舨女」（他將這個詞誤解為「香檳
女孩」）已經準備好成為每個人的心上人：

> 當我們在海濱離開座駕走出來時，即刻被周圍十幾個大吼大叫的舢舨
> 女，催促我們僱用她們的舢舨⋯⋯這些穿著入時的女性，被稱為「香檳
> 女孩」（Champaign Girls），她們都是廣東人⋯⋯而「洗衣船女孩」則負責
> 洗衣工作和為水手們補衫。唐寧醫生說：「水手見到她們都很高興，她
> 們很隨便，隨時可以成為其他人的甜姐兒。」[21]

以上的描述反映當時西方國家有不少人對香港這個英國殖民地，有一種莫名的
認同感或好奇心。這與當時的世界格局息息相關，隨著 1950 年代韓戰爆發，
美國對亞洲的關注度大增；而在美蘇冷戰的格局下，中國處於兩強之間，其對
西方世界的態度惹人關注，引起許多西方人對中國的好奇心。但由於西方人，
尤其是從事中國研究的學者以及知識分子，未能進入這個共產主義國度遊覽或
考察，而香港正好也是一個中國人的社會，同時處在西方統治之下，順理成章
成為西方人窺視中國的窗戶。這種熱潮更帶動了整個西方文化界投入香港，尋
找他們心目中的東方形象，導致不少影視或文學作品藉香港為背景，這亦是西
方消費社會市場所需的題材。

除了弗蘭克·克魯恩對香港的實況考察外，文化產品以商業電影《生死戀》（*Love Is a Many Splendored Thing*）及《蘇絲黃的世界》（*The World of Suzie Wong*）等為佼佼者。這兩套均是以香港為背景的愛情電影，後者更成為了西方國家認識香港的典範之作。1960 年公映的《蘇絲黃的世界》改編自同名英文小說，劇情講述威廉·荷頓（William Holden）飾演的畫家男主角，與關南施飾演的妓女「蘇絲黃」相愛的故事。影片開始時描寫兩人在天星小輪因誤會而相識，然後一同步出天星碼頭，走到中環市中心，當時中區一帶仍然有很多殖民地建築，包括背景的皇后行（Queen's House，現址為文華東方酒店），令人感覺香港是一個充滿異國情調的都市。出身木屋區的蘇絲黃說得一口流利英語，但她經常穿著反映東方女性美的旗袍，流連在灣仔「南閣酒店」的酒吧，使觀眾看出她是一位「表面風光，內裡可憐」的平民百姓，她不斷希望獲得真愛，但卻不能擺脫可讓她變得富貴的商人。影片除了呈現香港的東方美感如人力車、旗袍、舢舨、漁民外，更重要的是讓西方觀眾領略，這是一個由西方人建立的華人城市，因此片中也有不少代表西方文明的事物，如名為「維多利亞港」的繁華海港、天星碼頭、電車、整齊的街道，以至富有情調的西式咖啡廳等，代表著一個華洋雜處的社會。電影中 1960 年代的香港影像，至今仍為人津津樂道，可惜片中一個重要場景──天星碼頭至中環一帶的殖民地建築如香港會所等，從 1980 年代開始陸續被拆卸。在保護天星碼頭的運動中，就有不少反對拆卸的人士引述這套電影，威廉·荷頓與蘇絲黃就是在天星小輪中相遇，他們步出中環的天星碼頭後，威廉·荷頓上了一架人力車。論者認為，從這套電影開始，天星碼頭成為了不少西方遊客心中香港的重要地標，因此極力反對政府一意孤行清拆，破壞香港的文化價值。

《生死戀》改編自歐亞混血兒韓素音（Han Suyin，1916 － 2012）[22] 的自傳小說，電影於 1955 年公映，講述任職醫生的韓素音（由珍妮花·鍾絲飾演）是一名寡婦，愛上一位駐香港的已婚美籍特派員馬克（由威廉·荷頓飾演）。雖然劇本屬陳腔濫調，但在異國戀情的襯托下，香港被塑造成一個非常浪漫的現代城市。影片的背景是中國解放戰爭時期，當時馬克正與妻子分居，被派往香

港報道中國內戰，在此剛好遇上來自內地的漂亮外科醫生韓素音，兩人墮入愛河，但卻受到女方家庭及男方朋友的阻撓，認為這跨種族的愛情是不會有結果的。韓素音不理會家人反對，決意接受馬克的愛，可惜馬克在被派往北韓採訪時遇難身亡，令韓痛不欲生。這段「可歌可泣」的故事在當時甚受歡迎，創下票房佳績，影片更獲得奧斯卡最佳服裝設計、最佳原創歌曲及最佳配樂三個獎項。惟該片以美國影星珍妮花・鍾絲飾演一個歐亞混血兒，在選角方面為人詬病，亦反映當時荷李活影片因為怕美國觀眾不接受而不想起用華籍演員的保守主義。然而，影片將中國（東方）文化與西方資本主義並置於香港這個國際城市的創意，如代表西方文化的老襯亭建築對比中國文化的縮影香港仔，至今仍然為人津津樂道。[23]

美國的荷李活電影在世界各地大受歡迎，其詮釋的香港形象——像蘇絲黃這樣有魅力的東方女性及西方價值文化並存的城市，成為了西方人瞭解東方或者中國的既定模式。西方旅者在此期間造訪香港，某種目標都是希望能在這顆「東方的明珠」中滿足獵奇心態，找到一種莫名的虛榮感。香港在西方人眼中的這種刻板形象，確立了它在亞太地區的地位。在這種觀念下，香港在西方旅行者心目中成為了中國旅行的代替品，可藉此向人表示自己曾到過東方，許多針對這類型遊客的旅行團也應運而生。對許多想探索香港的東方特性的旅行者來說，到灣仔駱克道、坐坐舢舨、在珍寶海鮮舫吃飯，以及在天星碼頭坐人力車，均是一些必遊路線。

1950 至 1960 年代爆發了兩場重要的戰爭——東亞的韓戰和東南亞的越戰。作為美國的盟友，英國在遠東地區的兩個殖民地——香港及新加坡，均成為了美國的後勤基地。不少參與完越戰、稍事休息的美國軍人隨軍艦抵達香港，這種空閒時間，軍事術語稱為「休息和休養」（Rest & Recuperation，簡稱 R&R）。許多武裝部隊都有這種制度，例如美國的士氣、福利和娛樂網絡（Morale, Welfare and Recreation network）為美軍人員提供休閒服務；在英國，該術語適用於軍人駐海外期間的一種假期，使他們可以返回英國探親。

在越戰期間，美軍可以獲得一定的假期，除了回國探親外，還可以選擇到最近的軍艦停泊港口度假，由於當時香港是最接近的美國盟友港口之一，不少美軍都會到香港停留遊覽。美國海軍曾出版一本名為 *R & R Hong Kong* 的小冊子，在士兵抵達香港時派發，書中提供了酒店指南，包括可以享有特別待遇的酒店名稱及地址，如 Astor Hotel、皇后酒店、格蘭酒店、美麗華酒店及總統酒店等。[24] 士兵抵港後會有車接送他們到這些酒店，而只有獲美國領事館批准的酒店，才可以稱為「R&R Hotels」，其他不獲批准的，主要是因為環境衞生問題、對美國軍人不感興趣或與共產黨有政治聯繫。

小冊子封面上印有一位著長衫的女子，步行於尖沙咀鐘樓前，亦有帆船、天星小輪、纜車及虎塔等圖畫，表達出西方對香港這個華洋雜處的城市的態度。由於香港當時已享有「購物天堂」的美譽，小冊子一開首已提醒士兵，一定要留意兜搭購物的人士，如不想被騙或講價，應盡可能到海軍採購部（Navy Purchasing Department Shopping）的陳列室選購，那處的貨品多達 15,000 種，來自 60 間信譽良好的公司，只需攜帶軍人身份證便可在店內購物，價格劃一，質素有保證，不會買到中國或北韓的產品。這個部門位於灣仔軍器廠街及告士打道交界的海員俱樂部（China Fleet Club）三樓及四樓，從天星碼頭乘的士前往只需 1 元 5 角。

相信當時許多士兵未必會在海員俱樂部購買手信，而是選擇街上的商店，小冊子亦針對此情況，特別指出士兵們應該問店員出示由香港政府發出的來源證，當心買到懷疑來自中國或北韓的貨品，尤其是銅器、地毯、木刻或珠寶首飾等，因為它們是不允許入美國境的。因此美國士兵在港旅遊，是受到政治及意識形態局限，他們也未必全然瞭解香港的實際情況。事實上，當時美國士兵在香港的旅遊支出，沒有被港府統計進整體的旅遊收入中。1954 年，政府的公共關係科進行了一項機密調查，發現 1953 年來香港的遊客人數達到 30,000 人，他們的消費額為 7,200 萬港元，但以上統計並不包括美國士兵在港的康樂旅遊；而 1953 至 1954 年共錄得 135,000 名美國軍人遊客，已然是港府統計旅客數字的 4.5

‖ 美國水兵在街上閒逛時注視長衫華籍婦女。 ‖

倍,總消費金額更達到 7,800 萬港元,比其他國籍旅客的總數還要多。[25] 所以在 1950 至 1960 年代初期,仍未有太多其他國家的旅客訪港時,美國士兵其實是香港旅遊業的一大支柱。他們拍攝的「香港」成為了美國人所見到的香港風景,且被當時美國新興的大眾傳媒——電視及荷李活大銀幕「發揚光大」。

5.3 ｜「東方之珠」的象徵

山頂、纜車、帆船、漁港、香港仔、海鮮舫等,是 1960 至 1970 年代遊客必遊的香港景點。它們為什麼會成為代表香港的象徵?從以下一則對香港的介紹可知一二:

> 香港是世界十字路口的一個車站,這裡歡迎來訪者,他們均大力稱讚這

個地方：美麗而收穫豐厚的貿易和旅遊勝地，香港也是文化的前哨站，被中國政治家稱為「燈塔」。在中國動盪的時期，這一直是穩定與安全的綠洲。她對世界和平有重大影響。不同種族和民族的人士生活在此也令人愉快。從最大的意義上說，她是一個東方與西方、傳統與現代的大熔爐，亦是美德與缺點的自由融合。

香港是合作的勝利，是許多英國人及中國人辛勤與節儉的成果，是良好政府和國際企業素質的產物。她的氛圍既有益於世俗，也有助於士氣。儘管困難重重，它仍在擴展和改善，仍然是世界上的表演場所之一，並且仍然散發著迷人東方的魅力。[26]

以上描述來自《南華早報》出版一部名為《這是香港》（*This is Hong Kong*）的單行本序言。當然這些描述不是每個西方人士都會認同，但無疑它代表了一種論述，對香港的東西方文明交匯感到驕傲。這篇充滿讚美言詞的序，出自一個專門針對外國讀者或以英文為母語的居港人士的出版社，代表 1960 年代西方對香港前途的肯定，當中有多幅風景照片，包括港九新界的風光名勝，其展示手法與政府出版的年報非常相似，加上卷首解釋了香港徽號（Hong Kong Arms）的起源，更使人錯覺以為這是由官方印行的介紹「東方之珠」的香港指南。事實上，1959 年 3 月愛丁堡公爵（菲臘親王）訪港時，在巡遊活動中，主辦方展示了百多年來香港在英國管治下，由一塊「無用」的石頭，一躍成為遠東第一大港的歷程。這令歐美人士刮目相看，並帶動其後香港的旅遊業持續發展。愛丁堡公爵訪港的另一歷史意義，就是代表女王伊利沙伯二世，贈予香港新的徽號。該紋章是一個盾徽，包括戴有帝王冠冕的皇家獅子，手執代表殖民地的明珠。這顆明珠被認為就是香港「東方之珠」美譽的來源。[27]

太平山：「山頂望落嚟有幾多老襯？」

香港島最高峰的太平山，老一輩香港華人稱扯旗山或升旗山，英人則稱

Victoria Peak（通常譯「域多利亞峰」），是外國遊客來港必到的旅遊景點。[28]
山頂纜車公司在總站設有一個觀景台，讓遊客可以360度欣賞「東方之珠」的
全景。位於太平山頂的老襯亭，前身「鮑寧亭」，是一個簡單的觀景亭，建於
20世紀初，於日佔時期被毀。1955年5月，山頂纜車的母公司香港大酒店建
成一座涼亭，供遊客歇息及觀景，同時作為纜車總站的附屬建築，並沿用老襯
亭的俗稱，名字源於一句諺語：「從山頂老襯亭望落去，老襯何其多」。[29]

1955年老襯亭剛開幕後第一個重陽節，上太平山的市民擠滿了山頂餐室，連停
車場也滿座，在纜車站一帶擺賣雪糕、雪條及水果的小販眾多，生意興旺。山頂
纜車客滿即開，據報章估計，有一萬多人乘車登山，下午2時許，龍尾仍在花園
道與大道中交界處，上午10時排隊，要下午1時才輪到上車，老襯亭亦擠滿了
遊人。[30] 因應交通問題，政府加設由半山至山頂的行車馬路，另外由1960年
7月1日起開辦新的巴士線，由統一碼頭通達山頂，全程客票收7毫。[31]

老襯亭與「東方之珠」的關係，相信始於1959年，那裡裝設了兩具德國製的
望遠鏡，成為報章一段有趣新聞。例如：「為使中外人士，尤其是遠道來港遊
歷之富豪遊客，能在此維多利亞山頭，飽覽此『東方之珠』之美麗景色起見。
山頂『老襯亭』中（即前工務司鮑寧氏所建之遠眺亭），刻已增設自動計時，
自動收費之巨型望遠鏡」、「望遠鏡旋轉座上，有英、法、德三種文字之使用說
明……由於全無中文，不少婦人及文盲只投入毫幣而不會按鈕……全無所視而
大呼『搵老襯』……於是老襯亭中搵老襯亦諧亦謔之有趣新市語，現已不脛而
走。」可見該設備是純為外國遊客或懂外文的華人而設，亦反映當時「華洋待
遇不同」的社會現象，由於不諳外語的華人誤以為被「搵老襯」，「太平山望落
嚟搵老襯」的市井俚語相信因而流行起來。[32]

凡外國遊客到港，均以太平山為最喜歡參觀的地點，其次才是香港仔、淺水灣、
九龍及新界各名勝。香港足球總會亦經常接待來港作客比賽的足球員到山頂參
觀，例如1958年，域架隊球員便曾在香港半日遊，參觀地點包括山頂老襯亭、

RESTING PLACE ON THE HIGHEST SPOT ON THE PEAK, HONGKONG.　　20362

‖ 第一代山頂老襯亭──「鮑寧亭」。（圖片出處：香港社會發展回顧）‖

淺水灣花園及太白海鮮舫等。因應 1960 年代山頂已經成為著名的旅遊點，政府亦加緊建設，如增設巴士總站、的士輪候處、補足山頂纜車的班次、擴大公眾瞭望處、兒童遊樂場，及批出土地予山頂纜車公司興建新的建築物。[33] 1969年，山頂纜車公司鑑於舊的總站面積細小，不足以應付遊客增加的需要，於是決定重建，計劃中將會興建一間寶塔式餐廳，高 90 呎，可容納 370 人，及一個偌大的新建築，配有望遠鏡及巨型玻璃，比老襯亭大十多倍，全部費用 325萬。[34] 老襯亭於 1969 年 11 月 10 日開始拆卸，[35] 新建築在 1972 年 8 月 29 日正式開放，位於太平山與歌賦山之間的爐峰峽上，即今日凌霄閣前身，為山頂纜車的總站。頂層設有西餐廳，下層為咖啡室，而底層則是中菜餐館。這吸引大批市民在農曆九月初九重陽節登高，據報一位祖母更手挽一個竹籃，內有一頭黑白貓，可見她是全家總動員到山頂「避難」。[36] 雖然新的建築物有自己的名字「爐峰塔」，但大部分市民仍以舊名老襯亭稱呼。

隨著 1990 年代初香港旅遊業模式改變，山頂纜車於 1989 年 8 月進行現代化工程後首三年，不斷有旅客投訴山頂站設備老化，其母公司香港上海大酒店也深受抨擊，連番召開股東會議。在輿論壓力及其他不明朗因素下，1992 年大酒店宣佈爐峰塔將於短期內重建，最終提早在 1993 年 7 月清拆，原址發展成今日的凌霄閣，由得獎設計師 Terry Farrell 重新設計，是第四代建築。2005 年凌霄閣再進行翻新，成為香港地標之一。在施工期間，纜車公司搭建臨時月台，確保服務不受影響。同樣，即使建築物已有新的名稱，部分老一輩香港居民仍然將凌霄閣稱呼為老襯亭。

帆船與艇家：避風塘漁民生活

帆船相傳從漢朝已經出現。在 15 至 17 世紀海上絲綢之路繁盛的年代，大量帆船組成的商務船隊南行至東南亞、印度次大陸、中東以至東非一帶。明成祖派鄭和下西洋，船隊中的帆船經過改良，能夠進行長途旅程，稱為「寶船」，長度可達 100 米以上，寬度約 50 多米，是當時有史以來最大的木帆船。香港開埠初期，不少商船經香港作為中轉站，遠航至東南亞，其中有運送香木，亦有運送南北貨，是香港商業貿易的象徵。

隨著商業船隻日多，港府在 1899 年訂立《商營航業條例》（Ordinance No. 10 of 1899 [Merchant Shipping]），其後於 1936 年修訂。凡在本港往來經商的船隻，須持遵照商航法規定註冊的執證。[37]

戰後，香港開始轉型成轉口港。1950 年代韓戰爆發，局勢緊張，規管船隻的措施頗嚴，除領有船政司許可證的船隻外，一切船隻每日晚上 9 時至翌晨 5 時期間，不得碇泊或繫留在離岸百碼內，包括維多利亞城由西環均益碼頭起至銅鑼灣西邊進口處，以及九龍由「布歷壳」起至深水埗軍用碼頭止；及晚間至凌晨不可擅離港口等。維多利亞港灣內仍然滿佈大大小小的船隻，包括以機力推進的漁船，及用帆力的船隻。無論機動或帆船，它們在維港亦非「一帆風順」，

‖ 1960 年代維港的帆船與軍艦。 ‖

在戰前每逢 5 至 10 月，不能在淺水灣附近的港灣碇泊或停靠，包括中灣及南灣，但不規管使用者上落客，[38] 而日落至日出時分，亦不能靠近皇家船塢百碼以內。[39]

香港帆船的代表形象，可以追溯到 1955 年一艘名為「鴨靈號」的漁船。它的設計與 170 年前的舊式中國帆船別無二致，當年是漁民的居所，由於 1970 年代末香港漁業日漸式微，此船開始改為接載遊客到維多利亞港觀光。1988 年，兩位船主斥資翻新，仍由四位來自香港仔漁村的漁民駕駛。鴨靈號可容納約 30 多位乘客（包括船員在內），當年推出的新航程是由中區皇后碼頭出發，環繞海港一周，讓遊客飽覽迷人的海港景色，全程需要一個半小時。[40] 鴨靈號接待過的遊客多不勝數，亦是不少香港人心目中香江的標記。

鴨靈號是現存唯一仍在海上航行的中式古董帆船，每天從尖沙咀 3 號公眾碼頭

及中環 9 號公眾碼頭出發，接載遊客於維港兩岸欣賞「東方之珠」的美景，這趟維多利亞港的海上旅程，成為到港遊客必遊的景點。[41]

海上鮮：香港仔海鮮舫及沙田畫舫

香港仔以海鮮聞名，許多水上人聚居於數以千計的船上，是不少人來港拍攝照片或電影的取景之地，其濃厚的東方漁港風情，也使之成為本地與外國遊客的好去處。除了香港仔，青山灣避風塘亦是遊客感受漁民生活的好地方，甚至海外的報章也有提及，一位外國專欄作家云：「船民在帆船及舢舨出生、生活至死亡，令人感到很奇妙⋯⋯而坐中國帆船遊避風塘、海港及至香港仔海鮮舫，是一段不可錯過的旅程。」[42] 自 1960 年代開始，港府及香港旅遊協會積極推展

‖ 維港上的帆船，靠近尖沙咀。（圖片出處：香港社會發展回顧）‖

‖ 初期的太白海鮮舫。 ‖

旅遊事業，外國遊客到香港仔坐舢舨、品嚐地道海鮮餐、感受水上人生活成為必然行程，令香港仔的海鮮飲食業及旅遊業受惠不少。早於戰後初期，香港仔已有海鮮舫出現，一度達八艘之多，皆為平底船，修飾不算華麗。1948 年，一艘名為「太白」（Tai Pak）的兩層高海鮮舫首先開業，同年書界組織「圓社雅集」便假太白海鮮舫舉行聚會，可見那是一艘樸實幽雅的海上食府。[43] 1951 年太白由木船改裝成鐵船，並加以華麗的宮殿式修飾，由此成為一艘集飲食與遊樂於一身的華麗畫舫。[44] 太白亦曾是影片公司招待外國明星的熱門旅遊點，如1954 年，美國影星奇勒基寶來港拍攝電影《江湖客》時，曾與英籍影星米高蘭尼（Michael Rennie）到訪香港仔的太白海鮮舫，更與國語片新星葛蘭合照。奇勒基寶更曾乘「德星輪」赴澳門拍攝片中部分場面。[45] 1955 年，環球影片公司香港經理亦招待該公司董事長，環遊香港風景後，假太白設晚宴，招待中西名流作陪留影。[46] 1957 年，伊拉克王環遊香港之餘，到太白嘗試海鮮，更留影紀念。[47]

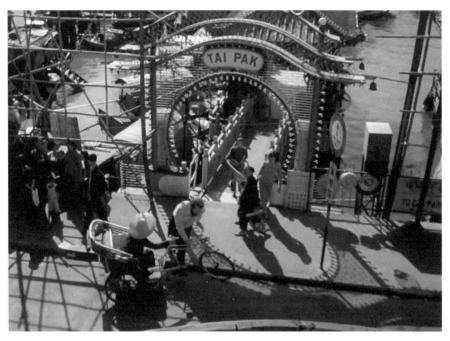

‖ 1974 年在香港及澳門取景的意大利電影中「太白海鮮舫」碼頭一幕。‖

1958 年 7 月 9 日，另一艘海鮮艇「海角皇宮」（Sea Palace）出現，格調更加高貴，由著名酒店經營商歐林、葉龍、何斌祥、祈汝、莫細等投資開設，據說是仿頤和園石舫建造，更請來時任香港旅遊協會執行主席史坦萊主持剪綵。[48] 1961 年該海鮮舫經擴充後再度揭幕，[49] 由一艘較大的三層「高新舫」及一艘較小且裝潢較舊的兩層高海鮮舫組成。1962 年澳門旅遊娛樂公司（澳娛）創業伊始，以 40 萬元購得「海角皇宮」中較舊較小的一艘，拖到澳門作為海上娛樂場，定名「澳門海角皇宮」，與另一艘「澳門皇宮」並列，上層設中西娛樂（番攤、骰寶、輪盤等），下層為酒家，停泊在司打口 10 號碼頭。[50] 這艘市民戲稱為「賊船」的賭場，由於款式新穎，時常滿座。澳娛後來又在畫舫內設夜總會，請來粵劇名伶表演，「上賊船」一時成為時髦，[51] 一直運作至 1989 年，才被另一艘同名的花艇取代。[52]

在新界區，則有停泊在何東樓一帶沙田海的「沙田畫舫」，於 1963 年 1 月開始營業，[53] 當時以沙田風景佳、可在畫舫享用生猛海鮮、雀局、扒艇仔、游泳

等，受旅遊人士歡迎。中秋節更特設賞月雅座，每位收費 4 元，奉送汽水、生果等，並大放煙花。[54] 而九廣鐵路更會加開特別班次，讓遊客可以在看完煙花後從容返回尖沙咀。[55] 1969 年第一屆香港節沙田區舢舨比賽，由沙田鄉事委員會主辦，於沙田海近沙田畫舫一帶舉行。[56] 到 1970 年代，為配合沙田發展，畫舫從何東樓遷至現今禾輋邨一帶。[57] 1980 年代初，沙田新市鎮繼續擴展，沙田海的範圍進一步減少，漸漸成為一條河，畫舫一度停泊在城門河旁源禾路附近，靠近沙田第一所私人屋苑——沙田第一城前面，見證著新市鎮的發展。由於畫舫漂泊無定，幾經與政府交涉固定泊位，仍未達協議，後來一度計劃要遷往廣州經營，在不斷遷移、停泊範圍縮窄、停泊時所需的巨額花費，以及停車場用地被政府收回，令遊客大感不便等情況下，終於在 1984 年結業，並曾一度傳出會遷往廣州營業。[58] 其後敦煌集團在沙田第一城的大涌旁以競投形式投得城門河畔土地，再耗資數千萬元興建石舫（不動船）經營酒樓食肆，稱為「沙田敦煌畫舫」，於 1989 年落成，同年 11 月 12 日開始經營。[59] 樓高三層，每層 15,000 呎，富有中國傳統特色，畫舫的大禮堂可筵開 200 餘席，並設有河畔花園。1990 年代畫舫在夜間燈火通明，照亮整條城門河道，其美食天堂及夜景成為沙田的標記，並被推廣為「全港獨一無二於河畔上以混凝土建造之海鮮石舫」。[60] 該石舫其後於 2002 年易手予明星海鮮集團，再在 2017 年由婚宴連鎖店「Club One 會所一號」繼續經營酒樓及婚宴場地。

1970 年代中，三間海鮮舫（太白、沙田及海角皇宮）每年為香港帶來豐厚的收益。當時，每一間海鮮舫的營業額為每月六、七十萬港元，香港仔成為吸引世界各地遊客的重要景點。由於生意額巨大，吸引一群商人斥資，由中華造船廠建造了世界上最大的海鮮艇——珍寶海鮮舫。原本預計在 1971 年正式開幕，可惜開幕前發生大火，導致 13 人死亡、多人受傷，不但令珍寶未能如期開業，亦令其他海鮮舫的防火設施問題備受關注。其後，海事處勒令三間仍在營業的海上食肆——太白、海角皇宮及沙田畫舫入塢修理，改裝符合標準的防火設施，被迫停業數月，損失慘重。[61]

1976 年 10 月，珍寶海鮮舫耗資 3,000 萬元裝修後重新開業，一洗之前事件的形象，成為香港仔的一大特色。當時珍寶的主要目標，是以價廉物美的海鮮招徠更多本地及海外遊客。其特色有三：一是冷氣設備、防火設備及衛生條件均為當時首屈一指；二則設有大型停車場，供 480 部自用車及 30 部旅遊巴上落；三是以中國宮殿式裝潢為主，並設有貴賓廳、升降機，環境高雅。[62]

1980 年代，三艘著名的海上畫舫（珍寶、太白及海角皇宮）同時停泊在深灣，賓客可以直接從深灣碼頭坐船前往。

舊滙豐銀行總行及銅獅子

第三代滙豐銀行總行於 1933 年興建，1935 年 10 月 10 日落成，佔地的一部分為舊香港大會堂原址。大廈樓高 70 米，共 13 層，設有升降機，是當時遠東規模最大，亦可能是香港第一座空調建築。大廈由巴馬丹拿建築事務所（Palmer & Turner）設計，李浩如（連生建材公司）和魏標記（標記建築公司）共同承建。魏標記打造了兩個石獅頭，從大樓頂部俯瞰維多利亞港，據說和風水有關。

大廈門前有兩尊銅獅子，是當時香港滙豐司理史提芬（A. G. Stephen）的建議，仿照上海滙豐銀行大樓，因此是第二代銅獅。向東張口的一隻以史提芬本人命名，另外一隻合口向西，名字源於 1921 年上海司理施迪（Stitt）。日佔期間，大廈曾被用作政府總部，因為日本缺乏金屬物資，銅獅一度被運到大阪，差點融成製造軍火的材料。所幸日本戰敗，銅獅被歸還香港，只是多了些彈痕。滙豐總行大廈的建築物至今已是第四代，但門前的銅獅仍然是當年那一雙。1983年香港曾發生股災，坊間有好事者流傳，說是由於當時滙豐總行重建，銅獅被暫移至皇后像廣場所致。

自銅獅放置在總行至今，海外遊客及香港人均喜歡在它們身前留影，它們在香

港人心目中就像「老朋友」一樣，成為很多人的童年回憶，不單止是滙豐銀行的象徵，亦代表了香港的精神所在。

5.4 「六七暴動」後的香港旅遊

1950 至 1960 年代初期，香港政府較少為市民提供娛樂場地。然而，1967 年 5 月至 1968 年 1 月，香港發生了一場歷時多月的大規模社會騷亂，左派稱之為「反英抗暴」，港英政府則斥之為「暴動」。[63] 動亂平息後，港英政府為了鞏固外商及旅客對香港的信心，於 1969 年舉辦首屆香港節，營造歌舞昇平的氣氛，務使「東方之珠」再顯光芒。1970 年代後，為了吸引旅客在香港逗留更久，政府意識到不能單靠購物及飲食的美譽，因此積極推行「清潔香港」運動，例如鼓勵本地人郊遊時帶走垃圾，衛生環境的改善，亦可讓外地遊客對香港有更好的印象，間接促進旅遊業。香港電台寫實節目《元洲仔之歌》及一些外國紀錄片，都拍攝到香港貧窮及污濁的一面，如徙置區及避風塘艇戶惡劣的生活環境等，令香港政府感到尷尬，從而決心整頓。

在地區上，尤其是中區及尖沙咀，政府加強文化康樂建設，如遊樂場、游泳池及公園等，例如擴建動植物公園、在中環加設皇后像廣場、天星碼頭附近的行人路設施，以及拆卸尖沙咀海旁舊火車總站，發展香港文化中心等，但該計劃當時被保育人士反對，曾一度惹起極大爭議。此外，多座非常有價值的歷史建築如中區郵政總局、前香港會大廈[64] 等，均在此時期被拆卸，令人惋惜，亦反映出政府當時發展旅遊業，未有全盤計劃怎樣在保育及發展中求取平衡。

香港節

1967 年 10 至 11 月，香港貿易發展局主辦「香港週」，由貿發局主席兼香港工業總會創辦人周錫年爵士統籌，以一系列活動向香港人推廣本土工業、鼓勵使

用本土品牌，也藉此向世界各地宣傳「香港製造」。揭幕禮在香港大會堂廣場舉行，由時任港督戴麟趾（David Clive Crosbie Trench，1915 － 1988）致辭。根據當時《香港工商日報》的社評，港督指出：「香港週其中一個主要目的是要引起香港和外來遊客對我們在工業上成就的注意。」[65] 但由於香港週開幕時，左派動亂還未平息，港島的主要幹道仍然有暴徒放置炸彈，製造社會恐怖氣氛，工商百業仍然蕭條，令外來遊客對來香港懷有疑慮，為香港週的宣傳蒙上陰影，整體而言未能算成功。

1969 年 12 月 6 至 15 日，籌備超過七個月、耗資 400 萬的第一屆香港節正式舉行，參觀人次超過 50 萬，包括不少外地遊客。期間，全港各區上演了各種活動，以中國文化傳統為主題，例如郵票、古董、書畫和花卉展覽，亦有軍操表演、嘉年華會、舞會、時裝表演、歌唱比賽、環島競步和「香港節小姐」選美比賽等節目。12 月 9 日，在尖沙咀舉行了亮燈儀式，彌敦道上有花車巡遊。1969 年 12 月 15 日，沿彌敦道舉行了花車大遊行，節目包括中國傳統會景巡遊、舞龍、舞獅、舞蹈、銀樂隊表演等，有 40 輛花車參與，都是大商行如大昌貿易有限公司及鐵行輪船公司等。是次巡遊，標誌著歷時一星期的香港節落下帷幕。[66]

然而，香港節的成效亦成疑問，如在建立公民身份及提高歸屬感方面，在節慶過後，中區一帶有如經歷了暴風，市民造成皇后像廣場許多樹木倒塌，要由市政清潔工人清理，[67] 這些畫面一定不會在官方宣傳中出現。其後，香港節曾於1971 與 1973 年再舉辦過兩屆，但規模比第一屆小，市民的踴躍程度亦大為減低。第二屆香港節，裝飾遍佈全港，香港仔華富邨內亦放置了正方體裝飾。[68] 第三屆香港節的九龍花車大巡遊，由香港節委員會主辦，於 1973 年 12 月 2 日沿彌敦道舉行，是當年香港節的壓軸節目，政府推出了少量香港節紀念銀章，以雙龍襯托維港和尖沙咀鐘樓景色，背面有香港節徽號，設計美觀大方。惟因1973 年爆發中東戰爭，油價上漲拖累經濟，香港節亦受影響而要縮短街道燈飾的照明時間。[69] 政府原計劃在 1975 年舉辦規模更大的第四屆香港節，例如邀請國際體育賽事在香港舉行，吸引遊客，卻因經濟不景而宣佈延期。除了因為

‖ 1969 年在維多利亞港展示的第一屆香港節燈飾。 ‖

有評論指香港節耗資巨大外，亦有論者認為三屆香港節已經達到當初政府希望疏導民怨、撫平騷亂創傷的目標，實無需要再舉辦如此大型的康樂活動。雖然其後有迴響希望復辦，但隨著社會狀況的改變，活動已失去原有焦點，故此事不了了之，令香港節僅三屆便成絕響。[70] 但有些包含在香港節中的主題，日後亦有再提出來推行，例如 1970 年代末的「清潔香港運動」就是一個延伸。

增加及改善文化康樂設施

1969 年香港曾爆發霍亂，再次宣佈成為疫埠。政府藉改善地區建設，為香港洗污名，如遊客經常光臨的山頂，在此時期就陸續增加了不少新設施。另外在新界亦陸續發展旅遊住宅區，如愉景灣及馬灣，利用新界的土地資源開發新的景點。有公園更首次與廣播電台或電視台合作，舉辦遊藝晚會，利用新興的大眾傳播媒介，讓市民安坐家中亦可收聽或觀看節目情況。地區上的大型建設亦配合兩年一

度的「香港節」加緊進行，希望市民參與慶祝活動時，認同政府及地區行政機關的工作，目的是減少前些年的大型社會衝突，令市民感受到和平安定的生活是必須的。

摩士公園 | 摩士公園是九龍區最大的公園之一，位於黃大仙區，東至彩虹道，西至杏林街，建於 1967 年，由一至四號公園、體育館及游泳池組成，總面積約達 15.8 公頃，設有多種休憩及康體設施，其熱帶棕櫚園更是全港獨有。[71] 摩士公園由賽馬會捐款興建，當時，滙豐銀行主席兼總司理雅瑟·摩士爵士（Sir Arthur Morse）剛逝世不足半年，為表揚他生前的貢獻，港府及馬會決定以他為公園冠名。1967 年 10 月 6 日，公園第一期由時任市政局主席兼市政事務署署長丁固（Geoffrey Tingle）主持揭幕。公園前身為石鼓壟、打鼓嶺等鄉村舊址，部分是英軍練靶場。第二期由賽馬會出資 66 萬港元興建，原定 1970 年 2 月完成，但為了趕及在香港節舉行活動，提早在 1969 年 11 月開放。第二期開幕後，成為當時全港最大的公園，總面積達 44.7 英畝，位於以前打鼓嶺來福槍練靶場內，橫頭磡、老虎岩、黃大仙及東頭等地點之間。[72]

為了舉行香港節的遊藝晚會，摩士公園在第一期開幕後不久即要臨時封閉，由市政局撥款 20 萬港元，花四個月時間，將原本的摩托船池改建為露天劇場，看台可以容納觀眾 5,000 人，作為一個大規模康樂活動場地，並安排當時四大娛樂機構——邵氏電影、國泰電影、麗的電視及無綫電視的紅星，在香港節活動期間主持遊藝晚會。[73] 當時，這是全港第一個露天劇場，搭建材料來自 1965 年拆卸的卜公碼頭，劇場尖端有一座涼亭，正是使用了該碼頭的鐵架。[74]

露天劇場在 1969 年 12 月 9 開幕，由市政局康樂及市容委員會主席沙利士主持，儀式結束後，邵氏在劇場舉行了遊藝大會，以慶祝香港節。市政局又與廣播電台或電視台合作，在此舉辦了其他遊藝晚會。1969 年 12 月 10 日，麗的映聲（當時仍以有線廣播）主辦遊藝晚會，節目豐富，序幕包括演奏香港節序曲及該台明星苗嘉麗、汪明荃及筷子姊妹花演唱流行曲，然後有舞蹈員表演芭蕾舞、「明

七」樂隊演唱民歌、汪明荃及其舞伴表演現代舞等，當晚更由 15 位決賽佳麗選出「香港節小姐」。香港第一間無線電視台無綫電視，12 月 12 日晚在露天劇場主辦另一個遊藝晚會，成為報章焦點：「該電視台該晚將極受歡迎之《歡樂今宵》節目實地廣播，作為遊藝晚會之節目，電視觀眾將可在無綫電視熒光幕上獲睹遊藝晚會之情況。參加演出之藝員，有鄭君綿、沈殿霞、杜平、陳齊頌、森森及許冠文等。各遊藝晚會的入場券為每人 5 角，在太子行 626 室香港節辦事處、中區歷山大廈、九龍天星碼頭及民政司署各區辦事處都可預購。」[75] 12 月 26 日，香港電台的龍翔劇團假摩士公園演出粵劇《得意奇緣》，招待坊眾。這一年，港台新遷入廣播道的廣播大廈，該台表示：「第一次在這地區過聖誕，一方面為慶祝聖誕節，一方面為睦鄰關係，故特別在摩士公園演出，免費招待附近坊眾欣賞。」除了九龍城黃大仙民政司署外，地區街坊會亦會派發入場券，可見有關活動能夠鼓勵地區組織、民間團體參與，以支持政府的推廣活動。港台當晚亦透過其電台將劇目轉播給聽眾欣賞。[76] 1971 年，民政司署又與商業電台及新界理民府聯合主辦「全港清潔運動歌唱比賽」，在摩士公園舉行總決賽，由香港清潔運動委員會主席黃夢花議員致詞，除了 13 位各區冠軍外，紅歌星如姚蘇蓉、鍾玲玲、「播音皇后」尹芳玲及「播音皇帝」馮展萍亦唱出名曲，商業電台第一台實地直播全部過程，可謂開創先河。可見摩士公園開幕後，成為了市民文娛康樂活動的中心。[77]

摩士公園除了是一個提供康樂文娛及遊藝的場地外，亦有社會功能，見證了 1970 年代開始的公民權利醒覺以及社會運動的起點。雖然摩士公園有不少公共設施，受香港市民尤其是該區居民歡迎，但由於第四園（即露天劇場部分）與其餘各園被杏林道分割出來，造成一些不便。有市民在 1960 年代末已透過報章的「讀者意見」投稿，建議當局加建天橋，將兩截公園連成一起，一方面可避免橫過馬路的危險，一方面亦可以增加遊人的興趣及東方色彩（因園林勝地通常有橋點綴）。[78] 但這項建議未為當局採納，反映意見未必能直達有關部門。又因為摩士公園為當時九龍區最大的公園，易於聚集群眾，因此在 1973 年「反貪污、捉葛柏」的社會運動中，常成為請願團體的集會地點。但由於未得當局

批准，港府曾勸告及禁止市民在摩士公園作非法集會，而慈雲山、黃大仙、東頭、橫頭磡及深水埗（當中大部分地區有參與當年的香港節）等地的街坊首長，均一致認為摩士公園不宜集會。當時的保安司羅以德表示，憂慮青年人在摩士公園舉行「反貪污」集會，並指集會可能導致騷亂，他稱：「摩士公園位於稠密之區，在該處舉行大規模的公眾集會，會引起交通阻塞，造成控制群眾的嚴重問題，結果使居民重大不便……況且，從經驗獲悉，在此種情況下，不論組織者的意向為何，示威常會有導致騷亂的危險」，因此希望組織者改到界限街運動場舉行集會。[79] 從羅氏的聲明反映，當局不希望在摩士公園發生大型集會，原因是當區有很多新區或廉租屋，聚集了大量青少年人，地點亦與「六七暴動」的發源地新蒲崗非常接近，恐怕歷史重演，故此建議他們轉到另一個較為安全的區域。結果，1973 年 9 月 2 日，有 13 個自稱學生或工人的團體不顧港府禁止，堅持在摩士公園集會，但警方只在場內守衛，沒有發生不愉快事件，其後集會亦和平散去。同一天，被指曾在摩士公園舉行「反貪污、捉葛柏」非法集會及遊行示威的 21 名青年男女，在新蒲崗裁判法庭作供完畢，法官認為無必要簽保守行為，獲無條件釋放。[80] 另有四名青年則被控於 1973 年 8 月 26 日在摩士公園非法集會，罪名成立，被輕判簽保 100 元，四人不服上訴，但遭駁回。[81]

1971 年，摩士公園的新綜合泳池啟用，當時是本港數一數二的公眾泳池，曾舉辦游泳大會，超過 1,000 名青少年參加，多數來自附近的新區如黃大仙、東頭邨、慈雲山、橫頭磡、竹園、老虎岩（今樂富）及新蒲崗等，揭幕儀式由時任市政事務署長賈赫主持，並由在該區有名氣的聖文德學校樂隊現場演奏。[82] 英女皇於訪港時，摩士公園游泳池亦是她的訪問地點之一，早在一個月前，時任港督麥理浩爵士便與其他官員提前到現場視察。[83]

1975 年 5 月 4 日，英女皇伊利沙伯二世伉儷訪港，是香港開埠以來首位在任英國君主作歷史性訪問。翌日，她與皇夫分道揚鑣，在港督陪同下抵達摩士公園游泳池，由時任市政局主席沙利士、九龍民政主任梁定邦迎接，繞行游泳池一周，觀看南華會泳員的游泳表演及花式跳水，大為讚賞，報章亦描述英女皇的

風采云:「經過一晚的休息後,女皇今早顯得神情愉快,對於夾道歡迎她的市民不時舉手揮手回禮,並在步向坐駕車前,停下來與市民握手交談⋯⋯」女皇的一句「你好嗎?」更成為報章新聞焦點。[84] 此後,許多殖民地官員落區巡視時,都喜歡到摩士公園的泳池及露天劇場,令摩士公園成為當局以康體活動推動香港的標誌。

九龍公園 ｜ 1970 年建成的九龍公園位於尖沙咀,佔地 13.47 公頃,當初由市政局管理,原址為英軍的威菲路軍營,在開闢公園時,有超過 70 棟建築物被拆除。[85] 公園的第一階段,於 1970 年 6 月 24 日由當時的港督戴麟趾爵士揭幕,[86] 並由九龍大坑東小學下午班的學生以舞獅和民間舞蹈慶祝,皇家威爾士融合隊第一營的樂隊伴樂。[87] 第一階段佔地 18 英畝(全公園 26 英畝),設有特色花鐘和以英國景觀營造的中式花園,當時港府發言人稱此公園為「香港都會文化遺產的標誌」。

然而在 1975 至 1978 年,地下鐵路建造觀塘線時,九龍公園的一部分需被徵用作地盤,市政局指這工程拖慢了公園其餘三個階段的發展,亦把部分延工責任歸咎於政府堅持建設貫穿九龍公園的九龍公園徑。1982 年,港督會同行政局批准在九龍公園的彌敦道一側發展零售店,時亦惹來批評,市政局和鄰近的九龍清真寺都提出反對。結果,這片佔地 5,410 平方米區域的發展權,於 1983 年 2 月以 2.18 億港元售予新世界發展的一家附屬公司,發展為「柏麗購物大道」,由於古蹟評級變動,商店的屋頂與九龍公園的地面需要齊平,令公園延伸到店舖的屋頂上。[88]

雖然經過 1980 年代的發展,九龍公園仍有許多原始的磚石擋土牆被保留下來,其中最顯眼的是原九龍西砲台南坡的一幅石牆,長 80 米、高 10 米,由帶混凝土並經過裝飾的花崗岩砌成,沿牆身每三至五米便有一段混凝土扶壁支撐。雖然柯士甸道和九龍公園徑的擋土牆曾改建,但海防道一段大致仍是原石牆。而

沿彌敦道的石牆則在發展柏麗購物大道時被覆蓋，只有北面的尖沙咀警署，在地基仍有一小部分原石牆可以辨認。另外廣東道 54A-84 號的公園西邊界、從海防道分支的後巷，可見由戰時部門所造刻有「WD5」字樣的界石，顯示了舊軍營的西南角，而沿著廣東道 84 號後巷再行前，一段以紅油粉刷過的擋土牆之處，原有一間潮州人供奉的廟宇，由於是違規建築，約在 1970 年代後被拆去。

此外，在歷奇樂園仍放置了一口五吋大砲，是 1975 年於柴灣對出海床發掘出土的，這個裝置展示了公園曾是九龍西砲台的遺址。[89] 砲台相信在 1880 年已建成，但 1916 年後便被廢棄了。[90] 海防道的威菲路軍營 S4 座是一間典型的兩層殖民地軍營，金字瓦頂，地下原設有一層透氣層，以阻地面升起的濕氣，但後期被封閉。每個正立面均分成 12 個相等的明間，中以柱間隔，組成一條迴廊。經建築署的改建後，軍營在 1997 年 5 月 17 日開放，成為市政局衛生教育展覽及資料中心。S4 座的附近是九龍清真寺暨伊斯蘭中心，通稱九龍清真寺，現時的建築在 1984 年 5 月開幕，前身也是一座清真寺，由 1892 至 1902 年間駐守在威菲路軍營的穆斯林士兵所建。相信他們在附近種了許多白楊樹，用作遮蔭，現時仍可在公園或附近找到。[91]

S58 座也是典型的兩層殖民地軍營，仍保留了建築的外觀，內部則於 1986 年被改裝為歷史博物館的各種存儲庫、實驗室、工作室和辦公室。最為香港人熟悉的是 S61 及 S62 座軍營，1983 年由袁景煜建築師事務所（Jason K.Y. Yuen & Associates）改建為臨時的香港博物館（前址為星光行），後來遷到漆咸道南即今日的香港歷史博物館，而兩座軍營則成為了古物古蹟辦事處文物探知館。[92]

此外，根據威菲路軍營的歷史紀錄顯示，九龍公園地底有一個複雜的隧道網絡，1978 年工務局進行土木工程調查，發現它們原是九龍西砲台的彈藥庫，砲台南部的其中一條可能是補給通道。如柯士甸道（龍堡國際賓館側）和廣東道官立小學（廣東道遊樂場）後面的防空洞入口仍清楚可見，但所有這些隧道入口現已全部堵塞，以防遊人進入發生危險。現時政府未曾對這些隧道網絡進行過大

‖ 對九龍公園地底隧道進行調查時發現的入口。（筆者拍攝）‖

型的研究或歷史評級，故此未能斷定其結構。[93]

1978 年，市政局在九龍公園興建雀鳥飼養所，耗資 500 萬港元，計劃飼養香港動植物公園未有的種類，如美冠鸚鵡、金剛鸚鵡及犀鳥等。[94] 新的鳥舍於 1980 年開幕，至 1989 年賽馬會重建九龍公園，耗資達 3 億港元。[95] 公園的面積在此時期「增加了一倍」，分別向南北擴展，並建造了體育館和游泳池等設施。

除了以上的大型公園外，港府曾於 1965 年著手在新界各區興建康樂場所，如運動場、公園、遊樂場等，以便新界兒童及青少年可享有正常的文娛活動。據民政署在 1964 年度披露，有關各區遊樂場所，政府或興建中或已著手設計，並會於三年內完成，分為甲、乙、丙、丁類。甲類包括鄰近第四住宅區的荃灣遊樂體育場、大埔運動場、西貢的小清水灣海灘建築物；[96] 乙類則有西貢公園、鄰近第五住宅區的荃灣遊樂體育場、元朗遊樂體育場；而丙類有粉嶺遊樂場、

大窩口運動場、中葵涌徙置區鄰接第七住宅區的荃灣遊樂體育會、鄰接第八住宅區荃灣公園及運動場、元朗兒童運動場及清水灣海灘建築物等。丁類則包括坪洲（南約）運動場、上水村兒童運動場、大圍運動場、大埔元洲仔運動場、沙頭角運動場、青山海灘、青山道十一咪半海灘建築物等。[97]

除了在市區及郊區興建康樂體育場地外，1972年議員包朗亦曾力促政府實施三項新建設：第一，市政局的清潔運動應加強力量，必要時應施行新法例，以加強執法權。第二，本港需要增加旅遊建設，應採取在新界和大嶼山發展遊覽區的新方案，如開辦一條汽車渡輪航線；此外前往落馬洲的道路當時十分擠逼，亦應迅速加闊。第三，機場問題，預測1973年後機場大廈會飽和，因此建議政府優先進行機場大廈第四期第二段的工程。[98] 但大嶼山旅遊的發展一直遇到不少阻力，交通配套上，大嶼山的車路只供持有禁區通行證的當地居民使用，也沒有橋樑連接市區，在1998年青嶼幹線及港鐵東涌線通車前，只能靠海路連接島外，加上環境保育人士的聲音，令大嶼山的旅遊發展並未得到關注，直至北大嶼山幹線及迪士尼樂園的興建，才大大改變了大嶼山的旅遊方式。

市民到郊區一日遊

政府發展了不少文娛康樂設施，便需要為這些設施提供交通配套。1960年代末至1970年代中後期，政府陸續改善港九新界的交通網。1956年3月，政府為加強港九郊區的海路交通，計劃新闢15條渡輪新航線，主要配合港九、新界東部、筲箕灣、北角、紅磡、牛頭角、坑口、調景嶺等地，後來直至1964年8月才正式首航。

表二　1956年政府計劃的15條渡輪新航線

碼頭	航線開往
紅磡	北角、筲箕灣

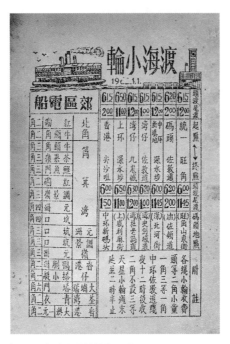

‖ 1962 年渡海小輪總覽。 ‖

茶果嶺	筲箕灣、牛頭角
牛頭角	灣仔鵝頸
九龍城	灣仔
筲箕灣	調景嶺、元洲、坑口、茶果嶺、牛頭角、谷定村
調景嶺	元洲、坑口
元洲	坑口

這些航線的開闢，加強了港九郊區之間的交通，其中可見港島東部如北角及筲
箕灣、觀塘的牛頭角及茶果嶺，在戰後初期至 1950 年代中仍被視為郊區，是
城市以外未有發展的地方，直至 1960 年代中被發展成新的城鎮為止。如屬於
新九龍的牛頭角，當時仍是鄉郊，到 1960 年代才被納入試行的觀塘衛星城市
的範圍，舒緩港島及九龍半島的人口壓力。[99] 此外，油蔴地小輪公司於 1950
年代中期，增闢了經青衣島往荃灣的小輪航線，以配合試行的荃灣新市鎮發展。

‖ 停泊在青山灣碼頭的油蔴地小輪。（圖片出處：香港社會發展回顧） ‖

當時往荃灣的巴士經常擠逼，據悉此小輪航線開辦後，每逢週末假日的早晨及傍晚均差不多滿座，反映市民多利用小輪往新界西部郊遊。公司其後更分別在港島及荃灣碼頭加設航線出發時刻表，以方便旅行及經常往返兩地的人士，是其他碼頭所未有云云。[100]

1967 年 11 月 14 日，獅子山隧道通車，成為第一條連接九龍及新界的行車隧道。1971 年，九龍巴士（1933）有限公司因應市民往新界郊遊的需要，加強在假日的接載服務，特別派出旅遊車 19 號 B 線，經沙田獅子山隧道，行走佐敦道至沙田之間，後來進一步改為雙層巴士，便利郊遊人士，全程只收 7 角。這種雙層巴一共九輛，每九分鐘一班，在公眾假期及星期日行走，類似今天九巴的 R 線，每輛可載客百餘人，促進了市區居民往新界一日遊。[101] 1969 年，政府動工興建海底隧道，亦加開了往來港九新界的巴士。至於火車方面，隨著 1970 年代末沙田新市鎮發展，火車在一些節日如清明、中秋及重陽等會加密班次，

235

車號	起點 ←→ 終點		車號	起點 ←→ 終點	
1	尖沙咀	九龍城	6B	長沙灣	竹園黃大仙
1A	旺角	橫頭磡	6C	荔枝角	九龍城碼頭
2	尖沙咀	蘇屋村	6D	荔枝角	牛頭角
2A	深水埗碼頭	牛頭角	7	尖沙咀	九龍塘
2B	旺角碼頭	官塘	7A	尖沙咀	又一村
2C	老虎岩	官塘雞寮	7B	紅磡碼頭	橫頭磡
2D	蘇屋村	官塘	8	紅磡碼頭	九龍塘
2E	石硤尾	九龍城碼頭	9	尖沙咀	彩虹
2F	大窩坪	深水埗碼頭	10		佐敦道碼頭
3	竹園大成街	佐敦道	11	竹園黃大仙	佐敦道
3A	竹園黃大仙	慈雲山	11A	九龍城碼頭	佐敦道
3B	紅磡碼頭	新區	11B		官塘雞寮
3C	佐敦道		11C	紅磡	蘇屋村
4	佐敦道	深水埗碼頭	11D	遊塘灣	彩虹
4A	佐敦道	大坑東	12	佐敦道	荔枝角
5	尖沙咀	彩虹	12A	紅磡碼頭	深水埗碼頭／橫頭磡
5A	尖沙咀	竹園黃大仙	13	佐敦道	彩虹
5B	紅磡碼頭	官塘碼頭	13A	九龍城碼頭	秀茂坪
6	尖沙咀	荔枝角	14A	彩虹村	咸田新區
6A	尖沙咀	蘇屋村			

‖ 1967 年的九龍巴士路線表。‖

方便市民往返新界掃墓、登高或郊遊，市民比以前更常出外，促進了不少私營度假地出現，如容龍別墅、虎豹別墅、落馬洲、龍珠島、南生圍、泰園漁村、雍雅山房、龍華酒店、沙田酒店、沙田畫舫、大埔桃源洞等。

另一條只在假日行駛的，就是已拆卸的和合石支線（1949－1983），存在於九廣鐵路電氣化之前，原是方便殯儀業把港九各地的棺木，在紅磡永別亭辭靈後運往新設的和合石墳場時使用。因應港九市區的墓地陸續飽和，港府在戰前已計劃在新界開闢新的墓地，後來選址大埔與粉嶺之間的和合石村背面的山崗，以及鄰近羅湖站的沙嶺。於是，九廣鐵路局開始建造前往和合石的支線（沙嶺則仍可利用羅湖站），1950 年完工，位於今日粉嶺港鐵站附近有一條火車橋，沿粉嶺中心以南向西北走，[102] 在和合石村外圍向南繞過，抵達終點和合石村。當時的火車站設有站長室、票員站、工人房、候車室、水廁、電話室等，現代化程度為各站之冠。[103] 月台則與其他鐵路站無異，均是石屎平台，車站與村落

非常近，屬於開放式設計，未有鐵絲網圍著。

為方便市民前往和合石墳場掃墓，自 1954 年開始，九廣鐵路會在清明節期間開出特別列車，行走和合石支線。以 1960 年計，從尖沙咀到和合石的來回優惠票為成人 2 元、小童 1 元，只限三等，亦可以使用月票。尖沙咀頭班車上午6 時 22 分開出，7 時 3 分到達和合石；由和合石回程的尾班車 4 時 17 分開出，5 時抵達九龍，中途不停油麻地。[104] 雖然清明重陽是以掃墓為主，但市民均會帶同食品到墳場，於拜祭先人後自用，也可算是郊遊的一種。筆者小時候亦曾隨同家人到和合石掃墓，憶起清明及重陽節的大清早時，尖沙咀火車站已擠滿排隊輪候上車的市民，柴油火車經過當時仍是鄉村的沙田大埔一帶時，心情就如同郊遊一樣。火車到達粉嶺時，會轉一個大彎才駛入和合石，對小朋友來說，

‖ 約 1980 年代初，九廣鐵路和合石支線總站。 ‖

這是既興奮又新鮮的經驗。掃墓完畢後，與家人分享拜祭食品，可算是市民一年一度的郊遊活動。

1959 年 10 月 3 日，警方接報一輛來自內地的空卡火車上載有計時炸彈，將空卡車拖至和合石支線作嚴密搜查，後來並無發現任何可疑品，亦沒有影響之後的星期天市民利用火車到新界郊遊的興致。[105] 1960 年，隨著大埔公路粉嶺段完成，公路延伸至粉嶺及上水，家屬多改由靈車運送棺木至和合石下葬，九鐵才停止以支線運送靈柩，但繼續於每年的清明重陽開出特別列車，從尖沙咀舊火車站接載孝子賢孫直接前往和合石。1976 年，內地的供港糧食曾因豪雨影響運輸而中斷，後來恢復，有運載糧食的內地火車停在和合石支線，卸下 4,295 頭豬。[106] 隨著1983 年九廣鐵路全線電氣化後，和合石支線停止運作，因為舊有路線的地段已重新規劃為上水—石湖墟—粉嶺新市鎮，建成一系列公共屋邨（如華心邨及華明邨等）及私人屋苑（如牽晴間等），今日已沒有遺蹟可尋。[107]

重陽節，尖沙咀火車站處擠滿前往掃墓登高的市民。
（圖片出處：《華僑日報》，1972 年 10 月 16 日）

‖ 1960 年代的九廣鐵路柴油火車。 ‖

1951 年，沙嶺與鄰近的邊境同被列為禁區，直至 1953 年，警務處才開放羅湖及沙嶺的墳場，讓掃墓者免卻申請禁區通行證。每逢清明及重陽節，禁區一連兩至三天開放，只限掃墓者通過，倘屬旅行或觀光目的，警方均會拒絕。九巴亦會在節日期間加派巴士，行走附近設有公眾墳場的郊區車站，例如鄰近七號墳場的牛池灣、沙嶺墳場附近的文錦渡、荃灣、西貢及青山等。

容龍別墅

在青山道十九咪的青山灣有一幢別墅，是陸海通公司的陳氏家族擁有，交由公司旗下的灣仔六國酒店開辦度假勝地。別墅建於半山，面臨大海，風景怡人，早期設有客房，亦有餐廳等消遣設施，正如其廣告提及，是病後休養的好去處。外國遊客如一些足球隊，也喜歡選擇在容龍集訓。容龍別墅是上流社會場所，房間多已預約一空，後來者就算一擲千金也只能望門興嘆。當時在別墅工作的

239

葉先生指出，容龍是當時新界少數設有泳池的別墅，很多粵語片明星如蕭芳芳、陳寶珠等經常到來遊玩，別墅的餐廳亦是很多人光顧的設施。

某年，美國最大百貨公司之一施樂百貨，其芝加哥總部的購買部部長佘素等一行四人，來港考察工商貿易。香港仁孚有限公司總經理區錫鎏等高層，以直升機兩架招待他們到容龍別墅遊玩，品嘗海鮮及精美食品。美國貴賓大讚容龍風景優美，海鮮美味可口。別墅的主人陸海通董事長陳伯宏，以嘉賓遠道來遊，為盡地主之誼，更邀請他們到私人別墅設宴款待。這些盛會反映當時到容龍別墅遊玩是富裕或中產階級的身份象徵。[108] 此外，屯門一帶亦有數個私人的別墅式庭園如六園等，可供遊人遊覽。

‖ 容龍別墅。 ‖

海浴旅遊

青山附近亦有一間名為青壁的別墅，是到新界西北遊玩的一個主要景點，有不少宗親會到此一遊。如香港的楊氏宗親會，就曾在 1960 年末組團旅遊新界西北部，由理事長楊振文帶領會員，浩浩蕩蕩從市區搭乘旅遊車出發，沿途欣賞風景，先到青壁別墅參觀，繼而前往清涼法苑用午餐，午餐會上更由理事長致詞，講述旅行的意義。午餐後在清涼法苑自由活動，之後前往屯門青松仙觀，專車上並有節目助興，當日旅行有 200 餘人參加，可算一項盛大活動。[109] 另外，衛氏宗親會亦曾在這裡舉辦海浴活動，並在餐廳設海鮮晚宴，每人收費 15 元，包括抽獎。這類旅行團，多在旺角西洋菜街近界限街的亞洲大樓集合，附近多是各宗親會、旅行會或商會的會址。而屯門一帶多泳灘，如咖啡灣、蝴蝶灣、龍珠島、小欖等，故當時前往這一帶的旅行十分流行海浴。可惜至 1980 年代初屯門新市鎮發展，安定邨至容龍別墅一段的屯門公路由單線行車，擴展至三線雙程行車（當時容龍以東至荃灣西的一段已是雙線行車），行車量增加一倍，加上當局在周邊進行工程，包括鋪設排水管、興建公共屋邨（即三聖邨）及新的道路系統等，[110] 雖然為三聖墟的居民帶來方便，提高生活水平，卻影響了附近一帶的休閒環境，人口增多、沙灘水質轉差，令市民多轉往西貢的清水灣（大小清水）海浴，屯門一帶的海浴旅遊從此式微。

此外，由於當時流行海浴，有闊綽人士一擲年租逾萬元，租用海角娛樂場的更衣室作專用（即每月 1,000 元），他們只會在週末或假日前往，其餘時間則空置，可謂毫不吝嗇。至於政府設立的海浴場，公價帳篷則少人問津，主要是因為帳篷間隔不闊，如淺水灣的帳篷為了節省空間，幕幕相連沒有隔開，當時的報章評論指出，有車階級對在這些帳篷更衣感到恐懼，寧願光顧私人海浴場，可以租用私人更衣室云云。[111]

‖ 1970 年代的旅遊車。 ‖

青山龍珠島

龍珠島原稱琶琶洲，位於青山道十七咪半、掃管笏對開，是一個環境優美的小島，曾用作軍人宿舍。1964 年，新界鄉議局主席陳日新投資 100 萬元，由青山道十七又三分二咪處填築一條跨海堤壆接連該島，經多月施工建成。橋墩有三處涵洞，可讓潮水及垃圾雜物通過，以防堆積。[112] 龍珠島附近的沙灘在 1970 年代仍是假日不少市民暢泳的地方，惟海裡較多貝殼類生物，泳客腳部經常受傷。自 1970 年 12 月龍珠島別墅第一期建成後，島上開始人工化，取代鴨洲成為香港有人居住的島嶼中最小的一個。現時出入該島的堤岸屬於限制車路，只有住客才可以駕車進出，為香港唯一一處以行車石堤連接的景點。

1972 年，擁有十餘名台灣一流歌星的國聲歌藝團來港，在九龍的香港歌劇院上

‖ 約 1970 年代的龍珠島。 ‖

演，每晚座無虛席，聲勢不凡，香港歌劇院首腦刁貴麟當時就偕同國聲的全體團員，暢遊龍珠島。

消失的泰園漁村

1960 年代初，隨著養魚業式微，新界西北部不少漁戶均另謀發展，其中位於青山公路廿八咪半、以飼養淡水魚聞名的泰園，率先將魚塘轉型，名為泰園漁村，當時入口處有一牌樓，橫書「泰園漁村」，兩邊掛著一副對聯：「風和把酒持螯談世事，水色泛舟垂釣養心靈。」泰園漁村佔地數十萬呎，在魚塘上興建千呎九曲橋等建築，並提供垂釣、泛舟、水上單車、雀局等消遣玩意，更可在湖上酒家享用河鮮及各類飲食。為了提高遊人的興趣，泰園特別仿照台灣山地景色，開設日月潭式文化村，內有山地歌舞表演。泰園更在市區安排旅遊專巴接送遊客，每

‖ 1970 年代初元朗泰園漁村。‖

位收茶券五元，茶券可算進飲食賬內扣除，結果增加了不少收入，成功轉型。

當年的泰園，除了是港人假日舉家暢敘的後花園之外，也是攝影發燒友的樂園，及眾多粵語片的取景勝地，包括邵氏的《十三太保》，便搭建了一座城樓作為場景。1975 年，泰園增設賽車場和騎術學校。1978 年 7 月 7 日，泰園漁村有限公司成立。

泰園是一個充滿水鄉風情的旅遊點，雖然 1980 年代由於發展錦繡花園而被填平，但它的形象已經深入民心，老居民至今仍以泰園稱呼當地。

影視作品取景勝地南生圍

泰園漁村附近的南生圍，位於元朗舊墟北面，由於其寧靜的環境、高聳蔽日的

‖ 《最新香港九龍新界全圖》。 ‖

大樹、一個接一個魚塘及清幽小橋、小徑植滿尤加利樹，令此處自 1960 年代起已是不少電影取景的地方。昔日前往南生圍，一般會從元朗舊墟出發，經過紅田村，抵達山貝村附近，沿堤基向北行，來到錦田河邊，乘橫水渡過河，再沿著小徑向前走。由於 1960 年代曾有內地偷渡客從后海灣游進錦田河上岸，故在南生圍的中心位置設有警崗，阻遏非法入境，至今已廢棄。根據資料，在南生圍西邊有另一處橫水渡可以橫過錦田河，沿河邊南行，便可返回元朗市區，而繼續向前行則會到達大生圍。因為南生圍分佈著大大小小數以百計的魚塘，堤基縱橫交錯，經常有遊客進入後迷路，要折返或致電警方求助。

1990 年代，有發展商購置了該地帶的魚塘，計劃填平發展成低密度住宅，受到環保團體大力反對，擔心影響這片作為米埔保護區緩衝區的樂土。經過多個提出補償附近濕地的折衷方案，城市規劃委員會最終通過，惟之後未見計劃落實發展，現時仍為拍照、寫生、散步、野餐的好去處。

大埔桃源仙境

位於大埔泮涌山上的道教叢林，是 1960 年代的遊覽名勝。根據吳灞陵《新界風光》的描述：「桃源仙境：鑪峰學院所設修院，地方廣大，佈置古雅，有三陽宮、呂祖百字碑、老子道德碑、仙舫、道源亭、得之亭、知足臺、仙人臺、水晶塔、玄燈塔等勝景，乃一道教大花園。」[113] 桃源洞在泮涌背後溪流上游，環境幽雅，一共有四楹，分水月宮、邵邨先生靜室、桃源洞、長生院。再經桃源洞、碗窰上山，步行半小時可達蓬萊閬苑，建於 1960 年代，是一座供奉呂祖、觀音及關帝等的宮殿式道觀。

‖ 1960 年代的元朗南生圍。 ‖

自 1961 年開始，政府為港九居民開設新的遊憩場所，如公園及遊樂場等。太平山開闢旅行區首期工程、灣仔峽公園加建涼亭、南區石澳道增設眺望大潭灣的觀景台、李鄭屋邨運動場等工程，均是當局在 1960 年代陸續推行的康樂設施新計劃。[114] 從各區旅遊設施的增設，可見外出遊玩已成為 1960 年代男女老少假日不可或缺的活動。市民到港九新界的田園遊玩，各適其適；官方亦為配合市民新的生活方式，改善交通和基礎設施，漸見本土旅遊經濟的雛形。

註

1   "Chapter XIII – Tourist Traffic" in *Report of the Commission appointed by His Excellency the Governor of Hong Kong to enquire into the Causes and Effects of the Present Trade Depression in Hong Kong and Make Recommendations for the Amelioration of the Existing Position and for the Improvement of the Trade of the Colony*, July 1934-February 1935 (Hong Kong: Noronha & Co., Government Printers, 1935), p.106.

2   Ibid, p.106.

3   GA 1935 no.527 - Board of Directors of the Hong Kong Travel Association, *Hong Kong Government Gazette*, July 5, 1935. 另外五位董事為 Mr. William James Carrie (Chairman), Mr. Charles Henry Benson, Mr. Norman James Perrin, Mr. James Harper Taggart and Major Reginald David Walker, M.C.

4   鄭寶鴻：《香港華洋行業百年：飲食與娛樂篇》（香港：商務印書館，2016），207 頁。政府當年曾招標承造九龍辦事處的鐵窗框，見 GA 1936 (suppl) no.125, Tenders invited for the supply of metal window frames for the Hong Kong Travel Association Kiosk in Kowloon.

5   GA 1935 no.766 - Mr. C. P. Tang to be a Director of the Hong Kong Travel Association, *Hong Kong Government Gazette*, October 4, 1935.

6   GA 1935 no.943, An ordinance to provide for the Incorporation of Hong Kong Travel Association, *Hong Kong Government Gazette*, December 6, 1935.

7   Sanitary Department, *Report of the Committee to Consider the formation of a Travel association and to Make Recommendations for the Development of the Tourist Traffic in Hong Kong* (Hong Kong, April 10, 1935).

8   鈕魯詩，香港著名英國商人，曾擔任太古洋行總經理、國泰航空主席、香港行政局議員、香港立法局議員及香港大學副校長。

9   賀理士・嘉道理爵士，香港著名實業家、酒店創辦人及慈善家。他是香港開埠早期聲名顯赫的猶太裔首富羅蘭士・嘉道理爵士（Sir Laurence Kadoorie，1899-1933）的胞弟。

10 Hong Kong Government, *Report of the Working Committee on Tourism* (Hong Kong: W. F. C. Jenner, Government Printer, 1956), p. 3.

11 2001 年，旅協改名為香港旅遊發展局（Hong Kong Tourism Board）。

12 *Report of the Working Committee on Tourism*, p.8.

13 Hong Kong Tourist Association, *Stop and Shop where You can See this Sign* (Hong Kong: Hong Kong Tourist Association, 1965?), pp.1-2.

14 《香港工商日報》，1969 年 12 月 11 日。

15 香港政府檔案處編號：HKRS 156-2-3694, New Hotels - Planning of …(sic)

16 林子祥作曲及主唱、黃霑填詞。

17 香港政府檔案處編號：HKRS 156-2-3694, New Hotels - Planning of …(sic)

18 Frank Clune, *Flight to Formosa: A History and Fact-finding Tour of Nationalist China's Fortress of Freedom and the Ports of Hong Kong and Macao* (London: Angus and Robertson, 1959), p.8.

19 約翰・布爾（John Bull）是一個常用於指代英國人的角色，特別是出現在政治漫畫，他通常被描寫為一個矮胖、中年、住在鄉下的快活且老實的人。

20 *Flight to Formosa: A History and Fact-finding Tour of Nationalist China's Fortress of Freedom and the Ports of Hong Kong and Macao*, p.23.

21 Ibid, p.36.

22 韓素音，又名韓素英，原名周光瑚（Rosalie Matilda Kuanghu Chou），1916 年 9 月 12 日出生於河南信陽。父親周煒，四川人，曾留學比利時；母親是比利時人。韓素音著作甚豐，作品多數取材自 20 世紀中國及東南亞的歷史與社會生活。她的自傳體小說 *A Many-Splendored Thing* 在 1952 年以英文出版，後來被荷李活改編成電影《生死戀》。該故事亦曾被改編拍成多部電視劇集。

23 Internet Motion Database (IMDb), https://www.imdb.com，取用日期：2021 年 4 月 29 日。亦見 http://hongkongandmacaufilmstuff.blogspot.hk/2012/05/love-is-many-splendored-thing-william_14.html

24 *R & R Hong Kong*, United States Navy Purchasing Department. 香港歷史檔案處編號：HKMS 154-1-1。

25 *Report of the Working Committee on Tourism*, p.1.

26 South China Morning Post, *This is Hong Kong* (Hong Kong: South China Morning Post, 1960?), pp.1-2.

27 Ibid, pp.1-2.

28 陳公哲:《香港指南》(香港:商務印書館,1938),17頁;湯建勛:《最新香港指南》(香港:民華出版社,1950),95頁;風雨居士編:《香港名勝古蹟與掌故》(香港:新綠洲出版社,197-),14-15頁。

29 《華僑日報》,1955年5月3日。

30 《大公報》,1955年10月25日。

31 《華僑日報》,1960年10月20日。

32 《華僑日報》,1959年3月16日。除了山頂老襯亭外,尖沙咀碼頭亦裝設有巨型望遠鏡,當年因為要投一角硬幣才可觀望,故有人稱之為「吃角子大砲」,見《大公報》,1959年4月4日。

33 《大公報》,1965年3月20日。

34 《香港工商日報》,1969年6月12日。

35 《華僑日報》,1969年11月10日。

36 《華僑日報》,1972年10月16日。

37 蔡斯達:《復員的香港》(香港,中華出版社,1947),68頁。

38 "Ordinance No. 10 of 1899 (Merchant Shipping) by R. A. D. Forrest, Clerk of Council, Council Chamber 22nd August 1935", *The Hong Kong Government Gazette*, August 23, 1935, p.834.

39 "Ordinance No. 10 of 1899 (Merchant Shipping) by G.F. Hole, Harbour Master", *The Hong Kong Government Gazette*, March 21, 1940, p.427.

40 《華僑日報》,1989年5月23日。

41 鴨靈號,https://www.dukling.com.hk,取用日期:2020年4月1日。

42 H. F. Stanley, "Tropic of Tourists", *The Guardian*, Feb 25, 1965.

43 《華僑日報》,1948年10月17日。

44 梁炳華:《南區風物志》(香港:南區區議會,1996),55頁。

45 《香港工商晚報》、《華僑日報》,1954年12月8日。

46 《華僑日報》,1955年10月12日。

47 《華僑日報》,1957年11月22日。

48 《香港工商晚報》,1958年7月9日;《南區風物志》,55頁。

49 《香港工商晚報》,1961年8月6日。

50 《大公報》,1962年1月28日。

51 〈何鴻燊:10元起家的「澳門賭王」〉,《文史參考》,2011年第5期(3月上),轉引自人民網,http://history.people.com.cn/

BIG5/198819/214224/15452241.html。

52 〈將永遠成為歷史的海上皇宮:皇宮·賭船·賊船〉,《環球旅人》,https://travelblogosphere.com/131/episode-4-

53 《大公報》,1963年1月15日。

54 《香港工商晚報》,1965年9月7日。

55 《香港工商晚報》,1966年9月29日。

56 政府新聞處檔案:1969年第一屆香港節沙田區舢舨比賽(1969年12月6日),檔案編號:6137/16。

57 政府新聞處檔案:沙田畫舫(1976)。

58 《香港工商日報》,1984年6月11日。

59 《華僑日報》,1989年2月5日。敦煌集團1977年在油麻地彌敦道開始發展第一間酒樓,當年除了經營多間酒樓及沙田畫舫外,亦有經營萬年青賓館及九龍敦煌旅遊,員工達到2,730人,高級員工及一般員工每年可出外旅行一至兩次,費用由公司負責。《大公報》,1989年11月13日。

60 Government Records Service, HKSAR - HKRS 2470-1-177:敦煌畫舫致影藝廣告有限公司信函證明在該公司的廣告中此聲稱屬正確無誤,1990年8月15日。

61 《香港工商日報》,1974年10月15日。

62 《香港工商日報》,1976年10月26日。

63 John Cooper, *Colony in conflict: the Hong Kong Disturbances, May 1967 - January 1968* (Hong Kong: Swindon Book, 1970).

64 香港會(又名香港會所)是一家私人會所,創辦於1846年,是殖民地時代英國人的娛樂交際場所。位於昃臣道的第二代香港會所大廈建於1897年,是文藝復興式建築,1984年在其原址上重建成現在的香港會所大廈。

65 社評〈我們都有愛護香港的義務〉,《香港工商日報》,1967年10月31日。https://1967riot.wordpress.com/

66 「香港記憶:1969年第一屆香港節九龍花車大巡遊」,https://www.hkmemory.hk/collections/festival_of_hong_kong,取用日期:2020年2月19日。

67 香港政府新聞處:「1969年第一屆香港節過後」,檔案編號:ISD Ref. No.:6185/1;ISD Ref. No.:6185/9及ISD Ref. No.:6185/13。

68 香港政府新聞處:「1971年第二屆香港節裝飾」,檔案編號:ISD Ref. No.:7746/10。

69 《大公報》,1973年11月23日。

70 香港中央圖書館:《新聞故事系列專題展覽:香港節》(香港:康樂及文化事務署香港公共

圖書館，2019），39-40 頁。另見「香港記憶：香港節歷史回顧」，https://www.hkmemory.hk/collections/festival_of_hong_kong，取用日期：2020 年 2 月 20 日。

71　摩士公園簡介，https://www.lcsd.gov.hk/tc/parks/mp/intro.html，取用日期：2020 年 2 月 27 日。黃大仙政務處政務總署，《黃大仙區旅遊指南》（香港：政務總署推廣旅遊計劃工作小組，1997），24-25 頁。

72　《香港工商日報》，1969 年 11 月 10 日。

73　《華僑日報》，1969 年 8 月 10 日。

74　《香港工商日報》，1969 年 10 月 19 日。

75　《香港工商日報》，1969 年 12 月 4 日及 7 日。

76　《華僑日報》，1969 年 12 月 26 日。

77　《香港工商日報》，1972 年 11 月 26 日。

78　「摩士公園分成兩截，建議當局加建天橋」，《香港工商日報》，1969 年 12 月 27 日。

79　《香港工商日報》，1973 年 9 月 2 日。

80　同上。

81　《香港工商日報》，1974 年 1 月 5 日。

82　《香港工商日報》，1971 年 7 月 16 日。

83　政府新聞處檔案編號：ISD Ref. No: 12490/29。

84　《香港工商晚報》，1975 年 5 月 5 日。

85　"New park in Kowloon to open next week", *South China Morning Post*, 17 June 1970, p.5.

86　九龍公園簡介，https://www.lcsd.gov.hk/tc/parks/kp/historical.html，取用日期：2020 年 2 月 26 日。

87　"Govt will find space for recreation", *South China Morning Post*, 25 June 1970, p.6.

88　Michael Chugani, "Kowloon Park land sale plan tipped to spark row", *South China Morning Post,* 10 January 1982.

89　Dennis Rollo, *The Guns and Gunners of Hong Kong* (Hong Kong: The Gunners' Roll of Hong Kong, 1991), pp.43-60; 95-124.

90　1863 年，國防委員會的報告建議在新佔領的九龍半島以西建立砲台，作為防禦海港的總體計劃的一部分。1880 年，國防委員會的報告指出當時已經建造了一個擁有三支七英寸口徑大砲的砲台。Architectural Appraisal of the Kowloon West Battery, Antiquities and Monuments Office Archival records.

91　Architectural Appraisal of the Whitfield Barracks — Block S4, Antiquities and Monuments Office Archival records.

92　軍營於 1860 九龍半島被割讓給英國後建

成，以作訓練和步槍練習，建造費用為 65,700 英鎊，駐有從印度僱用的士兵組成的「香港軍團」。在未有軍營前，他們被安置在鐘形帳篷和草棚內。軍營建成後，以香港和海峽殖民地統帥威菲路（Henry Wase Whitfield）少將命名，雖然計劃作為永久營地，但軍團在 1902 年被解散。軍營曾設有步兵營、哨兵和信號中隊等。見 Alan Harfied, *British and Indian Armies on the China Coast 1785-1985* (London?: A. and J. Partnership, 1990); Architectural Appraisal of the Whitfield Barracks — S61 & S62, Antiquities and Monuments Office Archival Records.

93　"Architectural Appraisal of the Whitfield Barracks — Underground Tunnels", Antiquities and Monuments Office Archival Records.

94　《香港工商晚報》，1977 年 11 月 21 日。

95　九龍公園簡介。

96　小清水灣位於清水灣半島，其附近有清水灣（俗稱大清水），但當時並沒有車路可達，想到大清水灣暢遊的泳客需要走山徑，或在小清水灣僱用小艇前往。

97　《香港工商日報》，1965 年 1 月 4 日。

98　《香港工商晚報》，1972 年 3 月 17 日。

99　據《觀塘風物志》的資料顯示，觀塘與港島的渡海小輪在 1964 年 8 月開航，主要來往筲箕灣、鯉魚門、茶果嶺與觀塘等地。觀塘的衛星城市規劃原本是以「低密度城鎮色彩」為主，未能配合香港的用地需求，因此作為一個初期衛星城市的規劃被評為失敗。見 Roger Bristow, *Hong Kong's New Towns: a Selective Review* (Hong Kong: Oxford University Press, 1989)。引自梁炳華編著：《觀塘風物志》（香港：觀塘區議會、觀塘民政事務處，2009），22-23 頁。

100　《華僑日報》，1958 年 9 月 25 日。

101　該巴士線最早一班 8 時 30 分從佐敦道碼頭開出，尾班車晚上 8 時 12 分從沙田開出。《華僑日報》，1971 年 12 月 5 日。

102　據悉該支線與主線的分支點在現時北行線近馬會道天橋旁，有一維修用鐵閘，便是該支線的原起點。

103　《香港工商日報》，1950 年 7 月 10 日。

104　《大公報》，1960 年 10 月 25 日。

105　《華僑日報》，1959 年 10 月 5 日。

106　《大公報》，1976 年 8 月 27 日。

107　粉嶺火車站附近的用地於 1970 年代末被規劃成一個新市鎮，有公共屋邨（即後來的祥華

邨）能容納約二萬名居民，而商住兩用的私
人發展可容納 4,000 人。見 New Territories
Development Department Public Works
Department, *Market Towns* (Hong Kong:
Government Printer, 1978), pp. 14-23.

108　《香港工商晚報》，1974 年 10 月 4 日。

109　《華僑日報》，1969 年 11 月 24 日。

110　《華僑日報》，1978 年 1 月 21 日及 1973 年
11 月 2 日。

111　《香港工商晚報》，1948 年 5 月 3 日。

112　〈人力戰勝自然──琵琶洲變遷史〉，《新界年
鑒》，41 頁。

113　吳灞陵：《新界風光》（香港：華僑日報，
1960），4-5 頁。

114　《香港工商晚報》，1961 年 12 月 10 日。

PENINSULAR HOTEL KOWLOON

酒店旅館

的興起

06

酒店業是香港旅遊業發展的一大支柱。自 1868 年香港第一家高檔酒店建成以來，那些閃閃發光的建築和精緻的設計吸引了各路貴賓，是殖民時代奢華的縮影。但輝煌的歷史並不能保證長久存在，香港各式酒店鱗次櫛比的背後，一些年代久遠的酒店經歷了焚燒、拆遷、重建等曲折歷史，另一些已經結業的則永遠存在於人們的回憶中。

19 世紀末，香港確立為世界上、特別是遠東地區最好的商隊駐腳地，然而那時香港很少好的酒店，港督感到政府要承擔一些社會義務，因此遇上來自國外的訪客，尤其是一些名氣較弱的人時，都會邀請其參加港督府的宴會，當中不乏記者、作家等。從港督德輔爵士（Sir William Des Vœux）的回憶錄中可以清楚看出，在某些季節，香港到處都是環球旅行者，希望向英國人的政府致敬，成為港督府的賓客。1888 年 11 月，德輔曾在港督府接待過兩位訪客：一位是色當王國的首任國王戴維・德・邁爾（David de Mayréna），另一位是美國達科他「惡地」的領主、法國人安東尼・德・莫雷斯侯爵（Antoine de Morès）。這兩位賓客都曾經歷過非凡的傳奇，反映那時不少外國人離開家園，不只為追求財富，亦在尋求命運。

酒店業成為大眾旅遊所帶動的旅遊業主體產業。成立於 1919 年的希爾頓（Hilton）及 1937 年的喜來登（Sheraton）兩家酒店，在戰後均成為全球最著名的酒店集團。[1] 香港亦在戰後興建了這兩座酒店，一間位於香港區，另一間位於九龍區。此外，適合青年人、價格便宜的青年旅舍亦在 20 世紀出現。1932 年，「國際青年旅舍聯會」（Hostelling International，HI）於德國成立，總部設於英國，為聯合國教科文組織（UNESCO）承認的國際非牟利組織。全球逾 80 個國家及地區的青年旅舍已經加入聯盟，會員超過 400 萬名。HI 通過提供廉宜、舒適和安全的旅舍服務，鼓勵世界各地青少年去認識及關心大自然，同時發掘和欣賞世界各地的文化特色。[2] 加入 HI 不限年齡、性別、階級、種族或宗教信仰，所有人士都能申請，旅客更可在自助廚房、休息室等旅舍公共空間與其他旅客互相交流，分享有趣的旅遊經歷，認識新朋友。

6.1 戰前的酒店旅館經營

在西方歷史中，旅館除了為旅客提供食宿外，也常常擔負照顧傷病旅客的責任。在 19 世紀西方提倡公共衛生前，教會開辦的旅館經常兼作醫院，使病人能在一張乾淨的睡床上療傷。比鄰巴黎聖母院的巴黎主宮醫院（Hôtel-Dieu de Paris）迄今已有千餘年歷史，相傳是由巴黎大主教聖蘭德里（Saint Landry）於 651 年為商旅和朝聖者而建。

香港開埠初期的 1841 至 1844 年，已有若干間開辦於商業樓宇內的旅館接待遊客。當中有連氏酒店（Lane's Hotel）、滑鐵盧酒店（Waterloo Hotel）及位於皇后大道的禁孖索酒店（Commercial Hotel）。[3] 1860 年代初則有皇后大道西的陸海軍酒店（Army & Navy Hotel）、皇后大道鐵行辦公室附近的阿爾比恩酒店（Albion Hotel）、英國人酒店（British Hotel）、東方酒店（Oriental Hotel）、日出酒店（Rising Sun）、皇家艾拔酒店（Royal Albert Hotel）、士得旅店（Stag Inn）、域多利酒店（Victoria Hotel）等。[4] 早期這些酒店主要提供住宿、酒類及膳食等服務，亦設有閱讀室、桌球室甚至保齡球館等設施，讓顧客可以閱讀本地、英美報章及使用其娛樂設施。當時，海上作業的船長及水手均可享受特別優惠。

開埠初期建立的酒店

正如前文所述，Hotel 一詞在法文中最初是指醫院，後來其涵義逐漸轉變為今天泛指照顧旅客食宿的旅館。由於功能的進一步分野，照顧病人的地方改稱 Hospital（醫院），但兩者的性質都離不開協助客旅或病人減輕痛苦或勞累。因此如今從事酒店業的人自稱 Hotelier，但形容酒店的款待則要用 Hospitality，其發展令人感到饒有趣味。

然而，世界上最早以酒店（Hotel）為名的建築卻位於英國倫敦，是一間由貴族興建的月牙形建築。酒店業是香港最早發展的有關旅行的行業之一，是外商在香港投資的其中一個重要範疇。香港酒店業的發展與其他旅遊相關的行業如航運、旅行代理及飲食業等息息相關。1850 年代，一間名為 Hotel de 1'Univers 的酒店於掘斷山街（荷李活道）與皇后大道西交界處開設。1874 年，該酒店曾接收被甲戌颱風吹毀的西營盤國家醫院的病人。[5] 但當時有的旅行手冊形容香港的酒店住宿未能符合需求。1866 年一間在荷李活道名為「歐洲酒店」（Hotel de Europe）的酒店十分受歡迎，每當有郵輪從北方或歐洲來到，酒店均客滿為患，這也反映當時酒店數量不足。除此以外，還有其他兩三間主要供單身人士使用的酒店，其中最受尊崇的是士得豪爹厘（Stag Hotel）、阿古斯酒店（Argus Hotel）、英國酒店（British Hotel）及東方酒店（Oriental Hotel），後者後來被香港大酒店公司收購。當時如住入一間較好的酒店，普通食宿每天要港幣 3 元（不包括酒類），兒童的收費則有特別安排。[6] 位於皇后大道中、畢打街與海旁中（德輔道中）交界的顛地洋行（或稱寶順洋行）於 1867 年倒閉，原址改作香港大酒店（亦稱香港客店，Hong Kong Hotel），於 1868 年 2 月開幕。該酒店位於德輔道中的部分，於 1890 年代初重建為六層高的大樓，而皇后大道中的部分則於 1909 年重建。

當時政府的財政收入分類中，雖有招待所（Boarding Houses）一類，卻未有酒店之分。[7] 政府只規管出售酒類的場所，因為簽發酒牌的收入較為可觀，在 1880 年有 25,446.52 元，較 1879 年的 24,779.4 元，增加了 667.12 元；但招待所則沒有增加，1879 及 1880 年的收益均是 192 元，反映了專為遊客而設的酒店很少。1880 年代的酒店，計有山頂酒店（Peak Hotel）、格蘭酒店（Grand Hotel）、土地共住酒店（The Land We Live In Hotel）、倫敦酒店（London Inn）、拿臣拿酒店（National Inn）、Rose, Shamrock and Thistle Hotel、水手館（Sailors' Home）、士得豪爹厘（Stag Hotel）、星酒店（Star Hotel）、域多利酒店（Victoria Hotel）、鹿角酒店、三樂酒店及阿里燕酒店等。另外，香港還有不少由西人開設的持牌招待所，主要分佈在上環及西環一帶，如位於皇后大

道西、弓弦巷、嚤囉街及必列啫士街一帶的 Sailors' Home、C. F. W. Peterson、Albdool Ismail、Alli Moodsdeen、Francisco d'Assis、Leuterio Vilanueva 及 G. Lemon 等。[8] 1900 年代中區曾有一間女皇酒店（Queen's Hotel），由女皇酒店威海公司持有，但於 1904 年結業。從 1907 至 1908 年獲發大酒牌及附屬酒牌的酒店列表中，[9] 可見在 20 世紀初時，絕大部分具規模的酒店都位於皇后大道中，主要原因是地近天星碼頭，另外它們以西人經營居多，只有兩間由相信是華人的業主經營，情況一直維持到戰後初期：

表一 1907 至 1908 年獲發大酒牌的酒店

	申請人	酒店名稱	地址	已領酒牌時間
1	Arthur Frederick Davies	香港大酒店（Hong Kong Hotel）	皇后大道中 21-23 號及畢打街 1-3 號	13 年
2	Dunjeebhoy Dorabjee	英皇酒店（King Edward Hotel）	德輔道中 3-5 號	6 年
3	Fsudor Silberman	環球酒店（Globe Hotel）	皇后大道中 184 號	16 年
4	Moritz Sternberg	國際酒店（International Hotel）	皇后大道中 318-320 號	20 年
5	William Krater	The Rose, Shamrock & Thistle Hotel	皇后大道中 304-306 號	14 年
6	Mary Matthaey	東方酒店（Oriental Hotel）	皇后大道中 2 號	1 年
7	George Green	The Criterion Hotel	皇后大道中 98 及 100 號	4 年
8	M. Tehetehelnizki	土地共住酒店（The Land We Live In Hotel）	皇后大道中 332-334 號	3 年
9	Berand Mayer	殖民地酒店（Colonial Hotel）	租庇利街 1 號	3 年
10	Louis Comar	大都會酒店（Cosmopolitan Hotel）	德輔道中 65 號	5 年

11	Esther Oliver	新旅客酒店 （New Travellers' Hotel）	皇后大道中 70 號	14 年
12	C. L. W. Seeger	德國酒館 （German Tavern）	皇后大道中 266-268 號	1 年
13	Richard Henry Whittaker	海傍東酒店 （Praya East Hotel）	海傍東 40-42 號	1 年
14	Ichel Gruzman	中央酒店 （Central Hotel）	皇后大道中 242-244 號	1 年
15	John Elvin Barker	士得豪爹厘 （Stag Hotel）	皇后大道中 148-150 號及威靈頓街 99-101 號	1 年
16	Carl Fiedler	The Café Weismann Limited	皇后大道中 34 號	7 個月
17	Kaekuzo Uysetsuki	Sei Foo Row Hotel	干諾道中 36-37 號	6 個月
18	P. O. Peuster	山頂酒店 （The Peak Hotel）	爐峰峽	6 個月
19	A. A. H. Milroy	水手館 （Sailors' Home）	德輔道西 394 號	10 年
20	Tam King Kaw	上海酒店 （Shanghai Hotel）	干諾道西 188-191 號	2 年
21	J. H. Newbold	Owl Grill Room	德輔道中 29-31 號	13 年
22	Lange Gameau	丫士打酒店 （Astor House）[10]	皇后大道中 13 號	未有
23	Ho Fan	Pan Hing Hotel	皇后大道西 466-472 號	兩個月
24	Owen Elias Owen	九龍酒店 （Kowloon Hotel）	九龍依利近道 30 號	17 個月

在 1900 年代每間大酒店申請大酒牌多會請大狀，而有關申請是公開的，在當日的大報如《香港華字日報》中多會報道。如 1902 年剛落成、位於雪廠街與德輔道中交界的英皇酒店（King Edward Hotel）當時請來了位名為「雲大律師」的大狀代表該酒店向酒牌局申請酒牌：

酒店領牌　德輔道有新酒店以英皇之名名之，請靂大律師代求，大酒店請士列律師駁之，靂云太平紳士中如有大酒店股份者請勿在此聚議，於是起而去者五六人，始經眾議允准者人數尚多乃准給之。[11]

酒牌局由當時殖民政府委任太平紳士作為委員，審批酒牌的申請，因此希望穩操勝券的申請者（尤其是請得起大狀的高級酒店）往往會請來大狀，以增加獲批的機會。[12] 在 1902 年開業的英皇酒店剛好坐落在當時首屈一指的香港大酒店後面，為免英皇酒店獲得酒牌後構成威脅，搶去其生意，在席的一位身為香港大酒店律師（即有股份者）的太平紳士，名為請士列者，在酒牌局會議上駁斥英皇酒店代表律師提出的理據。但英皇酒店的代表律師表現機智，即反駁道，請士列律師擁有香港大酒店的股份，如有該酒店利益的太平紳士理應避席，才算公平，結果竟然有數位太平紳士需要離開討論，最終酒牌局以大多數通過了英皇酒店的酒牌申請。從這段報道可見當時的酒店，尤其在中環區的競爭頗為激烈。自此之後，英皇酒店一直能獲得續牌，這位律師居功至偉，而該酒店亦算是在中環一帶唯一可以與香港大酒店競爭的同行。1924 年該酒店更接待過革命元勳之一、國民黨改革派人物廖仲愷（1877－1925）。可惜該酒店 1929 年因大火被焚燬，後於 1931 年改建為中天行及思豪酒店。[13]

1910 年代的酒店業較興盛，相繼有多間酒店落成，九龍區內亦開始出現較具規模的酒店，如在海防道威菲路軍營附近的皇宮酒店（Palace Hotel）。另外德國人、日本人也經營了一些招待所，專為其族群而設。日本人的招待所多位於灣仔一帶，如 1918 年建立的灣仔厚豐里 6 號千歲酒店（Chitose Hotel），其業主為石吉先生，該酒店亦領有酒牌。東區的酒店中較著名者則有 1916 年建成，位於筲箕灣道的庇利妙酒店（Belle View Hotel，其後改稱北角酒店 North Point Hotel）與英皇道的馬尼拉覓得波酒店（Manila Metropole）。在 1910 至 1930 年代還有醉天酒店、東方酒店、長崎酒店、大東酒店、皇后酒店、大元酒店、共和酒店、大西洋酒店、青天酒店、中元酒店、九龍新亞洲酒店、南屏酒店、中山酒店及漆咸酒店等。

‖ 英皇酒店徽章。（圖片出處：香港社會發展回顧）‖

山頂酒店是香港山頂纜車總站的酒店，它最初是一家酒吧和餐廳，在 1888 年與山頂纜車同時開放，為夏季遊客提供了 20 間臥室。[14] 酒店地址的前身，為 1875 年埃德（N. J. Ede）在此蓋的一幢名為 Dunheved 的房子。1881 年，蘇格蘭前鐵路運輸員亞歷山大‧芬尼‧史密斯（Alexander Findlay Smith，1844 － 1926）[15] 向政府申請，在香港引入山頂纜車，於 1888 年落成使用。大約在同一時間，芬尼‧史密斯從埃德手中購買了 Dunheved，並將其改作山頂酒店，埃德和他的家人則搬到了隔壁。山頂纜車開業後，芬尼‧史密斯即將山頂酒店開放，讓住客訂購。

酒店後改建為一幢三層高的建築，於 1890 年重新開放，內有寬敞且設備齊全的住宿，後來又加建一層，還建造了一座兩層高的附樓，令該酒店在一個方向可以欣賞城市和海港的風景，而另一個方向可以欣賞到南丫島及薄扶林。到了 1922 年，嘉道理家族的香港上海大酒店以 60 萬港元的價格買下山頂酒店，可惜酒店的建築多次改動，令其保養惡化。根據 1937 年《天光報》的報道，香

HONGKONG. Peak Hôtel.

Peak Hotel, Hongkong.

‖ 山頂酒店明信片。（圖片出處：香港社會發展回顧）‖

港上海大酒店公司於 1936 年的營業極佳，去年純利達 20 餘萬元，惟山頂酒店陳舊，將需要改建，[16] 事實上由 1936 年 7 月該酒店已停止營業，所有住客均已他遷。[17] 1938 年該酒店被大火燒燬，其地皮拍賣了給另一業主。[18]

除了山頂及中環區外，灣仔是另一個比較早有店舖的區域，雖然該區最早不是個旅遊中心，但開埠早期已設立了酒吧，吸引不少喝酒的顧客，而這些酒吧便慢慢再發展成較具規模的酒店，因此香港初期酒店的發展，與源自英國的售酒發牌制度有密切關係。根據 1881 年《循環日報》報道，凡開設酒店需領酒牌，如「士他渴爹路」：

> 西國之例，凡欲開設酒店，定須領給牌照。茲有西人根威路前曾開設酒店名士他渴爹路者，於十一日呈稟地方官求給牌照，蓋欲將其酒店之名改作水陸軍兵酒樓也。經伍君秩庸閱其稟詞以定奪可否，而法蘭思士大狀師、署政務司耶律、庫務司湯隆基及巡捕官田俱在堂相商，巡捕官田君謂此店所設原於地方，並無妨礙，因遂批准給與牌照焉。[19]

中環鹿角酒店在當時頗為出名，由於西人喜歡在那裡喝酒，故經常發生顧客酗酒的情況或醉酒後被槍傷或搶劫等，[20] 雖然治安不太好，但該酒店依然獲得酒牌局每年續發酒牌，[21] 並於 1881 年以「銀三萬六千圓」轉賣他人。[22]

1892 年的第一張酒牌便是發予灣仔區的商舖，一位前警察 John C. L. Rouch 在麥加力歌軍營附近開設了東角酒店，經過數度更迭經理，終於在 1911 年結束營業。在 1899 至 1901 年期間，有一間東方酒店（Eastern Hotel）在皇后大道東開業，也是靠近麥加力歌軍營，但駐紮的英軍當局為了避免軍人光顧這些酒店或酒吧而酗酒鬧事，並不贊同再在灣仔加設酒吧或發酒牌。[23] 山頂的柯士甸軍械酒店（Austin Arms Hotel）於 1891 年開業，1895 年改稱柯士甸酒店（Mount Austin Hotel），當時的經理為 Dorabjee Nowrojee，他亦是天星小輪創辦人。雖然坐落山頂，風景優美，但酒店收入並不理想，董事之一芬尼·史

密斯（Findlay Smith）（亦為山頂酒店董事之一）被批評經營不善，故酒店只維持了六年，到 1897 年由業主堪富利士公司轉賣予軍方發展軍營，令當時的山頂居民均感可惜。根據 1881 年 9 月《德臣西報》所載的公司資料，酒店原有約 50 間睡房，設有飯廳、私人房間、繪畫室、吸煙室及酒吧等，可觀賞維多利亞港及薄扶林的景色。[24] 由於受遊客歡迎，酒店在交易進行時，仍讓遊客停留避暑，直至 9 月或 10 月，延長了賣方交吉時間：

> 山頂柯士甸酒店，樓房重疊，高出雲霄，近海遠山，浮來左右。時當酷暑，入室則涼風振衣，誠港中消夏之區也。茲聞已賣與兵家作兵房得價三萬鎊。此店本堪富利士公司之業，俟至西九月或十月方交易，其所以延遲者因就今夏遊客暫作避暑地也。[25]

‖ 柯士甸酒店。 ‖

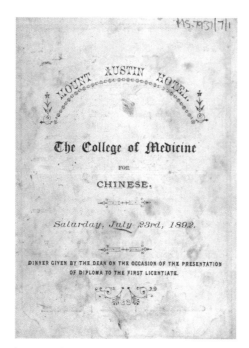

1892 年柯士甸酒店的餐牌。

嘉道理家族在戰前建立的酒店

香港最早期的酒店發展集中在中環一帶。香港酒店有限公司（Hong Kong Hotel Company）於 1866 年 3 月 2 日註冊成立，由巴黎銀行香港分行資助。公司收購了位於皇后大道的顛地洋行，把該位置發展成香港大酒店，成為香港第一家高級酒店，於 1867 年試業，1868 年正式啟業。開幕儀式更邀得當時的港督麥當奴爵士擔任主禮嘉賓。

19 世紀末，米茲拉希猶太族裔的艾利‧嘉道理（Elly Kadoorie）從巴格達遷移到東南亞定居，於 1880 年來到上海英租界，成為沙宣洋行（David Sassoon & Sons Co. Ltd）的僱員。幾年之內，他積累了大筆資金，於 1890 年透過其於 1880 年建立的經紀公司 Benjamin & Kelly，購入香港大酒店的股份。[26] 1885 年的董事有 W. Kerfoot Hughes（主席）、D. McCulloch、W. Parfitt、A. dos

Remedios，秘書則為 Louis Hauschild。[27] 自此，原在上海發展的嘉道理家族，正式經營及持有香港大酒店。當時的香港大酒店可謂首屈一指：原高四層，後在 1890 年代初加建至六層，擁有豪華的樓梯、英倫風格的裝飾，坐落在皇后大道和畢打街的黃金地段。在中環進行填海工程之前，酒店臨近維多利亞港，住客甚至可以從酒店的窗戶釣魚。在 1900 年代中環填海後，酒店北翼仍然位於海邊，並於 1909 年重建皇后大道中的南翼。

香港大酒店仿照倫敦的高級酒店設計，侍者都會說流利的英文，蘇格蘭地理學家約翰・湯遜盛讚其服務一流。在香港大酒店住一晚的價錢，比當年普通的酒店房間貴一倍以上。酒店地下一層還開設了賣高級珠寶的匈牙利品牌 Kuhn & Komor。[28] 曾入住於此的賓客非富則貴，包括前述在 1888 年 11 月抵達香港的色當國王戴維・德・邁爾，他攜同三名僕人，在 13 個中國人陪同下從港口碼頭上岸，下榻畢打街香港大酒店 23 號房間。《士蔑西報》（*Hong Kong Telegraph*）報道：

> 香港酒店的這位重要客人遠遠超過普通的冒險家……那裡的數位客人發現他是個高個子的中年軍人，面部傷痕纍纍。但他顯然對自己的身份無動於衷，但由一開始便會維護著自己權利。[29]

亦是前述的法國人莫雷斯侯爵，亦曾在香港大酒店下榻，但《德臣西報》只是在其報告航運的專欄中云：「載著侯爵及其僕人的喀里多尼亞（Caledonia）號船隻於 10 月 20 日在馬賽開出，11 月 22 日將抵達香港，侯爵與國王戴維・德・邁爾入住同一間酒店。」侯爵由私人助理 William Van Driesche 陪同，因為港督府滿是客人，他被迫在此地尋找住宿，並預訂了香港大酒店。但是，莫雷斯沒有受到任何勤奮記者的採訪，因此我們未能瞭解他的性格、風度和外表。

1893 年，香港大酒店同時在中環開設較小型的酒店，如溫莎酒店（Winsor Hotel）及域多利酒店，而在當時只有西人居住的山頂區，則經營柯士甸酒店及山頂酒店。[30]

‖ 香港大酒店外貌。‖

在一本 1880 年代出版的名為 *The China Directory* 的旅遊手冊中，域多利酒店亦曾刊登廣告，形容它也是一流的酒店：

> 位於皇后大道和中央海旁，有來自兩條大道的入口，並面對砵甸乍碼頭。它有 40 間寬敞且傢俱齊全的臥室，帶有浴室、可望海景而最寬敞的餐廳，還有一個較小的可用於聚會的私人房間，以及客廳和閱讀室，建築物已大大地擴展，並以耗資不菲的裝修滿足遊客所有必要及舒適的需求。由於建築物佔地很大，因此僅由兩個樓層組成，易於到訪。[31]

廣告列明該酒店的餐廳有各式各樣的菜式，裝潢一流，酒館亦有最好的名酒售賣，證明酒店領有售酒牌照（Publican Licence），即俗稱的「大酒牌」。除了可以在餐廳售賣光顧酒店的客人外，亦可以賣酒予其他非住客，業務範圍較廣，生意較多。而另一類則是普通酒牌，即需要遵守售酒時間的牌照（Hotel

‖ 1926 年香港大酒店火災的救火情況。 ‖

Keeper Adjunct Licence）。

位於尖沙咀彌敦道與梳士巴厘道交界處的半島酒店，是香港現存歷史最悠久的酒店，亦是嘉道理家族在第二次世界大戰前建立的酒店，最初計劃於 1924 年開業，後來延至 1928 年 12 月。集團矢志經營一間「蘇伊士地區以東最佳酒店」，就如當時香港上海大酒店董事總經理詹士・塔加特（James Taggart，1885 － 1972）所言：公司示範了如何「在（當時）所在地區呈現具首屆一指的現代化酒店設置及衛生設備的酒店」。半島正對面是輪船旅客下船的碼頭，九龍也是跨西伯利亞鐵路連接的最後一站，從歐洲吸引了旅客。自開業以來，半島酒店會於週日舉辦音樂會，並每晚於露臺，及每週兩次在玫瑰廳（Rose Room）舉行晚宴。除每晚的晚宴舞外，酒店定期也會舉辦下午茶舞。半島酒店隨後成為了香港中西紳商社群的熱門聚會場所，也是世界名人光顧的酒店。例如美國著名笑匠查理・卓別靈（Charlie Chaplin）和保萊特・戈達德（Paulette

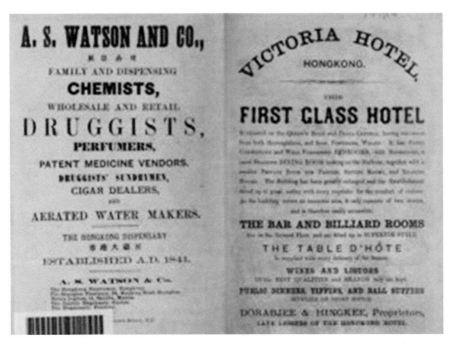

‖ *The China Directory* 刊登的域多利酒店廣告。（圖片出處：The China Directory 1885）‖

Goddard）都是酒店的客人。香港上海大酒店公司除了在香港，也在上海及北京經營高級酒店，如 Astor Hotel、Majestic Hotel 等。[32]

1941 年 12 月 25 日香港戰役結束，以港督楊慕琦為首的英國殖民地官員親自到半島酒店三樓，向日本憲兵部投降。其後，楊慕琦在其中一間套房中被關押了兩個月，再被轉送到上海監獄。在香港三年零八個月的日佔時期，半島酒店被改名為「東亞酒店」，以顯示它為日本倡設的「大東亞共榮圈」服務。房間專供日本軍官和高級政要使用，香港大酒店和半島酒店同時陷入苦難和貧困之中。戰後，半島酒店曾被英軍徵用作辦公室，至 1946 年才將管理權正式交回嘉道理家族。在 1960 至 1970 年代，半島酒店是訪問香港的政要必然首選的酒店，其殖民地風格的設計以及與尖沙咀火車站相鄰的位置，令其成為香港的地標之一。直至 1978 年尖沙咀火車站被拆除，總站遷往紅磡，半島作為歐亞鐵路火車總站旅客住宿首選的地位才成為歷史。1994 年，半島酒店在原酒店背後

sherry

401	Victoria Fino Amontillado (Dry)	$ 34.00
402	Capitan Oloroso (Medium)	36.00
403	La Merced	34.00
404	Harvey's Bristol Cream	50.00
405	Harvey's Bristol Milk	44.00
406	Manzanilla	38.00
407	La Ina	36.00
408	Tio Pepe	38.00
409	Dry Sack	40.00
411	Dry Fly	32.00
413	Sandeman (light)	28.00

port

421	Special Vintage 1957	54.00
422	Sandeman (Douro)	30.00
423	Flag	18.00

whisky

521	Old Rarity	62.00
523	Special House Blend	44.00
525	Chivas Regal	84.00
526	Black Label	80.00
527	Dimple Scots	80.00
528	Logan	80.00
529	King's Ransom	72.00
530	Long John (12 year)	72.00
531	Long John	46.00
534	J. & B.	52.00
535	Cutty Sark	50.00
538	Red Label	50.00
542	White Label	50.00
546	White Horse	50.00
551	Black & White	50.00
554	Teacher's	50.00
556	Vat 69	50.00
560	Ballantine	50.00
561	John Haig	46.00
564	Old Smuggler	46.00
565	Grant's	46.00
547	Jack Daniels	80.00

liqueur brandy

443	Gaston de Lagrange V. S. O. P.	70.00
449	Martell Extra	316.00
450	Martell Cordon Bleu	126.00
451	Martell V. S. O. P.	80.00
457	Hennessy Bras d'Or (in Crystal Decanter)	330.00
458	Hennessy Extra	310.00
460	Hennessy V. S. O. P.	60.00
464	Courvoisier Napoleon	210.00
465	Courvoisier V. S. O. P.	78.00
468	Caldbeck's F. O. V.	94.00
473	Remy Martin V. S. O. P.	89.00

Obtainable by the Bottle

THE PENINSULA
HONG KONG

4/71

	(Cordon rouge)	$ 78.00
		80.00
		64.00
	V. M.	64.00
		64.00
		66.00
		58.00
		60.00
		56.00
	(Freres)	52.00
	(izard)	54.00
		50.00
		54.00

713	Pernod	66.00
714	Pastis	60.00
715	Pimm's No. 1 Cup	66.00
716	Campari	44.00
719	Dubonnet	32.00
720	Martini Italian Vermouth	30.00
721	Noilly Prat (French Vermouth)	30.00
723	Cinzano Italian Vermouth	28.00

629	Creme de Cacao	54.00
630	Creme de Menthe (White)	54.00
633	Curacao Triple Sec	50.00

digestifs

731	Fernet Branca	66.00

eaux - de - vie

671	Kirsch Baselbister	86.00
674	Williamine Morand	88.00
675	Pflumli Grundbacher	78.00
677	Calvados	54.00
679	Schinckenhäger	48.00
680	Akvavit	48.00

gin

501	L & S London Dry (Magnum)	55.00
503	Gordon's Dry (Quart)	44.00
507	Beefeater	42.00
510	Booth's High & Dry	42.00
511	Booth's House of Lords	42.00
512	Tanqueray	40.00
513	Gilbey's	42.00

vodka

691	Koskenkorva	42.00
692	Stolichnaya	52.00
695	Smirnoff	42.00

rum

651	Jamaica	38.00
653	Myer's	44.00
654	Carioca	48.00
655	Bacardi	50.00

brandy

441	Gaston de Lagrange	58.00
453	Martell * * *	64.00
461	Hennessy	64.00
467	Courvoisier	66.00
479	Otard Special	60.00
480	Hine * * *	68.00

PRICES SUBJECT TO CHANGE WITHOUT NOTIC

‖ 1960 年代半島酒店的飲品單。(圖片出處:香港社會發展回顧) ‖

加建了一座辦公大樓，外觀煥然一新，標誌著它在香港歷史、旅遊業中扮演新的角色。

1918 年，香港首間海濱度假酒店——淺水灣酒店動工，1921 年正式開幕，亦是由嘉道理家族興建，[33] 並由當時管理香港大酒店的詹士·塔加特（James Taggart）負責覓地及統籌。他跟港督司徒拔達成協議，說服政府興建今日的黃泥涌峽道和淺水灣道，使位處港島南區、風光明媚的淺水灣變得信步可達。他最終看上了淺水灣的歐陸度假小鎮風情，決定以此作為新酒店的選址。

1921 年，淺水灣酒店由港督主持開幕，城中達官貴人盛裝出席，自此這個美

‖ 半島酒店及尖沙咀火車站前的路軌。（圖片出處：香港社會發展回顧） ‖

麗港灣搖身一變，成為了上流人士的聚腳點或留宿處，舉行宴會及派對。淺水灣酒店曾被冠上「東方 Riveria」之名，成為一時佳話。懂得享受生活的本地人喜愛假期驅車到淺水灣，度過一個悠閒的下午；在港工作的外籍人士在酒店與朋友聚會，還有絡繹不絕的外地遊客。到訪過淺水灣酒店的名人不計其數，英國包括大文豪蕭伯納（George Bernard Shaw，1856 － 1950）和劇作家克華德（Noel Coward，1899 － 1973），美國天皇巨星馬龍·白蘭度 （Marlon Brando，1924 － 2004）曾於 1950 年代入住。歐洲皇室成員方面，西班牙皇儲卡洛斯一世（Juan Carlos）與皇妃索菲婭（Sofia）選擇在這裡度蜜月；丹麥王子阿克塞爾和希臘王子彼得皆出現於賓客名冊上。1935 年，麗都海浴娛樂場登場，令淺水灣的夜生活增色不少。這裡的名人住客包括海明威、張愛玲，當中張愛玲筆下的《傾城之戀》，更令酒店的名氣登上了另一個高峰。

淺水灣酒店亦是多部荷李活經典電影的背景，《生死戀》（Love Is A Many Splendoured Thing）以及榮獲多項奧斯卡獎項的《榮歸》（Coming Home），均在該酒店的閱讀室拍攝。在電影拍攝期間，酒店住客可以在週日的自助餐上與彼得·塞勒斯（Peter Sellers）聊天，或是在酒店庭園的噴水池旁，親睹國際巨星威廉·荷頓。淺水灣酒店於 1982 年結業，後來改建成豪宅項目「影灣園」。

置地對香港早期酒店業的投資

1926 年元旦，香港大酒店發生了一場大火，由早上 8 點一直燃燒至下午 2 點才被初步救熄。起火首先是在地下的電梯槽，火舌沿電梯槽向上燒，燒著頂層的木材，再延至五樓。最後，酒店的整座北翼完全燒毀，一名英籍水兵在救火期間從三樓墮地身亡。香港大酒店將北翼地段轉售予香港置地公司，重建為又一間香港一流酒店——告羅士打酒店，而原位於畢打街的香港大酒店南翼，則繼續營運至 1952 年為止。當時的報章《香港工商日報》亦報道說：

香港大酒店將興工重建：（本報特訊）必打街香港大酒店，為本港獨一

‖ 淺水灣酒店新翼。（圖片出處：香港社會發展回顧） ‖

無二之高等旅店，自 1926 年元月 1 號遭回祿後，現已將曾被火之處拆為平地，四便之牆壁則拆至二樓之高，日久仍未見開始建築，香港人士凡有該酒店股份者，莫不關心，本報訪員昨曾經探問辦事人，據稱總理及董事主席他結君已旋港，而則圖亦已繪就，大約不日開始建築，且去年年結，宣佈存款與公積金不下 80 餘萬，儘足建築而有餘云。[34]

置地是香港歷史悠久的怡和洋行的聯營公司，在收購香港大酒店的北翼地段後，原目標是興建一間集合辦公室、商店及住宅的建築，並將其租予香港上海酒店公司，但終因商討不成功而擱置，於是決定自行經營酒店。這一決定標誌著香港的英資洋行及地產商正式開展對酒店業的投資，結果，該北翼地段連同側邊的荷蘭銀行大廈地段，在 1932 年建成另一間樓高九層的告羅士打酒店（The Gloucester Hotel），它不但是香港第一間有電話的酒店，也是全亞洲第一間在所有客房裝設沐浴間的酒店。酒店更設有一座鐘樓，成為中環新的地標，

‖ 淺水灣酒店曾有穿梭巴士往返合港人酒店。（圖片出處：香港社會發展回顧）‖

著名中國作家蕭紅和京劇大師梅蘭芳亦曾是該酒店的住客。1930 至 1940 年代，它是香港有名的高級酒店，很多英資公司每年也會在此舉行周年大會。

1935 年，告羅士打酒店再次發生火警。據報是因有店舖漏電失火，但幸運地，因酒店是鋼支架結構和石屎建築，沒有釀成重大意外。然而酒店在日佔時期因為軍政府的命令，改名為「松原酒店」（Matsubara Hotel），餐廳提供中式、日式及西式餐飲服務。

戰後因應社會發展，告羅士打酒店在 1963 年 9 月宣佈正式結業，酒店原址移交給地產公司樂島公司，改名為「告羅士打大廈」。[35] 雖然告羅士打酒店結束營業，但置地仍對發展酒店持樂觀態度，1960 年 7 月 7 日，置地的董事局在公司創立超過 70 年後，決定將殖民地其中一座最古老的建築、於 1899 年興建的皇后行拆卸，建設一間首屈一指的酒店。[36] 然而這個決定曾引發了一連串的爭

273

‖ 淺水灣酒店長廊。 ‖

　　‖ 淺水灣酒店長樓梯。 ‖

議，有部分人反對建造酒店，認為改建成辦公室商店的大樓，會更有價值。結果，儘管有大量數字證明商店及辦公室大廈會比酒店帶來更大的即時收益，但他們都被母公司怡和的大班 Hugh Barton 的熱誠感染了，他堅信酒店行業將來一定比辦公室業務更有發展空間。

Hugh Barton 在關鍵的董事局會議上提出了許多要點，證明計劃酒店比辦公室更有利。對他而言，可以預見的是，1960 年代香港將成為旅遊中心，而不是工業和商業領域的中心。此外，他認為辦公室只會面臨更大的競爭，希望看到公司進行多元化投資，比例以 75% 辦公室和 25% 酒店進行，以發展適合酒店業務的計劃。在這一點上，他無疑是正確的，因為整個亞洲的一流酒店都是戰前的，例如新加坡的萊佛士、曼谷的東方及九龍的半島酒店，除了東京的皇室酒店（由 Frank Lloyd Wright 設計）外，沒有一間東方的酒店能與西方的酒店在服務方面競爭。

置地考量，公司在各方面均有優勢，如本身擁有出眾的土地；與怡和、太古及 Butterfield 這些大公司有密切關係；尤其是對一流航空公司及旅遊的機遇更有把握。結果 Barton 力排眾議，將酒店業務分拆，成立另一間公司——城市酒店有限公司（City Hotels Limited），並開始動工興建。新酒店由香港歷史最悠久的建築師行之一利安顧問有限公司（Orange and Leigh）設計，該公司也負責了原皇后行及告羅士打酒店的工作。John Howorth 是利安的合夥人，聯同告羅士打酒店的經理 Tony Ross，一同完成新酒店的計劃。

有趣的是，酒店內部設計找來荷李活著名佈景設計師 Don Ashon 操刀，後來更聘請他為整間酒店的設計師。他曾為名片《桂河橋》（*The Bridge on the River Kwai*）、《比利·巴德》（*Billy Budd*）及《戰爭與冒險》（*Young Winston*）設計佈景，名噪一時。他曾受委託為倫敦的 Mayfair Hotel 設計新房間，而該酒店的經理正同為 Tony Ross。兩人非常合拍，一同為文華酒店出謀劃策。如今位於文華酒店快船廊（Clipper Lounge）入口處，有一座從英國運來的正義女神像，

‖ 1930 年代初建成的告羅士打酒店及其鐘樓。 ‖　‖ 告羅士打酒店正門。 ‖

原是影片《比利·巴德》中船隻上的重要道具，酒店的餐廳亦因此得名。[37]

文華酒店在 1963 年 9 月 1 日試業，同年 10 月 25 日正式開幕。試業期間開張了地下大堂及頂樓的酒樓，但並非所有房間均可使用，目的是想讓告羅士打酒店的客人先試為快。當時《南華早報》對此也有報道，盛讚酒店那一部可以將客人在 21 秒內送上最高層的「太空世紀」升降機（"space-age" elevators that "catapulted" guests to the top floor "in 21 seconds!"）。在文華試業期間，告羅士打酒店仍然維持餐飲服務：

> 告羅士打酒店很高興宣佈其八樓的 The Saddle and Sirloin Grill Room and Bar, the Main Dining Room and Private Rooms, the Lounge and Mexican Bar 仍然開放。但住房則會在 1963 年 9 月 1 日關閉。[38]

○○香港大酒店將興工重建

（本報特訊）必打街香港大酒店、為本港獨一無二之高等旅店、自一九二六年元月一號遭回祿後、現已將曾被火之處拆為平地、便之牆壁則拆至二樓之高、日久仍未見開始建築、香港人士凡有該酒店股份者、莫不關心、本報訪員昨曾經探問辦事人、據稱總理及董事主席仙結君已旋港、而則圖亦已繪就、大約不日開始建築、且去年年結、宣佈存欵與公積金不下八十餘萬、儘足建築而有餘云。（志）。

‖ 《香港工商日報》有關香港大酒店將興工重建的報導。 ‖

1967 年，文華酒店被《財富》雜誌譽為世界上最有價值的物業之一。酒店公司其後在 1974 年成立文華國際酒店有限公司（Mandarin International Hotels Limited），以擴展在亞洲業務，同年購入曼谷東方酒店（The Oriental）的股份。1985 年，擁有兩間旗艦店的公司重整業務，成立文華東方酒店集團（Mandarin Oriental Hotel Group），文華酒店從此改稱為文華東方酒店（Mandarin Oriental）至今。

德國社群及早期酒店業

在早期的香港社會中，德國人數量僅次於英國及葡萄牙人，為第三多的非華裔。歷史文獻記錄，德國人按其本國傳統，曾在香港開設許多酒館，最早的一間由彼德森在 1859 年創辦。很多德國人的酒館後來發展成頗具規模的酒店，最早之一名為「土地共住酒店」（Land We Live In Hotel），由 Louis Knchmann 持

║ 1966 年的文華酒店，前左方為香港會所。 ║

║ 文華酒店於 1963 年 10 月 25 日開幕，當時以財神（廣告內譯作福神）作 ║
為酒店的保護神，歡迎顧客光顧。

有，於 1866 年建成，1886 年轉手給另一位德國猶太人。[39] 酒店經歷過德國、猶太、波蘭裔的不同業主，包括古斯塔夫・紐布倫、莫里茨和阿道夫・弗賴曼、伯納特・科恩、摩西・特奇奇爾尼茨基及最後的大衛・弗里曼，最後於 1912 年關閉。另外在 1890 年代有德籍猶太人開設了兩間新酒店：一間名為中央酒店（Central Hotel），持牌人 Isaac Samuel Greenstein（1890 − 1906）及 Ichel Gruman（1907 − 1912），是獨資經營；另一間為環球酒店（Globe Hotel），由伊維多・西爾伯曼開設。兩間酒店都關閉於 1913 年。

在香港經營酒館或酒店的德國人中，最著名的莫過於烏斯曼夫人（Mrs. Uschmann），由於她與德國社群聯繫緊密，人們均稱她為「母親」。20 世紀初，烏斯曼夫人和丈夫在九龍彌敦道 11 至 13 號開設「車站酒店」。但他們的經營並非一帆風順：1911 年德國人弗雷德・賴希曼（Frederich Reichmann）曾向法院尋求臨時禁制令，禁止烏斯曼夫人經營車站酒店跟他競爭。因為在 1909 年 11 月簽訂的一份合同中，賴希曼以 30,000 港元從烏斯曼夫人處購入其在皇后大道中經營的東方酒店（Oriental Hotel），當時附加了一項條款，就是禁止她在香港從事旅館、公用事業或飯店業務，以防她以德國商人名義開設新酒店，可見烏斯曼夫人的生意對在港德國人的重要性。烏斯曼夫人辯稱，車站酒店是其夫羅伯特・烏斯曼的財產，她只是他的助手而已。賴希曼作出此種苛刻條款，全因為烏斯曼夫人與銷售烈酒的店舖建立了 20 多年的聯繫。她曾擁有介乎雪廠街至都爹利街一段皇后大道南側的東方酒店，原先為一間生意慘淡、頻臨破產的酒店，但在她接管後變得有聲有色，賴希曼看中其發展潛力，從烏斯曼夫人手中購入該酒店，並改名為格蘭酒店（Grand Hotel）。由於烏斯曼夫人並非車站酒店的持有人，法庭宣判賴希曼敗訴。車站酒店在 1914 至 1918 年因第一次世界大戰一度停業，至 1919 年 11 月才恢復經營，並獲發牌出售烈酒，一直經營至 1931 年為止。

賴希曼雖然未能阻止烏斯曼夫人在經營酒店方面的優勢，但因為他曾經申請英國護照（但不成功），在第一次世界大戰爆發時，英國政府曾給他特別對待。

根據英國的殖民地檔案，在大戰爆發時，所有德國人包括商人均被囚禁在集中營或遣返，[40] 但賴希曼的背景令他逃過被囚禁的命運。雖然他在 1914 年申請大酒牌被拒（他在翌年再次申請亦被拒），但事件證明他沒有被當作囚犯看待，而在大戰結束後，他再次申請了歸化英籍。[41]

華商或僑商發展的旅館業

隨著香港成為不少旅客的中轉站或目的地，香港的酒店業亦開始蓬勃發展。然而那些外資經營的酒店價錢高昂，並非普通的商務旅客或經香港回內地的僑旅所能負擔。故從 19 世紀末至 20 世紀初，有不少本地人或華商，從經營酒館轉型至較具規模的酒店或旅館。這類旅館主要以「棧」為名，其中位於元朗舊墟

‖ 文華酒店所用的平治旅遊車。 ‖

利益街的同益棧於清代已建成，是已知香港唯一現存的昔日客棧建築。清康熙八年（1669），錦田鄧文蔚考獲進士，被派浙江省龍游縣知縣，並獲封地建墟，他將圓塱墟從大橋墩遷至今西邊圍與南邊圍之間。元朗建墟初年，有元朗商人經常駕船到伶仃島，售賣土產及糧食予當時在該地進行貿易的葡萄牙人，並換回時鐘及胡椒粉等洋貨，亦有來自廣東的商賈，售賣來自四面八方的貨品，圓塱墟（今稱元朗舊墟）日漸繁榮起來。至道光十七年（1837），墟市內共有大小店舖 102 間，包括客棧、酒家及商行。[42] 同益棧便是當時專門接待商旅的客棧，以青磚建築，樓高兩層，並設有隔火牆防止火災時蔓延至兩邊房屋，建築反映出新界租借前新界墟市景象。[43]

早在 1870 年代，當局已對酒店訂立了「旅店應守規則」，例如酒店對顧客財物失竊的責任問題：

（一）例文旅店二字。係指酒店客棧及旅店。其東主須負有保存顧客財物之責者。

（二）凡顧客有被盜竊財物。而非因店主及其夥伴防範不善者。該店毋須負賠償之責。

（三）如顧客所攜帶之財物。其價值五百元以上。而不交櫃面代存者。倘有失竊。該店毋須負賠償之責。

（四）凡店主收到顧客貯存財物。須即發回收擬。並依下列章程辦理。

（甲）存物時須聲明價值之多少。

（乙）店主有命顧客用箱將財物裝載及細綁蓋漆時。顧客須照辦理。

（丙）凡顧客有將財物貯存。其價值在五千元以上者該店可不允代存。倘有迫托貯存者。如遭失竊。該店不負賠償過五千元之責。

（五）凡顧客有將財物。價值五千元以下。交店代存。而該店不允代存。以致失竊者。則該店不能辭其咎。

（六）以上條例。店主須用中英文繕寫懸於大廳。及入門當眼之處。否

則不能受此例之保障。[44]

1933 年，《港僑須知》刊登了一份專門針對僑旅的香港島指南，根據其中的《中西旅店客棧一覽表》，[45] 有不少中下級別的旅館或客店，集中在中環干諾道中一帶，亦有小部分位於西環或九龍。這類旅館以華人為對象，故起名多如「台山旅店」、「粵南旅店」、「粵西旅店」等，特別針對廣東歸僑。當時以「旅店」為名者有 22 間；以棧或三字為名的旅館亦不少，這些客棧的設施較窄小簡陋，可容納的人數亦不多，大部分亦分佈於中環干諾道中，有 20 間。

這些華商經營的旅館當中，以陸海通旅店最為人熟悉，其創辦人是陳任國，他亦創立了灣仔告士打道 67-77 號的六國飯店及九龍的彌敦酒店。當中六國飯店（其後改稱六國酒店）是戰前香港唯一一間華人經營的高級酒店。[46]

陳任國及其長子陳符祥早年在三藩市經營藥店，有感清廷大勢已去，加入同盟會反清，民國建立後到香港發展，1926 年創立陸海通有限公司，經營匯兌、找換、儲蓄等業務，後又拓展至人壽保險、陸海通旅館、皇后戲院等。陸海通於 1931 年在灣仔新填地購入 11 號地段，面積 8,900 餘平方呎，價值 12 萬港元，共九間舖位被改建成旅店，1933 年 10 月 6 日由陳符祥揭幕，名為六國飯店（與北京另一間由六個外國共同興建的「六國飯店」同名，但沒有從屬關係）。[47] 六國飯店樓高七層，與半島酒店相同，是當時全香港第二高及港島最高的建築物，也是香港第一間設有中菜廳的酒店。開幕初期，由於新填地海旁一帶比較偏僻，酒店生意不大理想，故新張期內以半價將房間出租。至 1938 年左右，酒店除了中西酒家之外，為了吸引來自北方的客人，還加設了四川菜部。陳符祥為酒店不斷開拓商機，經營有道，六國飯店很快成為香港一流的華商高級酒店，與中環區的香港大酒店齊名。

1938 年，陳公哲的《香港指南》亦刊登了六國飯店的廣告，宣稱它為「香港唯一幽雅之華人旅舍」、「職工服務忠誠通曉各種語言」，反映出酒店當時的定位

表二 1933 年《港僑須知》香港島中西旅店客棧一覽

店名	地址	店名	地址
陸海通旅店	干諾道中 150 號	亞洲大旅店	北海街 17 號
東亞旅店	干諾道中 143 號	中興棧	干諾道西 28 號
五洲旅店	干諾道中 76 號	廣發棧	干諾道中 139 號
共和旅店	干諾道中 124 號	人和棧	干諾道中 118 號
臺山旅店	干諾道中 148 號	泰棧	干諾道中 97 號
南華旅店	干諾道中 156 號	祺發棧	干諾道中 131 號
環球旅店	新街市街 32 號	長安棧	干諾道西 13 號
南京旅店	干諾道中 80 號	廣泰來棧	干諾道中 61 號 A
東方旅店	干諾道中 137 號	名利棧	干諾道中 140 號
東方旅店支店	干諾道中 148 號	長發棧	干諾道中 129 號
粵南旅店	干諾道中 134 號	新祺生棧	干諾道中 69 號
粵東旅店	干諾道中 151 號	萬安棧	干諾道中 92 號
高洲旅店	干諾道中 136 號	粵華棧	干諾道中 117 號
中國旅店	干諾道中 58 號	泰安棧	干諾道中 73 號
西南旅店	干諾道中 63 號	潮益棧	北街 4 號
新全安旅店	干諾道中 133 號	三安棧	干諾道中 138 號
萬國旅店	干諾道中 158 號	平安棧	干諾道中 20 號 A
益生旅店	干諾道西 8 號	錦綸泰	干諾道中 17 號
廣東大旅店	干諾道西 27 號	廣源興	干諾道中 70 號
大羅大旅店	德輔道中 92 號	福利源	干諾道中 116 號
金豪大旅店	彌敦道 359 號	鴻安棧	德輔道中 81 號

‖ 戰前的六國飯店，可見酒店前方還未填海成告士打道。（圖片出處：六國酒店） ‖

及顧客對象。酒店設有旅業部，為顧客提供在香港旅遊的服務，及協助旅港僑商解答問題。此外，酒店亦仿照兩間高級洋人酒店——香港大酒店及半島酒店的汽車部，設有「新式汽車日夜租賃」服務，另設「六國汽車公司」為客人代辦租車服務，可算是當時華人旅館首創。[48]

1941 年香港淪陷前，政府曾在灣仔發放了 11 張酒牌，其中一張就包括六國酒店。其餘的持牌者，有駱克道的香港保齡球場、大使酒吧、倫敦咖啡室和灣仔啤酒屋（日式）、告士打道的海王星酒吧、Gingle's 咖啡室、長崎喬酒店（Nagasaki Joe Hotel）、黑狗酒吧（Black Dog）以及厚豐里和船街尾的兩間日本酒店。中環一帶由四大酒店組成的集團，包括德輔道中的南屏酒店、美洲酒店、大觀酒店以及皇后大道的鹿角酒店，其名貴房每日收 3 至 6 元，經濟房收 1 至 1.8 元不等。酒店另設時租，為每小時 1.6 毫。位於皇后大道中 13 號的勝斯大酒店，在 1941 年 1 月增設了酒菜茶點招徠顧客，其禮堂更可容納 20 餘桌，

‖ 六國飯店曾於 1941 年 12 月被進攻港島的日軍砲火擊中損毀。（圖片出處：六國酒店）‖

可開辦歡迎及結婚宴會。[49]

日佔時期，六國飯店被日軍徵用為俱樂部，改名「東京酒店」，期間更遭戰機炸掉建築物的一角。戰後，飯店一度如其他香港大型酒店一樣，由駐港英國海軍徵用，至 1946 年才交還陸海通。1960 年，英國作家李察・梅臣（Richard Mason，1919 － 1997）在該酒店住了四個月，寫成《蘇絲黃的世界》，現時酒店大堂仍展覽該影片的劇照。

六國飯店於 1986 年重建，改稱六國酒店，在旁邊興建的寫字樓大廈則名為六國中心。酒店現提供 196 間客房，包括 194 間普通客房及 2 間豪華套房。

6.2 | 戰後酒店業的發展

日佔時期的記錄如今多已散佚，但相信日本人開設的酒店在當時不會受到影響，甚至仍然繁榮興旺。特別是在灣仔，那是日本軍政府指定的煙花之地，例如戰前由日本人開設的千歲酒店（Chitose Hotel），在日佔時期就曾被指定為藝妓館。[50] 非日本人經營的多間大型酒店則被日軍徵用，例如半島酒店。而一些酒店則需要改名，如前述六國酒店被改為「東京酒店」。

戰後，由於許多英軍設施已被破壞，有部分大型酒店被英軍徵用，作為臨時駐守地或軍營，包括半島酒店及六國酒店，直至 1946 年才交還給持牌人。之後，酒店陸續恢復營業，根據當時的旅遊手冊，仍然有約 50 間酒店或旅店，包括九龍酒店、告羅士打酒店及香港大酒店等。戰後落成的新酒店則多位於九龍區，如尖沙咀的玫瑰酒店、金巴利道的美麗華酒店及星光酒店等。[51] 1950 年代初落成的，包括銅鑼灣高士威道的華都飯店、尖沙咀金馬倫道的國際酒店、油麻地彌敦道的新樂酒店及九龍城的太子酒店。

戰後還有多間度假式酒店於新界落成。1957 年，位於大埔公路四咪半的華爾登酒店開幕，設有豪華夜總會。青山公路十七咪半海旁的青山酒店及十九咪的容龍別墅（六國酒店旗下）等亦在同時代建成。青山酒店於 1949 年開業，是本地園林式酒店的鼻祖，由當時北角麗池花園夜總會總經理李裁法投資，[52] 被宣傳為「郊遊消遣唯一最理想去處」、「中菜由著名大酒家名廚擔任，西菜特聘意大利名廚主理」。[53] 另外，當時不少酒店標榜接近機場及火車站，方便趕飛機或火車的旅客。還有一間位於窩打老道的四海迎賓館，標榜為結婚及度蜜月的樂園。1951 年，位於銀礦灣的海屋酒店開幕，方便前往大嶼山各旅遊點的遊人。[54]

1952 年，香港上海大酒店集團旗下的香港大酒店結束營業，於 1958 年全部拆除，其後改建成中建大廈。另一邊廂，集團旗下的半島酒店在 1956 年派出酒

店經理嘉地(Leo Gaddi)往瑞士出席國際酒店展覽會,他在展覽會上曾以烹煮中國魚翅、生炒排骨及炒飯,獲得金牌和獎狀。除了魚翅因涉及保育爭議而漸漸不受歡迎外,其餘兩道菜式至今仍為西方遊客初次接觸中國菜的上選。當時的評審團更詢問嘉地一些酒店運作細節,如半島酒店的每月電費、電燈泡及房間數目等,他都一一清楚回答:半島酒店有 44,000 電燈單位、5,764 個電燈泡、16,000 電力單位、296 間房、每月洗衣 110,000 件。嘉地表示,評審團中有兩人到港旅行時亦入住半島酒店,認為酒店已達到世界級水準。[55] 半島酒店的法國餐廳吉地士(Gaddi's)正是以他名字命名,可見他對酒店的貢獻和地位。酒店於 1966 年裝設了一座美麗的噴水池,吸引不少市民及遊客前往觀賞拍照,成為尖沙咀一個代表性旅遊景點。

為方便南來人士,戰後有若干公寓及酒店在北角落成,包括附有夜總會的雲華酒店大廈。[56] 稍晚出現的一流酒店,有 1962 至 1963 年中區的希爾頓和

文華，以及 1960 至 1964 年尖沙咀的百樂和總統（後來易名為凱悅）等多間。1964 年，英國「披頭四」樂隊（The Beatles）來港獻唱，便下榻於總統酒店。九龍倉一號橋於 1966 年 3 月改建為海運大廈，其貨倉群亦陸續改建成星光行、香港酒店、海運戲院、海洋中心及海港城等建築和購物商場，吸引了大量本地人及遊客前往。1980 年代初，當局更提出在海港城發展新酒店的計劃，以容納更多外地遊客。[57]

1960 年代，香港除了半島和文華外，可謂沒有其他具國際水準的酒店。1967 年過後，旅協發起「束報平安」運動，鼓勵旅客和市民寄發明信片予海外親友，宣揚「香港一切如常」的訊息，費用由旅協承擔，共寄出 22,000 張明信片到 127 個國家。1969 年 11 月 28 日，美國財團以 1 億 3,000 萬投得曾舉辦工展會的尖沙咀地王，興建喜來登酒店。

由於美國酒店管理技術的引入，加上旅遊業發展的需要，香港酒店業亦隨之蓬勃起來。當時本港有三家大型酒店開幕，即希爾頓、文華和總統，客房供應數目增加 76%，至 5,907 間。於 1970 年代新落成的，則有銅鑼灣的利園及怡東。其後，更多新酒店在尖沙咀東部、九龍城及新界區落成。1978 年，訪港遊客超過 200 萬人。中國實施改革開放後，大量內地遊客訪港。至十年後的 1988 年，訪港遊客數量已達 510 萬人次。[58]

1980 年代初，酒店的興建如雨後春筍，無論在規模或服務水準上，都邁向世界級水準。根據香港旅遊協會 1980 至 1981 年的新酒店計劃報告，此期間已開幕或將會開幕的酒店多達七間，其中位於尖沙咀及尖東新填海區的便佔六間，且都是擁有 400 間以上客房的四星至五星級酒店。當中九龍倉集團旗下的海港城更計劃發展三間酒店，即馬可·孛羅香港酒店、港威酒店及香港太子酒店。新酒店的興建，配合了政府希望將尖沙咀發展成為新的旅遊及購物區的計劃。

青山酒店

·地址~九龍青山道十七哩·

郊遊消遣
唯一最理想去處

每星期六晚 特別餐舞

每逢星期日 下午茶舞

中菜 著名大酒家 名廚擔任

西菜 特聘意大利 名廚主理

‖ 青山酒店廣告。（圖片出處：《香港工商晚報》）‖

‖ 青山酒店位於青山道十七咪半，面臨大海。 ‖

表三 1980 至 1981 年新建成或將會落成的酒店及房間數目

酒店名稱	地址	開幕日期	房間數目[59]
麗晶酒店（Regent Hotel）[60]	梳士巴厘道	1980 年中	605
香格里拉酒店（Shangri-la Hotel）	梳士巴厘道	1980 年秋	720
帝苑酒店（Royal Garden）	尖東麼地道	1981 年 3 月	451
假日海景酒店（Holiday Inn Harbour View）	梳士巴厘道	1981 年 4 月	594
海港城酒店（Harbour City Hotel Project）	廣東道	1981	440
富豪皇宮酒店（Regal Palace Hotel）[61]	尖東梳士巴厘道延伸	1981 年中	625
富豪機場酒店（Regal Airport Hotel）	香港國際機場對面 / 太子道	1981 年末	403

香港的酒店數目由 1970 年的 30 間增加至 1990 年的 77 間，[62] 房間數量大幅增長，其他接待遊客的設施亦有長足的發展，可見戰後旅遊業的興旺。新建成的酒店均位於中環、尖沙咀、尖沙咀東部、灣仔及銅鑼灣等地。

憑著香港人一貫的努力和對工作的熱誠，本港的酒店業發展一日千里，從二三十年前的毫無概念開始，經過不斷的實踐和努力，成為世界上酒店管理的佼佼者。

華資投入戰後第一間高級酒店

美麗華酒店 ｜ 1908 年，西班牙天主教男修會道明會（Spanish Dominican Procuration）在尖沙咀彌敦道已購入了兩間住宅，[64] 其後有德國人在漢口道開設了九龍大酒店，道明會曾購置該酒店的後翼為資產，其後又購買了西洋波會在金巴利道的物業，開辦美麗華酒店（Hotel Miramar），第一座於 1948 年

表四 1970 至 1990 年間酒店及房間數目 [63]

1970	中區	尖沙咀	尖東	灣仔 / 銅鑼灣	其他	總計
酒店數目	3	17	0	3	7	30*
房間數目	1,438	4,551	0	311	710	7,010

* 23 間酒店關閉，地點不明

1975	中區	尖沙咀	尖東	灣仔 / 銅鑼灣	其他	總計
酒店數目	4	20	0	10	12	46*
房間數目	2,644	6,352	0	3,442	864	13,302

* 7 間酒店關閉，地點不明

1980	中區	尖沙咀	尖東	灣仔 / 銅鑼灣	其他	總計
酒店數目	4	19	1	9	9	42*
房間數目	2,009	7,559	735	3,435	809	14,547

* 4 間酒店關閉，地點不明

1986	中區	尖沙咀	尖東	灣仔 / 銅鑼灣	其他	總計
酒店數目	5	22	6	9	15	57
房間數目	2,489	7,809	3,668	3,653	2,602	20,230

1990	中區	尖沙咀	尖東	灣仔 / 銅鑼灣	其他	總計
酒店數目	5	26	6	18	22	77
房間數目	2,498	9,218	3,668	7,949	6,215	29,548

註：原資料部分欄目的數據，出現總和不合，但因無法查明是哪一個數值出錯，故本書照原資料刊登，不作修正。

建成，[65] 建築師為朱彬，是戰後首間落成的酒店。翌年，港府負責公務員宿舍的部門曾租賃該酒店三樓一共 19 間房間，作為臨時宿舍（401-418 及 410A 房），以安置受戰爭影響的公務員及其家屬。該部門與道明會達成臨時租約及有關協議，規定政府需交付租金，定價為單人房每天 16 元及雙人房每天 24 元，政府租用 9 間單人房及 10 間雙人房。政府亦承諾如酒店有需要的話，可以在房間空置時租予顧客使用，政府方面則只作為租客使用上述房間，除遇緊急情況，不會徵用酒店任何部分。1949 年政府通過了《酒店條例》（*Hotel Ordinance*），賦予政府管制酒店價格的權力。政府曾要求道明會同意政府控制房間價格，道明會不得異議，由於當時美麗華正為房間增設冷氣設備，裝修完畢後可能會收取冷氣費，因此雙方一度透過律師爭論這點。惟最終道明會在未達成共識前，如期將 10 間房先交給政府，以每星期計租出。其後雙方協議由住客按需要支付冷氣費。[66]

美麗華酒店原有兩座建築：第一座樓高五層，於 1948 年啟用；第二座則於 1954 年落成，樓高十層，其下有一層商店，面臨彌敦道。兩座酒店共有客房 180 間。1957 年，粵系財團美麗華企業有限公司（亦經營華爾登酒店）從道明會購入美麗華酒店，當時價值為 1,600 萬元，佔地 85,000 餘呎。該集團的董事長為何善衡，副董事長為馮堯敬，總經理為楊志雲，公司一向從事出入口貿易生意，當時報章報道其目的：「為配合當局發展旅遊事業，建設一間第一流酒店，適應世界遊客之需要。」時任集團董事利國偉表示，計劃將舊酒店擴充成一幢擁有 600 多間房、樓高 17 層的酒店，整個建築設計結合歐美第一流酒店的優點，兼有東方文化與藝術的特長。[67] 美麗華其後發展為九龍區首間由香港人經營的高級酒店，並邁向企業化。[68]

當時台灣海峽剛發生金門砲戰，兩岸瀕臨戰爭邊緣，美麗華酒店在 1958 年的擴展，是對香港旅遊業的一支強心針。[69] 雖然有人擔心戰火會波及香港，但美國總統輪船公司於聖誕節後來港的輪船全部爆滿，可見當時旅客對香港的信心。該公司的客運部經理曾對《華僑日報》說：「我們的旅客認為香港是遠東

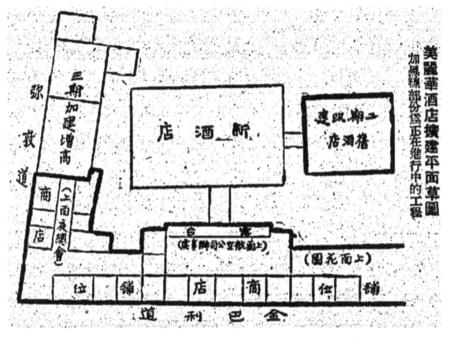

‖ 美麗華酒店擴建平面草圖。(圖片出處:《華僑日報》,1958 年 9 月 25 日) ‖

最出類拔萃的城市」、「香港是遊客必到的地方,許多旅客甚至再二再三地到
東方來」。[70] 根據美麗華當時的擴建平面圖,第一期工程是興建全新的酒店;
第二期是改建舊酒店;第三期則會加建增高原有建築物。此外,酒店面向金巴
利道及彌敦道設有數十至百餘商店舖位,售賣各種商品,以迎合來港旅客的需
要。商店樓上為第一流的夜總會,露台則設有航空公司辦事處,規模相當大。
因此,該計劃被認為可以跟東京的帝國酒店相提並論,足見酒店當時對旅遊事
業的願景。

1950 年代末至 1960 年代初,啟德機場正興建新跑道及新機場大樓,美麗華集
團相當積極,於 1959 年爆冷投得機場新大樓的餐廳。過往八年來只有牛奶冰
廠投得合約,其他酒店均未能染指,此事亦反映美麗華集團對香港旅遊業的前
景充滿信心。[71]

‖ 利園酒店，樓高 22 層。 ‖

美麗華酒店最為人熟悉的莫過於其中式夜總會，於 1959 年開設，當時主要上演中國古典音樂及歌劇。亞洲影后林黛為此處常客，某次更由總經理楊志雲親自接待，並與兩位演出《梁山伯與祝英台》的小藝員合攝。[72] 1966 年美麗華酒店開業界先河，成為首家加入國際酒店網絡的香港酒店，盡享全球宣傳的優勢。1970 年，美麗華酒店企業有限公司於香港交易所上市。1973 年，中式酒樓翠亨邨隆重開幕，以正宗廣東菜聞名，吸引食客慕名而至。1975 年，香港著名銷金窩──美麗華酒店的帝國夜總會開業，其「萬壽宮」是本港第一間獲准演出無上裝艷舞的夜總會。

1978 年，美麗華於香港交易所上市八年後，酒店房間數目增至超過 1,300 間，成為當時東南亞最大型的酒店。1979 年 6 月，於酒店商場的地庫第二層開設楊氏蠟像院，不過蠟像被歹徒惡意破壞，1979 年 12 月停業。

‖ 利園酒店大堂。 ‖

1980 年的香港旅遊業非常興盛，為使集團的業務多元化，公司成立美麗華旅行社，營辦本地或海外旅遊。隨著集團正式進軍物業市場，在 1988 年將酒店一座舊翼拆卸，發展零售店舖和優質寫字樓物業，作為公司重要收入來源，於 1996 至 1997 年間重建成美麗華商場及美麗華大廈。1993 年，美麗華酒店正式被恒基兆業地產集團收購。[73]

利園酒店 ｜ 利希慎集團經營旅館業始於 1949 年，當時集團與上海商業銀行合股光利公司，經營有 52 間客房的小型旅館，名為新寧招待所，位於希慎道南面。當時正值新中國解放，佔了天時地利，由於該公司與上海商業銀行的關係，許多上海工商界重要人物逃到香港時，均入住新寧招待所。招待所的香檳廳是人氣最旺的地方，逢星期三晚上客人可以隨著麗的呼聲電台的 Three Bubbles 音樂跳舞，荷李活著名影星，《亂世佳人》的奇勒基寶及《蘇絲黃的世界》的威廉‧荷頓均曾是該廳的座上客，對遊客來說，未去過香檳廳等於未到

1967 年，坐落中區的希爾頓酒店。

過香港。[74] 1964 年，以利希慎集團為主要投資者的利園工程正式展開，大廈原本計劃作住宅、辦公室及商業用途，但因為經歷 1967 年，住宅部分停工，以及香港區的酒店房間短缺，故集團決定將物業建造成酒店。[75] 樓高 22 層的利園酒店在 1971 年 12 月 28 日正式開業，擁有 833 間房間，日租約 78 至 171 元，是當時香港少數具國際水準的高級酒店。該酒店初期由另一股東太古洋行主席布朗（H. J. Browne）任主席，其後則改為利孝和。利孝和亦是當時香港旅遊協會主席，對酒店業務有更遠大的眼光。利園酒店積極拓展業務，更曾於洲際酒店集團進行推廣合作。此外，同由利氏集團經營的利舞臺戲院在 1976 年 6 月舉辦環球小姐選舉，酒店受惠於選美活動帶動的旅遊業，而佳麗們就是免費入住利園酒店。[76] 當時，應屆香港小姐林良蕙為利園酒店外的燈飾主持按鈕儀式，在希慎道大放光明，象徵香港環球小姐競選的歡迎活動正式開始，燈飾所掛的燈泡達一萬盞。[77]

‖ 1967 年 2 月希爾頓酒店的餐單封面。（圖片出處：香港社會發展回顧）‖

利園酒店與社會亦關係密切，1972 年 6 月 18 日香港發生雨災，半山旭龢道有山泥沖毀大廈，受災的居民達 3,000 人，利園酒店與其他港島區酒店如文華及希爾頓等，亦提供折扣優惠，供受山泥傾瀉影響的半山區災民入住，當時暫住利園酒店的災民便有 100 餘人，利園提供五折優待。

美資經營的酒店

希爾頓酒店 ｜ 原位於中環花園道口、現已拆卸的希爾頓酒店，曾經是港島唯一的五星級酒店，由美國希爾頓酒店集團投資開設，樓高 26 層，據說是當時北美洲以外最大的希爾頓酒店，投資額達到 1,430 萬港元，地址前身為美利練兵場。早在 1956 年，當時被稱為「酒店大王」的國際希爾頓酒店業聯合公司執行副經理約翰侯莎到港視察，看中香港作為遠東區一大港口、商旅雲集的優勢，認為香港十分需要一間規模宏大及現代化的酒店。但為了符合現代人的需

要，約翰侯莎摒除購買舊酒店翻新的選擇，願意投資新建設，落實了興建一間有 300 至 400 間客房的酒店計劃。1950 年代，希爾頓酒店集團已在歐美及非洲建有酒店，遍佈美國、墨西哥、古巴、加拿大、埃及、意大利、德國及西班牙，計劃要興建酒店的地區有荷蘭、比利時、英國、奧地利、日本、菲律賓、印尼、印度、澳洲及檀香山。1956 年，集團剛在日本東京興建了一間價值 600 萬美元、有 450 間房的酒店。[78] 希爾頓酒店集團在香港的投資，是其當時在遠東地區擴展的重要里程碑，與日本的發展看齊並同步進行，反映香港當時已成為亞洲區酒店業的重要一環。

希爾頓酒店於 1963 年 6 月 13 日落成開幕，由周錫年爵士聯同從美國到港的該酒店國際機構總裁希爾頓主持儀式，有超過 200 位嘉賓出席。由於正值香港制水時期，四日供水一次，開幕的慶祝酒會及遊船河等活動被迫取消，改為鳴放炮仗。嘉賓在出席香港的儀式後，隨即搭乘英航包機，到東京出席另一間希爾頓酒店的開幕儀式，可謂一時無兩，反映該集團當年對亞洲旅遊業的重視。[79]

酒店共設有 750 間客房，曾有許多訪港度假的美國水兵入住。餐廳平時不允許婦女在燒烤餐廳午餐，但每週六會為她們提供專門的午餐時間。頂級的晚餐俱樂部是名媛貴賓們常到的地方，此外，酒店還設有設計獨特的龍船吧（Dragon Boat Bar），由名樂隊 Gian Carlo 常駐表演，但早年不准穿牛仔褲的女士進入。另外，希爾頓酒店也因其鴉片休息室而飽受爭議，及以包括洋服店在內的各類出色商店聞名。1967 年 8 月「六七暴動」期間，酒店曾遭受暴力威脅，在升降機發現炸彈。[80] 1974 年，它又成為全球首家在所有房間引進迷你吧（minibar）的酒店，令營業額大升，達到全年增長 5%，並將此服務推廣至集團旗下其他酒店。在這股熱潮下，其他四星或五星酒店紛紛增設迷你吧。[81] 1976 年，70 多位準環球小姐在希爾頓酒店表演泳裝，以選出最上鏡佳麗。

1994 年，希爾頓酒店被李嘉誠的和記黃埔集團斥資 9.75 億港元收購，並於

‖香港喜來登酒店行李牌。（圖片出處：香港社會發展回顧）‖

1995 年 5 月關閉，原址改建為長江集團中心。

喜來登酒店 │ 香港喜來登酒店（Sheraton Hong Kong Hotel & Towers）於 1974 年開幕，由王董建築師事務所設計，樓高 12 層，有 782 間房間。酒店由萬豪國際管理，位於尖沙咀彌敦道 20 號，所在地曾用作舉辦工展會，附近為半島酒店、香港文化中心、太空館、大型購物商場等旅遊點。1980 年代中及 1990 年代，酒店曾進行翻新。

2000 年代初期，酒店的部分客房曾以希爾頓酒店品牌經營，後來希爾頓酒店結束對其管理，客房再度撥歸喜來登酒店。

富麗華酒店 │ 隨著旅客增加，更多大型及中型酒店相繼在中環及尖沙咀開幕。當中的富麗華酒店（Hotel Furama Hong Kong），最初願景是建立一座「未

‖ 沙田大酒店附近環境翠綠，可飽覽沙田一帶的景色。 ‖

來酒店」，最終卻沒能實現。酒店選址中環干諾道中，動工後的第 18 年，所在的填海地突然坍塌，建築物花了好大力氣才得以修復。1967 年，耗資港幣 8,000 萬，有 600 間房的 32 層酒店終於完工。酒店的房間以各種色調為主題，如綠色、杏色等，房間內各種陳設都保持色調一致。酒店 30 樓設有旋轉餐廳，每 75 分鐘旋轉一圈，讓客人欣賞海港和山頂的美景。營業以來，酒店接待了無數的官員、政要和媒體精英。1984 年，代理港督黎敦義（Denis Campbell Bray）曾於富麗華酒店出席香港康樂管理協會成立暨首屆就職典禮。[82] 富麗華酒店於 2001 年拆除，原址改建為友邦金融中心。

郊外酒店享受自然

沙田酒店 ｜ 郊外酒店多以單幢式建築為主，客房只有十數至數十間，戶外地方廣闊，可以讓旅客享受大自然，而且少有擠逼的感覺。沙田區是較早出現多

‖ 昔日的華爾登酒店，是國語片的取景勝地。 ‖

個旅遊點的地區，擁有如萬佛寺、[83] 西林寺、[84] 沙田畫舫（見第五章）等景點，交通亦較其他地區便利，有鐵路及巴士連接市區，因此區內酒店發展較新界其他地區成熟。早在 1950 至 1960 年代，沙田尚未發展為新市鎮時，大埔道連接沙田至新九龍的深水埗，駕車往來方便，因此於 1955 年就有沙田酒店（Shatin Heights）建成，酒店董事長為本港著名商人胡兆熾。[85] 酒店位於大圍和大埔道沙田嶺段之間，周邊有一片翠綠的草地，定位是市民的度假酒店，但只有 25 間客房。據悉由於當時公共交通方式較少，去消費的通常都是有車階級，沙田酒店成為不少港人假日駕車前往新界其他景點的中途休息站。酒店設有舞池和餐廳，顧客可以在此舉行跳茶舞等活動。公益活動如 1960 年由沙田坳慈善會主辦的聖誕節化妝舞會，亦是借用沙田酒店場地舉辦，胡兆熾擔任大會主席，捐出該晚全部收益作救濟新界貧民之用。酒店還禮聘名歌星鳴鳴小姐獻唱，並有名貴「化妝玩具」贈予嘉賓。多部粵語長片亦曾在這酒店取景，包括 1961 年的《良心》，片中謝賢和綠珠在酒店的露天茶座享用下午茶，一邊眺望沙田

和吐露港的山光水色，別有一番情調。酒店於 1983 年以 3 億元售予地產商，重建成八幢低密度豪宅「沙田花園」。據悉沙田酒店的業主在 1950 年代購買這幅四萬多平方呎的土地時，只付出 100 萬元而已，市值在 30 年間升了 300 倍！1980 年代新市鎮建成後，陸續有其他集團的酒店進駐這個新發展區，如富豪酒店集團旗下的麗豪酒店率先於 1984 年開業，其後新鴻基地產的帝都酒店則在 1989 年開業，位於沙田市中心。

華爾登酒店 ｜ 在新界知名度頗高的華爾登酒店（Carlton Hotel），位於大埔道四咪半琵琶山段，設有客房、舞池、餐廳和露天茶座，無論在室內外都可以俯瞰深水埗、長沙灣區、蘇屋邨、李鄭屋邨、嘉頓山、深水埗軍營、昂船洲等景色。由於地勢獨特，酒店是 1960 年代的郊遊好去處，亦吸引一眾國語片影星到這裡拍劇取景。華爾登酒店在 1960 年代開業初年積極拓展業務，除了一般餐飲住宿外，還與海外的旅遊業建立緊密聯繫。酒店總經理張子璿多次偕夫人到歐美及日本，考察當地的旅遊及酒店業務作為借鑒，以加強本身的服務。[86] 其中最有歷史意義的一次是在 1964 年投得東京奧運會（舊時香港俗稱世運會）的第三個聖火盤，在奧運開幕當天與東京同步點燃聖火，由日本駐港總領事用電話通知酒店點燃時間，酒店董事長張觀成主持點火禮。奧運期間，聖火盤被放在酒店花園游泳池附近的廣場，24 小時點燃。讓全港市民同時觀看聖火飄揚，可說是當年本地酒店業首創的宣傳手法。聖火盤其後一直保留在原處，逢大日子或週末點燃，以作永久性紀念。[87] 當年著名女影星如樂蒂、李麗華等都曾踏足此處，著名武打明星李小龍經常偕女友到此吃飯跳舞。此外，華爾登酒店亦是外國足球隊在港作客時到新界一遊的主要景點，可在露天茶座憑欄欣賞港島風光。該酒店的法國餐特別出名，聖誕及元旦特設大餐，1962 年的餐費為成人 10 元，小童 5 元，更贈送香檳酒及大型樂隊演奏的世界名曲。由於昔日公共交通並不發達，與沙田酒店一樣，最方便的方法乃是自行驅車前往，因此顧客的身份大多非富則貴。不過酒店對面的大埔道多彎，經常發生交通意外，造成傷亡，給市民留下一定心理陰影。酒店佔地面積大，環境優美，能眺望維港及港島太平山美景，其地因此價值

‖ 坐落在沙田禾輋的龍華酒店（今只設餐飲服務）。‖

不菲，自 1980 年代末陸續被地產投資者看中。酒店停業後，地皮一直空置，後來於 1990 年被外資地產商第一城市收購，總值約 2 億 2,000 萬元。[88] 發展商在酒店原址建成私人屋苑爾登華庭，共八座樓宇，人們現今只能憑舊照片緬懷華爾登酒店當年勝景。

龍華酒店 │ 龍華酒店（Lung Wah Hotel）位於沙田下禾輋村，建築物前身為業主擁有的別墅，建於 1938 年，並於戰後 1951 年轉為酒店，共有 12 間客房，當年是沙田區唯一的酒店。但自 1980 年代起，隨著沙田新市鎮發展及其他新酒店落成，龍華酒店的客房生意大跌，又因未能符合《消防條例》，所以從 1985 年開始，正式停辦酒店業務，轉型以餐館方式營運，招牌菜為紅燒乳鴿，熟客除了末代港督彭定康，蔣經國更曾派專機來港購買，故這道菜又獲「飛天乳鴿」的美名。龍華酒店當年是香港少有的園林酒店之一，不少明星如紅線女、張活游、陳寶珠、蕭芳芳及李小龍等都曾在此取景拍攝，留下了《唐山大兄》

等佳作。著名小說家金庸亦曾在此租住,創作了幾部作品。由於龍華酒店的裝修保留了五六十年代的風格,至今仍有不少電影以來取景,如彭浩翔的《買兇拍人》等。香港老牌歌手李龍基的專輯《港澳回憶歌集》中更有一首名為「龍華酒店」的情歌。

1990 年代初,新界還有多間郊外酒店,除了以上較著名者外,在大嶼山、離島、屯門及西貢等區還有銀礦灣酒店、長洲華威酒店、屯門龍珠島酒店、青山容龍別墅、貝澳酒店及西貢西沙灣酒店等。以西貢大網仔道的西沙灣酒店為例,全酒店只有雙人房 32 間,其中套房 8 間。住客可以進行各種戶外康樂活動,如游泳、滑浪風帆、快艇、水上電單車、舢舨、獨木舟、網球及羽毛球等。黃昏也可以在漁村菜館吃晚飯和在長堤上散步,當時房租也要幾百元。除了其中兩間(即銀礦灣酒店及華威酒店)外,其他郊外酒店現已結束營業。

會所或志願團體經營的旅館

梅夫人婦女會 | 梅夫人婦女會(The Helena May)是與港督有關的一間早期旅館,位於中環花園道 35 號,於 1916 年 9 月 13 日由港督梅含理(Sir Henry May)夫婦主持揭幕。該會是由梅含理夫人(或稱梅爾夫人)倡建的私人會所,得到富商嘉道理捐款 15,000 元,何東及何甘棠亦作出資助。由於兩位何氏堅持要以梅夫人命名,故該會原名 Helena May Institute,[89] 其土地的價值當時約為 3,600 元。大樓高三層,附有地庫,內設圖書館、閱讀室、活動室及餐廳,並設有八個宿位讓會員使用,後來進行加建,增加至 28 個(24 間單人房及 2 間雙人房)。會所初期的主要目的,是為離鄉別井到香港工作、生活或過境的歐裔婦女,提供活動場所及住宿服務。當時中國籍婦女則由中華基督教女青年會提供足夠的住宿設備。今天,該會歡迎所有國籍的婦女入住,宗旨更推展到為社會福利作貢獻。

日佔時期,梅夫人婦女會曾被日軍佔用作為會所和馬廐,包括圖書館藏書在

內，當時大部分物件已經散逸，只有一張酸枝長椅保留下來。戰後，會所曾被英軍短暫徵用至 1946 年 12 月，之後便恢復接待旅客。1974 年，該會的英文名由 Helena May Institute 簡稱為 The Helena May，仍由 16 位持股人兼委員管理，下設其他委員會。由於倡建人為前港督夫人，故屋內裝飾以維多利亞時代殖民風格為主。主樓是新古典主義風格建築，立面有西式拱形柱廊及雕刻裝飾，但亦包含中式屋宇常見圖案，如銅錢形門或窗頂玻璃等，反映中西文化融合的理念。[90]

青年旅舍 | 香港青年旅舍協會於 1973 年 9 月 1 日成立，為註冊非牟利機構，亦是國際青年旅舍聯會成員之一，與全球近 90 個國家或地區結盟，為會員提供超過 4,000 間青年旅舍及旅遊優惠。根據其網頁介紹，該會相信「旅遊」不只是吃喝玩樂，更在於突破界限、放眼世界。旅遊不是富裕人士的專利，青年旅舍成立的目的，就是為了向熱愛旅遊但經濟能力有限的青少年，提供安全簡便的住宿服務，幫助他們完成旅遊計劃、追尋人生目標。近年，背包旅行及自助遊已經成為全球年輕一代的旅遊模式。因此，青年旅舍絕對是香港旅遊業不可或缺的重要一環。

1980 年代，該會下設八間旅舍，分別是大帽山施樂園、昂坪青年旅舍、白沙澳青年旅舍、摩星嶺青年旅舍、大嶼山賽馬會望東灣旅舍、大尾篤白普理園、赤徑白普理堂及屯門稔灣青年旅舍。至 1990 年代，望東灣及稔灣的青年旅舍關閉，其餘六間則繼續運作。[91] 根據該會 1995 年的會員手冊，贊助人為時任港督彭定康，主席為陳志新，副主席為穆理斯（Richard Morris）。手冊還提到，旅舍「氣氛友善，以人為本，在這裡可結識來自五湖四海的朋友，互相交換旅遊心得之餘，您更可從這些朋友身上得到關於他們國家的第一手資料」。[92]

手冊還介紹了每間旅舍的交通、附近的膳食供應及活動，如對已關閉的望東灣青年旅舍有以下介紹：

床位：88　可露營……上船前，先在中環或長洲購備食品，或在乘搭往
貝澳的巴士前，在梅窩購備食品。貝澳有一些茶餐廳供應泰式、中式及
西式食品；活動：在旅舍旁的海濱或貝澳及長沙的海灘游泳、在大嶼山
徑遠足、參觀位於分流及東涌的古堡。[93]

望東灣青年旅舍可容納 88 人，而流浮山的稔灣青年旅舍則較小，僅能容納
28 人，但遊客亦可以自紮營幕。由於前者位置偏遠，而且沒有公共交通；後
者則處於政府擴展垃圾堆填區的影響範圍，結果於 1990 年代初被政府收回土
地關閉。兩間青年旅舍的位置都享有大海景，風景優美，市民多為此感可惜。

其他志願團體、宗教團體以至私人機構如基督教青年會、基督教女青年會、宣
道會、天主教香港教區等，亦有經營市區的賓館或新界的營舍。位於市區的有
基督教青年會賓館、峰景軒、城景國際及明愛賓館等。新界的宿營地點則包括
何福堂、宣道園、滙豐堂、施樂園、將軍澳青年營、青年會黃宜洲青年營、烏
溪沙青年新村、赤鱲角浸會青年營、衛理園、紅十字會營、香港基督教女青年
會青年營、香港佛教青年營、明愛明暉營、明愛愛暉營及遊樂場協會東涌戶外
康樂營等。這些由志願團體管理的非牟利營舍收費十分便宜，以 1990 年代初
計，每天的宿費為數元至數十元不等。

6.3 ｜ 戰後旅遊業狀況及酒店業組織

《酒店東主條例》對酒店（Hotel）的定義是：任何場所，其東主顯示該場所
是一處向到臨該場所的任何人提供住宿的地方，而該人看似是有能力並願意為
所提供的服務及設施繳付合理款項，而且是在宜於予以接待的狀況的。[94]

1957 至 1963 年，全港新開設 9 間酒店；1969 至 1975 年新開設 15 間；而從
1980 至 1982 年有 8 間新酒店落成。[95] 這段時間裡，酒店業面對前所未有的人

才需求，不少從事其他旅遊相關行業的僱員均被吸納至這個新興的行業。以政府檔案處一份 1951 年灣仔軒尼詩大酒店的職工報名單為例：一位年約 25 歲的男管房從皇仁書院畢業後，曾在共和飯店擔任管房一年，當時的薪酬為 20 元；他工作了一年後到大華酒店當酒吧助理半年，月薪為 50 元；其後他在渣華輪船公司做管房一年半，月薪升至 140 元；他的下一份工作是在太古輪船公司當管房，報酬增至每月 190 元。三年之間，他的月薪增加了差不多十倍，這反映出當時旅遊業對人力的渴求情況。雖然不清楚這位員工在軒尼詩酒店的薪金，但有理由相信也跟上一份工差不多。當時從事酒店行業要有介紹人，而按職工名單填報的信息，他的父親也是從業者，可能正是因為同業推薦及其父的背景，他才能入行。[96]

港英政府於戰後的 1948 年 7 月推出新例，管制酒店房間價格。據悉該條例將房價限制得奇低，甚至未足以補償支出，並在十分倉促的情況下實施，惹來業界強烈的反對聲音。酒店旅業商會原由兩個工會組成，分別是九龍旅業商會（Kowloon Hotel & Boarding House Masters Association）及尖沙咀旅業商會（Tsimshatsui Hotel and Boarding House Masters Association），當時由職業社團註冊官（Registrar of Trade Unions）登記。九龍旅業商會於 1948 年根據《職業社團及職業糾紛條例》註冊，首任理事長是許讓成，當時他組織了「全港旅業請求撤銷限價委員會」並任主席團主席。經過數年來堅持向港府當局申訴，委員會終於成功爭取撤銷該法例，並將整個過程實事編印成書，作為當時旅業向政府爭取權益的寫照。在該特刊的發刊詞記述，自從港府當局於 1948 年 7 月 23 日在憲報發表廢棄 1946 年的管制酒店業務法例，並訂立新例替代之後，港九旅業同業深感理有未合，於同年 7 月 30 日於六國酒店召開同業大會，決定聯呈港府請求收回成命。1948 年 8 月 1 日，當局公佈實施限價，受管制者包括一切旅館、酒店、客棧、公寓等共 91 家企業，規定房租照原價減少三分之二，比較戰前還低。發刊詞寫道：

　　我全體旅業面臨破產，為求緊急應付起見，旋於八月一日在六國酒店召

開大會，全港同業均堅決請求撤銷限價，即席議決成立「全港旅業請求撤銷限價委員會」。[97]

委員會獲得香港旅業商會、九龍旅業商會、尖沙咀旅業商會、客棧行廣聯商會四個旅業團體聯合支持，並推選委員 27 位負責執行，同時派出代表，籲請輔政司收回成命。輔政司其後准許他們照舊價徵收房費，並組織評價委員會，換言之限價法令實際上只施行兩天，就由 8 月 3 日起暫緩執行，該聯會隨即委任「旅業評價獻議委員會」提供建議。全港旅業請求撤銷限價委員會中，香港旅業商會有 20 名會員，包括較大的酒店如六國飯店、鹿角酒店、陸海通旅館、新光酒店及華都飯店等。九龍旅業商會則有 19 名會員，當中有彌敦酒店、和平旅店、中央旅店及南國酒店等。尖沙咀旅業商會的會員，主要來自漆咸道等尖沙咀的酒店公寓，如樂家、萬邦及雅蘭亭等。廣聯商會的會員多達 21 名，包括祺生旅店、中興旅店、泰生旅店等。不屬於以上商會的還包括其他大酒店如半島酒店、香港大酒店、淺水灣酒店、九龍酒店及容龍酒店等。合共有會員店號 84 家參加了這次行動。[98]

1949 年 2 月，立法局根據「評價會」的建議書修正限價法例，於 3 月 8 日開始執行，指定港九旅業中某些商家要受限價管制（多為尖沙咀區的酒店），包括公寓、西人酒店及華人經營之西式酒店。各酒店房間分甲、乙、丙、丁、戊五種等級收費，並須依照當局規定，保留一定百分比的房間，供應予香港住客（經房屋統制官證明之長期住客）。該會為達成撤銷限價，及支持 24 家受限價管制的同業，曾經開過 9 次大會、7 次委員會議、29 次常委會議、12 次小組會議，多方請求港府當局撤銷限價，並聘請律師協助執行。他們一方面推派代表，向當局條陳旅業危機；一方面分請各大僑團、有關機關，請予聲援；另一方面在英國延請律師向英廷請求，並電呈殖民部呼籲。

經過港府當局五次展期、七個月之研究，仍難免有 24 家同業受限價管制，但各委員對請求撤銷限價工作，盆加奮勉，續演遞進，克底於今，

已盡最大之努力矣！[99]

旅業限價法例有效期原為一年，但到 1949 年期滿時，立法局復通過延長一年（即至 1950 年 12 月 31 日）的決議。立法局鑑於九龍旅業商會不斷申述限價的苦況，經過詳細考慮後，決定提前於該年 9 月 18 日決定將法例撤銷。[100] 許讓成在發刊詞中感謝記者及社會熱心人士的支持與指導，並提出刊書是要給同業知悉，使能「鑑往策來」、「以求存真」，以期各人今後更能警惕。撤銷限價亦獲得港九旅業職工會的支持，因為唇亡齒寒，如酒店老闆因為限價而虧本，最終受害的是勞資雙方。當時職工會曾向資方提出改善待遇問題，但由於政府突然實施限價，故大家先一致向外，待政府撤銷限價後才商討有關事宜。[101] 這次行動無疑令業界團結起來，對日後業界就其他事宜的合作打下了穩固的基礎。正如當時香港旅業商會理事長蔡鑑衡的感言稱，同業之間亦瞭解到不宜有同行如敵國的觀念，應該互相勉勵、團結商量，才能謀求公共之福利。

客棧行廣聯商會亦是撤銷限價委員會的主席團成員，時任主席林培生曾為此出力甚多，受到同業敬仰，他於 1949 年逝世於居所時，各業人士在華商總會設追悼會，參加致祭者逾千人。林培生原籍鶴山，後來港謀生，受僱於港星航線的「地利輪」，工餘時間自修，通英語及奧地利語。後來升為副買辦，年僅 27 歲已升為正買辦。第一次世界大戰爆發後，「奧地利輪」停航，林培生改營旅業，創辦祺生棧。他為人疏財仗義，待人誠懇，業務日益擴展，在港開辦了兆安、東亞、南京、名利、鴻安各旅店，並在廣州開設中央酒店及中國長發兩旅店，被譽為「旅業大王」。1931 年「九一八」及 1932 年「一二八」事變時，林培生在廣州捐鉅款救國，又勸所轄各旅店的職工長期捐薪並節食，以應捐輸。1937 年 7 月 7 日「蘆溝橋事變」時，林培生任客棧廣聯商會主席，首於該會發起捐款，為港僑捐款救國的先導；後又在華商總會倡設籌賑會，就算他在廣州的物業因戰火付諸一炬，仍堅持抗日救亡工作。惠州及博羅淪陷時，有約八萬人逃亡到新界，林培生時任東華三院總理，被各界推選為港九救濟難民會主任。

他照顧難民的衣食住及醫藥、教育等，被難民贈以「難民救星」錦標。他的義
舉被日軍視為眼中釘，故日軍成功佔領港島後，將其囚於憲兵司令部，嚴加拷
問至罹病命危，獲釋後體力頓減，家道中落。戰後，他重新整理祺生旅店，仍
竭力為社會服務，1948 年 12 月全港各界組團前赴廣州觀光，他由於與廣州的
關係，被推舉為總領隊。[102]

在請求撤銷限價的行動中，九龍旅業商會的陳伯純奔走各方，在集議場上突患
中風逝世，終年 40。陳伯純為陸海通公司陳符祥的長子，幼年肄業於英皇書院，
學成後營商，任陸海通副總經理，兼彌敦酒店司理，又任上海聯保水火保險公
司及東方醬油罐頭公司董事長。他熱心社會福利事業，可惜英年早逝。[103] 九
龍旅業商會於 1956 年 5 月 18 日將職員表呈交註冊官登記，包括正副主席、會
務、財務、福利、文書、調查交際等，凡經營旅館、飯店、寄宿房、公寓房或
與之性質相同的任何業務的人士均可加入。該會的宗旨是增進友誼、促進公共
利益、改善會員的貿易和福利。每位成員入會時需一次性支付 20 元會費。如
果公司會員因自身或其他原因關閉業務，則同時取消其會員資格，先前支付的
所有費用均不予退還。入會後，每月的會費為 10 元。但商會運作至 1950 年代
後期，漸由工會性質轉變至社團性質，後來該商會決議聯同尖沙咀旅業商會，
於 1958 年 12 月向政府申請，取消原來的職業社團註冊，並根據《社團條例》
（*Societies Ordinance*）組成九龍酒店業協會（The Kowloon Hotels General
Association）。[104]

1960 年代是戰後香港酒店業的首個黃金時期，1963 年有三間大型酒店開幕，
即希爾頓酒店、文華酒店及總統酒店。從 1970 至 1990 年，全港客房數量由
7,010 間增加到 29,548 間，增長了 76%。[105] 這一時期，酒店業另一較為重要
的事件，是 1961 年香港酒店業協會（Hong Kong Hotels Association）正式
成立，宗旨是保障本港酒店業的合法權益，並致力加強業內會員的團結合作。
同時，協會透過為會員提供與酒店業相關的統計資料及訊息，提升行業的專
業水平。香港酒店業協會曾出版旅遊指南，介紹半島酒店及同一集團的淺水

灣酒店。然而指南裡面沒有香港酒店的完整名單，只重點介紹港九兩區的有關酒店。

無論如何，香港的酒店業經營，與旅遊業的關係密不可分。酒店的經營水平及質素，往往影響著旅客對香港的第一觀感：如果酒店服務水平低、效率差，必然會使旅客感到浪費旅程，承受的痛苦可能會令他們日後不再到訪。酒店的責任就是盡其所能，為旅客提供舒適愉快的居停，而隨著香港旅遊業漸趨高消費，更豪華的酒店應運而生，其結果是旅客在港需要付出的費用也相應增加。

註

1 王永忠：《西方旅遊史》（南京：東南大學出版社，2004），258 頁。

2 國際青年旅舍協會，https://www.yha.org.hk/zh/about-us/hostelling-international。

3 *The China Mail*, 16 November 1887。香港戰前的酒店一覽表，見《香港九龍便覽》、《香港指南》、《東方的馬耳他》。

4 *The China Directory for 1861 (Second Annual Publication)* (Hong Kong: Printed by A. Shortrede & Co., 1861). 印刷及出版商 A Shortrede & Co. 當時屬於 *The China Mail* 旗下，位於奧卑利街及些利街交界，專門印刷草案、通告、名片等。

5 鄭寶鴻：《香港華洋行業百年：飲食與娛樂篇》（香港：商務印書館，2016），194-217 頁。

6 William Frederick Mayers, Charles King, edited by Nicholas Belfield Dennys, *The Treaty Ports of China and Japan: A Complete Guide to the Open Ports of those Countries, Together with Peking, Yedo, Hongkong and Macao (forming a guide book and vade mecum for travelers, merchants and residents in general)*, (London: Turbner, 1867), p.23.

7 Hong Kong Government, "Revenue and Expenditure, With Comparative Statement for 1879 & 1880", *Administative Report 1880*.

8 *The Chronicle and Directory for China, Corea, Japan, the Philippines, Cochin China, Annam, Tonquin, Siam, Borneo, Straits Settlements, Malay States, etc. for the year 1885 (with which is incorporated "The China Directory")* (Hong Kong: The Daily Press Office), p.290. https://archive.org/details/b29351479/page/n9/mode/2up；《香港華洋行業百年：飲食與娛樂篇》，194-217 頁。

9 "Application for Publican's and Adjunct Licences, 1908", *Hong Kong Government Gazette*, October 23, 1908.

10 前稱康樂酒店，1908 年改名為丫士打酒店。

11 《香港華字日報》，1902 年 9 月 24 日。

12 酒牌局是根據《應課稅品（酒類）規例》成立的獨立法定機構，負責就售賣或供應酒類飲品給顧客的處所簽發酒牌。酒牌的申請，是採取公開聆訊的審批程式。

13 《香港華洋行業百年：飲食與娛樂篇》，197 頁。

14 United States. Bureau of Foreign Commerce, *Reports from the consuls of the United States*, Issues 144-147 (United States. Bureau of Foreign Commerce, Year Unknown).

15 芬梨道（Findlay Road，又作芬尼道）是山頂的一條道路，附近還有一條芬尼徑（Findlay Path），二者皆以山頂纜車及前山頂酒店的創辦人命名。

16 《天光報》，1937 年 4 月 16 日。

17 《天光報》，1936 年 7 月 5 日。

18 《香港工商日報》，1949 年 1 月 22 日。

19 《循環日報》。

20 〈搶匪猖獗　二十六晚有英國鴉佐士帆船司理人哥頓到鹿角酒店沽飲薄醉之後僱車由皇后大道往東邊去詎行至附近〉，《循環日報》，1882 年 7 月 15 日；〈鹿角酒店飲酒案駐銷〉，《循環日報》，1881 年 12 月 26 日。

21 〈官紳會議　港中官紳於二十六日在巡理府會議酒牌之事准將鹿角酒店牌照給回開設焉〉，《循環日報》，1883 年 1 月 6 日。

22 〈酒店價述　西字報謂本港鹿角酒店聞已轉賣與人得銀三萬六千圓〉，《循環日報》，1881 年 6 月 30 日。

23 〈灣仔：尋求認同〉，載施其樂著，宋鴻耀譯：《歷史的覺醒：香港社會史論》（香港：香港教育圖書公司，1999），145-196 頁。

24 *The China Mail*, 28 Sep 1888.

25 〈酒店滄桑〉，《香港華字日報》，1897 年 5 月 31 日。

26 馮邦彥：《香港英資財團（1841－2019）》（香港：三聯書店，2019），58-59 頁。

27 *The Chronicle and Directory for China, Corea, Japan, the Philippines, Cochin China, Annam, Tonquin, Siam, Borneo, Straits Settlements, Malay States, etc. for the year 1885 (with which is incorporated "The China Directory")*, p.266.

28 Kuhn & Komor 專售日本及中國的工藝品（類似今天的中藝），1869 年開業，相信自香港大酒店開幕以來一直在酒店內經營。見 *Who's who in the Far East, 1906-7* (Hong Kong: The China Mail, June 1906), p.xliii.

29 《士蔑西報》。

30 Dan Waters, "Hong Kong Hongs with Long Histories and British Connections", *Journal of the Royal Asiatic Society Hong Kong Branch*, Vol. 30 (1990), pp.219-256.

31 *The Chronicle and Directory for China, Corea, Japan, the Philippines, Cochin China, Annam, Tonquin, Siam, Borneo, Straits Settlements, Malay States, etc. for the year 1885 (with which is incorporated "The China Directory")*, https://

archive.org/stream/b29351479/b29351479_djvu.
txt，取用日期：2020 年 3 月 6 日。

32 有關香港上海大酒店公司的詳細歷史，見
《香港上海大酒店有限公司成立 150 周年誌
慶》，2016 年 3 月 2 日，www.hshgroup.com；
另參閱「香港社會發展回顧項目」，www.
hongkongheritage.org。

33 潘淑華、黃永豪：《閒暇、海濱與海浴：香江
游泳史》（香港：三聯書店，2014），165 頁。

34 《香港工商日報》，1927 年 2 月 23 日。文中所
指「他結君」，即出生於澳洲的上海大酒店董
事總經理詹士．塔加特（James Taggat）。

35 1970 年代末，置地公司計劃再發展中區，告
羅士打行整座拆卸，重建成現時的告羅士打大
廈。也有一說，拆卸告羅士打行的一大原因是
為了興建地鐵。

36 皇后大廈旁原有紀念維多利亞女王的「域多利
皇后像」及干諾公爵的銅像。

37 Peter Jon, History of the Mandarin Oriental,
Hong Kong - Articles Travel + Leisure, (10 July
2014), www.travelandleisure.com.

38 Nigel Cameron, The Mandarin Hong Kong (Hong
Kong: Mandarin Oriental Hotel Group, 1989),
pp.10-18.

39 Carl Smith, "The German Speaking Community
in Hong Kong, 1846-1918", Journal of the Royal
Asiatic Society Hong Kong Branch, Vol. 24
(1994), pp.1-55.

40 CO 129/413 - information from Provost Marshall
regarding Germans on List, 8 Oct 1914.

41 CO 129/455 - p.37, 11 July 1919.

42 冼玉儀、馮志明著：《元朗文物古蹟概覽》（香
港：元朗區議會，1996），38-41 頁。

43 同益棧建築別具特色，見證時代變遷，現已被
古物諮詢委員會列為一級歷史建築。

44 戴東培編：《港僑須知》（香港：永英廣告社，
1933），263 頁。

45 《港僑須知》，5-8 頁。

46 潘美美：〈陸海通的旗艦酒店——六國飯店，
1933－1950〉，夏其龍等：《十九世紀天主教
在灣仔的慈善工作》（香港：香港中文大學天
主教研究中心，2016），103-120 頁。

47 同上。

48 陳公哲：《香港指南》（香港：商務印書館，
1938）。

49 劉國英編：《香港百年（1841-1941）》（香港：
友聯出版社，1941 年）。

50 施其樂著、宋鴻耀譯：〈灣仔：尋求認同〉，《歷
史的覺醒：香港社會史論》（香港：香港教育
圖書公司，1999），145-196 頁。

51 蔡斯達：《復員的香港》（香港，中華出版社，
1947），131-132 頁。

52 林建強：〈昔日青山酒店　恥沉青幫李裁法
跌宕江湖〉，《香港商報》，2017 年 11 月 27
日，https://www.hkcd.com/content/2017-1/27/
content_1072491.html，取用日期：2020 年 3
月 8 日。

53 《香港工商晚報》，1950 年 8 月 12 日。

54 《香港華洋行業百年：飲食與娛樂篇》，194-
217 頁。

55 《華僑日報》，1956 年 2 月 10 日。

56 「益新」在 1960 年開始經營，其前身是北角
雲華酒店的中菜廳，後來先後在跑馬地、利舞
臺和渣甸山營業，最後在 2006 年搬到灣仔軒
尼詩道現址。見〈不想益新消失於歷史洪流，
前女高級督察繼承父業〉，《香港 01》，2017 年
10 月 30 日，https://www.hk01.com，取用日期：
2020 年 3 月 9 日。

57 《香港華洋行業百年：飲食與娛樂篇》，194-
217 頁。

58 同上。

59 Hong Kong Tourist Association, New Hotel
Developments in Hong Kong 1980/1981 (Hong
Kong: Hong Kong Tourist Association, 1979).
Public Records Office Record No. HKMS 154 1
737. 房間數目是當時根據香港旅遊協會的報告
所登資料。

60 麗晶酒店由新世界發展興建，客房可以飽
覽維港景景色，2001 年改名為洲際酒店
（Intercontinental Hotel），於 2020 年 4 月 18 日
停業。

61 後來改稱富豪九龍酒店。

62 以中環、尖沙咀、灣仔、銅鑼灣及其他地
區大型酒店為準。Libby Ancrum and Robin
Rothman, The Hotel Industry in Hong Kong
and China (Hong Kong: Commercial Banking
Corporate Marketing Research, Standard
Chartered Bank, 1987), p.32.

63 Ibid, p.32.

64 "The German Speaking Community in Hong
Kong, 1846-1918".

65 Historic Building Appraisal, Club de Recreio,
No. 20 Gascoigne Road, King's Park, Kowloon,
Antiquities and Monuments Office.

66 Public Records Office, Hotel Miramar, Kimberley
Road, Kowloon. HKRS 156-1-1839.

67　《香港工商日報》，1957 年 7 月 26 日。

68　"Milestones－cool timeline demo"，https://www.miramar-group.com/zh/our-group/milestones。

69　金門砲戰戰況最激烈為 1958 年 8 月 23 日至 10 月 5 日之間，當時金門、馬祖及中國內地東南沿岸其他島嶼發生一系列戰役，期間雙方以隔海砲擊為主要攻擊手段。

70　《華僑日報》，1958 年 9 月 25 日。

71　《華僑日報》，1959 年 5 月 23 日。

72　《華僑日報》，1959 年 4 月 11 日。

73　〈美麗華集團－集團里程碑〉，https://www.miramar-group.com/zh/our-group/milestones，取用日期：2020 年 3 月 10 日。

74　利德蕙著、顧筱芳譯：《香港利氏家族史》（香港：中文大學出版社，2011），151-152 頁；鄭宏泰、黃紹倫：《香港赤子：利銘澤》（香港：三聯書店，2012），171 頁。

75　《香港利氏家族史》，154 頁。http://www.hysan.com.hk/zh-hant/about-us-zh/history

76　《香港利氏家族史》，150-154 頁；《香港赤子：利銘澤》，172-174 頁；《香港工商日報》，1971 年 12 月 29 日。

77　《華僑日報》，1976 年 6 月 12 日。

78　《華僑日報》，1956 年 2 月 10 日。

79　《香港工商日報》，1963 年 6 月 13 日。

80　John Cooper, *Colony in Conflict: The Hong Kong Disturbances, May 1967 - January 1968* (Hong Kong: Swindon Book Co., 1970), p.227

81　"The Rise and Fall of the Hotel Mini-Bar", https://priceonomics.com/the-rise-and-fall-of-the-hotel-mini-bar, published Apr 27, 2015.

82　香港政府新聞處 ISD Ref. No.：29574/1，1984 年 7 月 4 日。

83　萬佛寺位於沙田排頭村山上，創建於 1949 年，當時由簡玉階居士將此地的私園「晦思園」贈予月溪法師。起初擬在此創辦佛學院，其後因故改變計劃，於 1957 年建成為香港著名的佛寺。朱鈞珍：《香港寺觀園林景觀》（香港：政府新聞處刊物出版組，2002），72-77 頁。

84　西林寺位於沙田上禾輋村，創建於 1923 年，當時原籍廣東南海的梁子衡來港，在九龍城前啟德機場附近及旺角砵蘭街經營西鄉園素食館，後來在上址建成寺院並任住持，以法號浣清自居，除容許僧人掛單外，亦替善信做法事及招待遊人。見〈歷史特色〉，西林寺，http://sailamtemple.com/index.php?page=history，取用日期：2020 年 4 月 16 日。

85　胡兆熾，廣東順德人。1919 年任職萬國通寶銀

行。1931 年獨資創辦麒利洋行，自任總經理，又創辦寶源貿易公司，兼營地產、旅業。1949 至 1950 年遊美，後創建沙田大酒店，成為香港早期著名實業家。曾任麒利洋行有限公司、永業有限公司、寶源貿易有限公司及沙田大酒店董事長、香港華人銀行副董事長、順德商會會長、九龍總商會名譽會董。還擔任東華三院總理、首總理、主席、南華體育會永遠名譽會長、香港防癆會副主席。1962 至 1964 年，奉為香港工商業諮詢委員會委員，任內曾三次擔任香港代表團團長，出席聯合國遠東區貿易會議。1956 年獲英廷頒賜榮譽獎狀，1957 年被授予太平紳士。以他為名的順德聯誼總會胡兆熾中學於 1975 年創校，為順德聯誼總會創立的第一間政府資助的全日制男女中學。

86　《華僑日報》，1962 年 7 月 10 日、1964 年 8 月 15 日、1964 年 10 月 15 日。

87　《華僑日報》，1964 年 10 月 9 日。

88　《大公報》，1990 年 4 月 27 日。

89　Esther Morris, *Helena May, The Person, the Place and 90 Years of History in Hong Kong* (Hong Kong: Helena May, 2006), pp.25-45.

90　現時任何國籍女性皆可成為會員及住宿。該大樓現為法定古蹟。

91　現時轄下共有七間青年旅舍：施樂園（大帽山）、昂平青年旅舍、白沙澳青年旅舍、摩星嶺青年旅舍、白普理園（大尾篤）、白普理堂（赤徑）及 YHA 美荷樓青年旅舍。個人會員超過 40,000 名，團體會員超過 600 名。

92　香港青年旅舍協會：《會員手冊》（香港：香港青年旅舍協會，1995），52 頁。

93　同上。

94　香港法例第 158 章《酒店東主條例》。

95　同上。

96　香港歷史檔案處編號：HKMS176-1-163。

97　全港旅業請求撤銷限價委員會：《全港旅業請求撤銷限價委員會特刊》（香港：全港旅業請求撤銷限價委員會，1951）。

98　同上。

99　同上。

100　同上。

101　《香港工商日報》，1948 年 10 月 7 日。

102　黃大釗：〈林培生先生史略〉，全港旅業請求撤銷限價委員會：《全港旅業請求撤銷限價委員會特刊》（香港：全港旅業請求撤銷限價委員會，1951）。

103　全港旅業請求撤銷限價委員會：〈陳伯純先生史略〉，《全港旅業請求撤銷限價委員會特

刊》（香港：全港旅業請求撤銷限價委員會，
1951）。

104　九龍旅業商會會址在九龍彌敦道 372 號。香港
歷史檔案館檔案編號：HKRS837-1-31。

105　*The Hotel Industry in Hong Kong and China*, p.32.

文化及
生態旅遊
的發展

07 第七章

雖然香港是一個世界級的大城市，但境內約有四分之三屬於郊野。香港風景多樣，包括海濱、淺灘、高山、河流，群山之下有草坡茂木，不論海邊遠眺或從山巔鳥瞰，都能見山水相連，風光如畫。香港地少人多，而且發展迅速，可幸仍然擁有美麗的自然環境，亦是野生動植物棲息和生長的地方。殖民地時代，漁農處的前身「植物及園林處」（Botanical and Afforestation Department）成立於 1880 年，戰後改稱漁農處，在歷任港督如麥理浩及衞奕信勳爵的推動下，設立了多條遠足徑或郊野公園，不但市民能在工餘時間消遣，亦吸引不少歐美或東南亞的遊客到訪，增加香港旅遊在購物以外的選擇。回歸後，2000 年 1 月 1 日改名為漁農自然護理署，以反映部門的職責和服務除了漁業、郊野公園及農業發展外，還包括自然物種的保護。

此外，香港不乏文化歷史古蹟，殖民時代早期的英式政府建築物、軍營、大宅、教堂或修院，以至英治前由原居民建立的中式古老建築如祠堂、廟宇及民居等，均反映出香港是一個東西文化交匯之地。自 1970 年代末至 1980 年代初，香港旅遊發展局及其他社區民間團體，開始籌辦有關文化旅遊活動，前市政局建立的大會堂及博物館等，亦在回歸前為市民提供文化活動，使香港不只滿足於購物天堂的美譽，亦向文化都會的目標進發。

7.1 | 香港植林及植物公園的源流

香港動植物公園（Hong Kong Zoological and Botanical Gardens）不單是香港最早的植物園，更被外國的旅遊指南形容為世界上最早的植物園之一。它的歷史可以追溯到開埠初期，當時只是「植物公園」（Botanical Garden），後來在雅賓尼道西面擴建了動物園後，才於 1975 年改為「動植物公園」。香港位處高溫多雨的熱帶地區北線，按植物地理學分類，植被種類以常綠闊葉樹林為主，然而由於人類活動如伐木取材、收集柴薪、開墾土地、建屋、擴闊道路、有意無意地引起山火，加上戰爭帶來的毀滅性破壞，令原生樹林基本上被摧毀。[1]

除了在偏遠的山區深谷的小規模樹林，以及一些村落附近的原生樹林（即俗稱風水林）外，許多地區均需要以植林的方式才能保持綠化。

香港動植物公園

1848 年 8 月 8 日，在皇家亞洲學會（Royal Asiatic Society）的一次會議上，港府翻譯官郭士立（Karl Gützlaff）博士發表了一篇論文，提倡在維多利亞城建立植物園，並任命了一個委員會研究場地及成本。[2] 雖然這個想法獲得了當區居民的普遍支持，但由於當時港府財政緊絀，港督般咸（Samuel George Bonham）爵士暫時擱置了該計劃。

直到 1860 年代，港府測量處才開始重新研究設立植物園，這主要是由於當時興建港督府，將其後園的一幅地清理後，種植了些植物，香港的「公共花園」（Public Gardens）即應運而生。1861 年 10 月 7 日，港府任命了第一任園林策劃人托馬斯・麥冨勞森（Thomas McDonalson），從澳洲和英格蘭採購了種子和植物在花園種植，經費則由政府負擔。1864 年 8 月 6 日，設在港督府後面的花園局部向公眾開放。由於港督同時兼任駐港三軍總司令，因此市民又稱公園為「兵頭花園」。1866 年，巴斯（Parsees）商人組成的社區向公園捐建了一個涼亭，避免遊客受日曬雨淋之餘，駐港英軍樂隊早年亦曾定期在此演奏，供市民欣賞。涼亭原為攢尖頂建築，重修後改為平頂，鑄鐵支柱及花崗石地台則保持原貌。[3]

花園建在陡峭的山坡上，需在山腰築成小徑及馬路（今雅賓尼道），是香港工程師創造的奇蹟。1868 年，花園中央部分建成了第一個噴水池，在英格蘭製造及購入，有 370 個出水口，水源來自山頂道一個供水給美利軍營的軍部畜水池。噴水池的建造費花了約 5,000 元，至 1932 年因修建蓄水池而被拆除。

1870 年，政府提出了《公共花園條例》，並於翌年委任查理斯・福特（Charles

‖ 約 1864 年，植物公園的第一代噴水池，後可見港督府。 ‖

Ford）作為花園的園林主管，公園早期以蒐集和研究本地植物為主。翌年，公園全面落成，正式開放給市民參觀。1872 年 1 月，政府將原屬總測量處的「公共花園和綠化處」劃入諮詢委員會，公眾對植物公園的運作產生了極大的興趣，然而政府在 1873 年 12 月將之重新劃歸總測量處，原諮詢委員會則成為了「公共花園委員會」，並在其後舉辦了本港第一次花卉展。結果在園林主管的反對下，該委員會於 1880 年發展成植物及園林處（漁農處前身），正式獨立於總測量處。[4]

根據一些舊記錄，植物公園最初已設有動物園，如 1876 年飼養過猴子，還有鹿、來自暹羅的熊及一頭相當兇猛的西伯利亞熊，亦有一個鳥籠。1883 年，動物園加設了木製的猴子籠及熊舍各一個。1888 年，由於該西伯利亞熊造成了不少麻煩，令動物園一度減少了動物的數目。舊公園（東部）一直伸延至雅賓尼道，而新公園（西部）則在 1873 年延伸至忌連拿利。1883 年，新公園繼續向上發

展至羅便臣道，屬於上層位置，設有園林主管的居所及辦事處。1892 年，原蓄水池（位於堅道主教座堂之上的忌連拿溝壑）改建成一個假山，至今仍然像一個亞熱帶公園的模樣，有一條小徑通往該處。

植物公園除了收藏植物外，正如前面所述，亦是一個供巴斯商人聚集的社交場所，英軍樂團亦曾在公園作定期「月夜表演」，根據當時《士蔑西報》記載，基於「有限以及非選擇性的觀眾」，樂團在 1882 年改在木球場表演。[5] 公園亦曾舉辦為雅麗氏紀念醫院籌款的「壁畫節」（Fresco Fetes），但由於每年到訪人數眾多（如 1886 年 11 月，每晚約有 6,000 人參觀），經常將草地踩爛，工作人員要忙碌幾天才能清理垃圾及修復草坪，結果自 1888 年最後一屆後便不再舉行。公園平日的參觀人數，有記錄顯示 1883 年平均每天有 1,256 位遊客，其中約 400 位外國人和 866 位中國人，可見中國遊客佔了大多數。

植物和林業部門的外展工作，很早期已開始在港九各地進行，他們為了搜集更多珍貴品種，更曾遠赴廣東的羅浮山，將植物運送回植物公園。工作人員在當地的黃龍觀借了一間房間度宿，翌日即開展在山上採集植物，一度登上近 3,000 呎的高山調查，主管福特更登上羅浮山主峰，達 3,500 呎以上。[6] 1880 年，香港和九龍半島已有十個政府苗圃，其中掃桿埔的一個在 1879 年已經發展成熟。植林工作方面，記錄顯示 1875 及 1877 年，部門從維多利亞城通往山頂的道路種下了許多樹木，使這條路成為了吸引點。1881 年部門重整，擴充了植林護衛隊，特別針對香港仔的天然樹林被人砍伐的情況，自從開始巡邏以後，大規模的破壞亦消失了。1884 年，開始向公眾出售植物。

根據植物公園的年報，植林部曾構思在寶靈頓建設一個植物公園，但後來改變初衷，建成了今日眾所周知的跑馬場。當時，公園曾為此將一些植物移植到最初的「寶靈頓園」，有些沿著薄扶林和筲箕灣公路旁種植。更有趣的是想在寶靈頓運河（今鵝頸橋）飼養來自澳洲的黑天鵝，但這些天鵝後來經常逃脫到港口！[7] 根據當時報紙的摘錄，一位領袖曾建議把跑馬地一帶作為種植園：

我們向政府表示，在黃泥涌的賽馬場可以在相對雜亂的土地轉化為東方最佳的遊憩園，只需要一些部分的發展及做好一些必須的去水系統便可，現在黃泥涌峽是一個令人嘔心的沼澤，又有瘧疾，濃霧從沼澤升起，我們僅需花極少量的錢便可以轉化為一個高貴的公園和休閒場所，在那裡可以進行板球、網球和其他體育娛樂活動。[8]

在 1885 年 3 月 10 日的同一報章中，亦有一段名為〈在黃泥涌峽進行平整工程動土儀式〉的報道，並宣佈政府擬將它名為「寶雲公園」，但公眾對此不以為然，以至後來計劃逐漸廢棄，公園區域實際上就此消失了。在 20 世紀初，植物公園也成為旅遊指南介紹的景點，在鐵行輪船公司出版的旅客手冊中，亦有篇幅介紹這個公園。[9]

1920 年代，寶靈城以西的灣仔區再進行大規模填海，新海岸與東角（今百德新街）的北端拉成直線；1950 年代東角以東填海，至 1955 年 5 月 7 日建成維多利亞公園，總算實現了上世紀在此區建成公園的夢想。跟維園一樣，動植物公園其後亦交給市政局管理。市政局亦建設了摩士公園、高山道公園、九龍公園及香港公園，最後二者分別是威菲路兵房及維多利亞軍營的原址，由於軍方分期將土地交還，[10] 所以要到 1980 至 1990 年代才陸續建成。

港九新界各處種植林木

除了植物公園外，政府亦在港九新界遍植林木，以配合水塘及道路建設。自 19 世紀末至 20 世紀初林務局在掃桿埔及九龍設有苗圃後，主要是以美化港島的半山及南區為主。以 1912 年為例，當局的美化島嶼計劃，在黃泥涌峽和深水灣之間的山丘上種植了 200 株杜鵑花，幾年前開展的毗鄰山頂纜車站的皇家土地計劃，將繼續種植開花樹木和灌木，又特別關注堅尼地道站和山下總站之間以西人為主的社區。[11] 林務局在 1916 年的報告，亦指在去年培養出九萬棵松樹苗。在港島大潭水塘的集水區，當局播了 14,000 棵松樹種子，種植了 6,000

棵闊葉樹，另外 1,000 棵則種在薄扶林水塘的集水區，又在鴨脷洲、香港仔及深灣播種了 29 磅松樹種子。殖民時代早期的種植以香港島為主，在顯而易見的位置共種植了 1,800 至 1,900 棵開花樹木和灌木。

當局亦移除了在扯旗山、歌賦山、奇力山及柏架山一些破壞林木的攀藤；在九龍的市區邊緣種植林木，如在深水埗北部光禿禿的山坡上，種植了 47,000 棵樹齡一歲的松樹樹苗，又在同一地區 22,000 個坑中播了松樹種子。另在九龍筆架山及九龍水塘附近，亦種了 272 磅松樹種子。[12]

大埔道於 1902 年落成，並於 1905 年通往上水。1910 年代，政府開始在新界種

‖ 1970 年代的動植物公園。（圖片出處：香港社會發展回顧） ‖

植樹木，1913 年，在烏蛟騰掘了 1,000 個坑植樹播種。[13] 1914 年開始，大埔道進行擴闊及重建，當局亦在此路段廣植林木。[14] 1915 年，在大埔道種植了 1,300 棵樹。與此同時，當局從 1911 年開始，興建另一條貫通新界西至九龍的道路，即由深水埗經荃灣、元朗而至上水、粉嶺的青山公路，全長 25 英里。由粉嶺經哥爾夫球場、新田、錦田、凹頭、元朗至青山碼頭的一段首先於 1914 年完成。[15] 1915 年，當局從青山到粉嶺的路旁共種植了 430 棵樹木，包括樟腦樹、榕樹和千層樹等。在粉嶺則播了 50 磅的松樹種子，在粉嶺哥爾夫球場附近的山丘上種植了 7,000 多棵樹和灌木，其中有 4,000 多棵開花樹，為美化當地發揮了作用。然而這段時期的植林工作，主要集中在道路經過的地區，以減低沙塵及散熱的功能為主，政府未有全盤的植林計劃。[16]

另一個戰前未有大型植林計劃的原因，是香港當時的發展已十分迅速，在發展與保育之間多會選擇前者。例如由於港島的城市發展，不少樹木被破壞，連洋人住宅區如山頂及半山，山頭亦是光禿禿的。另外，填海造地亦需要原材料，當時石屎較為昂貴，因此大量在市區邊陲的林木被砍伐，如北角大片的松樹和闊葉樹，以作為填海的材料。私人的商業發展亦影響了植被，如牛奶公司在港島薄扶林購買的農場地段，也砍伐了大面積的樹木，以作為種植牛隻飼料之用。為了對抗瘧疾，政府花錢清除了約 600 萬平方呎的灌木叢；亦清理了約 70 萬平方呎的植被，以完成土地測量工作。[17]

1920 年代，政府設立了九龍仔及香港仔的苗圃，又在粉嶺設立實驗花園培植新品種，[18] 用為粉嶺至沙頭角、粉嶺至青山及大埔至上水的路邊樹木。植林的範圍於 1923 年擴展至石澳道、荃灣路、長洲、鰂魚涌，而由於明德醫院、奇力山等地發生山火，當局在此地種植了 250 磅松樹種子，在淺水灣則用了 213 磅。[19] 自此，政府才在整個新界區植林，並在大埔植林區（後來改稱大埔滘自然護理區）設立苗圃，先以經濟價值較高的馬尾松為主，後期再引入台灣相思、白千層等，至今仍可以見到多個植林常用樹種。另外設立一條闊 20 呎、長 1,450 呎的隔火林，並鋪設一條貫穿整個植林區的路，方便植林員工作。[20] 1928 年，

港島東哥連臣山一帶被列為植林禁區，成為香港首個法定保護地區。[21] 由此可見，殖民地政府在戰前其實已開始大規模種植林木，可惜在工作漸次發展之際，1941 年香港淪陷，日佔時期香港的樹林大多遭砍伐殆盡以用作燃料，特別是城門水塘及附近一帶的樹木，導致山頭一片光禿。

戰後，香港很多郊區都變成寸草不生的荒野。政府雖然進行植林以避免水土流失，但有欠系統，[22] 直至 1950 年代起，才開始大型人工植林計劃，引進大量外來樹種，包括白千層、台灣相思、紅膠木和愛氏松等。這些植物適合在水塘區種植，因它們生長速度快，需要養分較少，能夠適應本港酸性較高的土壤，當中以白千層樹最受矚目，其性質耐潮，樹腳可被水浸一段時間而不朽。1960 年代，新界鄉民開始轉用火水取代柴薪，加上隨著原居民移民海外及市區，新界砍伐樹木的情況減少。1962 年，首屆世界國家公園大會在美國舉行，自此越來越多國家建立國家公園及推行自然保育政策。1963 年，香港由政府負責的植林範圍擴展至 10,000 公頃，而由政府協助的鄉村植林有 2,000 公頃之多。[23]

然而，植林範圍的增加，亦令郊野管理變得迫切，從 1966 至 1967 年，政府種植的樹林遭山火焚燬的面積多達 1,265 公頃，鄉村林木的損失亦甚為嚴重。在 1970 至 1985 年期間，被焚燬的樹木竟然超出了同期種植的數量。由於這些山火是人為造成的機會較大，為了防止林木進一步被人類活動影響，政府認為有需要規範郊野活動，終於在 1976 年促成了《郊野公園條例》的實施。[24]

7.2 | 生態旅遊及郊野公園

生態旅遊（Ecotourism）的定義由國際自然保育聯盟（International Union for Conservation of Nature，IUCN）特別顧問謝貝洛斯·拉斯喀瑞（Ceballas-Lascurain）提出：在進行旅遊活動時，必須保護當地的自然環境。另外澳洲旅遊局指出，生態旅遊需要包括可持續的生態管理。雖然英國人在 1898 年租借

新界後，對新界做了全面的調查，包括許多有關土地的自然資源，但當時香港尚未有建造任何郊野公園或設施的構思。郊野公園的設立最早要追溯到 1960 年代末，經歷漫長的討論，1977 年才成立首個郊野公園。自此之後，香港的郊野公園除了吸引本地遊客外，亦增加了不少海外客源，如日本遊客喜歡去離島遠足，漁農處亦跟民間團體合作出版日文旅遊書。港督麥理浩及衞奕信亦對香港郊野情有獨鍾，喜歡到新界遠足，為讓市民可在假日到戶外活動，在任期間開闢了三條遠足徑，分佈於港九新界。1970 年代末，在麥理浩的推動下，政府設立了香港首條遠足徑「麥理浩徑」（MacLehose Trail）。從 1980 年代至 1997 年回歸前，政府積極推動本地旅遊制度化，吸引本地及海外遊客，以帶動經濟發展。惟由於配套設施仍有待改善，及未有向海外大力推廣，而且市民對生態保育的意識停留在初步階段，生態旅遊仍主要限於少數本地遊客及居港外籍人士。

香港郊野的外國遊客及生態學者

西方學者對香港自然環境的研究，最初是源於幫助英國政府增加對香港土地的認識。1857 年，英國政府批准了一項計劃，研究英國殖民地和屬地的本土植物群，植物學家邊林（George Bentham，1800－1884）對香港鮮為人知的植物群進行首次綜合研究，於 1861 年寫成《香港植物志》（*Flora Hongkongensis*）。英國皇家地質及測量學會的自然學者薛尼·史葛切尼（Sydney B. J. Skertchly，1850－1926）於 1893 年推出《我們的島嶼——香港的自然環境描述》（*Our Island－A naturalist's description of Hong Kong*），用自然學的角度描寫香港島（見第三章）。而英國在 1898 年接收新界時做的研究，已包含對植被的描述：「大帽山的北坡 1,500 呎的高度有茶及菠蘿的種植，大帽山向西伸展至青山灣有優質的草原，此地的山坡適合牛、馬及羊群……這裡沒有大的森林，但在低地會有松樹，而在村落的附近則見到茂密的樹林及竹林。」[25] 1912 年，英國皇家園林主管鄧肯及德邱（Stephen T. Dunn，1868－1938 & William J. Tutcher，1868－1920）的《廣東及香港植物誌》（*Flora of*

‖ 1980 年代，年輕人喜歡在沙頭角鄉村的廢田上露營。（筆者拍攝）‖

Kwangtung and Hongkong），記錄了超過 2,100 種原生植物，並對開花植物、蕨類植物和其近親用關鍵詞確定品種，再加上地圖和簡介易於參看，是香港、新界及廣東省的自然研究的綜合調查。由此可見當時英國人對廣東一帶的植物甚有研究，後來有不少本地植林的來源也是採摘自廣東，這個報告亦刊登在 1912 年的《英國皇家植物園期刊》。[26]

事實上，香港的生態資源不比其他地方遜色，甚至屢被外國媒體推崇。2016 年，國際著名旅遊指南書《孤獨星球》（*Lonely Planet*）把沙頭角禁區附近的荔枝窩選為「亞洲十大最佳旅遊景點」；國家地理頻道（National Geographic）將麥理浩徑選為「二十大全球夢想山徑」；米埔自然護理區更早在 1995 年就獲《拉姆薩爾公約》（Ramsar Convention）劃為「國際重要濕地」。從以上可見，香港的郊野受到世界各地的旅客及僑居香港的外國人所喜愛，主要原因是它們近在咫尺，從市區前往相當方便。近年來，由於積極推廣，不少亞洲地區如日本、

泰國及馬來西亞等地的旅客，均會專程來香港行山；多年前，漁農處在出版供遠足人士參考的書籍時，亦同時製作中、英、日三種語言。

在香港設立郊野公園前，已有許多外籍人士喜歡到郊外遊覽，舒展身心。早在 1950 年代，時任新界民政署長及民政司黎敦義（Denis Bray）就拍攝了不少新界景象。他有別於外地人好奇的目光，平實地記錄了眼前的景貌，無意間填補了商業化拍攝所欠缺的角度。美國生態學家和地理學家戴爾博（Lee M. Talbot）與妻子戴瑪黛（Marty H. Talbot），從 1950 年代開始已在東亞進行環境研究工作，1965 年他們應香港政府邀請，在香港郊野進行實地考察並撰寫報告，對如何保護郊野提出意見。[27] 他們得到香港英軍的協助，到新界不同地區考察，某次皇家香港輔助空軍以兩架單引擎 Auster 飛機接載他們往大嶼山時，在大嶼山以北上空發生輕微爆炸，飛機直衝大海，幸而有驚無險，沒有人傷亡，翌日報章有評論十分幽默地指稱這次為「香港首次水底空中勘察」。[28]

戴爾博曾在 131 個國家或地區，就國家和國際環境事務、生物多樣性保護、野生生物資源管理、環境政策和機構、環境與發展、生態研究和諮詢方面提供意見，擁有超過 50 年經驗，還是世界銀行和聯合國組織的高級環境顧問。他曾擔任美國總統尼克遜、福特和卡特的環境質量委員會首席科學家兼外交事務主任、史密森學會環境科學系主任，以及國際科學聯盟理事會高級科學顧問。他在五大洲的偏遠地區進行了 130 多次探索和研究探險，出版了 270 多本科學、技術和大眾讀物，其中 17 本被翻譯成九種語言。[29] 戴爾博在香港進行研究後表示，當時市民沒有認識到水塘是公共財產，便在附近任意開路、砍伐樹木及生火，破壞水塘環境。他建議港府開放水塘，讓市民意識到自然環境是屬於大眾的，反而有助控制他們的行為。根據世界各地管理郊野公園的經驗，建立郊野公園系統的確可改善水塘受污染的情況。

郊野公園的設立

綠蔭裡　草坡上　讓我胸襟一再展

拋開了　心底倦　讓我走向大自然

在燦爛陽光裡面　看風箏慢慢轉

山光水色美而秀　願美麗莫污染……

由著名詞人鄭國江作詞、馮添枝作曲的《我愛大自然》，相信會令人聯想到郊野公園風光明媚的景色。戴爾博及夫人戴瑪黛於 1965 年 4 月合撰《香港保護自然景物問題簡要報告及建議》，向政府提出設立郊野公園、自然保護區和康樂用地的重要性。[30] 報告中劃出了適合建設郊野公園的範圍，並提倡成立自然景物護理委員會，以負責協調、監察及管理各種問題，更力請政府盡快轄定土地作公園發展，以遏止因都市建設而導致郊區環境受破壞與侵蝕。最後，港府接受戴爾博的提議，1967 年 3 月港督戴麟趾委任「郊區的運用和保存臨時委員會」，以選出港九新界應受保護和最適宜開拓成康樂用途的地方，政府會著手研究該等地區的利用、發展和管理方向，策劃一切有關法例、撥款和土地轄定等事宜。翌年，該委員會發表《郊野與大眾》報告，就康樂發展，尤其是郊區步行小徑、郊遊點、營地及海灘等，提出了設備上的標準；又就自然護理方面，提出了建立特別自然保留區；亦對重建植被、防止水土流失及保護野生動植物等，貢獻了寶貴的意見。[31]

城門水塘位於新界西南部荃灣城門谷一帶，1960 年代已是香港主要植林區之一，水塘附近有遍植林木的步道，在塘邊及引水道亦可以見到茂密的樹林，四周植林成熟，山巒蒼翠，草木茂盛。城門水塘剛好處於新界東西的分界線上，上水塘被劃入界線以西（荃灣區），下水塘則劃入界線以東（沙田區）。

在 1970 年代之前，前往西貢半島東部的交通不便，故西貢區的景物在當時仍得以保留。大網仔以東的所有道路均為萬宜水庫計劃的一部分，雖然只有村民

> 西貢大網仔新闢遊覽區
>
> 【本報訊】最近到政府在新界西貢大網仔新闢的遊覽區遊覽之人士，為數甚眾。該遊覽區之設，係感乃市政局在新界增加康樂設施計劃之一，使前往新界渡假消閒多一遊玩去處。
>
> 該遊覽區面積約為一英畝，由西貢墟乘車前往約十五分鐘。遊覽區內有中式涼亭、野餐燒烤地方，登山三合土路則蜿蜒於叢林之間。除保存動植物外，市政事務署又在該區內補植花多花木，以供遊人欣賞。

‖ 1969 年西貢大網仔遊覽區開放的報道。（圖片出處：《華僑日報》，1969 年 8 月 15 日）‖

的街車、[32] 公共汽車及政府車輛方可使用，然而築路為西貢帶來很大的改變，每逢較清涼的季節均會吸引大量遠足、旅行或消閒人士，天氣炎熱時更有很多泳客及喜歡划艇的旅客。早於 1968 年 8 月，政府未正式設立郊野公園前，已在西貢大網仔試行闢設遊覽區，是市政局在新界開設的康樂場所之一，開設當日遊者甚眾，反映市民對戶外康樂活動的需求。遊覽區佔地約一英畝，由西貢墟乘車前往約 15 分鐘，內有中式涼亭、野餐燒烤場地，三合土登山路蜿蜒於叢林之間，除保存動植物外，市政事務署又種植多種花木，供遊人欣賞。[33] 有論者認為這是政府自 1967 年後，檢討康樂設施政策的結果，務求讓市民能在戶外享受郊野的樂趣，減低對政府的不滿。[34] 1970 年代中，在未正式設立郊野公園前，新界東北部新娘潭附近已設有燒烤地點，景點包括新娘潭瀑布，瀑布高度達 15 米，潭面有一條鐵橋跨過，新娘潭路的涼亭亦是在那時建成。[35] 1971 年，「戴麟趾爵士康樂基金」撥出款項，於城門水塘開設郊遊和燒烤試驗區，城門後來亦成為最先闢設的郊野公園之一。然而，郊野公園的設立沒有在

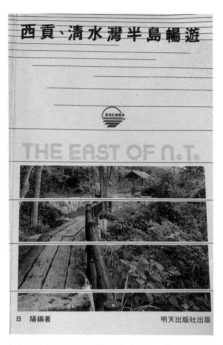

戴麟趾的任期內實現,而是要到 1971 年麥理浩上任後才正式落實。1972 年,政府首次鄭重其事地推行一個五年的郊野康樂發展計劃,並在同年撥款 3,300 萬元,在郊野地方大規模興建郊遊和燒烤場地。[36]

經過與林務管理局多次商討後,政府在 1976 年正式刊憲,實施《郊野公園條例》(香港法例第 208 章),[37] 並成立郊野公園委員會,負責提供有關發展公園的計劃及策略。同時成立的郊野公園管理局,職責是執行上述委員會的計劃,如劃定公園的面積、保護園內野生動植物,並在適當地點提供各種合適的康樂及教育設施等。局長由漁農處處長擔任,而各種建設、護理與推廣工作,則由漁農處屬下的郊野公園、自然護理、工程及行政等科負責。[38] 翌年 6 月 24 日,劃定第一批受條例保障的郊野公園,分別為新界南部的城門、金山及獅子山;第二批郊野公園為 10 月 28 日劃定的香港仔及大潭,位於港島區。[39] 同年,設計香港仔、大埔滘、大尾篤及新娘潭自然教育徑。最早期的郊野公園大都環繞

水塘,例如城門和金山郊野公園。鄰近新建的萬宜水庫及船灣淡水湖的西貢東和西貢西,以及船灣和八仙嶺四個郊野公園,亦於 1978 年 2 至 8 月期間相繼劃定。[40] 1977 年 12 月,政府共批准撥款 7,100 萬元,推行郊野公園發展,進展比預期快,原本擬定在 1981 年前指定 19 個郊野公園,結果在兩年半內完成,全港過半土地被列入郊野公園範圍。[41] 1979 年,共有 21 個郊野公園被劃定。[42] 同年 10 月 20 日,首間郊野公園遊客諮詢中心開幕,位於大尾篤郊野公園,由舊辦公室樓宇改建而成,展出有關八仙嶺及船灣一帶的模型和照片,包括大埔平山寨古松樹的年輪等,新界鄉議局主席黃源章及漁農處處長李國士等人出席開幕典禮。[43] 同年 11 月 3 日,香港仔郊野公園遊客諮詢中心啟用,郊野公園委員會非官守委員梁超文主持開幕禮。中心位於香港仔水塘道公園入口處附近,市民可以在此參觀本地野生動物或鳥類的標本,亦有關於香樹與香港名稱來源的展覽。[44] 1976 年,前往西貢旅遊的人士超過 50 萬,為了加強管理工作,漁農處在 1977 年 10 月設立北潭坳郊野公園管理站,負責清理垃圾、撲滅山火、安裝及保養野餐設施、增進遊人如何適當使用郊野公園。[45] 西貢東及西貢西郊野公園在 1978 年 2 月劃定,幅員廣闊,兩個公園總面積(1995 年 7 月統計)共 7,477 公頃,港督夫人於開幕前巡視,要坐直升機才能環繞一圈。她首先在北潭坳降落,與郊野公園籌劃及管理人員會晤,然後沿大灘海峽堤岸步行往海下,參觀一所興建中的管理中心,接著前往北潭涌,參觀萬宜水庫附近的另一所管理中心,再前往吐露海峽,遊覽泥涌郊野地區。[46] 政府同月亦宣佈將大嶼山南部 5,600 多公頃的土地闢建為郊野公園,東起梅窩銀鑛灣,西迄二澳附近,範圍包括大東山與鳳凰山山脊以南,當中有 5,536 公頃為崎嶇山嶺、植林區和天然海岸線。

1980 年代是郊野公園的黃金時期,無論政府機構、私人機構、學校、志願團體、街坊會以至普羅家庭,都會在假日到郊野公園遊玩,電視和電台播出前述的《我愛大自然》,郊野公園成為市民心目中有益身心的活動場所。漁農處自 1980 年代初每年春季主辦林務日,鼓勵社區一連幾個週末參加郊野公園的植樹工作,當時社區及學校反應積極,每年植樹達到 20,000 棵。[47] 此外,漁農處亦在每年

暑假舉辦林務營，向中學生教導林務知識，更可以透過為期五日四夜的宿營，
體驗團體生活，增廣見識。當時其中一個營舍位於新界東北部鹿頸的林務辦事
處，位置偏遠，學生每天都要在八仙嶺郊野公園的植林區進行義務工作，是一
次很有意義的活動，至 1995 年，參與學生多達 2,000 人次。[48] 屋宇地政署的測
繪處從 1980 年代初出版郊區地圖。1985 年，位於北潭涌的西貢郊野公園遊客
中心啟用。直至 1995 年，香港共有 21 個郊野公園、14 個特別地區、37 個特
殊科學價值地區（Sites of Special Scientific Interest），總面積達 41,351 公頃。
根據紀錄，每年有逾 1,000 萬遊客前往。

山火一直是優美環境的最大威脅，在每年 6 月的旱季，每日可達五至七宗。
1986 年，城門郊野公園及大帽山地帶發生山火，持續 34 小時，有 740 公頃土
地被波及，282,500 株林木被焚，[49] 是 1980 年代最嚴重的山火之一，當局出動
皇家空軍及陸軍航空團投擲水彈輔助滅火。時任布政司鍾逸傑（David Akers-
Jones，1927 － 2019）爵士搭乘直升機到場視察救援工作，漁農處長下令暫時
關閉部分郊野公園，包括大欖、大帽山、城門郊野公園及大埔滘自然護理區，
其他仍然開放的公園則禁止燒烤。[50]

郊野公園的設立，提高了市民對郊野保育的意識，但旅客增加亦帶來一些管理
問題，例如大量垃圾帶來環境污染。郊野管理人其中一項主要任務，就是清除
郊區遊人留下的垃圾，在 1994 年，管理人員共清理約 3,500 公噸垃圾。[51]

根據政府新聞處的資料，1995 年香港共有 21 個郊野公園，總面積 40,864 公頃
（即 157.78 平方哩）。此外，還有三個位於郊野公園範圍以外的特別地區，即
大埔滘、東龍洲砲台及蕉坑。自 1970 年代末，政府從新界中部及港島的靠近
城市中心開始，劃定郊野公園，然後大致上從這些位置輻射出去，最遠離市中
心的如南大嶼、船灣、大欖等郊野公園範圍最廣，而近市中心的如香港仔、大
潭、獅子山等郊野公園則較為細小。基本上，除了元朗平原及新界西北的濕地
外，郊野公園的範圍差不多覆蓋了全香港的郊野。

表一　至 1995 年 7 月香港已劃定的郊野公園

編號	名稱	公頃	平方哩	劃定日期
1	城門	1,400	5.41	1977 年 6 月 24 日
2	金山	337	1.30	1977 年 6 月 24 日
3	獅子山	557	2.15	1977 年 6 月 24 日
4	香港仔	423	1.63	1977 年 10 月 28 日
5	大潭	1,315	5.08	1977 年 10 月 28 日
6	西貢東	4,477	17.29	1978 年 2 月 3 日
7	西貢西	3,000	11.58	1978 年 2 月 3 日
8	船灣	4,594	17.74	1978 年 4 月 7 日
9	八仙嶺	3,125	12.07	1978 年 8 月 18 日
10	南大嶼	5,640	21.78	1978 年 4 月 20 日
11	北大嶼	2,200	8.49	1978 年 8 月 18 日
12	大欖	5,370	20.73	1979 年 2 月 23 日
13	大帽山	1,440	5.56	1979 年 2 月 23 日
14	林村	1,520	5.87	1979 年 2 月 23 日
15	馬鞍山	2,880	11.12	1979 年 4 月 27 日
16	清水灣	615	2.37	1979 年 9 月 28 日
17	橋咀	100	0.39	1979 年 6 月 1 日
18	船灣（延展部分）	630	2.43	1979 年 6 月 1 日
19	石澳	701	2.70	1979 年 9 月 21 日
20	大潭（鰂魚涌）	270	1.04	1979 年 9 月 21 日
21	薄扶林	270	1.04	1979 年 9 月 21 日
總面積：		40,864	157.78	

特別地區（位於郊野公園外）

	大埔滘	460	1.78	1977 年 5 月 13 日
	東龍洲砲台	3	0.01	1979 年 6 月 22 日
	蕉坑	24	0.09	1987 年 12 月 18 日

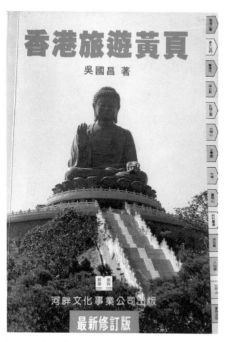

‖ 1983 年出版的旅遊指南《香港旅遊黃頁》。 ‖

截至 2020 年 4 月，全港共有 24 個郊野公園及 22 個特別地區，包括地質公園、海岸公園及保護區、濕地公園及自然保護區等，佔全港約四成土地，具備發展綠色旅遊的潛力。從 1990 年代以來，郊野公園增加了三個，特別地區的增幅則較多，達到 19 個。

濕地旅遊與其他生態旅遊

近年，有關生態旅遊的討論經常圍繞濕地，由 1990 年代初有發展商購買濕地興建低密度住宅，到近年提倡保育濕地，以至政府興建元朗濕地公園等，其中南生圍及尖鼻咀均是市民假日遊覽的理想濕地原型，可觀賞彈塗魚、招潮蟹及鳥類等。事實上，元朗的南生圍、泰園漁村等漁塘區的旅遊活動，可說是香港濕地旅遊的始祖，可以追溯到 1950 至 1960 年代（見第五章）。

濕地是一種以「水」作為基本因素的獨特生態系統，對大自然非常重要。濕地的種類眾多，普遍可分為天然及人工濕地。最常見的天然濕地包括紅樹林、沼澤地及河流的入海口，本地最著名者莫過於米埔自然保育區。而人工濕地則是魚塘、基圍、灌溉田、淡水人工湖泊、鹽田等，本地著名者首推南生圍，另外新界北部的蠔殼圍亦是由數以百計的魚塘所形成的人工濕地。此外濕地亦可以是永久或臨時、靜止或流動的淡水、鹹淡水或鹹水所覆蓋的地方。濕地亦可以指在退潮時水深不超過六米的海洋地帶，如潮間泥灘等。[52]

遠至 18 世紀中葉，米埔和后海灣一帶盡是潮間帶紅樹林和泥灘，先民利用土地之便養蠔。1920 年代，新界魚塘開始商業化，元朗山貝村、橫洲、南生圍、南邊圍及西邊圍，可說是商業魚塘的先驅。[53] 1930 年代，后海灣內灣遍佈紅樹林，包括天水圍、橫洲，部分農民在沿岸種植紅米；二次大戰時期，有漁民在內陸紅樹林挖掘基圍養蝦，令米埔內后海灣一帶的生態價值提高。自戰後開始，鄰近米埔的元朗錦田、屏山一帶增加了不少將水田挖深的養魚塘，面積超過 9,000 畝，有 70 多戶，主要原因是當局積極推動，以及在兩屆新界農業展覽會發揚下，不少人士看準淡水魚塘本小利大、繁殖速度高，因此紛紛投資開闢。但由於不少投資者缺乏培育技術和經驗，採取舊方法，任其在塘中自然生長，當魚苗繁殖後，混入同一魚塘內，因受到侵襲而死去；其次是漁戶的爆破捕魚法，令魚種被破壞，數量減少。缺乏水源也是大問題，因為新界大多數魚塘都是水田改成，蓄水能力有限，一旦受到旱災和暑熱侵襲，塘中魚便會大量死亡，俗稱「反塘」，此種現象時有所聞。[54] 但其後有養魚戶從內地移入香港，在邊境地區開設魚塘，帶來較為熟練的技術，令養魚業發展迅速，從天水圍、橫洲、南生圍、大生圍、和生圍、新田、落馬洲、馬草壟至鄰近深圳河的蠔殼圍一帶，分佈了數以千計的養魚塘。1969 年，魚塘總面積達到 750 公頃，[55] 具重要生態價值，如南生圍就是米埔的重要緩衝區。

1965 年，漁農處顧問戴爾博及夫人向政府提交《保護香港郊野》報告書，發現米埔沼澤和相關的魚塘是雀鳥天堂，故建議政府「應將紅樹沼澤劃為嚴格管制

‖ 1973 年出版的旅遊指南《新界四區導遊》。 ‖

的自然保護區,藉此保護自然資源,至於毗鄰的廣大魚塘則應受到通行管制,
禁止任何捕獵活動。」這份報告成為了日後米埔及內后海灣濕地自然護理的基
本原則。[56] 政府採納了報告書的建議,於 1975 年將主要由基圍和潮間帶紅樹
林組成的米埔沼澤,列入《野生動物保護條例》中的「限制地區」,限制一般
人進入。另外,該條文亦明令禁止任何人士捕獵或管有受保護野生動物,包括
所有雀鳥。1983 年,政府委任世界自然(香港)基金會(前稱世界野生物香港
基金會),管理佔地約 380 公頃的米埔自然護理區的濕地生境及遊客設施。[57]
1995 年 9 月 4 日,米埔內后海灣地區被列入《拉姆薩爾公約》中的「國際重要
濕地名錄」,這片濕地位於新界西北部,佔地 1,500 公頃,由天然的潮間泥灘、
紅樹林、人工魚塘及基圍蝦塘所組成。然而 1990 年代,政府為解決人口增加
帶來的住屋問題及照顧發展商的投資利益,平整了后海灣以西 400 公頃的魚塘
濕地,發展為天水圍新市鎮。[58]

香港政府在 1995 年制定《海岸公園條例》，給予漁農處法定權力，將香港數個海域劃為海岸公園和海岸保護區。在 1996 年 7 月頒佈的《海岸公園及海岸保護區規例》，限制了可以在該些海域內進行的活動，例如不能捕魚。成立海岸公園的目的，是為了保護海洋生物、教育市民及提供康樂活動。原本的郊野公園管理局，亦改稱為「郊野公園及海岸公園管理局」。截至 2016 年，香港共有五個海岸公園及一個海岸保護區，另有三個海岸公園在倡議中。[59]

遠足徑及自然教育徑的設立

以第 25 任港督麥理浩爵士為名的麥理浩徑全長 100 公里，是香港最早啟用的一條長途遠足徑，始於西貢北潭涌，以屯門為終點，跨越八個郊野公園。啟用儀式在 1979 年 10 月 26 日，由麥理浩於荃錦公路郊野公園管理中心主持，並在遠足徑遊覽了一會。[60] 1979 年 12 月，約 500 名健兒參加「麥理浩徑 24 小時通走」活動，有 40 人走畢全程，而且冠軍以 18 小時 28 分的時間，刷新了英軍保持的紀錄。[61] 第二屆在 1980 年 12 月 6 日舉行，由《野外雜誌》主辦，恒星體育會、奇萊山友及山一會協辦，漁農處高級郊野公園主任饒玖才主持開步禮，立法局議員王霖、郊野公園委員會非官守委員胡挺、屯門體育會主席鄧棟朝、長春社主席溫石麟、康樂事務處主任潘樹基、漁農處高級外勤主任梁浩科及大欖郊野公園副主任蕭振平參與活動，還有無綫電視節目「體育世界」主持人林嘉華及陳秀珠，盛況更勝第一屆。[62] 1982 年 1 月的公益金百萬行籌款，更首創「麥理浩徑長徑」步行項目，由麥理浩主持開步儀式，有大約 500 名健兒參加，每名健兒均獲 1,000 元以上贊助，共為公益金籌得善款 120 萬元。[63] 1983 年 1 月舉辦第三屆，無綫派藝員參加起步禮，業務總監陳禎祥擔任領隊，為 500 位健兒打氣。對台亞洲電視亦派出數十位藝員參加慈善步行，由該台董事邱達生及總經理高德基擔任領隊，新聞部總編輯林尚明、節目監製陸樹雄、梅小青、周偉材等擔任副領隊。[64] 由於普通人要三日三夜才可行畢全程，因此多數人只選其中一段或數段參加。麥理浩徑開闢以來，成為市民遠足郊遊勝地，吸引不少社會及制服團體如童軍、愛丁堡公爵獎勵計劃參加者、民安隊、

紀律部隊、旅行隊、旅行社、社區會堂以至普羅市民前來,使喜愛長途遠足及露營的各界人士更能體驗郊遊樂。但遠足徑開放數個月後,據報有不少路標被無故破壞,對旅遊人士造成不便,甚至迷途。有些路標被無故拔起,有些被掉在一邊,有些則無影無蹤,使旅遊人士無法憑路標認路,非常不便。當局將這些路標重修,並勸喻行山人士不要毀壞公物而觸犯法律。為響應清潔運動,超過 1,000 名遠足團體成員於 1981 年 11 月協助郊野公園管理局撿拾麥理浩徑的垃圾,是漁農處「郊野公園護理計劃」的一部分。[65] 為方便旅遊人士,當局又印製了「麥理浩徑旅遊小冊子」。[66]

有關麥理浩徑的大型遠足活動,不可不提「毅行者」(Trailwalker),這原為駐港英軍女皇啹喀電訊團的體能測驗,自 1986 年開始加入樂施會合辦,改為慈善性質,開放予市民參加,成為一年一度的步行籌款活動。要在 48 小時內行完整條 100 公里長的麥理浩徑,即使是體能狀態良好的運動員,也需要極佳的意志及耐力才能達到目標。以 1988 年為例,當屆共有超過 1,000 人參加,參加者四人一組,全隊要在限時內完成全程,才能獲頒「毅行者」的獎章及證書。當年更有 12 名啹喀主婦參加,接受這項挑戰。[67] 香港回歸後,活動改由樂施會單獨主辦。

鑑於麥理浩徑帶動了香港的遠足風氣,郊野公園管理局於 1984 年 12 月 4 日在大嶼山開闢「鳳凰徑」,是香港第二條長途遠足徑。[68] 開幕當日,由漁農處處長李德宏及新界鄉議局副主席曾連在南山主持啟用典禮。李德宏表示,漁農處於 1983 年尾計劃開設鳳凰徑及另一條港島的遠足徑(即後來的港島徑),以滿足市民對富挑戰性的戶外康樂設施的需求。他亦提醒年輕人,此徑並非平坦易行,有數段較為陡峭的路,只宜富攀山經驗的人士前往。而曾連則表示,以往大部分遊人都集中在交通較便利的嶼南路及沙灘,島上其他秀麗但不易到達的地區則受到忽略,鳳凰徑的啟用改善了此情況,使遊人更能享受大嶼山的美麗風光。鳳凰徑將大嶼山著名的風景連接一起,如南山植林區、鳳凰山觀日、昂平禪寺、石壁水塘、龍仔悟園、大澳漁村、分流賞潮及長沙海灘八景。最難的

兩段路程為由南山經大東山至伯公坳,及由伯公坳經鳳凰山至昂平。為了介紹這條新的遠足徑,連鎖快餐店大家樂更贊助印刷鳳凰徑小冊子,市民可以在廣東道政府合署漁農處辦事處及各大家樂分店免費索取。[69]開幕翌日,即舉辦「鳳凰徑70公里環走」長途步行活動,有485人參加,從南山出發,連續翻越大東、鳳凰兩座大山,經過昂平,接登觀音山,前往另一片佛教叢林龍仔悟園,由此下走大澳水鄉,沿海至大嶼山的岬角分流,再經狗嶺涌到達石壁水塘大壩,繞道水口半島,經芝蔴灣半島回到梅窩,全長70多公里,共分12段。環走得到多家商業機構贊助,免除費用,主辦者亦在沿途提供飲食。[70]晚上8時,由漁農處高級郊野公園主任劉善鵬及高級自然護理主任饒玖才鳴哨啟步,到達鳳山後,多人因為賞月放慢腳步,在羌山道有寶礦力及大家樂贊助補給,分流村長為過客在記錄咭上簽認時間。走畢全程者有73人,結果由33歲的郭華根於凌晨4時半首先抵達,由曾連相迎。[71]

1985年4月24日,位於港島市區邊緣的「港島徑」啟用,是香港第三條遠足徑,全長50公里,漁農處處長李德宏及郊野公園委員會杜華教授在鰂魚涌郊野公園主持剪綵。港島徑西起扯旗山、東至大浪灣,沿途設11個郊遊地點、10個涼亭和4個燒烤場,路程分山頂段、薄扶林段、香港仔段、黃竹坑段、渣甸山段、大潭段、大潭灣段及大浪灣段。當中第四段東端的布力徑,原本是1890年代建成的山上瞭望站及防衛陣地。當時英軍司令布力(Wilsone Black)准將擔心如灣仔發生暴亂,會阻礙軍隊調動至海港一邊,於是要求當局設立一條較安全的山路連接灣仔峽、中峽及黃泥涌峽。後來他的構想終於實現,這條軍用路徑亦以他命名,作為紀念,路徑鋪平後限制車輛進入。港島徑有兩條小徑跟港督有關,分別是金督馳馬徑及金夫人馳馬徑。「金督」是指1925至1930年間在任的第17任港督金文泰(Sir Cecil Clementi,1875 - 1947)。[72]金文泰喜愛鄉村,足跡遍及全港,這兩條馳馬徑相信是夫婦二人騎馬暢遊港島郊野時的路線,當中以金夫人馳馬徑較長,風景亦較佳,終點為灣仔峽,據說她就是由該處騎馬返回港督府。[73]

自麥理浩之後，歷任港督都喜歡到郊野公園行山，包括第 26 任的尤德爵士（Sir Edward Youde，1924－1986），他在 1982 年末出任港督之前，已就香港前途問題與中國開展談判，其後見證了中英兩國於 1984 年簽訂《中英聯合聲明》，確認中國將於 1997 年 7 月 1 日起恢復對香港行使主權。在履行這項重大的歷史任務之餘，他也喜歡到新界走走，舒展工作壓力，尤其喜歡到沙頭角行山，常在南涌的山坡上眺望風景，後來當局在那處建設一個紀念亭，名為「尤德亭」，亭畔設有風景台，能遠眺沙頭角海及梧桐山。1986 年 12 月 5 日，尤德在出訪北京期間因心臟病發猝死，成為唯一一位於任內逝世的港督。

1992 年，一群時任或已退任的郊野公園委員會委員，共同創立了郊野公園之友會，是一個以推廣郊遊、植樹、清潔、講座及出版為主的非牟利組織，以推動郊區康樂設施的發展。他們其中一個重要項目，就是贊助興建香港第四條遠足徑「衞奕信徑」。衞奕信徑於 1992 年 7 月 2 日在南涌舉行命名儀式，時任港督衞奕信（David Clive Wilson，1935－）及其夫人出席。衞奕信熱衷郊野行山，足跡遍及港九新界，衞奕信徑正是由他選擇有特色的遠足路線串連而成，全長 78 公里，共分七段，以港島南部的赤柱為起點，新界東北部的南涌為終點。他曾說：

> 對我來說，舒緩工作所帶來的壓力，最好是登山遠足，或與興致勃勃和有時疲態畢露的遠足人士閒聊，或享受郊野的寧靜，實在是生活在香港的最大情趣之一。[74]

衞奕信徑亦是香港首條由私人團體發展的遠足徑，郊野公園之友會義務承擔 1,000 萬籌建，其餘款項來自各私人或非政府機構，包括香港太古集團、何鴻燊基金、新鴻基地產發展、國際獅子總會、其他有關機構及熱心人士。1995 年 1 月 15 日的動土典禮，出席嘉賓包括時任政務司孫明揚、捐款人之一何鴻燊及郊野公園之友會主席譚榮根等。[75] 衞奕信徑沿途有不少崎嶇路段，對有經驗的遠足人士而言亦具考驗，若以每小時兩公里半計算，行畢全程需要 31 小時，

‖ 1982 年漁農處出版的八仙嶺自然教育育徑指南。 ‖

其中一個特色是此徑並不連貫，在第二段途經鰂魚涌時，須從太古站搭乘港鐵，到藍田站重出地面，才繼續行程。由於衛奕信徑是以捐款贊助建成，個別路徑的冠名亦反映了這個特色，如第一段赤柱峽道至黃泥涌水塘名為「鴻燊段」、第二段黃泥涌水塘至鰂魚涌名為「太古段」、第四段井欄樹至沙田坳名為「新鴻基地產段」，而全程的起點及終點則建有紀念石碑，以誌香港賽馬會慈善信託基金對工程的贊助。[76] 衛奕信徑啟用以來，舉行過不同類型的競走步行籌款，包括由雷利計劃（香港）發起的「雷利衛徑長征」。[77]

1980 年代初，漁農處為喜歡大自然環境及研究植物的人士，設立了五條自然教育徑：大埔滘自然教育徑、北潭涌自然教育徑、鷹巢山自然教育徑、八仙嶺自然教育徑，及新娘潭自然教育徑。以八仙嶺自然教育徑為例，全長四公里，由大尾督的郊野公園管理中心開始，到新娘潭瀑布為止，沿途可以飽覽船灣淡水湖及八仙嶺群山、有趣的地理特徵如陡崖組成的山景及礫石層的走向等。[78] 為

迎合一家大小到郊野公園遊玩，當局又在 1987 年修建第一條「家樂徑」、1992 年設立「樹木研習徑」，這些小徑適合行山經驗尚淺的市民，寓教育於活動中。

漁護署表示，開闢郊野公園的目的是為了保護大自然，以及向市民提供郊野康樂和戶外教育設施。至於劃定特別地區，則是為了保護自然生態。目前全港已劃定了 24 個郊野公園，連特別地區總面積達 44,300 公頃，佔香港土地面積的 39.98%。2014 年，郊野公園吸引了 1,120 萬遊客到訪。[79]《郊野公園條例》就郊野公園和特別地區的指定、管制和管理，提供了法律根據，規定設立一個郊野公園及海岸公園委員會，向漁農自然護理署署長提供有關管理郊野公園和特別地區等事務的意見。

7.3 │ 文化旅遊與原居民文物徑

外籍人士研究香港古蹟文物已有悠久歷史，20 世紀初，港督金文泰仍是新界理民官時，就參觀了新界的古蹟文物。1993 年，政府建立首條原居民鄉村文物徑——屏山文物徑，將宗族財產轉變成開放予遊客參觀的文化景點。同時在熱愛中國文化的港督衞奕信的推動下，復修粉嶺龍躍頭鄧氏的傳統建築如松嶺鄧公祠等，設立第二條新界文物徑，在圍村舉辦富有特色的大型盆菜宴，盛況空前。政府在回歸前夕，將 1997 年定為「文物年」（Year of Heritage），推出中西區文物徑第一期，又積極推動保育新界圍村的中式建築。香港旅遊協會亦乘時推出新的本地文化遊，參觀廟宇、祠堂、神壇、傳統建築等，帶領遊客走入殖民地的偏遠村落，讓外國遊客到香港見證回歸之餘，亦欣賞到香港的「中國文化」一面。惟有外國人類學學者批評，將宗族文物改變成旅遊景點，會失卻了原來的文化及社會價值。

文化旅遊：西方可持續發展概念

以一個地方的文化特色及遺產招徠本地或海外遊客的「文化旅遊」，是近年文化與商界的共同焦點課題。然而，香港現時還未有推廣本地文化旅遊的完整方針，只有香港旅遊發展局把「古今文化」（Culture & Heritage）作為推介重點。文化旅遊簡單來說，是一種與人類文化現象（如歷史、建築、藝術及風俗等）有關的旅遊活動，人們從旅遊中瞭解各種文化的出現、累積、傳播、拓展及豐富的經過。Bob Mckercher 與 Hilary du Cros 認為，文化旅遊是與經驗有關的旅遊活動，人們通過經歷及接觸特有的社會結構、文物及地方特質，從而獲取學識及娛樂。[80] 另外，有文化學者則傾向將文化旅遊界定為與個人的興趣或感情有關，如研究民間文化的美國文化人類學家 Richard Kurin 指出，文化旅遊是一種文化創造，在這種旅行活動中，文化代表不同的興趣、目的及感情的方式。[81] 近年在香港很熱門的集體回憶，也可以被認為是與文化旅遊有關，如 Valene L. Smith 指出，這是一種包含如畫風光或本土特色的旅遊，可以讓人們從一些痕跡中重拾消失中的生活方式。[82] Metelka 則指出，文物旅遊著重那些保存於紀念碑、古蹟、傳統建築和文物中的人物或地區歷史；作為一種規劃策略，文化旅遊描述了一種嘗試為居民和遊客創造豐富的環境，使遊客的需求、區域和國家福祉、商業和環境之間取得平衡。[83]

文化旅遊其實在古代中國已經有先行者，如司馬遷遊歷名山大川，訪尋各處古蹟，搜集到不少實地考查而來的資料，這無疑對他著史有莫大的幫助；荀子遊歷齊、楚、秦等國後，發現了秦兵強盛的因由，才能斷定秦必吞併大國；徐霞客也是在踏遍萬水千山後，才寫成其遊記。但也有人說，昔日的尋幽探秘之旅都是勞民傷財的。西方早期的文化旅遊多涉及「高雅文化」或「精英文化」，著重參與其中，以之作為借鑑。在中世紀，旅行被定義為與宗教有關，旅者通過朝聖活動，加強與宗教團體如十字軍的聯繫，而因為當時交通困難及路上凶險，旅遊不屬於普通百姓，而主要是統治階層，並伴隨著大規模的隨行人員。到了 15 至 16 世紀，旅遊與當時新的歷史及科學調查有關，如天文學、探險及

航海，葡萄牙人發現繞過好望角的新航線抵達印度果亞。18 世紀，英國開始有「大旅行」，旅行變得有教育性及政治性，出現了導師課（Tutorial），從旅行中學習古典、語言、儀態、舞蹈，作為日後政治領袖的訓練。至 18 世紀末，工業革命來臨，鼓勵科學交流，貿易擴張，旅行者伴隨殖民者前來，開闢新的土地，探尋新的市場。但到了 20 世紀初，尤其是第一次世界大戰後，人們想從貴族方式中解放出來，時值浪漫主義風行的年代，新的貴族開始被一些民間文化所吸引，喜歡上普通人的文化如民歌、爵士樂等，促進了民族旅遊或人類學的出現。此後，隨著現代交通日益發達，以瞭解民俗文化為主的旅遊活動便告興起。甚多詩人以遠遊方式逃避工業城市的弔詭行為，追尋逝去鄉郊的自由，尋求解脫。

香港早於上世紀初，已有不少外籍人士到訪港九新界各區村落，對有關文物作詳細的紀錄，寫成不少學術專書，成為日後文化旅遊的資源，從這些蒐集及闡述，展示香港多元社會的特質。他們大多是社會學家或人類學家，如斐利民（Maurice Freedman）、首任古物古蹟辦事處執行秘書白德（Solomon Bard）及與漁民生活的華德英（Barbara Ward）等，對日後香港的文化發展有深遠的影響（附錄一）。

隨著大眾旅遊在戰後盛行，人們參加包裝好的旅行團，坐飛機到不同地方，安全舒適地旅行，但也減少了與當地人接觸的機會。在 1970 至 1980 年代，這種主客關係的旅遊方式受到批判，被指是對窮國的經濟及文化剝削，旅遊已成為一種工業，商品化、標準化、理性化及沒有驚喜，人們亦開始關注旅遊活動對環境造成的影響。到了 1970 年代末，文化旅遊作為一種旅遊產品開始出現，但局限於少數知識分子及較富裕的旅客。1972 年，聯合國教科文組織通過《保護世界文化和自然遺產公約》，闡明「世界遺產」概念，選出具有突出價值、人人有責任保護的自然景觀及古蹟遺址，將其列入世界遺產名錄。1996 年，世界旅遊組織及聯合國教科文組織確認旅遊業可持續發展與文化的關係，「文化旅遊」被提上全球文化發展策略的議程，探討文化旅遊對文物保護及原居民帶

來的影響,希望從旅遊與保育中作出平衡,簽訂《可持續發展的旅遊事業》協議,提出在發展文化旅遊時應尊重當地居民的傳統,注重旅遊設施與生態及人文環境的配合。自此,香港對歷史文化古蹟的保育制度才開始確立起來。

文化旅遊在香港社會的發展

隨著《中英聯合聲明》簽訂,九七回歸成為事實,政府以「亞洲國際都會」定位香港的同時,也強調與華南地區的關係,在後過渡期提倡中國文化教育。因此,本地文化旅遊的興起與政治、經濟及社會環境有密切關係。雖然香港旅遊協會曾於 1960 年代就新界的中式建築物景點進行整理,但殖民地政府對保護文物的意識不高,令香港的文化旅遊起步較遲,直至 1970 年代才通過《古物及古蹟條例》,政府同時成立古物諮詢委員會,就文物保護工作向港督提出建議,行政機關則是古物古蹟辦事處。但在 1970 年代末,殖民地政府不顧古物古蹟辦事處執行秘書白德博士及一眾古蹟愛好者的極力反對,將富有歷史價值的尖沙咀火車總站拆卸,以發展尖沙咀海濱及香港文化中心,只留火車站鐘樓作為紀念,是對香港古蹟保存一次深刻的挫折。幸好隨著代議政制的發展,政府鼓勵社會人士參與文物保護的工作,成立專家委員會協助,亦開始進行較大規模的文物修復工程。到了 1990 年代,政府積極推行文物教育,如將 1997 年定為文物年及舉行文物與教育國際研討會等,主要目的是希望下一代能瞭解香港的文化遺產,培養歸屬感。

對保存文物及推廣本地史擔當重要角色的香港歷史博物館,前身是市政局的香港博物美術館。1952 年,香港政府購入羅雲漢及思雅之香港藏畫,其中附有香港早期照片數幀及相簿一本,港督葛量洪(Alexander Grantham,1899 – 1978)於 1954 年在倫敦呼籲當地人,將香港的歷史繪畫及圖片交還,收回不少退休商人及軍人們收藏的早期香港照片。這些照片連同在布政署儲物室尋獲的一本相簿及多幀零散舊照,成為 1962 年在大會堂高座頂樓成立的香港博物美術館的藏品基礎。1963 年 4 月,該館選取部分照片,輔以各政府部門、公共

機構及私人藏品借出的圖片，舉辦一個名為「1851 至 1910 年之香港」的展覽。1969 年配合香港節，舉辦「香港當代藝術展覽」。[84] 1975 年 7 月，香港博物美術館一分為二，分拆為香港藝術館和香港博物館，後者初時租用尖沙咀星光行為臨時館址，[85] 1982 年再遷往九龍公園前威菲路軍營兩座營房作另一臨時館址，面積 2,800 平方米。[86] 隨著香港提升為世界上主要的商業及旅遊中心，當局認為有需要興建一間專門及永久性的博物館，有現代化的設施及充足的展覽場地，以展示更大及更多的展品。經市政局在 1994 年再確認這個計劃的迫切性及重要性後，準備工作隨即展開，政府批出撥款 3 億 9 千萬，經立法局財委會審議，這間永久性的博物館終於動工興建。[87] 1998 年 7 月，位於尖沙咀漆咸道南的香港歷史博物館正式開幕，面積 17,500 平方米，[88] 設有全新的「香港故事」常設展，更安排導賞活動，讓市民透過展品瞭解更多香港的歷史文化。

從另一方面看，文化及文物有價，旅遊可帶動經濟發展，亦符合香港經濟活動的需要。因近年香港經濟發展傾向單一化，政府希望藉著本地的文化遺產，吸引外地與內地旅客，以促進經濟，帶動私人或商業機構參與其中。為此，當局以一連串措施或活動配合，希望振興旅遊業，如旅遊事務署的其中一項工作，就是就文化旅遊作出具體建議。此外，私人團體及發展商亦更有興趣參與文化保育的計劃，如西港城、Heritage 1881 等。一些地產項目亦會配合周邊的發展需要，在相鄰地點興建適合一家大小的景點，吸引本地或外地遊客，如大埔滘的白鷺湖互動中心（前稱大埔滘互動自然中心）、挪亞方舟度假酒店及馬灣大自然公園等。有不少旅行社配合本地人的口味，在探訪鄉村之餘，亦安排到一些有聯繫的商戶如餅家等，漸漸發展出一些綜合不同景點、不同需要及口味的一日遊旅行團，很受街坊團體、社區組織或互助委員會的歡迎，亦帶動地方經濟的發展。1980 年 10 月，香港旅遊協會首次推出「香港古蹟遊」節目，1990 年代亦推出不少古蹟導賞遊，吸引對中國文化有興趣的西方遊客。針對本地遊客方面，各區區議會分別編寫風物志，如《灣仔區古蹟與掌故》（1992）、《北區風物志》（1994）、《沙田古今風貌》（1997）、《香港中西區風物志》（1998）、《油尖旺區風物志》（1999）、《西貢歷史與風物》（2003）等，介紹該區的歷

‖ 開創區議會文物志先河的《灣仔區古蹟與掌故》（1992）。‖

史建築及風俗文物，可說百花齊放，民政事務總署也加入推廣文化旅遊的活動，印製 18 區古蹟文物旅遊指南，在各區分署免費派發。

除了希望促進消費、帶來經濟收益外，政府在回歸之前積極推動保護文化遺產，重視中國文化教育，有其政治上的涵意。有展覽顯示香港與華南地區的文化有著一脈相承的關係，然而文化人類學家蕭鳳霞指出，英國的教育和行政制度逐漸在香港人口中發揮著應有的作用，因此要斷定香港社會完全是中國人社會是有點天真的。[89] 回歸初期，在行政長官董建華的第三份施政報告中，提及要將香港提升為世界級大都會，文化定位固然成為落實這個目標的重要一環，特區政府亦希望藉著推行文物保護及中國文化教育、建立文化大都會這幾方面，對內加強與國家的關係，向外繼續維持及加強與外界的連繫，藉此鞏固香港在中國、亞洲以至全世界的獨特性。

民間方面，戰後社會邁向工業化，普羅大眾的免費娛樂，是在假日約同三五知己到新界行山，因此出現不少由民間組織或社區中心組成的旅行隊，趁著周日的閒暇時間，聯群結隊到山嶺活動，除了作為運動，亦是一種社會聯誼。這些自由的行山團體或隊伍，在回歸前也有組織一些內地的行山路線，其中較為熟悉的是非常接近香港的梧桐山，或到福建參觀客家土樓等。當中有些行山組織者，其後發展較具規模的本地旅行社，如人稱「朱翁」的藝人朱維德便是表表者，他撰述的《香港掌故》系列及其他有關香港風光的行山遊記成為本地旅遊經典，他開設的「見聞會社」曾在 1980 年代衝出香港，到世界其他角落旅遊，其後他擔任節目主持人時，亦有介紹香港的風光名勝。

回歸亦成為人們探尋自身文化的一個契機。在回歸前的過渡期，基於香港人的口味轉變，加上不是所有人都能滿足行山的體力需求，有本地旅行社藉機推出一些針對一家大小的本地一日遊，去新界鄉村走走，瞭解一些古蹟的歷史背景，導遊會用輕鬆的語言講解故事，配合特色午膳（如南丫島海鮮餐、在道教仙館或佛教叢林享用齋宴等），非常受到安排康樂活動的互助委員會、地方社團、社區中心或政治團體的歡迎。中文大學人類學系張展鴻就認為，自從 1984 年《中英聯合聲明》後，香港人希望瞭解本身與其他中國人的文化差異，一日遊成為近年探討本身文化及尋找香港特色的文化旅遊形式。享用盆菜、觀賞農村風貌及殖民時代建築，這種旅遊正符合他們找尋真我的求知慾。[90] 而人類學家 James Watson 及 Rubie Watson 也強調，自《中英聯合聲明》後，報章上關於新界習俗的報道有所增加，政府印刷了不少關於文物的書籍，香港電台也想訪問他們二人，這些均顯示傳媒十分關注香港與中國內地不同的生活方式。[91] 而在社會另一層面，一些文物的擁有者如新界原居民，也希望藉著吸引遊客前來探訪祠堂、圍村及書室，提升他們的社會及經濟地位。區議會、民政事務相關的地區委員會及立法局在過渡期的功能加強，市民的參與程度提高，對生活的要求增加，著重自身文化身份的覺醒等，對文化旅遊在回歸前得到促進有莫大關係。

綜觀以上各點，文化旅遊的出現與 1980 至 1990 年代的香港政治、經濟及社會脈絡有十分密切的關係。但由於政府、市民及文物擁有人對文物的意義有不同的詮釋，對文化旅遊的定義也有各自的表述，所以我們應該將文化旅遊看成政府與民間一同建構出來的一種文化現象。

對文物的詮釋：政府設立新界宗族文物徑

何謂文物？這是一個非常根本但難以回答的問題。每人對遺產的定義均有不同，從古董店售賣的文物，到家族或機構遺下的物品，以至全世界不同國家的社會及文化風俗都可以包括在內。由於這種可變的性質，遺產永遠不能被好好定義或詮釋。Rodney Harrison 在 *Heritage: Critical Approaches* 一書中形容，「文物」是一個既範圍廣闊且棘手的術語（a broad and slippery term），因它可以概括任何切實的事物如建築物、古蹟及紀念物，亦可以指涉如空氣般飄逸的事物如歌曲、節慶及語言等。作者在書中亦有許多批判性思考，提出遺產既反映人們與過去的一種關係，亦包含了人類的價值，就是我們希望通過保留遺產而傳承下去的觀念。故此，當遺產被視為一個後現代性的產品時，它亦是其生產者，因為就是藉著積極參與「過去」，我們才可在「現在」生產出各種各樣的個人及集體回憶，令我們在將來結合起來。[92]

在香港，Heritage 一般亦譯作文物，但什麼才是文物？文物是一種可觀察的文化形式。對普通人而言，遺產可能意味著從古物商店購買的財產、從家庭或組織繼承的東西，或在全球範圍內的習俗和文化。由於遺產於不同的人意味著不同的事物，因此其性質是不確定的。使用 Heritage 作為文物的代名詞，是始自 1997 年政府所訂的文物年，當年籌辦了許多關於香港歷史建築的導賞活動，藉著回歸的一年，將文物與香港及中國的文化連繫起來，而其中官方所訂的法定古蹟大部分都是建築。

那是否我們就不能界定何謂「文物」呢？大衛‧赫伯特（David T. Herbert）介

紹了三種不同的主要遺產形式：一、自然（自然動植物）和生態環境；二、歷史建築和考古遺址；三、無形的文化遺產，例如國家的藝術瑰寶、音樂傳統、少數民族語言和方言、地方的風俗習慣和生活方式。[93] 在國際環境中，我們經常聽到「文化遺產」或「非物質文化遺產」等名詞，這些都是由國家或國際組織所訂立的官方解釋。例如根據聯合國教科文組織，世界遺產包括物質文化遺產、非物質文化遺產及自然遺產，對全人類有普遍價值，值得保存和傳承。Heritage 一詞其實我們很難找到一個最接近的中文翻譯，就算譯作遺產，一般人也多解釋為祖先留下來的財富而已，為了釐清定義，後來又多稱之為文化遺產。西方文明則還有大自然留給我們的自然遺產的概念。此外，東西方對何謂「文物」有不同的理解，東方往往著重於文物本身的價值，例如古董或收藏物，反而建築等在日常生活中的價值被忽視，故此在復修文物時往往會將其翻新，以提升其價值反映物主的社會地位，而西方的文物保護法則著重於整舊如舊。

但是從政府的角度看，只有法律所定義的歷史遺蹟才會被視為文物，政府需要有自己的標準，定義哪些是值得保護的歷史遺蹟。在撰寫歷史紀錄時，政府始終強調香港文化屬於嶺南或廣東文化的一部分，與正統中國文化之間有聯繫。政府往往會自行決定哪些是全香港市民的寶藏，代表香港的文化歷史。在 1997 和 1999 年，政府舉行了「文物與教育」和「文物與旅遊」兩場關於文物的國際會議。從這兩次會議上，我們看到從政府的角度解釋，文物可以被視為當代社會中用於教育或旅遊目的的工具。

此外，關於文物定義和文物保護的討論往往涉及政治。在許多地方，保存歷史古蹟成為地方政治和各方談判的產物，可能會令遺產保護偏離最初的目的。正如羅伯特·弗尼（Robert Verney）和勞拉·亨利（Laura Henley）所指出：「文化資源的管理是一個絕對的政治過程。」[94] 張展鴻以探討元朗屏山文物徑及其有關的現代香港社會文化，提出「冷凍文化」（Fronzen Culture）的概念去瞭解文化旅遊，有助反映出文化保存及其相關的社會政治動態。[95]

‖ 約 1960 年代，一群年輕人到訪元朗八鄉凌雲寺。 ‖

宗族的角度

宗族是由近親血統組成的後裔群體組織，從族譜上追溯其祖先。[96] 例如龍躍頭鄧氏是沿襲父系血統的宗族組織，他們的祖先早於元代就定居在粉嶺地區，這在龍躍頭鄧氏家譜中有記載。如今，龍躍頭由「五圍六村」組成，在這些村莊中有鄧氏的住所。隨著該地區的發展，在這幾百年來，鄧氏從農業和土地持有中積累了收益，形成了祖先的遺產，並通過繼承傳給了後代。後裔利用這些莊園建造房屋，以供住宿和其他宗族活動。自 1980 年代以來，龍躍頭一些具有歷史價值的建築物，例如觀龍圍（新圍）、老圍、松嶺鄧公祠和天后宮等有圍牆的村莊或歷史建築，已被香港政府列為「法定古蹟」，被稱為「香港文物」。究竟政府當日是怎樣將鄧氏的族產轉變成文物呢？

筆者曾在龍躍頭進行過大約三年的參與觀察，研究鄧氏的族譜及歷史，參與當

地原居民舉行的祭典、神誕及太平清醮等活動，瞭解他們對文物的見解，發現當中的文物保護過程，往往與政府對文物的詮釋有差異，從而在地方政治中產生角力。從鄧氏宗族的角度來看，他們仍然生活在圍村中，他們用以崇拜祖先的祠堂、家祠和守護地方的神祇的廟宇，是他們宗族的公有財產，代表整支或分支血統或其祖先的遺產，也是社區生活的中心。此外，族譜、其他文化或宗教習俗的繼承，也可能被他們解釋為血緣的傳承。因此，遺產可能會包含代表其譜系的所有有形或無形對象。

傳說，鄧氏的祖先與落難的宋朝公主（也稱為皇姑）成親，建立了與帝國的聯繫，並藉此證明鄧氏在龍躍頭的正統權力。1246 年，龍躍頭在東莞修復了皇姑的墓地，對其血統的優先權因此獲得了承認。[97] 後來，鄧氏建立了其公有財產的祠堂，在該地區成為重要的宗族。科大衛（David Faure）在研究龍躍頭社會時指出，建立祠堂代表著宗族建設的一個重要階段，因為儘管他們的睦鄰和政府未必認可其地位，但祠堂卻提供了領土和宗族統一的象徵。[98]

另外，在元朗新田鄉的麟峯文公祠，Rubie S. Watson 和 James L. Watson 提出的有關原始建築和藝術恢復的專家定義，亦與新田文氏詮釋的祖堂的社會意義存在衝突。兩位學者指出，他們在 1960 年代後期與文氏宗族的第一次相遇中，看到了祠堂大廳曾經是鄉村活動的中心、鄉村更練的總部和設宴的地方，現在卻變成了憲報上的古蹟和旅遊中心，宴會桌不見了，連長木凳也消失了，他們認為保護的代價是社區的消失。[99] 從 1970 年代起，政府對原居民的習俗和權利進行了許多修改，如丁權、土地等。因此強勢如鄧氏的新界宗族必須制定策略，以回應政府權力對當地社會的滲透。

隨著政府從 1980 年代開始在新界引入文物保護，宗族財產的演變成為本地和海外人類學家的研究對象，如何在香港更廣泛的社會和政治環境中操縱財產以達到特定目的。張展鴻指出，1995 年，政府為了擴展垃圾堆填區，移除了位於流浮山一個屏山鄧氏祖先的墓地，屏山鄧氏則以關閉屏山文物徑作為抗議，反

‖ 約1992年，港督衛奕信訪問龍躍頭松嶺鄧公祠，了解復修工程的進展。 ‖

映文物古蹟如何被用於討價還價，以及政府與地方大族如何因對風水的理解、對歷史遺產的解釋不同而引起衝突。[100]

宗族的公有財產，為後人的經濟生活、祖先崇拜、其他宗教節日和活動（如打醮），以及一些由祖堂控制的廟宇（例如龍躍頭的天后宮及龍山寺）的維護帶來收入，還會用來建立墟市，從而增強宗族在地區的經濟地位。在近代，這些祖傳財產與城市發展不時產生衝突。在與政府進行了長期談判之後，1999年，龍躍頭文物徑開通。一些村民認為，這條小徑的開通有助促進當地經濟發展，反過來又有利於沿襲。因此，宗族對祖傳財產的態度，可能會隨著其經濟功能的變化而改變，如考慮政府利用文物古蹟吸引遊客和改善經濟。然而，隨著一些歷史建築被宣佈為古蹟，它們必須向公眾開放，可能會令祖先財產的功能發生變化。這是否會導致宗族成員喪失社區意識，或改變舉行傳統儀式和社會活動的場所？有人指出，在翻新過的歷史建築的開幕儀式上，總有政府官員出席。

在這些場所舉行儀式時，宗族成員如何與官員互動？諸如風水的傳統習俗，與政府對文化遺產的解釋是否有矛盾？

從屏山文物徑及龍躍頭文物徑的例子，可見政府對文物或法定古蹟的界定標準，未必會為其他人所接受。每人對文物的概念也不同，它的意思是多重的，因此各機構包括政府、旅遊發展局、旅行社、區議會以至個人等，對文化旅遊的理解也不同，也有各自的表述。普羅市民在參觀新界宗族的歷史建築或傳統習俗時，在欣賞遊玩之餘，如何作出平衡及尊重原居民的習慣，就如在生態旅遊時，如何保護環境一樣，這些問題是發展可持續旅遊時必須面對及解決的。

註

1 "Trade and Shipping, Industries, Fisheries, agriculture and Land", *Administrative Reports for the year 1923*, p.19.

2 英國佔領香港後，在港島北岸發展新城市，命名為「維多利亞城」，包括上、中、下環三處，致力發展商業。其後數十年間，由於土地不敷應用，大規模的開山填海先後付諸實行，維多利亞城的範圍也漸漸擴展起來。1903年，港府於憲報刊登了維多利亞城的界限，並樹立六塊界石，清楚確認城市的範圍。六塊界石形狀相若，用花崗石打製而成，高約一米，頂部呈錐形，並刻有「City Boundary 1903」（城市範圍1903）字樣。這些界石是香港發展的見證，成為標誌城市邊界的歷史遺蹟。六塊界石分別立於：（一）堅尼地城西寧街的公園內；（二）薄扶林道東面行人路，近3987號電燈柱；（三）克頓道起點，距離旭龢道約400米；（四）舊山頂道與地利根德里交界處40公尺外；（五）寶雲道與司徒拔道交匯點約半公里外；（六）黃泥涌道聖保祿小學對面。見Solomon Bard, *In Search of the Past: A Guide to The Antiquities of Hong Kong*（《香港文物志》）(Hong Kong: Urban Council, 1988), p.61.

3 〈香港動植物公園〉，康樂及文化事務署，2017年2月3日，https://www.lcsd.gov.hk/tc/parks/hkzbg/facilitie/outdoor/pavilion.html，取用日期：2020年2月26日。

4 有關園林主管福特對植物園架構重組的意見，見《香港轅門報》（*The Hong Kong Government Gazette*），1879年5月14日。

5 《士蔑西報》，1882年10月26日。

6 Hong Kong Government, *Annual Report of the Superintendent of Botanical and Afforestation Department for the year 1883* (Hong Kong: Botanic Garden, 1884).

7 1855年港督寶靈進行填海，填平了摩利臣山及禮頓山之間的泥灘，把灣仔與東角連起來，建成寶靈城（Bowrington Town，即鵝頸區），原來的河涌變成一條小運河，風景怡人，因此「鵝澗榕蔭」曾是「香港八景」之一。

8 《士蔑西報》，1883年5月1日。

9 *The P. & O. Pocket Book (Third Issue)* (London: Adam and Charles Black, 1908), p.87.

10 李偉思：《一個偉大城市的健康狀態：香港及其市政局一八八三—一九九三》（香港：市政局，1993）。

11 "Trade and Shipping, Industries, Fisheries, agriculture and Land", *Administrative Reports for the year 1912*, p.15.

12 "Trade and Shipping, Industries, Fisheries, agriculture and Land", *Administrative Reports for the year 1915*, pp.14-15

13 "Trade and Shipping, Industries, Fisheries, agriculture and Land", *Administrative Reports for the year 1913*, p.15.

14 鄭寶鴻：《新界街道百年》（香港：三聯書店，2002），12、58頁。

15 同上，12-13頁。

16 "Trade and Shipping, Industries, Fisheries, agriculture and Land", *Administrative Reports for the year 1915*, pp.14-15.

17 Ibid.

18 由於當時的調查發現植物油在歐美的需求提高，該實驗花園曾經試驗用紫蘇製造植物油，並向倫敦的皇家學院提交報告。Ibid, p.20.

19 "Trade and Shipping, Industries, Fisheries, agriculture and Land", *Administrative Reports for the year 1923*, p.18.

20 "Trade and Shipping, Industries, Fisheries, agriculture and Land", *Administrative Reports for the year 1925*, pp.15-16.

21 郭志標：《香港本土旅行八十載》（香港：三聯書店，2013），219頁。

22 〈郊野公園30歲〉，《明報》，2007年8月29日。

23 Richard Webb, "The Use of Hill Land for Village Forestry and Fuel Gathering in the New Territories of Hong Kong", *Journal of The Royal Asiatic Society Hong Kong Branch*, Vol.35 (1995), pp. 143-153.

24 Ibid.

25 *Extract from a Report by Mr. Stewart Lockhart on the Extension of the Colony of Hongkong Mr. Stewart Lockhart to Colonial Office*, October 8, 1898, pp.185-186.

26 *The key to the Flora of Hongkong, the New Territories and Kwang Tung Province*, published by the Director of the Royal Gardens, Kew, as additional series of the Kew Bulletin in 1912.
   "Trade and Shipping, Industries, Fisheries, agriculture and Land", *Administrative Reports for the year 1923*, p.15.

27 香港自然網，〈香港自然保育的起源——環境科學專家湯博立（即戴爾博）〉，2006年6月15日，取用日期：2020年4月20日。

28 漁農自然護理署：《郊野三十年》（香港：漁農自然護理署，2007），38頁。戴爾博後

來擔任美國喬治梅森大學（George Mason University）環境科學及政策學系客座教授。

29　George Mason University, Environmental and Science Policy, https://esp.gmu.edu/faculty-staff/faculty-bios/lee-talbot，取用日期：2020 年 4 月 20 日。

30　戴爾博夫婦：《香港保護自然景物問題簡要報告及建議》（*Conservation of the Hong Kong Countryside*）（香港：香港政府印務局，1965）。

31　方李慕坤：《本港郊野公園的建設》（香港：香港中文大學地理系及地理研究中心，1983），3-4 頁。有關臨時委員會發表的報告，參見 Provisional Council, *Report for the Use and Conservation of the Countryside* (Hong Kong: Hong Kong Government Press, 1968).

32　當時行走西貢的街車包括十四鄉街車、北潭涌街車、大浪西灣街車等。

33　《香港工商日報》，1969 年 8 月 15 日。

34　香港政府新聞處 ISD Ref. No.: 4086/1 ,1966-09-12。

35　香港政府新聞處 ISD Ref. No.: 15070/17 ,1976-09-17。

36　Hong Kong Government Information Services, *Hong Kong 1973 — A Review of 1972* (Hong Kong: Hong Kong Government Press, 1973), p.165.

37　根據《郊野公園條例》，政府在憲報公佈擬關設的郊野公園，讓公眾能在 60 天內查閱該地區的草圖和闡釋聲明，如有需要，可在該公園未被指定之前，向郊野公園管理局提出反對。該條例又規定，任何人士未經當局事先批准，不得在郊野公園內擅自進行新發展。

38　香港政府新聞處：《香港郊野公園》（香港：香港政府印務局，1981）。

39　香港政府新聞處：《香港便覽——郊野公園》（香港：香港政府新聞處，1995 年 7 月）。

40　同上。

41　《香港工商日報》，1978 年 1 月 25 日。

42　"The Use of Hill Land for Village Forestry and Fuel Gathering in the New Territories of Hong Kong"，pp.143-153.

43　香港政府新聞處 ISD Ref. No.: 20840/8; 20840/22; 20840/1, 1979-10-20；《香港工商日報》，1978 年 1 月 25 日。

44　香港政府新聞處 ISD Ref. No.: 20923/19, 1979-11-03; 20923/6, 1979-11-03。

45　《華僑日報》，1977 年 10 月 16 日。

46　《香港工商日報》，1978 年 1 月 25 日。

47　*Journal of the Royal Asiatic Society Hong Kong Branch*, pp.143-152.

48　Ibid.

49　香港政府新聞處：《香港便覽——郊野公園》（香港：香港政府，1995 年 7 月）。

50　《華僑日報》，1986 年 1 月 10 日。

51　香港政府新聞處：《香港便覽——郊野公園》（香港：香港政府，1995 年 7 月）。

52　香港濕地公園：《米埔內后海灣拉姆薩濕地》（香港：漁農自然護理處），1-2 頁。駱雅儀、張家盛：《濕地探索》（香港：郊野公園之友會，2004），8 頁。

53　張展鴻：《漁翁移山：香港本土漁業民俗誌》（香港：上書局，2009），37 頁。

54　《華僑日報》，1956 年 6 月 11 日。

55　單家驊、方慧晶：《魚塘綠悠遊》（香港：綠色力量，2003），6 頁。

56　《濕地探索》，16-18 頁。

57　同上。

58　同上。

59　漁農自然護理署，https://www.afcd.gov.hk/tc_chi，取用日期：2020 年 2 月 27 日。

60　香港政府新聞處 ISD Ref. No.: 20886/23, 1979-10-26。

61　《香港工商日報》，1979 年 12 月 10 日。

62　《華僑日報》，1980 年 12 月 2 日。

63　《大公報》，1981 年 11 月 10 日；《香港工商日報》，1982 年 1 月 4 日。

64　《華僑日報》，1983 年 1 月 22 日；《香港工商晚報》，1983 年 1 月 23 日。

65　《香港工商日報》，1981 年 11 月 29 日。

66　《香港工商晚報》，1980 年 3 月 3 日。

67　《華僑日報》，1988 年 10 月 20 日。

68　香港政府新聞處 ISD Ref. No.: 30261/12, 1984-10-26。

69　《華僑日報》，1984 年 12 月 5 日

70　《華僑日報》，1984 年 12 月 4 日。

71　《華僑日報》，1985 年 1 月 9 日。

72　金文泰在 1899 年加入香港公務員，歷任新界助理田土官、巡理府、助理輔政司、行政立法兩局秘書，以及署理輔政司等職務，對香港事務相當熟悉。後調任海外，至 1925 年重返香港出任港督。主要政績有興建城門水塘；興建瑪麗醫院、九龍醫院；接收民用機場，改名啟德機場；加入行政會議華籍非官守議員；重視中文教育，成立全港第一間中文官立中學（官立漢文中學）、在香港大學增設中文系。此外，

金文泰亦重視本土文化，通曉廣東話及官話（普通話），亦對中英文化交流作過不少貢獻。

73 郭寧：《尋幽探勝》（香港：九廣鐵路公司及南華早報，1993），99-100 頁。

74 郊野公園之友會：《衛奕信徑》（香港：郊野公園之友會，1995），5 頁。

75 同上，8 頁。

76 同上，9-25 頁。

77 「雷利計劃」是本港註冊慈善機構，總部設於英國，由英國皇儲查理斯王子於 1984 年號召發起，至今已於 40 多個國家完成了超過 250 個義工計劃，曾參與過的 40,000 多名義工遍佈世界各地，在 2013 年，全球超過 10 萬人受惠於計劃的可持續發展工作。雷利計劃（香港）旨在透過社區建設、環境保護研究及艱辛的歷險旅程，提供本地及海外青少年發展計劃。

78 《華僑日報》，1983 年 10 月 9 日。

79 「香港便覽——郊野公園及自然護理」，漁農自然護理署（2016－2018）。〈郊野公園轉型 變探索自然場所〉，《明報》，2007 年 8 月 29 日。

80 Bob McKercher and Hillary du Cros, *Cultural Tourism: The Partnership Between Tourism and Cultural Heritage Management* (New York: Haworth Hospitality Press, 2002), pp.1-10.

81 Richard Kurin, *Reflections of a Culture Broker: A View from the Smithsonian* (Washington: Smithsonian Institution Press, 1997).

82 Valene L. Smith, "Sustainability", in Valene L. Smith and Maryann Brent (eds), *Hosts and Guests Revisited: Tourism Issues of the 21st Century* (New York: Cognizant Communication Corporation, 2001), pp. 187-200.

83 C. J .Metelka, *The Dictionary of Hospitality, Travel, and Tourism* (Albany, NY: Delmar Publishers, Inc. Tanke, 1990).

84 《香港工商日報》，1969 年 7 月 6 日。

85 Hong Kong Government, *Hong Kong Annual Report for the Year 1976* (Hong Kong: Hong Kong Government, 1977).

86 Hong Kong Government, *Hong Kong Annual Report for the Year 1982* (Hong Kong: Hong Kong Government, 1983), p. 83。

87 Hong Kong Urban Council, *Urban Council Annual Report 1994/1995* (Hong Kong: Urban Council, 1995), p.95.

88 Hong Kong Government, *Hong Kong Annual Report for the Year 1997* (Hong Kong: Hong Kong Government, 1998).

89 Helen Siu, "Cultural Identity and the Politics of Difference in South China", *Daedalus,* Vol. 122, No. 2, China in Transformation (Spring, 1993), pp. 19-43.

90 Sidney C.H. Cheung, "The Meanings of a Heritage Trail in Hong Kong", *Annals of Tourism Research*, Vol. 26, No.3, pp.570-588, 1999.

91 Rubie S. Watson and James L. Watson, "From Hall of Worship to Tourist Center: AN Ancestral Hall in Hong Kong's New Territories", *Cultural Survival Quarterly,* Spring 1997, pp.33-35.

92 Rodney Harrison, *Heritage: Critical Approaches* (Milton Park, Abingdon; New York: Routledge, 2013).

93 David T. Herbert, "Leisure Trends and the Heritage Market", in David T. Herbert, Richard C. Prentice and Colin J. Thomas (eds), *Heritage Sites: Strategies for Marketing and Development* (Aldershot, Hants, England Averbury; Broolfield, Vt., USA: Gower Pub Co., 1989) pp.1-14.

94 Robert Verrey and Laura Henley, "Creation Myths and Zoning Boards: Local Uses of Historic Preservation", in Brett Williams (ed), *The Politics of Culture* (Washington D. C.: Smithsonian Institution Press, 1991), pp. 75-108.

95 Sidney C.H. Cheung, *Cultural Tourism and Hong Kong Identity (Working Paper No.4)* (Hong Kong: Department of Anthropology, Chinese University of Hong Kong, 1996).

96 William A. Haviland, *Cultural Anthropology* (USA: Thomson Learning, 2002), pp.280-281.

97 David Faure, *The Structure of Chinese Rural Society: Lineage and Village in the Eastern New Territories* (Hong Kong: Oxford University Press, 1986), p.153.

98 Ibid, pp.159-160 & 165.

99 Rubie S. Watson and James L. Watson, "From Hall of Worship to Tourist Center: An Ancestral Hall in Hong Kong's New Territories", *Cultural Survival Quarterly*, 1997, 21(1), pp.33-35.

100 *Cultural Tourism and Hong Kong Identity (Working Paper No.4)*.

主題公園

旅遊設施 的 興替

08 第八章

美國新世紀博物館委員會（Commission of Museums of New Age）指出，「（主題公園）在傳播知識、激發愉悅和好奇心方面，比博物館做得更好。位於加利福尼亞州和佛羅里達州的『迪士尼樂園』及『迪士尼世界』，每年吸引的遊客人數超過美國任何其他景點，包括數十座國家英雄紀念碑、首府城市、體育賽事、歷史古蹟和博物館。迪士尼主題公園已成為無可匹敵的『完全的度假勝地』（Total Destination Resort）。」[1]

主題公園的發展趨勢是藝術與科學的融合。自第二次世界大戰以來，藝術界已經在影視、表演、拼貼、三維裝置以及多媒體形式的新藝術領域中，大量融合了科學技術。20 世紀末，大眾藝術引入對科學的興趣與精神，令進入遊樂園的客人更為投入，更多了一份審美的標準，在玩樂之餘要求一份愉快、富有美感的經驗。迪士尼的「主題」概念重新定義了遊樂園（以及博物館），並已成為所有大型展覽設施的標準和模型。

在 1970 年代末，港府有感旅遊景點不足，決定全資發展一個集水族館與遊玩設施於一身的主題公園——海洋公園，選址黃竹坑，並在南朗山興建纜車，是繼山頂纜車後的第二條。海洋公園取代了舊時以私人經營為主的遊樂園模式（如啟德、荔園及青龍水上樂園等），引入西方主題公園的管理和營運，成為東南亞首屈一指的公園，這種流行文化引起了香港人極大的興趣。

然而，香港昔日的遊樂園卻自有其本土特色、親切感和人情味，雖然在展覽設計、人群管理、技術的創新應用、佈景設計以至文化景觀上，未能達到如迪士尼、海洋公園等的水準，但它們為當年許多參與過的普羅百姓帶來歡笑，和一份值得回味的集體回憶。

1997 年，經營數十年的荔園關閉，標誌著舊式遊樂園時代的終結，代之而起的是度假與娛樂兼備的新型設施。政府其後加快投入建設，以發展海洋公園為參考個案，興建如迪士尼公園等旅遊設施，以吸引更多遊客，促進經濟發展。

8.1 | 戰前的遊樂場興衰

大約在 20 世紀初，當時有紳商認為，香港這個現代化的都市人口眾多，興辦娛樂事業不應只局限於專演粵劇或專放映畫片（電影）的戲院，故計劃建造一個規模宏大的遊樂場，除了映畫片外，還有富娛樂性的遊戲，以吸引更多客人。但是興建一個遊樂場，必須有廣大的地段、優美的環境及大量人力物力，由於未能解決有關問題，故計劃一直擱置。

與民同樂：別墅式遊園

1910 年代，黃泥涌道的樟園曾是商人林景洲的一座私人別墅，依山而建，環境幽雅，規模雖小，但陳設簡潔，佈置得井井有條。園主十分好客，每逢週末或公眾假期，常常約友好到樟園遊玩，舉行雅集、吟詩、猜謎、下棋及酔酒等活動，有朋友勸主人索性將遊樂園公開，一方面可與眾同樂，一方面又可帶來收益。因此，園主首先整頓園內環境，加設石桌石凳，並購備酒水餅食，以應遊客需要。初時到樟園遊玩的多為新交舊好，或經熟人介紹，後來也有不相識的客人前來。樟園雖然不是正式的遊樂場，但可算是香港遊樂場的雛形，開創先河。

後來，有商人見樟園受歡迎，也在今養和醫院的位置興建了愉園。愉園的面積較樟園大幾倍，設計較天然，種植了很多花卉，亦有人工堆砌的盆景石山、亭台樓閣。園方亦兼營酒樓食肆，價格便宜，與外間的小酒家相若，客人均遊興甚高。每逢炎夏，愉園遊人眾多，倍覺擁擠，電車公司為利便遊客，特設「愉園」一站，派電車來往。愉園結業後，該站仍維持了一段短時間。

樟園及愉園後來都被批評為「遊閒有餘，樂則不足」，遊人日漸稀少，兩者都在 1920 年代初結業。

有些娛樂商人為了應付遊人新的要求，在 1915 年 8 月 24 日於西環堅尼地城開設太白樓遊樂場。[2] 太白樓舊址現成為了太白臺住宅區，但當年此地曾有「玉樓天半起笙歌」之譽，主人就地取材，利用蜿蜒的山形，建成亭台樓閣，種植奇花異卉，搭蓋大戲演棚，還設有舞台戲、音樂亭、唱書台、練靶場（射擊場）、鞦韆架、滑凳子、木馬園（迴轉木馬）等。最為一般文人雅士歡迎的是打燈謎、敲詩鐘、圍棋、即席揮毫諸般遊藝。遊樂場的池塘有舢舨十多艘供人租用，還設有食肆，提供咖啡奶茶及中西餅食，亦有鹵味小菜可供下酒。因為太白樓雅俗共賞、老少咸宜，遊人眾多，電車公司為應付交通需求，亦在晚間加派車輛行走西環。太白樓開業後，愉園的遊客人數大減，為了抗衡，在場內增設射擊場及猜謎等有獎遊戲，又在報章刊登廣告招徠。愉園及太白樓曾各踞東西，成為香港兩個消閒好去處，惟隨著遊人後來轉向東區一帶遊玩，西環變得較集中成為住宅區，故太白樓最後經營至 1924 年便關閉。

1918 年，有商人趁遊樂場供不應求的商機，在北角七姊妹一帶興建名園遊樂場。與太白樓的方式不同，名園佈置得宜，地方廣闊，運動器具應有盡有，主事者仿照上海「大世界」、「新世界」等遊樂場的辦法，吸引了不少遊客。名園因建築新式，又兼有太白樓及愉園的射擊場等遊戲，而且位置近海，暑熱時涼風習習，遊客人數在太白樓與愉園之上，電車公司亦增闢了名園路線。加上太白樓因人事關係停業，愉園亦因生意冷清而宣佈結束，只餘下名園一家，更集中了遊人如鯽。但後來，名園亦因位置偏遠及遊藝不多，入場人數不理想，無利可圖而在 1930 年代初結束營業。名園停辦後曾作聯華影業公司片場。1937 年，鐘聲慈善社徵得名園主人同意，免費借用此場地，舉辦「萬善緣勝會」，為潮汕水災賑濟及追悼死難同胞，廣州四鄉、澳門、中山各方人士亦來港參加，僧人道士由國內名山禮聘來港，本港各方居士林全體報效，經壇也有 20 多處，盛況空前。在第二日開壇後，天文台掛起九號風球，當時未及收拾旛杆及竹棚等設備，本以為會全部被颱風吹翻，豈料翌日雨過天青後，主事人發現

長旛塔頂依然屹立不倒，其他大小棚也原封不動，惟有地方神撲倒地上，最後勝會仍籌得十幾萬元賑災，可算是一個奇蹟。[3]

另一個著名的遊樂園是位於大坑的虎豹別墅，1930 年代由緬甸華僑商人胡文虎興建，樓高三層，其裝飾藝術風格反映當時本地流行的設計，並糅合了中西藝術特色。別墅本身屬私人府第，不對外開放，但別墅旁的萬金油花園則公開給市民參觀。園內有大量彩色塑像、假山、石洞、景觀，以及中國民間傳說、佛教和道教故事的壁畫。遊人可以攀上塑像及假山，穿越石洞，與神像合照，從壁畫的神話和歷史故事場景中，認識中國傳統的孝悌忠信思想。當時由於娛樂場所不多，不少家庭在假日愛到萬金油花園遊玩，成為香港市民的集體記憶一部分。[4]

利園與利園山的開發

港島東區一直有新的遊樂場出現，曾是香港遊樂場最密集的地方。1920 年代，利希慎購入位於東角（今銅鑼灣）的渣甸山土地，改名利園山，依照山勢，於 1923 年開闢成利園遊樂場。利園設有劇場、映畫院、遊樂場、酒樓餐廳等，蔚為美觀，是香港最大型的遊樂場。入口處為一斜坡，可供車輛出入，右側有樓梯而上，娛樂包括粵劇、電影、幻術、國技及唱女伶等節目；有獎遊戲有風槍射擊場、飛鏢場、擲藤圈、猜謎；兒童遊戲則有鞦韆架、騎木馬，入場每位 2 角，因遊藝豐富，許多名園的遊客亦被吸引到利園。[5] 當名園結業後，利園更成為唯一一個娛樂消遣地，大受普羅市民歡迎，生意進入黃金時期。利園雖然在 1931 年關閉，但仍會在特別時間開放舉行活動，如在 1932 年，一個在利園舉行的慈善遊藝會舉行煙花匯演，並有名家齊集利舞臺，為賑濟上海的災民出力。[6] 在利園正門右邊曾建有一個規模較小的「東區遊樂場」，二次大戰後停業，並改建為樓房。[7]

‖ 1920 年代建成的利園。 ‖

8.2 │ 戰後的遊樂場

戰後香港百廢待興，故直至 1950 年代左右，港九新界才陸續有新的遊樂場出
現，但初期它們的規模均較小，如 1950 代中期的元朗娛樂場、旺角天虹遊樂
場等，而且經營的時間不長，沒有為市民留下很多集體回憶。由於港島已沒有
足夠興建遊樂場的大型土地，加上另一方面新界人口增加，商業日益繁盛，有
多個私人發展商曾計劃在新界包括荃灣、沙田、大埔等新市鎮，及九龍市區邊
緣發展遊樂場。在新界發展，一定要跟地方鄉紳打好關係，因此戰後新界的遊
樂場投資多涉及紳商參與，各鄉名流在該地的發展比以前更加受重視。如 1957
年春節，新界民政署長彭德在大埔元洲仔官邸舉行一年一度園遊盛會，設午餐
招待新界各鄉紳名流、耆老及村代表，藉此作新年團拜，參加者達千人。[8] 這
與戰後政府對新界的政策有關，自 1950 年代開始，新界民政署陸續鼓勵各鄉

村選出代表，組織鄉事委員會，作為政府的橋樑，減少發展新界時的阻力。而獲得政府支持的地方鄉紳，亦希望配合政府政策之餘，投資當時在新界沒有競爭的娛樂事業，從而振興地方經濟。

港九的新設遊樂場

北角一帶繼名園停業後，戰後有兩個新場——月園及麗池花園相繼出現，引發新一輪競爭。月園遊樂場在 1949 年 12 月 22 日開幕，耗資 700 萬元，籌備半年，佔地 22 萬平方呎，由曾任中華民國蒙藏委員會委員長的許世英主持剪綵，月園總司理李察臣親自歡迎，到場賓客包括何東爵士。[9] 開幕禮當天，先是遊藝部門開放，餐廳及舞廳則於翌日陸續營業。因月園擁有各種當時前所未見的新奇玩意，包括旋轉風車、軌道火車、龍車、流星鞦韆、玻璃迷宮等，購票試玩者大不乏人，其中以「爬山車」最受歡迎，需要輪候。除了露天遊樂場及有獎遊戲場外，月園附設樓高二層的舞廳，更設有廂座，全港獨有，且有露天舞池。場內還有露天茶座供人品茗，四周環繞花草，餐廳則有中西餐部，可容納食客 300 人。遊樂場開幕時收入場門券 1 元，另各種遊藝每次 1 元或 5 毫。[10]

月園亦曾成為官商名流赴會的場地，如 1950 年 4 月 29 日，香港保護兒童會婦女部在月園的天宮舞廳舉辦慈善餐舞會，中西名流參加者眾多，港督葛量洪亦有出席。在 1950 年中秋節期間，月園加添節目以吸引遊客，如連續兩晚放「廣萬隆」煙花；另外開設露天映場，上映名片《金城虎將》，大同粵劇團在天仙舞台上演《瘋狂花燭夜》。1951 年 11 月，月園刊登報章啟事（的近律師行代啟），紀利兄弟洋行已辭去總經理一職，故不再與月園有限公司發生任何關係。[11]

> 逕啟者：自 1951 年 11 月 14 日起，紀利兄弟洋行（Gray Brothers）業已辭去月園有限公司總經理所屬之一切管理權，及由該洋行所提名擔任月園有限公司之董事職務，自上開日起，紀利兄弟洋行不再與月園有限公司發生任何關係。

‖ 1950 年代北角月園遊樂場正門。‖

紀利兄弟洋行為當時有名的娛樂業鉅子，於月園投資了 200 餘萬元，成為最大的債權人，惟後來月園的入場人次不理想，1951 年底至 1952 年初出現虧損，這筆借貸未能依時還清，故紀利兄弟辭去董事總經理一職，藉此迫月園還款，當時的債務多達 400 萬元。[12] 1952 年 9 月，債權人禎祥公司等向法庭申請下令，關閉月園遊樂場及天宮舞廳，並拍賣月園遊樂場地段，在法國銀行地庫的蘇沙拍賣行進行。[13] 其後，月園由「大世界娛樂有限公司」接辦重開，然而規模已不及從前，部分地段已發展為高廈，1955 年正式結束，現僅餘月園街地名。[14]

至於北角麗池花園，則是一個集游泳、飲食、跳舞及玩樂一身的遊樂場，游泳部有循環換水，滬菜部則設冷氣，特聘上海德興館名廚師烹調，宴舞廳氣派豪華，有樂隊伴奏。[15]

在九龍區，天虹遊樂場於 1950 年元旦啟幕，位於旺角荔枝角道與上海街交界，

場外有舖位數間，經營生果、餐館、冷飲、糖果餅乾、甜品、粥粉麵飯等。當時天虹的辦事處設在旺角彌敦道。天虹遊樂場的土地獲政府批期只為一年，期滿後原可續批一年，惟由於土地已另有租約涉及批出十年，租銀 16 萬，租者並已交付了 1 萬元作定金，加上天虹受官司糾纏，後來負責人經營不到一年左右便關閉了遊樂場。[16]

大埔松園仙館

除了元朗遊樂場外，大埔亦有商人建設私人鄉郊遊樂園。早於 1948 年，大埔頭原居民鄧煥佳向業主鄧廷珍，租賃大埔公路旁邊水圍段啟智學校後方的一幅土地，並於 1949 年 1 月 22 日開設一個名為綠野僑（仙）館的園地，英文名為「Green Ville Amusement Park」，在報章刊登廣告，[17] 相當新潮。園內有房間可供度假住宿，亦附設餐廳、酒吧、兒童遊樂設備及網球場等，惟後來於 1949 年 7 月因軍部徵用作興建軍營而關閉。[18] 至 1957 年軍部停用該地，鄧煥佳再投資了 20 餘萬，並向私人業主承批五萬呎土地，在原有軍營的基礎上開設一個更大的遊樂場，名為松園仙館（Greenville Park Garden Restaurant）[19] 供居民尋樂。該園參考同期的元朗娛樂場，設有機動遊戲、動物園、娛樂攤位、兒童玩樂場，園林酒家及電影院等設施。從大埔墟步行約十分鐘，亦有 15 號巴士經過。[20] 該園最有特色之處是有一個石舫，遊人喜在該處拍照留念，地方偌大，可同時供 1,000 人遊覽，是很多學校及工廠集體旅行的理想地點。如在 1959 年，港九無線電聯會在松園仙館舉行春節旅行聯歡活動，參加者達 1,500 人，空前踴躍，大隊上午 9 時齊集九龍火車站，搭乘 9 時 25 分專車，10 時許抵達大埔墟，在大埔頭水圍段穿過火車路軌下的隧道，下車後直步往松園仙館，早午餐及茶水俱由仙館供應。遊藝節目計有攝影比賽、爬山比賽、拔河競賽、幻術表演等，幸運抽獎遊戲由曾福琴行、志輝行、景和公司等捐出收音機三具，信興行捐出洗頭粉 1,400 包作獎品之用。[21] 惟松園仙館這類遊樂園其後日漸式微，加上鄧煥佳與業主在租地問題上發生訴訟，便關閉了遊樂場。[22] 1970 至 1980 年代曾在啟智學校讀書的舊生回憶，當時放學後經常到那些廢置的建築物玩耍，還有

THE BEST PLACE

to go for Recreation

IN

TAIPO

(NEW TERRITORIES)

IS

THE

GREEN VILLE
AMUSEMENT PARK

OPENING TODAY at TAIPO TAU

You can enjoy yourself with all sorts
of funs here.

* Comfortable rooms for boarding.
* Delicious meals and drinks
served in Bar and Restaurant.
* Also tennis court and open-air
dancing floor with bands.

Telephone: 91 Ext. 2162

‖ 大埔松園仙館的英文廣告。 ‖

一些電視劇曾在那裡取景。[23] 到了 1990 年代，該址由發展商興建成私人屋苑
「華樂豪庭」（The Wonderland）。

除了松園仙館外，在大埔亦曾設有其他的私人園地。在大埔公路與火車軌之間
接近林錦公路處，康樂園於 1960 年代被稱為新界最大的農場，園內道路可以
行車，園門兩旁刻著對聯：「門前學種先生柳，路旁時賣故侯瓜」。園主是李福
林氏，園內有花圃，除出產果類之外，還有花卉、水稻等，每逢農曆除夕左右
均有顧客到訪，購買花圃的時花過年。另有一處名勝為太和園，原是一位朱姓
業主的別墅，位於大埔桃源洞及運頭角附近，園地十分廣大，頗有林泉之勝，
有花園式的小建築、學校及球場等。[24]

官民互動：荃灣遊樂場

荃灣遊樂場位於青山道荃灣段與德士古道交界，鄰近今天港鐵大窩口站，最初由高無危、高唐及李獻良等投資，於眾安街創設「娛樂飲食公司」經營。[25] 遊樂場原定於 1952 年除夕開幕，後延至同年 8 月 9 日，由粵劇紅伶新馬師曾、張活游及鄧碧雲剪綵，華商總會理事長高卓雄主持揭幕，並設有雞尾酒會，吸引了數百名來賓觀禮。[26] 據當時的報章，在荃灣建遊樂場是因為：「本港新界荃灣，風景幽雅，為名勝地區，且車輛往返，交通便利。每值星期例假，郊遊仕女，車馬如龍，茲有商界高無危、高唐、李獻良等為增進地方繁榮……」可見商人看準荃灣的人流，為興建遊樂場的上佳選址。[27]

荃灣遊樂場佔地 15 萬平方呎，開業初期設有歌唱、戲劇、遊藝、獎品、茶廳及酒菜各部，由藝術界名流及著名廚師主理，以適合一般顧客口味為宗旨。[28] 後來，遠東集團董事長邱德根組成「遠東機構荃灣遊樂場有限公司」接辦，投資 200 萬以加建設施，於 1968 年 1 月 29 日復業。當日有來自國泰的影星共 12 位出席剪綵，並由新界助理警務處長莫理遜揭幕。

遊樂場正門位於德士古道，入口為古堡式，與同樣由遠東集團經營的荔園入口相近，成為「姊妹遊樂場」。當時一般機動遊戲的票價為幾毫子，如飛行船當時正價收每位 3 毫。此外，遠東集團在荃灣區內投資不少，除了遊樂場外，還有於 1967 年 7 月 14 日落成的楊屋道「遠東麵粉廠」，投資千餘萬，由時任行政局議員祈德尊（Douglas Clague）主持剪綵，[29] 工商署長及新界民政署長致詞，遠東董事長邱德根邀各界人士前來觀禮。麵粉廠旁有一間遠東貨倉，作為儲存工廠生產的製成品之用。[30]

荃灣遊樂場設有粵語片場、西片場、歌舞場及綜合劇場四大劇場，兩所電影院專映中西名片，歌舞場表演艷舞，綜合劇場表演粵劇、京劇、諧劇及雜技，隨時更換節目，後來又加設戲院一所；機動遊戲包括鴛鴦座、摩天輪、蜜月花車、

‖ 1950 年代的荃灣遊樂場，照片上方為青山道，下方德士古道的古堡式建築是正門入口（今荃灣花園）。 ‖

飛行塔、滾球及多種兒童小型機動玩具；攤位遊戲有「好彩」、彈子、中骰、輪轉、汽槍、賽馬、賽波、拋磚等，更設有保齡球場。[31] 為慶祝遊樂場營業兩周年，從 1969 年 12 月 30 日開始，免收門券一個月。[32] 遊樂場附屬的「美華歌廳」在 1969 年 12 月 28 日開業，常駐歌星計有韓燕、陳均能、陸美莉及梁月玲等。[33]

當時，政府部門會贊助兒童到荃灣遊樂場遊玩，尤其在一些特別節日。如 1968 年的兒童節，有數百名警察子女獲招待，在荃灣遊樂場慶祝節日，每人可獲一封 1 元利是及一張入場券，券內有抽獎號碼、餅食及汽水贈飲票，另有一共八張的遊玩票，可以坐空中飛船、飛機、騎木馬及吊車等。[34] 1969 年 12 月 9 至 15 日，由香港政府主辦的「第一屆香港節：荃灣區遊藝大會」亦在荃灣遊樂場舉行，招待一家大小遊客前來遊玩，包括飛行船（正價收每位 3 毫）、旋轉木

馬等。[35] 農曆新年期間，荃灣遊樂場亦設年宵市場，在 1970 年有攤位 100 個，擺賣五天的收費為 25 元。荃灣遊樂場於 1970 年代初結業，原址由遠東集團興建為住宅荃灣花園。

1960 年初，政府在荃灣海進行大型填海，有大塊的新填地可用，如沈常福馬戲團來港，便曾於荃灣大屋圍（今協和廣場）搭建臨時大帳篷表演，荔園動物園的鎮園大象「天奴」亦是隨沈常福馬戲團到港。

此外，有鑑於荃灣區內的康樂設施不足，政府於 1963 年動工興建官辦的同名「荃灣遊樂場」，位於沙咀道雅麗珊郡主社區中心側，設有硬地足球場、網球場、租用處、更衣室及休憩花園。遊樂場於 1965 年 4 月開幕，面積四英畝，由新界民政署長主持啟用儀式，當時是新界最大的遊樂場，每日上午 6 時開放至下午 10 時，建築費為 43 萬元，一直沿用至今。

地區樂園：啟德遊樂場

另一個集機動遊戲和娛樂表演於一身的商營遊樂場——啟德遊樂場，位於新蒲崗工廠區旁，[36] 彩虹道黃大仙警署對面，1965 年 1 月 31 日大除夕開幕，由早上 9 時一直至午夜 12 時。平日由每日下午 2 時至午夜，星期六及日則提早於中午 12 時開放。[37] 在 1970 年代，啟德遊樂場在農曆新年會延長服務時間，大除夕通宵開放，初一至初四上午 10 時至午夜 12 時，因此每逢農曆新年，城樓上的燈火都相當耀眼。

遊樂場於 1962 年由時任新界鄉議局主席何傳耀、陳日新等鄉紳集資 800 萬元（另一說近千萬）興建，[38] 原本預計 1964 年 8 月開幕，但因颱風令工程延誤，最終在 1965 年開放，完成時耗資千萬，面積 30 萬平方呎。入場費為成人 7 角，小童半價（後來加至成人 1.1 元）。開幕時的廣告宣傳遊樂場是「國際水準」、「遠東第一流」、「最新型現代化遊樂勝地」、「美輪美奐」、「耗資千萬」及「香

‖ 啟德遊樂場的開幕廣告。 ‖

‖ 啟德遊樂場位於彩虹道，背景為新蒲崗工廠區。 ‖

港市民遊樂中心」。當年場內設有 40 種機動遊戲，包括摩天輪、單軌火車、碰碰車、旋轉木馬、飛行椅、月球火箭、鬼屋、咖啡杯等，更擁有全港第一座過山車，是主要賣點，開幕初期入場遊客不少。另外場內還設有戲院、有獎攤位遊戲等。遊樂場的設計以仿古城堡為主題，彩虹道的正門入口有兩座城門式建築，頗為宏偉突出，遊客搭乘周遊於城牆上的單軌火車可以鳥瞰整個遊樂場的風景，成為不少香港人的集體回憶。

啟德遊樂場附設珍寶戲院及鑽石戲院，主要上映粵語片及西片，與鄰近的亞洲大戲院（邵氏院線）及國寶大戲院（嘉禾院線）組成一個電影放映集中地，盛況一時無兩，反映當年戲院業興盛，珍寶戲院曾上映由許鞍華執導、蕭芳芳及鍾鎮濤主演的經典港產片《撞到正》（1980）。1960 年代中期，粵語長片盛極一時，不少影星如陳寶珠、林鳳、鄭碧影等均曾受邀到場，主持遊藝大會。[39]當時常駐劇場的表演團體包括華美歌藝團、泰來劇團、鮀光潮劇團、快樂歌劇團、國衛健身學院及梁氏雜技魔術團等，粵劇名伶及歌星包括尹飛燕、阮兆輝、尹光、陳浩德、徐小鳳、張圓圓（即張德蘭）、張國榮、梅艷芳、梅愛芳、劉鳳屏、呂珊、吳香倫及高翠紅等。農曆新年亦會加開娛樂表演，如 1975 年 2 月華美歌藝團禮聘有東南亞歌后之稱的姚蘇蓉登台主唱，每天開日兩場、夜兩場。為照顧不同口味觀眾，另外加開除夕日兩場、夜八場艷舞表演；初一至初三日四場，夜六場，中西名片除夕通宵放映。[40]

啟德遊樂場的廣告牌頗多，曾在《大公報》刊登委託新豐公司辦理廣告事宜的啟事：「由於該場的號召力強，各地來港觀光旅遊人士，亦視該遊樂場為必遊之地，現該遊樂場委託新豐廣告公司代理該場內外各種廣告牌位，以供中外商行租用。」[41] 由於遊樂設施新穎，當時吸引不少影視作品在啟德遊樂場取景，如吳君麗主演的粵語片《看牛仔出城》（1965）、呂良偉主演的無綫電視劇《第一次》（1975）、鄭少秋和鄭麗芳主演的翡翠劇場《大亨》（1978）、麗的電視的劇集《IQ 成熟時》（1981）等，均有玩機動遊戲的情節。1968 年 8 月 9 日，啟德增設新潮歌廳吸引遊客，由唱片紅星陳均能、姚韻、白雲、文姬海倫等剪

‖ 遊樂場附設戲院。 ‖

綵，並由童星張圓圓獻唱。[42] 這些影視作品亦間接成為遊樂場的宣傳，不少遊客慕名前往遊玩，啟德遊樂場及其他娛樂場所林立的新蒲崗，可說是當時北九龍區的娛樂中心。

於 1970 年代中期，啟德陸續革新，以增加入場人數，如 1975 年暑假力邀粵劇文武狀元石燕子每晚演出，伙拍新加坡艷旦陳家珍領導「燕新劇團」，先演六國大封相，續演北派名劇。此外，啟德亦設有藝術館，不定期舉辦一些文化藝術展覽，如鐘乳石展覽、啟德中秋之夜、古玉及古董大展、各名家字畫展覽等，可以在此選購心儀的藝術品。另設港九獨有的實彈射擊場，1 元五發，射中獲獎。啟德在開幕初期，因節目種類多元，遊客眾多，是另一市區的商營遊樂場荔園的強力競爭對手。由於啟德鄰近新蒲崗工廠區，據當時的工廠工人憶述，他們每逢工廠出糧日休假半天，都會到遊樂場看電影，聽梅艷芳等藝人唱歌或玩機動遊戲等。[43]

‖ 啟德遊樂場正門。 ‖

為了應付啟德開幕帶來的競爭,荔園要投資加設新奇玩意,並擴大樂園的面積。然而隨著港英政府向啟德遊樂場索取過高地租,[44] 加上遊樂場鄰近工業區,工廠產生的廢氣造成空氣污染,導致生意轉差。此外,海洋公園於 1977 年開幕後,令啟德經營更加困難。啟德佔地較荔園和海洋公園小,設施短缺,對遊客吸引力漸減,遊樂場曾推出特別優惠招徠,如每 30 人以上團體一律半價,然而好景不常,生意仍然欠佳,最終在租約期滿後,決定於 1982 年 4 月正式結業。原址併入政府管理的彩虹道遊樂場休憩用地,並改建為今天的彩虹道遊樂場,場內仍保存一部分當時遊樂場的建築,令人可以追溯昔日的盛況。

懷舊遊樂場:荔園

荔園遊樂場位於荔枝角九華徑(現時荔欣苑、華荔邨和盈暉臺位置),前身為 1947 年開始經營的荔枝園酒店(或稱荔枝園游泳場),後來改建為「荔枝園遊

‖ 約 1960 年代，荔園遊樂場正門。 ‖

樂場」，於 1948 年 5 月 21 日開業，當時是香港最大規模的遊樂場。[45] 遊樂場開業初期，荔枝角灣仍然是一個海灘，從歷史檔案可見，荔園處於一個深入的海灣北岸，附近有不少泳棚，分佈於海灣的東西兩岸，因此荔園亦提供更衣室以便泳客更衣、寄存衣物和沖身。[46] 由於公共泳場附近的海面水流湍急，又缺乏如浮台、浮竹或救生艇等救生設備，曾發生多起泳客溺水事件。荔園的寄存衣物部沒有及時發覺泳客沒有回來領衣物，被批評為管理不善，疏忽泳客安全。[47]

1940 年代末至 1960 年代初，此遊樂場仍稱「荔枝園」，除提供泳池和沖身設施外，亦已開設動物園及粵劇表演場，並舉辦水陸遊藝會（包括露天跳舞及全港中西團體水球比賽），[48] 及在雙十節辦「七彩煙花」活動。[49] 1960 年下半年有多項特備節目，如慶祝中秋及聖誕節，除夕則在舞廳舉行化裝舞會迎接新年，費用為茶費 3 元，豐富大餐 10 元。[50] 1961 年，相信是為了易手之故，原經營荔枝園的大世界遊樂公司，將荔枝園的機動遊戲如碰碰車、摩天輪及木馬等，

借予當時停業數月後重開的元朗娛樂場，可謂物盡其用。[51]

1961 年，商人邱德根購入荔園後（另一說為 1963 年），[52] 才改名為「荔園遊樂花園」。初期成人票 6 毫，在 4 月兒童節擴大規模，從 4 月 1 至 9 日，機動遊戲一律半價，在 4 月 4 日入場的兒童，更可隨券贈飲可口可樂一支。[53] 荔園當時的設施包括七大劇場，不少天王巨星曾在荔園演出或服務，包括 1958 年七小福成員洪金寶、成龍及元彪等表演京劇；1964 年羅文當過三個月售票員；1967 年當時只有四歲的梅艷芳與姐姐梅愛芳在荔園唱歌，可見這裡已成為回憶的遊樂場，是不少名人留下足跡的地方。台灣前領導人馬英九之母秦厚修，在荔園開業初期亦曾當過售票員。此外，一些商業機構也喜歡在荔園舉辦宣傳活動，如美國有利香煙俱樂部（當時有會友 5,000 人）的「有利之友」便在荔園舉辦聯歡會，請來電影明星呂奇、羅蘭及鄭君綿作為抽獎嘉賓。[54] 1969 年，荔園亦在油麻地民政署及社會福利署的推動下舉辦慈善活動，免費招待協康會的 38 名殘疾兒童到荔園遊玩，邱德根更與兒童一同坐木馬。[55]

園內各式機動遊戲、攤位遊戲、水上遊戲均有不少捧場客。每逢泳季，臨海沙灘都會擠滿客人，日有數千，荔園提供泳棚供泳客更衣，收費 3 角，且以三張票根便可換取一張價值 6 角的荔園入場券，因此吸引不少泳客入場。[56]

另外，荔園亦設有當時本地首個私營動物園，面積約 10 萬平方呎，飼養過不同種類的野生動物，包括熊狸（當年錯譯為熊貓）、獼猴、山羊、印度虎、揚子鱷、奈良鹿、水鳥、獅子、黑豹、禿鷲、綠孔雀、美洲獅、雙峰駱駝與長頸鹿。1964 年，動物園曾展出於茶果嶺海面捕獲的一隻千年大龜，名為「革背海龜」，重約千斤，擁有者將其製成標本，借予荔園展覽，以吸引入場。[57] 荔園亦曾發生過動物逃脫事件，如 1969 年一隻大猩猩逃出鐵籠，爬上水上舞廳，期間一名女管理員接近牠時被咬傷手部，要數名大漢用了一小時才合力將其捕獲。[58] 在關於荔園的集體回憶中，最重要的當數鎮園之寶——大象「天奴」（Tino，亦曾被譯為天雷），每個兒童來荔園，必會以香蕉及水果餵食。天奴原本是 1952

‖ 約 1990 年代，荔園入口。‖

年隨沈常福馬戲團來港表演的一頭普通緬甸大象，後來長住荔園，成為在荔園居住時間最長的動物，也是許多香港人的「老朋友」。1989 年 2 月，天奴因急性肺炎而被人道毀滅，令不少香港人十分傷感。動物園其後從泰國引入兩頭大象（蓮寶及奧安）展出，希望補償失去天奴的遺憾。可惜，荔園動物園最終於 1993 年 7 月關閉，逾 100 頭動物被轉送到新建的深圳市野生動物園繼續飼養。

1965 年啟德遊樂場開幕時，荔園為了要應付可能帶來的生意影響，決定投資 300 萬，將設備翻新及擴充園地，[59] 根據報章，當時場主欲以「東方之迪士尼樂園」為目標去發展新計劃，向日本治購了纜車，造價達 100 萬元，但未知是否政府未批出，沒有如期落實。此外還有月球火箭、飛機、賽車機動遊戲，造價亦達 100 萬元，另外又加設宮殿式的京菜館，建築費達 25 萬元。荔園總面積擴大至 160 萬平方呎，其時場內機動遊戲充足，包括摩天輪、碰碰車、旋轉木馬、哈哈鏡、掟階磚、搖搖船、咖啡杯、小飛象、八爪魚、過山飛龍（車）、

‖ 荔園附設的宋城，亦是電視台的古裝劇場地。 ‖

恐龍屋、鬼屋等，更曾有香港唯一的真雪溜冰場（1972）和蒙眼飛刀表演等，吸引不少觀眾入場。當時，捉階磚換白箭香口膠，是不少旅遊人士的指定動作。1973 年，園內建成首個人工降雪設施——飄雪樂園，讓香港人初嘗降雪滋味。

1970 年代，香港治安不理想，在荔園接連發生多宗案件。1972 年，荔園當時設有艷舞表演，一名艷舞者涉嫌猥褻行為被傳召法庭，[60] 艷舞表演亦因此被批評有違風化，最後被取消。園內亦曾發生多宗失竊、發現手槍、警匪槍戰、無故起火及兒童懷疑被拐帶等案件。[61] 然而對荔園經營打擊最大的，是海洋公園 1977 年開幕所帶來的激烈競爭，令荔園入場人數下跌。因此，荔園董事局曾作出不少變革，其中最受注目的是 1979 年建成、以中國各朝代為主題的公園——宋城。該公園更成為麗的電視（後改稱亞洲電視）的古裝劇專用佈景，復於翌年又推出「1 元競投拍賣廣場」，拍賣的物品包括小電器、玩具、煙酒及茶樓禮券，成功挽回不少顧客。1981 年，荔園再斥資從海外購買新奇機動遊戲，

‖ 荔園的經典遊戲：碰碰車及掟階磚。 ‖

遊客一度大幅增加，附近道路擠得水洩不通。[62] 此外，在 1980 年代初，亞洲電視常在荔園舉行宣傳活動，邱德根同時也是亞視主席，常帶領演員在荔園遊玩，製造聲勢。可惜荔園的機動遊戲之後接連發生意外，如遊客從過山車被拋出墮地、咖啡杯杯底脫落等，又發生動物園的美洲獅逃出籠外抓傷管理員等事件，[63] 幸而無人死亡，但卻令荔園的玩樂氣氛受到負面影響。再者，1989 年愛護動物協會提交了一份長達 26 頁的報告，促請荔園管理當局改善動物園環境，令一向以動物園為驕傲的園方受到不少壓力。[64] 啟德遊樂場在 1982 年倒閉後，荔園的生意也沒有因此明顯改善，政府有意收回荔園的土地，作住宅發展。同年 8 月，由於連日暴雨，荔園對出發生嚴重水浸，背後的九華徑村更發生山泥傾瀉，釀成三死一失蹤及男嬰被活埋的慘劇。[65] 另因應荔枝角灣填海，荔園的海灘更衣室在 1985 年正式關閉。政府亦因應發展美孚新邨，而在荔園對出開闢停車場，令其景觀不再。

1989 年，遠東實業有限公司主席邱德根在年報中表示，荔園前一年的業務繼續下跌，對比 1963 年有 300 餘萬人次入場，當年只得約 83.6 萬人，雖然同集團的寶麗金、宋城的業務能提供溢利，但荔園的單獨賬項顯然虧損，其主要原因是競爭激烈，這報告隱含著日後結束經營的伏線。[66] 1997 年 3 月 31 日晚，荔園與宋城一同結業，結業時的入場費為成人 10 元，小童半價。結果最後一星期共有 5,000 人次入場，結業當晚更吸引超過三萬人前來送別，遊客每人均可獲得一套閃卡以作留念。[67] 荔園是當年香港最重要的由商人營運的遊樂場，是港人集體回憶的一部分，雖然遠東集團曾計劃覓地再發展遊樂場，讓經典再現，但最終沒有實現。

青龍水上樂園（大圍歡樂城）

自荃灣遊樂場結業後，新界區一直未有大型遊樂場出現。香港回歸前最後一個私人投資的新界遊樂場是青龍水上樂園，1987 年建成，位於今日港鐵大圍站隔鄰。樂園佔地達 20 萬平方呎，是當時全港設備最新及最完善的大型遊樂場之

‖ 青龍水上樂園的廣告。 ‖

一，據報投資額達 3,000 萬，設施包括大型機動遊戲及新奇刺激的水上樂園。
工程分兩期建設，首期的大型機動遊戲於 1987 年 1 月 28 日開放，時值農曆新
年，吸引大批市民入場，尤其是新界區的遊客，不需要再到市區的遊樂場便可
以消磨一天，更感方便。新張期間，每日平均入場據報多達數萬人次。當時有
好事者更形容，青龍水上樂園坐鎮龍脈風水，與車公廟相對，場內的摩天巨輪
全港最高，猶如一座「風水巨輪」，坐過的人均步步高升，全年行好運云云。[68]

青龍水上樂園與大圍一帶的交通發展息息相關，隨著 1982 年九廣鐵路全面電
氣化，以及即將落成的新大圍巴士總站，此區與市區及沙田大埔等地的連繫加
強，市民前往大圍更加便利，間接促成青龍水上樂園的經營。據當時的董事張
人龍表示，沙田區發展迅速，但娛樂設備未能滿足市民的需求，區域市政局
及區議會雖力求為新市鎮居民提供各種文娛康樂設施，不過政府在運用資源
上有先後緩急的局限。該樂園由中華重工負責建造，簽字儀式出席者包括張人

龍、王華生、王敏超、張德熙等。[69] 主要股東包括中華造船（33.3%）、張人龍（30%）、永安集團（15%）及加拿大資本（15%），其餘為獨立投資者。[70]

園內的機動遊戲款式眾多，傳統項目有標榜全港最高的 350 呎摩天輪、歡樂旋轉木馬，另外亦添置了東南亞首創的「愛情快車」，聲稱是特別為情侶們設計的最新鮮快車遊戲，及一些刺激的新遊戲如星際機、穿梭龍、沖天海盜船、超級碰碰車、方程式高卡車等，應有盡有。場內其他設備還有「富士菲林 27 分鐘沖速沖印」、電腦寫真、有獎遊戲攤位、速食店及紀念品專門店等。

第二期工程為水上樂園，於開業的同年夏季啟用，由水務署署長湯連生主持剪綵及金龍點睛儀式，面積 11 萬平方呎。由於有加拿大企業的投資，水上樂園引進加拿大最受歡迎的全新大型旋風捲筒滑梯，為東南亞首設，高 60 餘呎、長 300 呎。[71] 水上樂園的入場費為成人 35 元，小童 20 元，開放時間由每日上午 8 時至晚上 11 時。[72] 當時更曾推出特惠儲值卡，每張 200 元，憑卡可以於該泳季任玩水上樂園十次，包括旋風捲筒滑梯、花生形泳池等，又可進入肯龍遊樂場，次數不限。[73] 樂園的廣告宣傳，委託素負盛名的美國廣告有限公司全權代理，廣告開支據報達 250 萬之鉅，[74] 設計新穎。發展商後來增加一些特別主題的展品，如在 1987 年暑假展出一條長 20 呎的大白鯊標本，讓市民一睹這條「海上霸王」。1988 年又推出花卉展，與深圳對外經濟貿易（集團）花卉進出口公司合辦，展出名貴年花。亦有別開生面、被譽為中國國寶的「走壁飛車」演出，由太平協和集團成員捷威旅行社獨家贊助，美國廣告公司負責推廣，每天五場，收費相宜。1990 年，樂園舉行玩具博覽會，入場人士可以低價購買玩具，並享用大會提供的免費設施，每逢週六日，場內有 1 元拍賣會，可以 1 元底價投得各種名廠電器及玩具，亦有免費卡拉 OK，樂園內設有車厘哥夫餐廳、酒廊及露天茶座等。[75] 青龍水上樂園曾一度成為影視媒體的取景勝地，在此拍攝過的廣告、電影和音樂錄影等甚多，例如零食廣告《時興隆金龜嘜萬里望花生》（1988）、電影《小小小警察》（1989）、《烈火戰車》（1995）、《殺手之王》（1998），以及歌星陳奕迅的 MV《幸福摩天輪》（1999）。

‖ 大圍的青龍水上樂園，現已發展為屯馬線大圍站。 ‖

　‖ 青龍水上樂園其後改稱大圍歡樂城。 ‖

當時新界缺乏遊樂場地，因此樂園於建立初期，頗受居民歡迎，但至 1990 年代，因經營不善，客量大跌，於 1991 年 1 月租約期滿的兩個月前，更傳出港府擬收回水上樂園土地，以發展一個像新城市廣場的物業。由於該地皮甚值錢，被視為沙田地王。[76] 同年 4 月政府同意續約，[77] 由賓廊集團接手管理，並將樂園易名為「大圍歡樂城」，轉為以經營酒家及燒烤樂園為主，機動遊戲為副，拆卸了招牌的滑水梯設施，用作露天燒烤場地，希望能增加利潤。其後，歡樂城的業績一度改善，但好景只維持了一段短時間便遇上亞洲金融風暴，加上始終只是一個地區性的遊樂場，設備所限，難以與海洋公園等競爭，吸引更多區外市民或外來遊客光顧。隨著 1990 年代末，政府終於決定讓馬鞍山鐵路興建，大圍成為新界東鐵的交匯站，由於歡樂城只是短期租約，約滿後不獲續約，至 2001 年終於正式結業拆卸。[78] 原址興建成大圍站擴建部分，連接日後建成的馬鞍山綫。

總括來說，當時新界的紳商及政經名人，尤其是新界鄉議局主席何傳耀及張人龍等，對建設遊樂園頗為熱衷，投資亦鉅大，反映出他們對新界經濟發展前景的樂觀。由於新界市鎮發展，私人發展商配合政府的規劃，在未發展的空地臨時搭建樂園，這可能與新界人較熟悉在戶外空地申請娛樂牌照有關，而且有在節慶時搭建戲棚的經驗，對處理大型的搭建物頗有一手，駕輕就熟。他們的投資有機動性，看準新界人口在戰後不斷增加的商機，在適合的時間做正確的投資，在那個時代造就了不少就業機會，讓市民能在附近社區娛樂，退場的反應亦見靈活。當時，政府對新界區康樂設施普遍不足的情況，雖然有透過區域市政局在原有泳池加建遊戲設施等，但未必能顧及所有市民的需要，此時私人發展商投資反而有補替的作用，政府只要提供適當的土地，毋須付出太多資源，便可以在新市鎮有足夠的遊樂設施，可說是公私營合作的先河，為日後政府透過私人發展商興建主題度假園區如迪士尼樂園，提供了不少參考經驗。因此，雖然這些遊樂場經營的時間不長，但在香港的遊樂場史上佔了重要的歷史地位。

8.3 | 主題公園：海洋公園及旅遊區

香港政府自戰前已為市民提供康樂設施，如港島的香港動植物公園，是世界上
最古老的動植物公園之一，在園內飼養野生動物的歷史，可追溯至 1876 年，
利用非常原始的建築物，飼養少數雀鳥和哺乳類動物，純粹供遊人觀賞。經歷
1970 年代中期的大規模擴充後，公園把著眼點轉移到飼養及繁殖技術方面。時
至今日，公園約有一半地方撥作飼養動物之用，設置了大約 40 個籠舍，飼養
了約 160 隻雀鳥、70 頭哺乳類和 30 頭爬行類動物。另一個為港人熟悉的，是
樂富的摩士公園，於 1967 年建成，佔地約 15.8 公頃，香港電台節目《城市論壇》
最早時亦曾在此舉行。經過多次改建後，公園現時有五個部分，提供不同的休
憩設施。但以影響力來說，政府發展的公園設施中最廣受歡迎的當屬海洋公園。

政府對旅遊度假區的規劃

1967 年，市政局的民選議員開始提出在香港建設水族館的可行性。胡鴻烈曾提
問，鑑於香港的遊樂及休閒設施不足，政府會否考慮將當時的明渠加蓋，借作
小型遊樂場或休憩地方。另一位議員張有興亦詢問，他在過去曾多次提出可否
在香港興建一個水族館，但主席回覆並不知道政府對事件的取態。[79] 然而查政
府檔案，早於 1960 年代，政府已委託香港旅遊協會進行水族館的可行性研究，
且傾向以非牟利機構的經營模式。[80] 市政局議員雖然多番追問，惟相信當時只
聞樓梯響，未有實質計劃。

海洋公園位於黃竹坑的現址，前身原有一個公園，名為「巴黎農場」（亦作「新
巴黎農場」），位於南塱山北腰，佔地約 100 畝，創辦人是澳門富商何鴻燊的五
姐夫謝德安。農場於 1950 年代開辦，位置為海馬標誌一帶之下（今香港警察
學院東南附近），1972 年 7 月因為政府撥地興建海洋公園而結業。[81]

以上提及的政府研究，亦有在馬灣建一個九洞哥爾夫球場的計劃，但當時沒有私人發展商表示興趣。政府希望發展本土旅遊，首次提議將一地區劃為主題性的度假區，可算是在 1973 年，但卻不是像海洋公園這類主題公園，而是希望與鄉紳合作，一同發展大嶼山東北面的馬灣島（馬灣），使之成為一個以中外遊客為主的觀光旅遊度假區。當時，副理民官徐均平偕同聯絡官往馬灣視察，由馬灣鄉事委員會及村代表迎接，徐指將增加該島設備，如美化海灘、建設度假式屋宇及飲食場所，務求吸引遊客到馬灣，使該島成為旅遊區。正如發展新界的遊樂場一樣，政府要與當地紳商磋商全面計劃，希望一年四季都能夠吸引遊客：夏天可以在海灘嬉水划船，冬天可以在島上舉行燒烤野火會，歡度良宵。當時已準備將馬灣大街與田寮村以車路連接，徐特別提到，可以用農村地道菜式或海鮮招徠。論者指，馬灣早已具備歷史名勝古蹟，若再加一定人力的策劃推廣，遠景應該是無窮的。[82] 然而馬灣的旅遊區計劃其後不了了之，直至有發展商在馬灣島向農民購買土地，轉型成為私人住宅區後，透過協商，才在 1990 年代末開始動工興建馬灣公園。

另一項重要的私人發展，要數到 1979 年，由香港興業有限公司投資 25 億興建的愉景灣，位於大嶼山東北的大白、二白灣一帶，佔地 1,520 英畝，計劃約有 4,500 個住宅單位，預期六至八年完成。除了住宅外，亦包括一切社區、購物及康樂設施，如鄉村俱樂部、符合國際標準的哥爾夫球場、網球會、遊艇停泊灣、海灘、室內及戶外運動場、植物公園、兒童遊樂場及酒店等度假設施。除區內的道路外，亦設有頻密的高速水上交通服務，以利便居民來往愉景灣及香港。當時香港興業董事總經理查懋聲表示，愉景灣計劃由於康樂設施充足，別具特色，不失為一個消閒度假及旅遊的好去處。公司股東之一的香港上海滙豐銀行亦認為愉景灣計劃是一項有利的投資。[83] 自 1980 年代開始，愉景灣分多期發展為今天的商住及旅遊綜合區域。

盛載繽紛的樂園：海洋公園

海洋公園位於港島南區的黃竹坑，佔地逾 91.5 公頃，是一座集水族館、動物園、機動遊戲和大型表演的主題公園，1971 年成立，1972 年 7 月開始動工，1977 年 1 月 10 日開幕，[84] 原由香港政府全資擁有的非牟利機構管理。海洋公園其後經政府通過《海洋公園條例》，成為獨立的非牟利機構，需要自負盈虧。海洋公園規劃初期，是全世界最大型的水族館之一，原設有黃竹坑道場館（正門）及南望山公園，兩個部分以架空纜車系統連接。纜車系統全長 1.2 公里，由意大利承建商建造，有 252 個車箱，每個可容納 6 名乘客，每小時載客 5,000 名，在 200 公呎高空穿梭，由 17 個塔架支持，是當時全世界最大的架空纜車系統。公園亦興建了一條小徑，主要供工人維修之用，但遊人亦可選擇此小徑，克服 6,000 級樓梯，步行上南望山公園。[85]

海洋公園由賽馬會資助，香港政府免費撥地興建，工程耗資 1.5 億港元，當時譽為東南亞首屈一指，足與歐美同類型的水族館媲美。公園經過四年半時間興建，途中亦有波折，例如建築費用昂貴、1975 年才獲批圖則興建浪潮館（後改名海濤館）、儲水池及有關廠房工期緊迫，而架空纜車系統需花費 1,700 萬，當時香港剛經歷了石油危機，導致資源不足。園方所飼養的動物，亦因不適應香港氣候而大量死去，如自 1974 年開始，死去的海豚多達 38 條，僅存至開幕當日的寥寥可數，要再過幾個月才恢復過來。公園設施方面，尤其是南望山部分洗手間不足，旅客經常要排隊如廁，非常不便。1976 年 1 月，澳洲政府贈送了三頭海獅予海洋公園，是南澳坎加魯島（即袋鼠島）的「白頭」名種，日食魚三斤，安置在海濤館，館內有海浪沖擊岩石，其他生物還有海獅、海鳥及海豹，是當時世界上最大的場館。當公園建設已完成 97% 時，海濤館曾發生火警，一塊岩石掉在海水入口處，加上夏季酷熱，影響了海洋動物的適應。[86] 1976 年 5 月，公園仍在興建海洋劇場及大小水池時，汶萊立法局議長雅都碧嘉王子官式訪問香港，曾赴建築中的海洋公園參觀，更與一頭海豚握手。[87] 1977 年 1 月 10 日，海洋公園正式開幕，港督麥理浩在主持開幕禮時指：「海洋公園在目前

和將來都是一項龐大而富想像力的事業。本人並不相信在世界上其他地方，能有任何事物可與它相比，因為它兼具天然及人類創造的特色。本人相信每年將有數以萬計遊人會讚美那些使海洋公園得以誕生的雄渾構思與專門技術。」[88] 2月5日，英國雅麗珊郡主在港督陪同下參觀新開幕的海洋公園，搭乘纜車到海角區，參觀海獅及海豚等動物表演。電視台亦曾到海洋公園作宣傳活動，如佳藝電視台新劇《武林外史》的一班藝員劉丹、文雪兒及魏秋樺等，以古裝出席當天的造型攝影比賽。[89]

海洋公園由非牟利機構的海洋公園有限公司管理，第一任主席是馮秉芬，他在1977年的開幕禮的發言中感謝賽馬會投資興建，使本港市民在假日有一個好去處。公園其後於1月15日正式向公眾開放，但因預訂門票的人數眾多，園方於對外開放首日，便宣佈翌日（1月16日，亦是公園開放後首個週日）門票停售，以及不開放予非持票人士。海洋公園當時收費為成人15元，兒童7元，包括搭乘纜車的費用；如果只遊黃竹坑花園，則成人5元，兒童2元。開幕初期，由於主要接待中小學生，公園提供八折，小學生每位3元，中學生收5元，但要由學校向教育司署申請，因此當年春秋季有許多中小學前來參觀。1977年，入場人數的最高容量是每日一萬人，公園建議市民如想在週末或假日前往，最好先到賽馬會場外投注站或海洋公園售票處預購門票。

當時有論者指，海洋公園的收費比起夏威夷的同類設施還算便宜；但亦有市民指收費偏貴，導致星期一至六的遊客沒有想像中多。事實上，自開放一個月以來，海洋公園雖然一連三個星期日爆棚，星期一至六卻遊客寥寥，畢竟15元門票不是所有人都能負擔，而且公園內的食肆價錢昂貴，加上位處南區，交通費不菲，只能在星期日搶去原本打算到新界遊玩的市民。[90]

海洋公園早期最受歡迎的節目是海洋劇場的表演，看台可以容納3,500名觀眾，每逢假日均座無虛席。主角的海豚表演花式游泳，由訓練員指揮的各種詼諧動作，往往吸引觀眾報以熱烈的掌聲。表演之用的海豚由台灣空運抵港，以1978年

2 月為例，園方先委託中華潛水公司捕捉 30 條海豚，多是澎湖一帶的瓶鼻海豚，每條以 1 萬元收購，除將年幼、患病及懷孕的海豚放回大海，其他分批運抵本港，第一批八條在 1977 年 12 月到達，另一批八條則在 1978 年 2 月。當時的報章報道，獸醫稱在運送途中，各海豚身上均塗上凡士林，以保持皮膚潤滑，另用一種特製羊毛包裹，可保暖及減少其身體與外物的磨擦受傷，同時按時用清水淋身，保持水份。因長途載運，部分海豚需要注射輕量的麻醉藥，以減低其驚惶情緒，再經六至八個月訓練便可以公開表演。雖然海豚表演曾為不少人帶來歡樂的童年回憶，但以上的處理方式如換在今天，一定會受到不少動物福利團體的批評。當年在澎湖購買海豚，亦曾發生漁民因價錢談判不合而罷捉，中華潛水公司在澎湖沙港村住了三個月還未購得。村民指潛水公司從中取利，每條以 5,000 元購入，卻以 10 萬元轉售予海洋公園。但當時公園主任表示，潛水公司沒有賺到錢，因為海豚在訓練期間的死傷率及飼料費驚人，每餐要吃十斤鮮魚。[91] 1978 年 1 月 21 日，加拿大溫哥華水族館向海洋公園贈送了四隻小海豹，交接儀式在花園劇場舉行，海豹為遊客帶來娛樂，亦反映了香港與加拿大之間的聯繫。[92] 為了增添表演的吸引力，公園於 1979 年從海外購買一頭雌性殺人鯨，名為「海威小姐」，與海獅及海豚一同表演、生活及玩耍，是引人入勝的重頭戲。

有報章評論指，公園不應只是高消費人士專享的地方，應該將票價減低，好像新加坡的飛禽公園只收三數元，就能讓普羅市民享用。[93] 1980 年 11 月，海洋公園亦曾在晚間開放，時間為星期一至五下午 5 時至晚上 12 時，讓日間上班的市民可以利用工餘時間遊玩，惟推出後不久便因為反應不理想而取消。[94]

海洋公園其後增設了海洋館，展出三萬多條深海魚類，此外設有露天燒烤晚宴及露天舞會。1984 年 4 月，公園啟用大型電動遊戲區，建於南塑山花園的花崗石平台上，其過山車、海盜船等遊樂設施，大部分都是首次在香港使用。[95] 同年亦加建了水上樂園，令遊客尤其是年輕人在夏季多了一個嬉水消暑的地方。位於大樹灣入口的集古村則於 1990 年開幕，面積達一萬平方米，園區包括廟

‖ 1980 年代初，海洋劇場的表演。 ‖

宇、佛塔、宮廷、農舍、市集及作坊等，展示中國各朝代的歷史文化和藝術，
亦有針對外國遊客的中國歷代服飾表演等，以中國元素吸引喜歡東方文化的遊
客。又設有清宮劇院表演傳統民間技藝，以及中式食肆「集古村酒樓」，可作
婚宴場地，公園為賓客安排專車在金鐘站接載；公園的原入口也重建成古代中
國風格，以配合集古村的落成。但隨著中國改革開放，外國遊客更容易直接到
內地旅行，集古村的吸引力明顯下降，從 2001 年開始逐步關閉。1990 年公園
亦增設了鯊魚館，耗資 3,900 萬元，遊客可以利用電動輸送帶經過特別設計的
透明水底通道，恍如置身水底，體驗鯊魚擦身而過的感受。1991 年 11 月，海
洋公園公佈 1990 至 1991 年度，全年入場人數 240 萬人次，較同期增長 11%，
亦創下公園開放 14 年以來的最高紀錄，總盈餘 4,600 萬元。水上樂園的泳客人
數為 36.7 萬，業績理想，反映出公園仍是最受本地及外地遊客歡迎的旅遊勝地。
為了拓展業務，公園增加了表演劇場的內容，又在兒童樂園增設幻彩旋轉木馬；
新建摩天塔，讓遊客可以從瞭望台飽覽海港景色；為學校開展教師研習班，為

393

大學學生舉辦教育參觀團等。公園定下了其後五年 6 億元的大計，陸續增設表演及機動遊戲等八大主題娛樂區。[96] 發展至今，海洋公園仍維持是以海洋生物及機動遊戲為主的樂園。

由前市政局營運的公園

除了賽馬會投資的海洋公園外，前市政局陸續擔負起英軍交還的軍營用地，或市區清拆後騰出空地的發展。1979 年，政府決定把域多利軍營近山麓的地段，撥作商業發展及興建政府樓宇，而近半山部分則交由市政局和香港賽馬會，合作發展香港公園，工程耗資達 3 億 9 千 8 百萬元，佔地 8.16 公頃，於 1991 年 5 月正式啟用。公園內保留了多座於 1842 至 1910 年間興建的軍營建築，包括三軍總司令官邸「旗桿屋」、羅連信樓、華褔樓和卡素樓。而另一座 20 世紀初興建、位於香港島東部的英軍軍營，經改建後成為鯉魚門度假村，當時英軍參與崇拜的一間教堂，改建為婚禮場地，整個營舍最多可供 282 人入住。此兩個休憩設施現由康樂及文化事務署管理。

另一個由前市政局開闢的主題式公園，是香港最具歷史性的公園之一——九龍寨城公園，原址是九龍寨城。寨城位於九龍城，15 世紀時仍為海岸，清朝官員在此建立衙門及兵營，至 1668 年更建築了一座墩台，位置上具戰略價值。約於 1810 年，在接鄰的沙灘盡頭興建了一座砲台。1841 年英軍登陸香港島後，清政府認為要加強九龍的防衛，於寨城加建了堅固石牆、六座瞭望台和四道城門，面積達 6.5 英畝的寨城於 1847 年擴建完成。

城內的主要建築物，有大鵬協副將及九龍巡檢司官署各一所，俗稱衙門。另有士兵營房、火藥倉、軍械庫等建築物十多座，以及一些民居。寨城的駐兵由建成時的 250 人，增至 1898 至 1899 年的 500 多人。1898 年，英國租借新界，在當時中英兩國簽署的《展拓香港界址專條》中列明，清朝官員仍可於城內駐守。然而到了 1899 年，英國由於欲擴大新界的佔領範圍，派軍佔領寨城，並將清

廷官兵趕走。自此寨城不受中英兩國的管轄，法治和管理敗壞。在日佔期間，寨城城牆被拆毀，石塊被用作擴建啟德機場的材料。當時所得的花崗岩數量之巨，可從城牆的體積計算出，該城牆闊 15 呎、高 13 呎，長約 2,200 呎。另一道由寨城北面沿山丘向上延伸、本用作監察駐軍的副城牆，亦不能倖免。[97]

二次大戰後，大量多層樓宇在沒有政府監管和欠缺穩妥地基的情況下，如雨後春筍般在寨城內興建。樓宇密集、通道狹窄的寨城逐漸成為了罪惡溫床，內有黃、賭、毒窟、罪犯匿藏的巢穴及廉價的無牌牙醫等。1980 年代初，有不少描寫省港罪犯的電影都在該處實景拍攝，當中以《省港旗兵》（1984）最為經典。由於《中英聯合聲明》的簽署，中英雙方開始磋商城寨的地位問題。1987 年，港英政府與中國政府終於達成清拆寨城的協議，並將原址闢建為一個歷史公園，盡量保留寨城原有的建築物及特色。最大的考古收穫，是兩塊於寨城南門（正門）出土的花崗岩石額，分別刻有「南門」及「九龍寨城」字樣。其他遺蹟還包括城牆殘存的牆基、一條沿寨城內牆走的排水溝及旁邊的石板街等。清拆工程於 1994 年 4 月完成，興建工程於 1994 年 5 月動工，由內地資深技工負責，以確保落成後的公園能展示傳統的設計和構思。公園於 1995 年 8 月竣工，1995 年 12 月 22 日由時任港督彭定康主持開幕儀式，佔地 31,000 平方米，耗資 7,600 萬元興建，現交由康樂及文化事務署管理。

總括而言，海洋公園的建成以及隨後由官方發展的一些以歷史為題的公園，標誌著殖民地政府以本地資源及文化為基的一種旅遊策略，由此逐漸向大型旅遊度假區的方向發展，增加商業元素，例如建酒店及消費設施，希望藉此擴大客源，令香港旅遊業往可持續的路向邁進。

註

1　Margaret King, "The Theme Park Experience: What Museums can learn from Mickey Mouse", The Futurists, November-December 1991, https://www.questia.com/read/1G1-11487857/the-theme-park-experience-what-museums-can-learn，取用日期：2020 年 7 月 8 日。

2　《香港華字日報》，1915 年 8 月 2 日。

3　黃燕清編：《香港掌故》（1959），附《香港歷史》（1953 初版）（香港：心一堂，2018），24-26 頁。

4　萬金油花園在戰後繼續開放給市民參觀，直至 1998 年有發展商計劃重建。由於萬金油花園在數十年間不斷翻新景物，建築價值不高，最終各方決定只原址保留虎豹別墅和它的私人花園，萬金油花園則在 2001 年關閉，拆卸重建。

5　陳世豐：《遊樂場興替史》，黎晉偉主編：《香港百年史》（1948 初版）（香港：心一堂，2018），121-123 頁。

6　《香港工商晚報》，1932 年 4 月 10 日。

7　《香港百年史》，121-123 頁。

8　《香港工商日報》，1957 年 2 月 4 日。

9　蒙藏委員會，簡稱蒙藏會，民國初年成立，是當時中華民國的行政院所屬部會，主管對蒙古族和藏族交流及其他有關蒙藏各項事務。

10　《香港工商晚報》，1949 年 12 月 22 日；《香港工商日報》，1949 年 12 月 23 日。

11　《香港工商晚報》，1951 年 11 月 21 日。

12　《香港工商晚報》，1952 年 8 月 25 日。

13　《香港工商晚報》，1952 年 9 月 11 日。

14　郭少棠：《東區風物志：集體記憶社區情》（香港：東區區議會，2003），134-135 頁。

15　《香港工商晚報》，1950 年 8 月 12 日。

16　《香港工商日報》，1950 年 2 月 13 日。

17　China Mail, 22 January 1949.

18　China Mail, 28 July 1949.

19　松園仙館總面積佔地 80 萬公尺，見蕭國健：《大埔風物志》，附錄二〈湮沒的古蹟〉（香港：大埔區議會，1997）。

20　《香港工商日報》，1957 年 2 月 4 日。

21　《香港工商日報》，1959 年 3 月 3 日。

22　《香港工商日報》，1970 年 12 月 23 日。

23　「街知巷聞：大埔頭鄉課室外長臂猿叫聲今迴響」，《明報》，2020 年 9 月 13 日，https://ol.mingpao.com/ldy/cultureleisure/culture/20200913，取用日期：2020 年 4 月 29 日。

24　風雨居士編：《香港尋幽探勝與釣游》（香港：新綠洲出版社，1969 ？），56-57 頁。

25　《香港工商日報》，1952 年 1 月 15 日。

26　《華僑日報》，1952 年 8 月 9 日及 10 日。

27　《香港工商日報》，1952 年 1 月 15 日。

28　《華僑日報》，1952 年 8 月 9 日。

29　今日荃灣區有一個房協的資助房屋項目「祈德尊新邨」，正是以曾任房協主席的祈德尊爵士命名，該邨於 1989 年入伙。

30　《香港工商日報》，1952 年 1 月 15 日。

31　《華僑日報》，1968 年 2 月 12 日。現時仍在荃灣花園第一期開業的荃灣迪高保齡球館，相信是當年的保齡球館舊址。

32　《華僑日報》，1969 年 12 月 30 日。

33　同上。

34　《香港工商日報》，1968 年 4 月 10 日。

35　政府新聞處館藏檔案，1969 年 12 月 13 日。

36　當時新蒲崗工業區旁亦有不少娛樂場所及食肆，如麻雀館、冰室及戲院等，包括英華戲院（後稱麗斯戲院）及曾為全港最大的麗宮戲院。

37　《香港工商晚報》，1965 年 2 月 1 日。

38　何傳耀，新界鄉議局第 14 屆主席，祖籍寶安縣，他創辦了耀記行，是德士古石油公司在香港的代理商。他也是啟德遊樂場的董事長，亦任荃灣鄉事委員會主席至 1960 年，在鄉議局分裂期間，與李仲莊等新界太平紳士共同斡旋。陳日新，新界鄉議局第 15、18 至 22 屆主席，客家人，原籍元朗麒麟圍。陳氏從 1950 年代開始參與鄉議局事務，1967 年率先組織元朗七鄉民安促進會，維持當地治安。1990 年代獲委任為全國政協委員及港事顧問、香港特區預委會及籌委會委員。

39　《大公報》，1966 年 3 月 1 日。

40　《香港工商晚報》，1975 年 2 月 10 日。

41　《大公報》，1966 年 3 月 1 日。

42　《香港工商晚報》，1969 年 8 月 9 日。

43　胡志偉、張慧媚、劉玉南編：《歲月留聲：黃大仙的一點一滴》（香港：黃大仙上邨及鳳凰新村老人服務中心，2010），47 頁。

44　1962 年政府批出十年租借期予啟德娛樂有限公司，全期租金為 1,070 萬港元，可算非常高昂。見游子安、張瑞威、卜永堅：《黃大仙區風物志》（香港：黃大仙區議會，2003），84-85 頁。

45　《香港工商日報》，1948 年 5 月 21 日。而根據《華僑日報》1949 年 4 月 15 日的報道：「荔枝園遊樂場明日開放」，相信是因為加設了新的設施，如游泳池三個，故此於 1949 年 4 月 16 日才正式開放給遊人。

46　根據港英政府新界南約理民府中有關新九龍的一幅地圖（約 1959 年），當時荔園的地理位置是一幅大的康樂用地，其南面是一個海灣，設有沐浴設施，北面為九華徑村。政府歷史檔案處編號：HKRS934-4-26。

47　《香港工商晚報》，1950 年 7 月 13 日。

48　《大公報》，1948 年 8 月 28 日；《香港工商日報》，1948 年 9 月 5 日。

49　《大公報》，1948 年 10 月 7 日。

50　《香港工商日報》，1960 年 10 月 4 日；1960 年 12 月 24 日；1960 年 12 月 31 日。

51　《香港工商日報》，1960 年 12 月 20 日。

52　荔園的土地是由九華徑村民曾氏租給原「荔枝園遊樂花園」的發展商，後來於 1963 年將權益轉賣予邱德根。見〈荔園遊樂場現址租約期滿有糾紛　曾華翰要求收回租地〉，《大公報》，1964 年 12 月 9 日。

53　《香港工商晚報》，1961 年 4 月 1 日。

54　《香港工商日報》，1966 年 8 月 4 日。

55　《華僑日報》，1969 年 11 月 24 日

56　《香港工商晚報》，1961 年 4 月 29 日。

57　《香港工商晚報》，1964 年 12 月 22 日、1965 年 1 月 4 日。

58　《香港工商日報》，1967 年 3 月 15 日。

59　《香港工商晚報》，1964 年 4 月 21 日。

60　《香港工商日報》，1972 年 5 月 17、18 日。

61　《香港工商日報》，1978 年 6 月 2 日；《華僑日報》，1979 年 4 月 7 日。

62　《香港工商日報》，1981 年 2 月 11 日。

63　《大公報》，1987 年 2 月 1 日、1989 年 11 月 23 日；《華僑日報》，1989 年 10 月 16 日。

64　《華僑日報》，1989 年 6 月 15 日。

65　《香港工商日報》，1982 年 8 月 17、18 日

66　《大公報》，1989 年 6 月 21 日。

67　2005 年 10 月 9 日《經濟日報》引述遠東集團主席邱德根透露，有意於大嶼山重建荔園，政府當時稱正與該公司洽談，但未有取態。有立法會旅遊界議員指，荔園在內地及外國也不屬名牌，恐難吸引遊客。該計劃其後沒有實行。

68　《華僑日報》，1987 年 2 月 11 日。

69　《華僑日報》，1986 年 9 月 17 日。

70　《大公報》，1991 年 1 月 4 日。

71　《華僑日報》，1987 年 1 月 18 日、8 月 18 日。

72　《華僑日報》，1987 年 8 月 18 日。

73　《華僑日報》，1987 年 1 月 20 日、5 月 13 日。

74　《華僑日報》，1986 年 11 月 19 日。

75　《華僑日報》，1990 年 2 月 13 日。

76　《大公報》，1991 年 1 月 4 日。

77　《華僑日報》，1991 年 4 月 13 日。

78　《香港經濟日報》，2000 年 12 月 28 日。

79　《香港工商日報》，1967 年 6 月 13 日。

80　香港政府檔案處編號：HKRS156-2-3694。

81　劉智鵬、黃君健：《黃竹坑故事——從河谷平原到創協坊》（香港：三聯書店，2015）。

82　《華僑日報》，1973 年 11 月 2 日。

83　《香港工商日報》，1979 年 9 月 18 日。香港興業有限公司於 1973 年 5 月成立，由查氏集團及中央建業有限公司組成的豐利有限公司於 1977 年 5 月購入。1978 年 11 月，查氏集團購入中央建業名下所有的豐利公司股權。後來香港上海滙豐銀行及萬泰製衣有限公司於 1979 年初加入興業公司為股東，故香港興業的股東為豐利、滙豐銀行及萬泰製衣。

84　《香港工商晚報》，1977 年 1 月 11 日。

85　《香港工商晚報》，1977 年 1 月 11 日。

86　《香港工商晚報》，1976 年 1 月 20 日。

87　《香港工商晚報》，1976 年 5 月 29 日。

88　《香港工商晚報》，1977 年 1 月 11 日。

89　《香港工商日報》，1977 年 1 月 29 日。

90　《香港工商日報》，1977 年 1 月 24 日。

91　《香港工商日報》，1977 年 10 月 17 日。

92　《香港工商晚報》，1978 年 1 月 21 日。

93　《香港工商日報》，1977 年 1 月 9 日。

94　《香港工商日報》，1980 年 11 月 9 日。

95　《香港工商日報》，1984 年 2 月 4 日。

96　《大公報》，1991 年 10 月 19 日、11 月 28 日。

97　九龍寨城衙門於 1996 年列為法定古蹟，見古物古蹟辦事處：香港法定古蹟，https://www.amo.gov.hk/b5/monuments_63.php，取用日期：2021 年 4 月 1 日。

人文旅遊

與盛會之都

第九章

09

香港融合西方現代主義與中國傳統文化的特質，既充滿濃厚的傳統色彩，又具備現代國際大都會的風範。自 1950 至 1960 年代開始，香港已成為外國遊客心目中一顆「東方之珠」；而對內地旅客來說，香港則具有觀察西方文明的優勢。香港旅遊業一向都希望抓緊這一東西方文化交匯的特點，將香港的旅遊資源包裝成為可供消費的旅遊產品，間接促成國際性都市的形象。

由於早期香港旅遊市場的主要對象是歐美地區，對西方旅客而言，香港的魅力是傳統的東方色彩，因此在 1980 年代初，香港的形象定位仍是「香港就是東方」。1983 年推出的香港古蹟遊單張，亦只印了英文版 *Heritage Tour*。[1] 1980 年代起，內地改革開放，給香港經濟帶來了生機和活力，加上《中英聯合聲明》簽署，以及台灣開放到內地探親旅遊的帶動下，香港旅遊業出現新的突破，1984 至 1988 年短短四年時間，遊客倍增，接近 600 萬人次。自 1980 年代中至 1990 年中，日本、韓國、東北亞以至東南亞遊客增長迅速，他們較著重在香港的旅遊購物樂趣、夜生活及各種旅遊設施，針對這個市場，香港旅遊協會又適時提出了香港是「亞洲的旅遊勝地，遊客必須一遊的好地方」。在主要客源穩定增長後，為均衡旅客訪港的旺淡季，又推出香港是「四季皆宜的旅遊勝地」。1990 年代中，香港旅遊業發展再攀高峰，1995 年的旅客數字勇闖 1,000 萬大關。這個時期，亞洲的國際旅遊市場競爭激烈，為吸引更多遊客到香港旅遊，香港旅遊協會精心策劃，花了 2,000 萬港元，用三年時間，於 1995 年 4 月推出「魅力香港，萬象之都」的形象設計，對鞏固香港的國際形象大有幫助，吸引了世界各地更多遊客。

9.1 從「盛會之都」到「亞洲國際都會」：展望與限制

回歸前，香港政府撥款 1 億港元成立國際盛事基金，香港旅遊協會計劃之後五年與私營機構合作，在香港籌辦 50 項大型國際活動。旅協歷來亦曾策劃大型

活動，在 1996 年底推出「環球盛事匯香江、邁向 21 世紀」大型推廣計劃，旨在物色頂級國際盛事來港舉行，以確立香港作為「亞洲盛事之都」的地位，成為旅客再三訪港的重要催化劑。隨著香港向著「亞洲盛事之都」的標誌進發，作為盛事的重要組成部分諸如會議、展覽及獎勵旅遊等，在九七回歸前都有不斷增長的趨勢。1996 年，香港舉行的會議數目達 294 項，比去年上升 9.7%。展覽活動共 59 項，雖比去年下跌 6.3%，但出席人數則上升 4%，共 17.7 萬人次。企業會議方面，無論是會議數目或出席人數均有顯著增長，分別上升 16% 及 59.1%。訪港的獎勵旅遊團數目上升 52%，共 2,270 團，訪港旅客人數亦上升 12.4%，超過 10 萬人次。[2]

旅協亦於 1995 年 4 月的「魅力香港，萬象之都」推廣活動，巧用了香港回歸的歷史機遇，將香港塑造為下一世紀亞洲最引人入勝的旅遊城市。這場推廣是一個成功的例子：日本旅客在 1996 年劇增 40.9%，有 240 萬人次訪港。他們對香港的興趣與日俱增，主要是因為他們相信，隨著香港政權歸還中國，以後訪港會較困難，又或者香港將會跟以前不同，驅使他們紛紛選擇在回歸前來港旅遊。

由於香港擁有世界一流的會議和展覽設施，當局大力吸引相關業務來港。這類訪客通常比休閒旅客的留港時期長一倍，消費更高出三倍。旅協同時試圖開拓郵輪旅遊市場，吸引消費力高的訪客。1997 年 12 月 3 至 7 日，於新加坡召開的「獎勵旅遊行政人員學會會議」上，旅協聯同獎勵旅遊行政人員學會香港分會，向由多位獎勵旅遊業翹楚組成的評審團進行遊說，並舉行招待會，多家酒店和航空公司亦提供別具創意的優惠，支持香港角逐 2000 年會議的主辦權，令評審團留下深刻印象，從而擊敗鳳凰城、紐約、牙買加、阿德萊德和馬來西亞等多個對手，脫穎而出。這是香港回歸後招攬大型活動的一個成功範例，反映國際組織深信，香港能繼續保持國際會議、展覽會場及旅遊勝地的優勢。由 1997 年 7 月起，落實在香港舉行的大型會議及展覽已超過 580 項。香港會議展覽中心在 1997 年 6 月完成新翼的擴建工程，成為香港主權移交儀式的主禮場

地，國際矚目，為香港獲得前所未有的曝光，促進會議及展覽業務的發展，進一步增強香港舉辦大型盛事活動的市場競爭力。

根據世界旅遊組織的數字，全球的國際遊客人數增長率，在近數十年逐漸下降。從 1970 年代每年 5.6%，下降到 1980 年代每年 4.6%，進一步減低至 1990 年代每年 4.3%。在 2000 至 2003 年間，由於九一一恐怖襲擊和沙士（SARS）疫症等事件，令年均增長率降至 0.2%。亞洲和太平洋地區的國際遊客數量，與全球趨勢相似，年均增長率從 1970 年代的 14.5%，降至 1980 年代的 9.1% 和 1990 年代的 7.1%。1990 年代香港的訪客人數，在很大程度上跟隨了亞洲及太平洋地區的趨勢。然而，近年來自內地的旅客人數激增，2003 年實施的個人遊計劃（俗稱自由行）加強了這一趨勢。結果，香港的訪客人數在 2000 至 2003 年間，顯示出比亞洲其他地區高的增長，達 6.0%。[3] 1997 年，內地旅客佔香港整體旅客人數的 21%，此百分比至回歸後的 2002 年，逐漸增加至 41%，2003 年躍升至 55%，至當下已接近八成，成為香港旅業最主要的客源。2019 年，訪港旅客的 6,515 萬人次當中，有 5,100 多萬來自內地，佔整體 78%。[4]

至於國際旅客人數的世界排名，香港於 1990 年排名第 18 位，1995 年上升到第 14 位，2003 年第 12 位。在亞太地區，香港僅次於內地，是國際遊客的第二大目的地，遠遠領先於第三和第四位的馬來西亞和泰國。2003 年，旅遊業對香港本地生產總值的直接增加值（Direct Value）約為 293 億元，相等於本地生產總值的 2.5%。1990 至 1996 年，旅遊業對本港生產總值的直接貢獻在 3.2% 至 3.6% 之間，然而這一份額在 1997 年下降到 2.8%，到 1998 到 2001 年進一步下降到 2.2% 至 2.5%，這是因為亞洲金融風暴的影響，導致遊客的人均消費明顯下降。2002 年，亞太地區的經濟持續復甦，加上內地遊客大量增加，旅遊業對本地生產總值的貢獻率回升到 3.0%，但沙士的影響使其在 2003 年再次下降到 2.5%。

表一 香港旅遊業的直接增值經濟得益 [5]

年份	內向旅遊（$10 億）	外向旅遊（$10 億）	總值（$10 億）
1990	16.8（3.0%）	3.7（0.7%）	20.4（3.6%）
1995	26.3（2.5%）	7.4（0.7%）	33.7（3.2%）
2000	21.9（1.8%）	9.1（0.7%）	31.0（2.5%）
2001	20.4（1.7%）	9.2（0.8%）	29.5（2.4%）
2002	26.4（2.2%）	10.0（0.8%）	36.4（3.0%）
2003	21.0（1.8%）	8.2（0.7%）	29.3（2.5%）

備註：括號內的數字代表相應的境內生產總值百分比。由於四捨五入關係，數字未必完全等於相應的總數。

據立法會秘書處的討論文件顯示，以 2016 年的統計為例，內地旅客中，有 86% 曾在港購物，只有 7% 及 3% 到訪文化景點及遊覽郊野風光。但外國的長途旅客，則有多達 19% 及 9% 選擇文化及生態旅遊，另有 55% 會購物。隨著內地旅客來港次數增加，加深了對香港的瞭解，內地將會出現更多關於香港的資訊，有助提升香港的形象並在內地樹立香港品牌。

1999 年 11 月，特區政府公佈與迪士尼達成協議，在大嶼山竹篙灣一片預定作旅遊及康樂的用地上，建造迪士尼主題公園。政府指香港迪士尼樂園每年將吸引數以百萬計遊客、締造數以千計職位、提升生活質素和香港的國際形象，有潛力在 40 年間為香港帶來 1,480 億元的淨經濟收益。估計首年遊客超過 500 萬，其後逐漸增加，至 15 年後每年可達 1,000 萬。啟用時，直接和間接創造的新職位預計約 18,400 個，20 年後增至 35,800 個。[6] 除了迪士尼樂園外，政府亦公佈一系列政策，增加旅遊設施和擴闊旅遊經驗，以提升香港作為旅遊城市的吸引力：

1. 於新界西北米埔沼澤區設立國際濕地公園；
2. 在九龍建造世界級表演場地；

3. 在大嶼山建造連接東涌與大佛的吊車系統；

4. 位於港島海洋公園，建築費達 5 億元的「海洋奇觀」；

5. 在香港仔發展「漁人碼頭」；

6. 在維港兩旁建設全新海濱公園；

7. 在中西區的旅遊地點進行改善計劃。

在之後的十年中，除第一至三項及第六項陸續建成及將會建成外，其他項目經過十年後（至 2019 年計）仍然只聞樓梯響。第二項的西九文化區中，第一階段建設預計於 2021 年或以前竣工，第二階段建設預計於 2030 年或以前竣工。選擇在回歸後不久公佈迪士尼樂園的興建，當然是為香港的未來投信任票，但對其餘可持續發展旅遊則未見著墨。文化及生態旅遊一方面對開拓長途旅客市場有發展潛力，而另一方面內地旅客透過加強對香港的瞭解，下一次來港時也不再只集中購物及消閒娛樂，亦會留意深度的旅遊方式。事實上，近年來亦多了內地遊客到香港的郊野欣賞自然風景，旅發局及有關推廣旅遊的機構，如能作出更好的配套，將有利文化及生態旅遊作可持續發展。

香港應否繼續以「東方文化」為推廣點，值得商討，這份魅力會否因為九七回歸以及重視本土特色而漸次淡化呢？香港實在需要從自身的特色文化中尋找本身的吸引力，才可以吸引旅客下次再到訪香港。而深受海外旅客歡迎的文化及生態旅遊，似乎比推銷異國情調，更能顯示自身的特性。為免錯失發展良機，香港當局更應及早制定更具前瞻性的旅遊政策路向。

9.2 | 地區旅遊資源的開發

1984 年《中英聯合聲明》簽署後，香港的本土意識開始抬頭。香港博物館（現香港歷史博物館）遷入九龍公園，市政局及區域市政局亦相繼開設地區博物館，如鐵路博物館、羅屋民俗館、上窰民俗館等；香港旅遊協會在 1980 年推出「香

港古蹟遊」節目。港英政府希望推行代議政制，港督在 1986 年首次全部委任公眾人士進入古物諮詢委員會，成立專家小組為古蹟保護提供意見。

自 1990 年代開始，區議會配合地方行政，提倡地區特色旅遊，促進地方商業活動及經濟。1992 年，區議會出版首本風物志《灣仔區古蹟與掌故》，介紹灣仔的歷史古蹟。隨後直至回歸，各區區議會均仿傚灣仔，出版本區的風物旅遊手冊或書籍，其中以梁炳華及蕭國健的各區風物志最為人熟悉，資料詳盡，是對各區歷史古蹟的入門手冊。其他交通機構如九廣鐵路，亦曾積極推廣到新界旅遊，如由沈思撰稿及提供圖片的數輯旅遊指南：《東鐵旅遊誌》、《影蹤十五點》、《鐵道行樂》在 1996 至 1997 年左右推出，介紹鐵路沿線的景點及歷史名勝、消閒好去處或遊覽路線，附以交通資料，免費向乘客贈閱。

回歸在即，政府希望培養香港人的歸屬感，在過渡期推出多項活動，例如 1992 年創立的衛奕信勳爵文物信託，為文物復修及教育提供資助。香港電台亦首次製作有關本土歷史古蹟的電視節目，名為《吾土吾情》，在無綫電視播出。政府亦想「藉著介紹旅遊景點的小冊子，令遊客及本港居民能對地方行政計劃的工作有更深一步的瞭解和認同」，[7] 因此，1997 年政務總署設立推廣旅遊計劃工作小組，出版香港十八區的旅遊指南，在促進各區的旅遊活動之餘，亦加強市民對各個區議會的認受性；許多商業旅行社均積極發展「本土遊」，以配合消費者對香港本土特色的興趣。可見 1990 年代以降，文物、經濟及旅遊的關係更加密切。2010 年，民政事務署亦曾委託香港中文大學文化及發展研究中心作研究，並由本地旅遊雜誌《U Travel》編撰，出版《香港歷史文化遊蹤》上下冊，分成「族群文化」、「歷史文化」、「宗教」及「藝術」四篇，介紹港九新界及離島的歷史建築及文化，相當詳盡。

香港的本地資源較為有限，不是一個擁有豐富文化古蹟的歷史名城，可能比鄰近的澳門有所不及，但香港也可以推出宗教文化旅遊，儘管不少人認為香港的宗教氣氛並不濃厚。昔日的香港三大古剎是青山寺、靈渡寺及凌雲寺，到了戰

前時期，隨著內地僧人南來，新興的佛教文化景觀為沙田的萬佛寺及西林寺。而志蓮淨院及寶蓮寺天壇大佛，則在回歸前經過重建及加建，躍升為香港的重要旅遊勝地。天壇大佛的建造耗時三年，凝聚了信眾、佛教界人士、藝術家、技術人員等的無數心血，最後一塊銅壁於 1989 年 10 月 13 日安裝完成，並舉行了莊嚴的圓頂儀式，1993 年 12 月 29 日正式開光。[8] 政府亦興建了一條連接東涌及天壇大佛的吊車系統。

香港的自然風景並非不可與其他東南亞國家媲美，例如西貢地區在 1 億 4 千萬年前經歷過一次猛烈的火山爆發，形成壯麗不凡的六角形火山岩柱景觀，分佈在平洲、果洲群島及破邊洲等小島，其海岸水清沙幼，岩石景觀獨特，不比韓國濟州島或日本九州鬼之洗板等岩岸遜色。香港可以採取各種方法，積極開拓這些本地旅遊資源，增添各種具香港特色的旅遊設施，擴大香港旅遊業的經營範圍和發展規模，走向更多元化的發展，增加對國際遊客的吸引力。

9.3 │ 文物保育與可持續旅遊

1990 年代至回歸的一連串旅遊推廣，確實使香港人對本身的歷史文化有更深入的體會，大部分人認為，香港有 160 多年的殖民地歷史，這段時期的文化、風俗、文物或歷史建築都是值得珍惜的，代表著一份文化認同感。

自 1990 年代開始，國際上各主管旅遊事務的機構，已開始注重旅遊的可持續性（Sustainability），而非一味追求旅遊增長的目標。可持續旅遊發展無疑是一種文化建構，由環境保育或綠色旅遊的觀念而來，其目的一方面是創造及維持成功的旅遊業，另一方面亦能保存自然及文化環境，處於合理水準。根據聯合國世界旅遊組織對可持續旅遊發展的定義：「旅遊業要充分考慮其對當前和未來在經濟、社會和環境各方面的影響，從而滿足遊客、行業、環境和主社區的需求。」[9] 由文化旅遊國際科學委員會訂定的《文化旅遊國際憲章》

《北區歷史文物展覽專刊》。

（International Cultural Tourism Charter）於 1976 年頒布，1999 年修訂，[10] 目的是鼓勵保護者與旅遊業界攜手達至文化遺產的可持續性，包括四大目標：

（一）促進及鼓勵文物保護與管理從業員盡量令主社區（Host Community）及遊客認識文物的重要性；

（二）促進及鼓勵旅遊業界以尊重及加強主社區文物及活文化之方式去提倡及管理旅遊業；

（三）促進及鼓勵保護者及旅遊業界在文物景點的重要性等方面展開對話；

（四）鼓勵從事制定計劃及政策者就文物展示及解釋發展出周詳而可量度的目標及策略。[11]

而其中的原則，包括旅遊業應以可持續的方法管理文物景點及旅遊，旅遊宣傳應保護及提倡自然文化遺產的特色。回歸後，香港政府在千禧年成立旅遊事務

署，並推展了一系列的建設，如星光大道、迪士尼樂園、濕地公園等，宗教團體以至商業機構亦紛紛興建宏偉的建築，但它們往往需要投入龐大的資源才能夠發展及維持，因此一些較小型的旅遊資源或可持續發展的旅遊方式往往被忽視。

2003 年，特區政府委任的文化委員會，曾對香港的文化政策作出一些前瞻性的建議，如：「香港的獨特歷史和文物景觀有文化旅遊潛力。這個潛力亦可以透過與珠江三角洲文物景點的串連進一步擴大。推動文化旅遊當然有經濟上的好處。而從文化的角度看，讓外地遊客認識香港的歷史文化，亦是一種有意義的文化交流。」因此文化委員會建議政府編纂《香港地方誌》，讓更多人能更有系統地認識香港的人文和風土歷史，而香港中央圖書館或香港歷史博物館是開展這項工作的理想機構。其後，香港中央圖書館製作了「香港記憶」網站，匯集香港的風土人情及人文元素，但跟文化委員會所指的「地方誌」仍然有很大段距離。汲取內地自由行對本港社會造成的衝擊，香港是否應該繼續走「旅遊＝經濟振興」的模式，抑或正如文化委員會所言，朝文化大都會的方向，進一步確立自身的旅遊文化價值？

2004 年 2 月，民政事務局在《文物建築保護政策檢討》諮詢文件指出：「文物有助界定我們的文化身份，使我們的城市景觀更多姿多彩，讓我們的城市成為更具吸引力的安居樂業之所。它們也是價值不菲的經濟資產，是香港發展文化旅遊不可或缺的元素……保障和促進香港多元文化及歷史資產的活力，是香港長遠可持續發展的指導原則之一。」[12] 在這份諮詢文件推出的七年前，同一個政策局正為籌備「文物年」費盡心思，希望能提升公眾對文物保護的意識。事隔七年才推出這個諮詢文件，理應引起許多討論，但明顯地，當時社會人士對保護文物的支持比七年前提高了不少，但為什麼沒有帶來一些新景氣？筆者認為，主要原因是諮詢文件只提出一個願景，然而從文件內容或負責官員在公眾諮詢會的發言，都未能令人相信，政府有決心或資源去制訂長遠的文物保育政策，亦沒有為此政策的宏觀（如政策選項）或微觀（如某建築物的保育方式）

部分設下任何時間表。因此人們普遍認為，文化保育只是政府一個微不足道的選項，在發展經濟及大型基礎建設的大趨勢下，不少值得珍而重之、代表香港特色的文物或傳統只會漸漸消失。

兩年後，政府為了興建中環灣仔繞道，需要清拆具有 48 年歷史的中環天星碼頭。天星碼頭無論在本地人或海外遊客心中，都是香港具特色的文化標記，是值得保留的文物，然而古物諮詢委員會只是一個諮詢組織，其委員由政府直接委任，並不代表市民的意見。委員當然可就文物的價值，向古物事務監督提供專業意見，但會否被採納他們也未能控制。經多番爭論後，天星碼頭最終並未列為一級歷史建築，不被視為需盡一切努力予以保留的建築物。加上業主天星小輪與特區政府在歷史上的關係密切，自成立以來已建立跟政府的夥伴關係，可算是歷史悠久的夥伴，拆卸鐘樓的工程必然得到業主的合作。

另以港島司徒拔道的景賢里為例：[13] 2004 年中，古物諮詢委員會已經討論過這座建於 1936 年的私人府第，認為有文物價值。但是政府在接下來的三年一直未有積極推動保護，更不用說將其列為法定古蹟。直至 2007 年 9 月 11 日，有長春社人員發現工人在景賢里拆除瓦頂和外牆裝飾，立即通知發展局及傳媒，事件才曝光。9 月 13 日，當時的發展局長林鄭月娥要求古物古蹟辦事處，在最短時間內提交景賢里古蹟評估，古蹟辦在當晚即提交報告，建議將景賢里列為暫定古蹟，至 9 月 15 日政府正式刊憲，清拆工程才停止。[14] 2008 年 1 月 25 日，發展局宣佈景賢里將會列為法定古蹟，並且以就近一幅面積約 4,700 平方米的無樹木人工斜坡，對業主進行「以地換地」補償。業主計劃於補償的土地上興建五間獨立屋宇，亦同意為景賢里進行修復，完成後交予香港政府管理，日後開放予公眾參觀。[15] 2008 年 7 月 11 日，發展局局長以古物事務監督的身份宣佈，根據《古物及古蹟條例》（第 53 章），正式把司徒拔道 45 號的景賢里列為法定古蹟。[16] 之後發展局曾經將景賢里列入歷史建築活化計劃，但至今仍未有機構表示有意活化這座建築。

「景賢里事件」突顯了重建發展與歷史保育之間的衝突，亦反映了現時香港的文物保育政策，應該落實 2004 年諮詢工作中所達成的政策共識。2006 年爆發的「保護天星碼頭事件」，是香港史上最受廣泛關注的保育運動，反映市民與外國遊客（尤其是看過電影《蘇絲黃的世界》中天星碼頭一幕的）認為有保留價值的建築、盛載集體回憶的文物，未必符合現時古蹟評級的標準，又或者即使天星碼頭被評為一級歷史建築，政府亦未必想因此阻礙興建一項能改善交通的道路工程。因應天星碼頭事件及景賢里事件，公眾對文物保護的關注有增無減，民政事務局在 2007 年 2 月再次舉行文物建築保護政策公開論壇，進行第二次檢討，希望收集市民就「應保護哪些文物建築」、「怎樣保護文物建築」、「代價多少和由誰承擔」、「政府應如何加強公眾參與文物建築保護的工作」等問題的意見。

旅行、旅遊、遷移甚至移居外地，是最能反映香港文化一種生活方式，從根本上揭示了香港人對生活、周遭環境以至人生的態度，是內在的中華傳統與輸入的西方文化衝擊下，香港人怎樣去理解自身身份的反照。香港人在面臨政治的轉變下，通過旅行及旅遊尋回自己應處的位置，這種經驗其實可以令港人更認識到本身的文化及價值，理解到香港的多元化是其文化都會構想的核心元素。

註

1　Hong Kong Tourism Association, *Heritage Tour* (Hong Kong: Hong Kong Tourism Association, 1983).

2　香港旅遊雜誌社：《旅遊業》（香港：香港旅遊雜誌社），1997 年 6 月至 7 月號，32 頁。

3　"Hong Kong Tourism Industry", World Tourism Organisation, https://www.hkeconomy. gov.hk/en/pdf/box-05q1-3-1.pdf，取用日期：2020 年 4 月 29 日。

4　香港旅遊發展局 2019 年的旅遊業報告。

5　香港政府統計處資料，轉引自 "Hong Kong Tourism Industry", World Tourism Organisation, https://www.hkeconomy.gov.hk/ en/pdf/box-05q1-3-1.pdf，取用日期：2020 年 4 月 29 日。

6　〈香港迪士尼樂園：經濟效益〉，香港特區政府新聞公報，https://www.info.gov.hk/gia/ general/199911/02/1102140.htm，取用日期：2020 年 4 月 29 日。

7　中西區政務處：《旅遊指南：中西區》（香港：中西區政務處，1997），4 頁。

8　〈天壇大佛的建造〉，寶蓮寺，http://www. plm.org.hk/home.php，取用日期：2020 年 4 月 30 日。

9　"Sustainable Development", UN World Tourism Organisation, https://www.unwto.org/ sustainable-development，取用日期：2020 年 5 月 1 日。

10　ICOMOS International Cultural Tourism Charter - Managing Tourism at Places of Heritage Significance.

11　The ICOMOS Charter on Cultural Tourism, *ICOMOS Tourism Handbook for World Heritage Site Managers*.

12　民政事務局：《文物建築保護政策檢討諮詢檔》（香港：民政事務局，2004），1 及 18 頁。

13　景賢里是一幢樓高三層的中式府第，建於 1930 年代，由英籍建築師 A. R. Fenton-Rayen 設計。

14　《明報》，2007 年 9 月 15 日。

15　《明報》，2008 年 1 月 26 日。

16　〈景賢里正式列為法定古蹟〉，香港特區政府新聞公報，https://www.info.gov.hk/gia/ general/200807/11/P200807110152.htm，取用日期：2020 年 5 月 1 日。

結語

旅遊是香港開埠以來一種歷久不衰的經濟及文化活動，透過香港這個彈丸之
地，促進了中國內地與西方社會，特別是一些工業強國如英、美、日、德等的
聯繫；旅遊業帶動的相關行業如飲食、運輸、商品手工藝以至酒店等，均成為
香港賴以生存的行業。

然而不可忽視的是，香港的旅遊發展也是香港文化和社會變化的啟示，其帶來
的文化亦漸次發展為一種身份象徵。在香港開埠早期，境內旅行活動原只限於
上流社會的外國人，他們有能力負擔旅行的高昂開支，並有餘暇時間。從當時
的旅遊書觀察，外國人都是因特定的業務來到香港，例如傳教士、商人和其他
貿易從業者，而不是休閒旅行。對他們來說，香港似乎是深入中國其他地方的
一塊踏腳石，可以尋求更大的商業和戰略目的。

隨著旅遊指南的出版，旅者以英國的角度評論當時的香港城市發展，以達到英
國文化成功在香港移植的論述，是身份認同的標記。但到了 19 世紀末，隨著
維多利亞城（即中環、上環、西環及灣仔一帶）的迅速發展，加上攝影的發明，
西方人的遊記展現了這個現代化城市的國際視野，英國人對於香港作為貿易中
心的前景感到更加自信。踏入 20 世紀，受殖民地地位的影響，外國人對中國
人的生活和習俗的態度，普遍仍較為負面，然而香港作為英國在亞洲的立足點，
重要性越加明顯。另外，隨著建築技術的進步，外國人對香港氣候不佳和自然
資源缺乏的負面情緒持續減少。新式交通工具例如汽車、小輪或火車，令旅行
活動更加便利及舒適。

第二次世界大戰後，香港變得更加工業化。富裕的階級與工廠工人亦參加了不
同的旅行 ，因此，旅行蘊含了撫平不同社會階層之間差異的意義。在星期天的

小旅行中，人們可以暫時擺脫工作崗位的壓力，帶來自我認同。到了 1960 年代，酒店業隨著西方對東方之珠的興趣開始蓬勃發展，西方旅者對中國人，尤其對中國女性開始形成刻板形象，從電影《蘇絲黃的世界》中對香港的拍攝手法可見一斑。因應當時大部分酒店位於九龍，銅鑼灣的利園酒店在 1971 年開幕，有 16 層高，二樓的貴賓廳可容納 300 位賓客，接待過的嘉賓包括港督麥理浩、球王比利、樂隊 Bee Gees、金童子奇利夫李察、翁倩玉等，1976 年環球小姐的參賽佳麗亦是入住該酒店，令其聲名大噪。

政府在 1970 年代後期開始介入旅行活動，如設立郊野公園及麥理浩徑，志願者或非牟利機構的角色日漸減輕。政府積極推動本地旅遊制度化，吸引本地及海外遊客，以帶動經濟發展。另外，「一天遊」日漸興起，減弱了旅行活動在社會聯誼的角色，令旅遊進一步商品化，造就相關產業如短途旅行服裝、登山設備和越野定向技術等。而隨著資訊科技的突破，本地遠足者更加依賴互聯網、衛星定向程式和大眾媒體的資訊等，使舊式的旅遊裝備如地圖及指南針沒落。

另一方面，在邁向回歸的過程中，政府機構、政治團體和旅遊發展局鼓勵發展文物旅遊，並著重宣傳與中國內地的文化聯繫，提升本地市民對香港及國家的認同感。自此，旅行活動變得越來越商業化和制度化，一些旅遊景點的地方色彩也越來越傾向於一般遊客的口味，旅遊和經濟更加互相關連。民間團體和其他非牟利機構為了鞏固香港的本地特色，漸次推出屬於香港人的古蹟考察活動，來自景點的社區人士為了不被邊緣化，亦推出相關活動，使本地旅遊與住民權益互相扣連。昔日，本地古蹟可能比較吸引外國遊客，但隨著資訊普及及身份認同感的驅使，香港人比從前更關心本身的歷史文化，並提出更具體的文物保育要求。在 21 世紀，本地旅遊勢將走向多元發展，而政府、民間團體及旅遊主體企業將在改造這個產業上爭取話語權，希望從中獲得更大得益。

香港的旅遊業發展反映出文化與經濟息息相關，旅行這種人類的普遍行為，尚待從文化史上的角度作更深入的探討。旅遊作為一個學術題目再現，令這個一

向被歷史理論領域忽視的課題，從經濟層面的角度，轉移到中西文化觀比較的角度，有助各界在考慮可持續發展旅遊的政策之餘，更關心旅遊對人們文化認同感的塑造。通過探索這種行為的發展和轉型，作者希望香港人每次踏出家門遠行時，除了抱著暢遊外國景點的心態外，更可以藉著這經驗加深理解香港與各地文化的差異，從而尋回自身應處的位置，並反思今日香港內在的文化價值。

鳴謝

回想十多年前欲以「香港旅遊文化史」為題撰寫博士論文，被當時大學歷史系的資深教授否定，教授認為以旅遊書或旅遊日記這些個人記述作為史料並不可靠，遑論作為嚴肅學術研究的博士論文，因此筆者轉而研究香港邊境歷史，其後為原本不為本地歷史學者關注的邊界地區作了多年的觀察及記錄，便荒廢了這段「不能登大雅之堂」的旅遊史。惟這位教授的寶貴意見至今對我影響仍十分深刻，使我一直為在學術上如何扭轉局面尋找方向。

由於種種政治及社會原因，香港歷史學界再沒像 20 多年前一樣對論述早期殖民地歷史有濃厚的興趣，研究香港歷史的學者，尤其是一班青年學者，近年多出版地區史為主，又或轉移在網上發表本身對個別地區、建築或團體的研究，故網絡上出現了一批對文物建築保護的功臣，如皇都戲院、主教山配水庫等的歷史資料，散見於各大報章、網頁及網誌，因此可見香港地方史的研究方興未艾，這與近年當局或發展商在地區上的積極政策或動作有莫大關係。然而，反而對整個香港的發展歷史的研究卻漸漸步入疲態，除了有歷史學家的新編「香港史」或將英文歷史經典翻譯外，香港歷史學界鮮有對香港個別範疇如民生、民俗文化或社會經濟等作一綜觀式著述。

然而世事何曾是絕對，香港三聯副總編輯李安女士一直支持香港史的學術探討，經過她的再三推薦及肯定，這本關於香港旅遊的文化史終於面世。因為她非常覺得香港需要這些以香港文化為主的歷史書，她的團隊編輯 Yuki 及礎鋒在短短三、四個月內為這 20 多萬字的稿件作審校及排版付印，以趕及在書展前出版，付出了不少心血，特此由衷感謝。礎鋒為書籍的相片優化、設計提出不少寶貴的專業意見，並特別為此書用了一個更適合的大小及彩頁設計，令全書更明亮及增加讀者的閱讀趣味，居功至偉；Yuki 欲將此書推廣給更多的讀者，

鳴謝

用了不少心機作出工作上的調動，並為此書的宣傳亮相及介紹提出不少建議，本人深深感受到編輯團隊的熱誠及鼓勵。此外在此書最初的大綱上，實要鳴謝鄭德華先生及梁偉基先生，他們對此書框架的寶貴意見，令我思考了我從未考慮過的問題，令日後撰寫過程事半功倍。

在遇到挫折時太太 Juliana 給了我很多鼓勵及支持，特別在此書撰寫時，正值疫情肆虐期間，亦要處理不少家中的事務，沒有太太從旁協助，相信書是寫不成的。此外，在付印前特別要感謝郭少棠教授完成我給他非常具挑戰的「任務」，就是在少於一星期內為我的新作趕寫一篇序言，他在三至四天讀完全書並寫出序言，殊不容易，實在辛苦了這位歷史學家，在此致以萬二分的感謝！至今文本已定，他還很關心出版的時間有否被拖延，他的無私支持實在是我的萬幸。

在過去的三至四年間，這一件拓荒性的研究工作不只是個人的付出，其成果離不開香港以至海外的師長及朋友在背後的支持及襄助，實在功不可沒：

何佩然教授　　　　　　　　　康樂及文化事務署
廖迪生教授　　　　　　　　　香港中央圖書館
劉義章教授　　　　　　　　　新界鄉議局
萬籟寂神父　　　　　　　　　龍躍頭村公所
鄧根年先生　　　　　　　　　漁農自然護理署
郭志標先生　　　　　　　　　衞奕信勳爵文物信託
香港社會發展回顧　　　　　　民政事務局及各區政務處
香港歷史博物館　　　　　　　各區區議會
香港文化博物館　　　　　　　香港大學孔安道圖書館
香港歷史檔案館　　　　　　　香港中文大學圖書館
香港旅遊發展局　　　　　　　香港中文大學人類學系
古物古蹟辦事處　　　　　　　天主教香港教區
政府新聞處　　　　　　　　　教區「古道行」工作小組

宗座外方傳教會

基督教香港崇真會

半島酒店

六國酒店

香港中國旅行社

香港旅遊業議會

香港旅行界聯會

郊野公園之友會

香港經濟日報

明報

香港 01

Asia Society Centre

Basel Mission Archive

British Airways

The British Council

Kelly & Walsh

National Library of Australia, Canberra

Oxford University Press

The Royal Asiatic Society Hong Kong Branch

South China Morning Post

Wellcome Library

附錄 1　　曾在香港或以香港為研究對象的著名外籍社會、歷史或人類學家

弗里德曼（Maurice Freedman, 1920-1975）

1920 年 12 月 11 日生於英國倫敦，1975 年 7 月 14 日在倫敦去世，是英國人類學的領先專家之一。他在倫敦國王學院學習英語，第二次世界大戰期間在皇家砲兵部隊服役，戰後在倫敦政治經濟學院就讀人類學研究生，在新加坡進行實地考察後，1951 年獲聘任人類學講師，1965 年成為教授。期間，他還曾在耶魯大學、馬來亞大學和康奈爾大學任教。1970 年，他接受了牛津大學的教職，直至去世。

弗里德曼的漢語學習可以分為四個階段。第一階段始於他在新加坡的研究，有關中國家庭和婚姻、中國法律、中國宗教和中國社區組織的工作。第二階段發生在 1950 年代初，當時弗里德曼僅使用檔案資料，便開始著手研究中國傳統社會，特別關注親戚和婚姻制度。在第三階段，他研究了所謂的「殘留中國」，特別是香港和台灣。最後階段是漢學人類學的思想史研究。在這個階段，他記述了早期了解中國社會的故事。他對中國宗族的研究影響深遠，對文化大類學家奉為經典著述的包括 *Lineage Organisation in Southeastern China*（東南中國的宗族組織）、*Chinese Lineage and Society: Fukien and Kwangtung*（中國宗族及社會：福建及廣東）及 *Social Organisation: Essays Presented to Raymond Firth*（社會組織：向雷蒙德・弗斯提交的論文）等。

華德英（Barbara Ward, 1919-1983）

香港中文大學社會學客座教授、劍橋大學紐納姆學院院士，曾在伯貝克學院、倫敦大學和東方與非洲研究學院教授人類學。華德英在 1950 年初次來港，西貢的滘西洲曾是她的田野考察地點。1952 年，政府成立牛尾海操炮區，同年

7 月，大部分滘西村居民被逼遷往西貢半島的白沙灣，建立滘西新村。因為村民知識水平不高，加上華德英是英國人，跟殖民地政府溝通更有利，於是她幫助居民寫了一些信件，向政府表達他們的權利。在華德英的幫忙下，操炮區移往火石洲，漁民得以繼續在滘西洲安居。在謀生方面，她幫助當地漁民取得更先進的捕魚設備；在醫療方面，每當村民有緊急醫療需要，她會幫助他們召喚政府直升機。現在滘西村內有一塊紀念碑：「莫華德英博士（生於一九一九年，終於一九八三年）曾在本區滘西漁民村服務三十五年，致力於漁民福利及生活，貢獻良多，深受村民愛戴，謹志留念。」她的名著 *Through Other Eyes: An Anthropologist's View of Hong Kong* 是研究華人漁村的經典。

白德（Solomon Matthew Bard, 1916-2014）

猶太裔醫生，1916 年生於俄羅斯西伯利亞，1924 年八歲時隨家人移居中國哈爾濱。1925 至 1932 年間，白德在當地接受教育，完成三年高中課程的同時，更在一所音樂學校學習音樂。1932 年，他轉到上海一所英文學校繼續學業，準備報考香港大學，於 1934 年 1 月入讀香港大學醫學院，1939 年畢業。

1936 年 3 月，白德首度在香港演奏小提琴，地點在梅夫人婦女會。第二次世界大戰期間，他加入香港義勇軍的野戰救護隊，1941 年日軍侵港，白德亦有參與香港保衛戰，被派駐摩星嶺第 24 海岸炮兵連，戰敗後被囚於深水埗戰俘營。期間他在營內組織了一支小樂隊，並舉行了三場音樂會，為戰俘提供心靈慰藉。戰後白德一度在香港行醫，其後加入香港大學醫務處和古物古蹟辦事處。白德多年來對音樂不離不棄，1947 年成立了中英樂團（今香港管弦樂團）。自香港中樂團於 1977 年成立後，他又多次穿中式長衫參與演出，舉手投足盡顯大師風範，可見他對中國文化的熱愛。

白德對香港城市發展貢獻良多，他對考古學和本地史的興趣始於 1950 年代，是香港大學考古隊的創會會員之一，考古隊於 1967 年改組成香港考古學會

後，他出任該會主席多年。1966 年，他為了深造考古知識和田野考察方法，遠赴悉尼澳洲博物館，跟隨人類學部的館長大衛·摩亞工作了一年。

香港《古物及古蹟條例》於 1976 年生效後，白德被委任為首位古物古蹟辦事處執行秘書，長達七年，至 1983 年榮休，退休後仍然與古蹟辦和古物諮詢委員會保持緊密聯繫，並參與不少重要的考古發掘，例如 1992 年在屯門湧浪、1993 年在馬灣、2000 年在新田大夫第，以及 2004 年在西貢佛頭洲等。此外，他亦進行了多項研究計劃，其成果是一系列出版物，包括《香港文物志》（1988 年）、《軍人墓碑和紀念塔研究：香港墳場》（1991 年）和《香港英軍紀念碑：部分位於跑馬地的墓碑和紀念塔》（1997 年）等。

1974 年 9 月，白德被委任為香港博物美術館榮譽館長（考古），任期兩年。1976 年至 2014 年 11 月，出任康樂及文化事務署（及其前身）考古、本地史及軍事史範疇的博物館專家顧問，服務長達 38 年。他對香港歷史博物館貢獻良多，包括在 1990 年代初對舊鯉魚門炮台進行全面研究，以準備籌建香港海防博物館；同期進行的香港外籍商人研究，至 1993 年編纂成《香港商人：一八四一至一八九九年間的外國商行》（1993 年）；2003 年整理香港歷史博物館的老照片藏品，並編寫照片說明。自 2012 年起，白德再度與香港歷史博物館合作，把他研究本地海防設施的論文修訂成《香港在英治時期的海防歷史：鯉魚門的防禦工事》一書，成為他的遺作，由香港歷史博物館於 2015 年初出版。[1]

施其樂牧師（Rev Carl Smith, 1918-2008）

著名香港史及香港基督教史學家、皇家亞洲學會香港分會前會員，由 1985 年起出任該會副會長，在香港華人基督教團體以及華人社會組織的研究方面，貢獻卓絕。

施其樂 1918 年 3 月 10 日生於美國俄亥俄州，1940 年大學畢業後，進入紐約協和神學院攻讀神道學碩士，1943 年獲 Evangelical and Reformed Church （現時的 United Church of Christ）按立牧職，先後在紐約及費城牧會宣教。1960 年，施其樂決定投身海外宣教工作，加入 United Board for World Ministries，1961 年奉派至香港，至 1962 年間，在中華基督教會屯門何福堂的香港神學院任教。1962 年香港神學院併入崇基神學院，施其樂一直在此任教，至 1983 年退休。他的主要著作包括 *Chinese Christians: Elites, Middlemen and the Church in Hong Kong* 及 *A Sense of History: Studies in the Social and Urban History of Hong Kong*，以及多篇獲得高度評價的學術論文。[2] 他對香港社會史、文化史、學術史和政治史方面的貢獻得到各界肯定，其中香港歷史檔案處已編纂了兩大卷的《施其樂牧師論文專集》（*The Rev. Carl T. Smith Collection*）。

貝克（Hugh Baker）

畢業於倫敦大學東方與非洲學院，在同校擔任教授，直到 2002 年退休，目前是中國大學新成立的東亞研究中心主任，主要集中於香港新界。他從 1963 至 1965 年住在新界的宗族村落進行研究，出版了有關英治前的香港歷史、中國文化中的家庭、華僑以及新界的習俗，以及廣東話和普通話的基本教科書。他的名著 *Ancestral Images* 是研究香港祖先崇拜的經典之一。另外他提出的「新界五大族」（The Five Great Clans of the New Territories）雖然在學術界有爭議，但依然是研究新界宗族社會的必讀理論之一。

夏思義（Patrick H. Hase）

劍橋大學博士、皇家亞洲學會香港分會名譽院士，居於香港逾 40 年，長期研究新界及當地居民的歷史和傳統生活，對本地歷史深有研究，獲委任為香港康樂和文化事務署、沙頭角中英街歷史博物館、開平市人民政府榮譽

顧問。著有多本關於新界史的書籍,及多篇獲得高度評價的學術論文,包括《被遺忘的六日戰爭》、*The Six-Day War of 1899: Hong Kong in the age of Imperialism*、*Custom, Land and Livelihood in Rural South China: The Traditional Land Law of Hong Kong's New Territories, 1750-1950*(華南鄉村的風俗、土地和生計:1750 至 1950 年的香港新界傳統土地法)。

許舒(James Hayes)

許舒博士任職政府 32 年,有將近一半時間在新界工作。他於 1956 年加入香港政府,擔任英軍二等軍官。1987 年退休,時擔任新界區域秘書。他撰寫了大量有關新界的歷史和人類學的文章,名著包括 *The Rural Communities of Hong Kong: Studies and Themes*(香港的鄉村社區:研究與主題)、*Tsuen Wan: Growth of a New Town and its People*(荃灣:新市鎮的成長與人民)、*Friends and Teachers: Hong Kong and its People 1953-87*(朋友與老師:香港與人民 1953-87)、*The Hong Kong Region 1850-1911: Institutions and Leadership in Town and Countryside*(香港地區 1850-1911:城鎮和郊區的制度與領導)、*The Great Difference: Hong Kong's New Territories and Its People 1898-2004*(巨大的差異:1898-2004 年的香港新界及其人民)及 *South China Village Culture*(華南鄉村文化)等。

註

1　香港歷史博物館:《兩位音樂人的「香港故事」》(香港:香港歷史博物館,年份不詳);康樂及文化事務署,《訊聞》(香港:古物古蹟辦事處,2014 年 11 月 20 日),https://www.amo.gov.hk/b5/whatsnew_20141120.php,取用日期:2020 年 2 月 7 日。

2　邢福增:〈懷念施其樂牧師(1918－2008)——默默耕耘的香港基督教史學家〉,《田野與文獻:華南研究中心通訊》(香港:華南研究中心,第五十期,2008 年 4 月 15 日),4-7 頁。

附錄 2 ｜ 《搭船警告》（1918）

摘錄自盧少卿：《僑旅錦囊》（香港：浣香家塾、廣發印務局）

（一）各公司輪船。原定有開行時刻。為利便交通起見。但時有不得已之舉。換調別船替代。或更改開行時刻。亦有臨時未及預期宣佈。凡屬搭客者自宜體會。（遇有不測之虞遇霧避風船機忽壞等各安天命）

（二）搭客有託該公司或所搭之輪船。代接來往書函等。祇盡力代勞。而不負遺誤責任。（已與商定辦法者不在此列）

（三）搭客有電文信函。欲託該公司或該輪船為之拍發者。祇可盡力代勞。而不負誤寄之責任（其船中有郵政所及電報室設立者可按章執行）

（四）搭客行李。宜用布或紙。書明自己，即物主之姓名貼於其上。或更註明由何處來。搭某船某位。前往某埠處等字樣。除具需用於近身者。餘則交與船上管行李艙人代貯。可得穩固保管。

（五）行李槓箱。必須親手封鎖。餘各首飾金銀。須交與船中之珍藏保險室代貯。可免疏虞。不致損失。

（六）搭客在船上遇有失竊盜騙之事。可立報知舟師。按圖索驥。盡力追緝。如僕役招待不週。可通報管事或辦房管理人等。但不得以無理啟釁致招攪擾。

（七）搭客在船上或遊經各埠。不得攝繪砲壘。營汛。軍港。軍艦。軍械局等等。

（八）搭客不得違背船規而行。若經船員儆告後。故意不遵守儆告者。舟師有權處理之。

（九）落客不得攜犯禁品物。遇有關員登船檢查。或駐該船上之偵探。以其有形蹟可疑之點者。須一律服從檢驗。

（十）搭客在船染疾。或致不測。由醫生驗治。按章辦理。毋得推諉。致貽累公眾。（女客於途中產者願否醫生治理各從其意）

（十一）搭客所到各國埠。應遵守該國法例。如繳納行李稅。入口稅。及各等名目之稅餉項。須如章行之。否則至被株連。則與該船無涉。

（十二）搭客攜帶行李。須慎交與人管理。恐誤交他人。及棍騙之流者。是為

自誤。

（十三）搭客之為案犯等。如被政府官員干涉。其留押或遞解之手續。均取臨時及就地而施設之辦法。該犯事之客。須受該船所停泊地界之衙署裁判。

（十四）搭客行李因犯關例。致被扣留。有未明關例者。儘可面請舟師或船員或辦房人等。代為解釋指示。唯具稟求情之供詞如何。此為海關之權。縱彼此各執一詞。亦係該客與海關之交涉。船員暨不負責。

（十五）行李能妥交與船上保險室貯存。按章給以保險費。隨收回憑證。途中有不測之虞。儘可遵例賠償其所值。

（十六）船上客艙客房及貨艙。毋論何人。一律不得吸煙。船中特設有吸煙室。室內已佈置火險不虞之具。且所設處。略與船上之重要位置無甚關繫。室內吸煙之人。仍不得將煙頭火燼及火柴頭。棄於船板地上。

（十七）在船中車中。固不宜吐口涎痰沫。所到各街公地。亦應慎守衛生行為。庶免干涉。

（十八）客房中不得燃點油燈或火水燈。及燒易引火災之物。亦須持之往近烹煮室處地方。

（十九）客房及艙位。一律不准帶留狗貓雀鳥。畜牲等類。有之須交與船上畜牲代養。照章納費。

（二十）搭客不得攜帶爆炸品。及能傷人之利刃兇器鎗碼毒藥等。如屬軍官員役。亦須於落船時。先將所攜帶之械品。交船上軍器室漸代貯存。

（二一）客房內所有船上佈置之傢俬什物。不得擅自遷移。或致損毀。行李物件。過於笨重或污爛者。食品有臭氣味者。一律不得放入客房及客堂之內。例每日上午十一點鐘。由伙長巡行全船查驗。約束一暨。

（二二）行李之隨身自帶者。須謹慎關照。門戶出入。亦宜親自加鎖。船停泊時。常有客棧員伴落船招接生意。所有行箱槓篋。宜檢點件數妥與之代收。然後跟隨關照。

（二三）搭客除在游戲室可作玩樂外。一律嚴禁賭博。在會餐室用膳之時。搭客種族雖屬不一。膳饌亦分華人餐。西人餐。日本餐等。依準時刻入席。坐位

不得任意遷移。呼役不得揚聲。食時言談。亦宜細語。口涎痰沫。不可嗽過聲張。自用衣袖略為遮掩。免人憎慷。完膳即須離座。最注意者。衣裳須潔整。衣履宜全。乃得入席。

（二四）船上設部分多所。如食煙則入吸煙室。游嬉入游戲室。閱讀入書樓。與友暢談則在客廳。欲覽海景。可憑欄坐。惟其非搭客所應到之地位。如船員住房。水手房。機舵室。船員辦事所。屠房烹飪室。洗衣房等等。慎勿任意游行其地。致受嫌疑面斥。

（二五）輪船常於忽然之間。警鐘亂鳴警笛頻吹。實為操習救險之訓練。其不知有此等舉動者。凡事宜見機而行。慎勿躁暴忙忽。

（二六）搭客不宜與值工之船伴役閒談。有所詢問。亦不過對答而已。毋論在何地方。不得喧嘩。及口出穢言臭語。

附錄 3　　　由香港往外埠輪船（1932）

＊本附錄全按原件抄錄，部分數字雖疑有錯誤之處，
惟年月久遠，已無法查證。

東航線

由香港往各埠	輪船公司	地址	價目 頭等位
夏灣拿	大來洋行	必打行	美金五八一元
雪梨	麥堅安麥堅士公司～鐵行	鐵行	單程八六金鎊 來回一四七金鎊
域多利	昌興公司	於仁行	美金三八五元▲
域多利	大來洋行	必打行	美金三六〇元
些路	大來洋行	必打行	美金三六〇元
羅省	大來洋行	必打行	美金三七五元
温哥華	昌興公司	於仁行	美金三八五元▲
檀香山	大來洋行	必打行	美金三〇〇元
舊金山	大來洋行	必打行	美金三七五元
哥林堡	大來洋行	必打行	三四金鎊
哥林堡	天祥洋行	皇后行	三四金鎊
哥林堡	吻啫士洋行，盛記公司代理	皇后行	三一金鎊
哥林堡	德國郵船捷成洋行代理	必打行	三七金鎊
哥林堡	鐵行輪船麥堅安麥堅士公司	鐵行	單程三六金鎊 來回六三金鎊
哥林堡	法國郵船	皇后行	四二金鎊
橫濱	昌興公司	於仁行	美金八五元
橫濱	大來洋行	必打行	美金八五元

二等位	三等位	大艙位	備考
美金三六〇元	美金一六五元	無	
單程五二金鎊來回九一金鎊	無	無	
美金二三〇元 x	美金一〇〇元⊕	美金九〇元	▲加拿大皇后只收三八〇元 俄國及亞洲皇后只收三六〇元 x 俄國及亞洲皇后只收二〇〇元 ⊕俄國及亞洲皇后只收九五元
美金二〇〇元	美金九〇元	無	
美金二〇〇元	美金九〇元	無	
美金二三五元	美金九五元	無	
美金二三〇元 x	美金一〇〇元⊕	美金九〇元	▲加拿大皇后只收三八〇元 x 俄國及亞洲皇后只收三六〇元 ⊕俄國及亞洲皇后只收二〇〇元 俄國及亞洲皇后只收九五元
美金一八七元	美金六七元	無	
美金二三〇元	美金九〇元	無	
無	八金鎊五司令	無	
一九金鎊	一五金鎊	七金鎊	
一九金鎊	無	無	
無	無	無	
單程二零金鎊來回三五金鎊	無	無	
二五金鎊	一七金鎊	八金鎊十司令	
美金五二元五 x	美金二一元⊕	美金一九元	x 俄國及亞洲皇后只收五十元 ⊕俄國及亞洲皇后只收二十元
美金五零元	美金一九元	無	

橫濱	天祥洋行	皇后行	無
橫濱	渣甸公司	渣甸行	港幣一八〇元
橫濱	法國郵船	皇后行	一六金鎊
橫濱	德國郵船捷成公司德記公司代理	必打行	七四金鎊
橫濱	鐵行輪船麥堅安麥堅士公司代理	鐵行	單程一六金鎊 來回二八金鎊
橫濱	鴨家輪船麥堅安麥堅士公司代理	鐵行	單程港幣一八七元 來回港幣三二七元
神戶	昌興公司	於仁行	美金七五元
神戶	大來洋行	必打行	美金七五元
神戶	天祥洋行	皇后行	無
神戶	渣甸洋行	渣甸行	港幣一六〇元
神戶	德國郵船捷成公司德記公司代理	必打行	七三金鎊
神戶	鐵行輪船麥堅安麥堅士公司代理	鐵行	單程一五金鎊 來回二六金鎊
神戶	鴨家輪船麥堅安麥堅士公司代理	鐵行	單程港幣一七三元 來回港幣三〇二元
神戶	法國郵船	皇后行	一五金鎊
長崎	昌興公司	於仁行	美金六〇元
長崎	鐵行輪船麥堅安麥堅士公司代理	鐵行	單程一二金鎊 來回二一金鎊
門司	渣甸公司	渣甸行	港幣一六六元
門司	鐵行輪船麥堅安麥堅士公司代理	鐵行	單程一二金鎊 來回二一金鎊
門司	鴨家輪船麥堅安麥堅士公司代理	鐵行	單程港幣一六〇元 來回港幣二八〇元

九金鎊	無	五金鎊	
無	無	港幣二五元	
一零金鎊	五金鎊十司令	四金鎊	
無	無		
單程一零金鎊 來回一七金鎊	無	無	
單程港幣一二〇元 來回港幣二一〇元	無	無	
美金四八元五 x	美金一八元 七五⊕	美金一七元	x 俄國及亞洲皇后只收四四元 ⊕俄國及亞洲皇后只收一七元七五
美金四四元	美金一七元	無	
八金鎊	無	六金鎊	
港幣五五元	無	港幣二二元	
無	無	無	
單程九金鎊 來回一六金鎊	無	無	
單程港幣一〇七元 來回港幣一八七元	無	無	
九金鎊	五金鎊	三金鎊十司令	
美金三八元五 x	美金一六元⊕	美金一四元五	x 俄國及亞洲皇后只收三五元 ⊕俄國及亞洲皇后只收三元二五
單程八金鎊 來回一四金鎊	無	無	
無	無	港幣二二元	
單程八金鎊 來回一四金鎊	無	無	
單程港幣九五元 來回港幣一六六元	無	無	

南航線

由香港 往各埠	輪船公司	地址	價目 頭等位
山打根	渣甸公司	渣甸行	港幣一六〇元
孟加錫	渣華中國輪船公司	沃行	美金一〇〇元
泗水	渣華中國輪船公司	沃行	美金一一〇元
八打威	渣華中國輪船公司	沃行	美金八〇元
三孖冷	渣華中國輪船公司	沃行	無
小呂宋	大來洋行	必打行	美金三七元五
小呂宋	昌興公司	於仁行	美金三七元五
小呂宋	德國郵船捷成公司德記公司代理	必打行	美金三〇元
小呂宋	吻啫士洋行盛記公司代理	皇后行	美金三〇元
小呂宋	渣華中國輪船公司	沃行	美金三二元五
架厘吉打	鴨家輪船麥堅安麥堅士公司代理	鐵行	單程港幣四三五元 來回港幣七六一元
架厘吉打	渣甸公司	渣甸行	港幣三五〇元
孟買	鐵行輪船麥堅安麥堅士公司代理	鐵行	單程四〇金鎊 來回七〇金鎊
孟買	大來公司	必打行	三八金鎊
仰光	鴨家輪船麥堅安麥堅士公司代理	鐵行	單程港幣三七五元 來回港幣六五六元
庇能	大來公司	必打行	一七金鎊
庇能	鴨家輪船麥堅安麥堅士公司代理	鐵行	單程港幣二一七元 來回港幣三七二元
庇能	鴨家輪船麥堅安麥堅士公司代理	鐵行	單程一六金鎊 來回二八金鎊
庇能	渣甸公司	渣甸行	港幣一九五元
庇能	法國郵船	皇后行	二二金鎊
星加波	大來公司	必打行	一四金鎊
星加波	法國郵船	皇后行	一八金鎊一八司令

二等位	三等位	大艙位	備考
港幣四五元	無	港幣二五元	
港幣一八五元	港幣九二元五	港幣五〇元	
港幣一八五元	港幣九二元五	港幣五〇元	
港幣一八五元	港幣九二元五	港幣五〇元	
港幣二二〇元	港幣一一〇元	港幣六五元	
美金二五元	美金一五元	無	
美金二五元 x	美金一六元五⊕	美金一五元	x 俄國及亞洲皇后只收二二元五 ⊕俄國及亞洲皇后只收一五元七五
無	無	無	
美金一七元五	無	無	
港幣六〇元	無	無	
單程港幣三二〇元 來回港幣五六〇元	無	無	
港幣一六〇元	無	港幣八零元	
單程四〇金鎊 來回七〇金鎊	無	無	
無	一〇金鎊五司令	無	
單程港幣二六〇元 來回港幣四五五元	無	無	
無	四金鎊五司令	無	
港幣一二〇元	無	無	
單程一二金鎊 來回二一金鎊	無	無	
港幣一〇〇元	無	港幣八〇元	
一五金鎊	九金鎊	六金鎊	
無	四金鎊	無	
一三金鎊三司令	七金鎊七司令	五金鎊五司令	

星加波	天祥洋行	皇后行	一二金鎊
星加波	渣甸公司	渣甸行	港幣一六五元
星加波	太古洋行	干諾道中一號	港幣一四〇元
星加波	德國郵船捷成洋行代理	必打行	七四金鎊
星加波	吻啫士洋行盛記公司代理	皇后行	一四金鎊
星加波	鴨家輪船麥堅安麥堅士公司代理	鐵行	單程港幣一八七元 來回港幣三二七元
星加波	鐵行輪船麥堅安麥堅士公司代理	鐵行	單程一四金鎊 來回二四金鎊
暹羅	太古洋行	干諾道中一號	港幣一四〇元
暹羅	振盛行	文咸西街二十號	港幣一四〇元
西貢	陳東亞行	文咸西街二十一號	港幣四二元
西貢	和發成	永樂街八十一號	港幣六五元
西貢	法國郵船	皇后行	一六金鎊一六司令
西貢	海洋公司	永樂街二〇三號	港幣四五元
廣州灣	順昌公司	干諾道西六號	港幣二五元
廣州灣	法國輪船	皇后行	西貢銀三〇元
海防	成記	永樂街三十號	港幣五〇元
海防	太古洋行	干諾道中一號	港幣六五元
海防	順泰公司	大道西二號 A	（中國人）港幣五〇元 （外國人）港幣六〇元
海防	法國郵船	皇后行	西貢銀六〇元
北海	太古洋行	干諾道中一號	港幣五〇元
北海	成記	永樂街三十號	港幣四〇元
北海	法國郵船	皇后行	西貢銀五〇元
海口	和發成	永樂街八十一號	港幣三五元
海口	順泰行	嚤囉下街六六號	港幣三五元
海口	成記	永樂街卅號	港幣三十元
海口	法國郵船	皇后行	西貢銀三五元
海口	太古洋行	干諾道中一號	港幣三五元

九金鎊	七金鎊	三金鎊	
港幣九〇元	無	港幣七五元	
無	無	港幣一六元（船面）	
無	無	無	
九金鎊	無	無	道經小呂宋
港幣一〇〇元	無	無	
來回一八金鎊	無	無	
無	無	港幣一六元（船面）	
港幣八〇元	無	港幣一八元	
港幣二四元	港幣七元五	港幣六元五	
港幣二二元／二八元	無	港幣七元	
一〇金鎊一〇司令	六金鎊六司令	三金鎊一四司令	
港幣三〇元	無	港幣五元	
港幣一五元	港幣七元	港幣五元	
西貢銀二五元	西貢銀一〇元	西貢銀四元	
港幣二五元	港幣二〇元	港幣六元	
無	無	港幣六元（船面）	
（中國人）港幣三〇元（外國人）港幣三五元	港幣一六元	港幣六元	
西貢銀四五元	西貢銀三〇元	港幣六元	
無	無	港幣五元（船面）	
港幣二〇元	港幣一五元	港幣五元五	
西貢銀三五元	西貢銀二〇元	港幣五元	
港幣二十元	無	港幣四元半	
港幣三十元	港幣十三元	港幣四元半	
港幣十五元	港幣一十元	港幣四元半	
西貢銀二五元	西貢銀十五元	港幣四元	
無	無	港銀四元（船面）	

433

西航線

由香港往各埠	輪船公司	地址	價目頭等位
波士頓	大來洋行	必打行	美金六六〇元
倫敦	鐵行輪船麥堅安麥堅士公司代理	鐵行	A 單程一〇二金鎊 來回一七八金鎊
倫敦	仝上	仝上	B 單程九六金鎊 來回一六八金鎊
倫敦	渣甸公司	渣甸行	六〇金鎊
紐約城	大來公司	必打行	美金六六〇元 一二一金鎊

北航線

由香港往各埠	輪船公司	地址	價目頭等位
打狗	德國郵船捷成洋行代理	必打行	七二金鎊
煙台	太古洋行	干諾道中一號	港幣一〇〇元
威海衞	太古洋行	干諾道中一號	港幣一〇〇元
牛莊	太古洋行	干諾道中一號	港幣一八〇元
大連	吻啫士洋行德記公司代理	皇后行	一四金鎊
大連	太古洋行	干諾道中一號	港幣一八五元
大連	德國郵船捷成洋行代理	必打行	七四金鎊
青島	太古洋行	干諾道中一號	港幣一三〇元
青島	吻啫士洋行盛記公司代理	皇后行	A 一六金鎊
青島	仝上	仝上	B 一〇金鎊
青島	渣甸公司	渣甸行	港幣一三〇元
青島	德國郵船捷成洋行代理 華人代理盛記	必打行	七六金鎊
廈門	太古洋行	干諾道中一號	港幣三六元

二等位	三等位	大艙位	備考
美金三八〇元	美金一七五元	無	
A 單程七二金鎊 來回一二六鎊	無	無	
B 單程六六金鎊 來回一一六金鎊	無	無	
無	無	無	
美金三八〇元	美金一七五元	無	道經巴拿馬

二等位	三等位	大艙位	備考
無	無	無	
無	無	港幣一二元（船面）	
無	無	港幣一二元（船面）	
無	無	港幣一八元（船面）	
八金鎊	無	無	經打狗
無	無	港幣二〇元（船面）	
無	無	無	
無	無	港幣一四元（船面）	
A 一〇金鎊	無	無	道經打狗大連
B 六金鎊	無	無	道經上海
無	無	港幣一六元	
無	無	無	
無	無	港幣三元（船面）	

廈門	德忌利士輪船公司	鐵行	港幣三六元
廈門	渣華中國輪船公司	沃行	美金一〇元
福州	德忌利士輪船公司	鐵行	港幣六〇元
汕頭	潮安公司	永樂街二〇九號	港幣二〇元
汕頭	德忌利士輪船公司	鐵行	港幣二四元
汕頭	太古洋行	干諾道中一號	港幣二四元
汕頭	渣甸公司	渣甸行	港幣二四元
上海	昌興公司	於仁行	單程美金四〇元 來回美金七二元
上海	大來公司	必打行	單程美金四〇元 來回美金七二元
上海	美國輪船公司	亞細亞行	單程美金四〇元 來回美金七二元
上海	法國郵船	皇后行	九金鎊
上海	德國郵船捷成洋行代理	必打行	美金三十元
上海	鐵行輪船麥堅安麥堅士公司代理	鐵行	單程八金鎊 來回一四金鎊
上海	太古洋行	干諾道中一號	單程八金鎊 來回一四金鎊
上海	吻啫士洋行盛記公司代理	皇后行	美金三十元
上海	渣甸公司	渣甸行	港幣八五元
上海	天祥洋行	皇后行	八金鎊
上海	渣華中國輪船公司	沃行	單程美金三〇元 來回美金五四元
上海	意國郵船公司	皇后行	八金鎊
上海	鴨家輪船麥堅安麥堅士公司	鐵行	單程港幣一〇七元 來回港幣一八七元
天津	渣甸公司	渣甸行	港幣一四〇元
天津	太古洋行	干諾道中一號	港幣一四〇元

海寧港幣一八元 海澄海陽港幣一五元	無	不定	
港幣三五元	港幣二〇元	港幣八元	
海寧港幣三五元 海澄海陽港幣三〇元	無	不定	
港幣一〇元	無	港幣三五元	
海寧港幣一二元 海澄海陽港幣一〇元	無	不定	
無	無	港幣二元（船面）	
無	無	港幣三元	
美金三〇元 x	美金一一元⊕	美金一〇元	x 俄國及亞洲皇后只收二五元 ⊕俄國及亞洲皇后只收一〇元五
單程美金三〇元 來回美金五四元	無	美金一〇元	
單程美金二五元 來回美金四五元	無	美金一十元	
六金鎊	二金鎊一〇司令	二金鎊	
美金二二元半	無	無	
單程五金鎊十司令 來回一十金鎊	無	無	
無	無	港幣一二元（船面）	
美金一七元五	無	無	
無	無	港幣一十元	
六金鎊	四金鎊	一金鎊一〇司令	
港幣六十元	港幣三十元	國幣二五元 或港銀二十元	
六金鎊	四金鎊	國幣三五元	
單程港幣六〇元 來回港幣一〇五元	無	無	
無	無	港幣一六元	
無	無	港幣一六元（船面）	

參考文獻要目 ‖

英文文獻

Ancrum, Libby and Robin Rothman, *The Hotel Industry in Hong Kong and China* (Hong Kong: Commercial Banking Corporate Marketing Research, Standard Chartered Bank, 1987).

Anonymous, *The Asiatic Journal and Monthly Register for British and Foreign India, China, and Australasia*, Volume 36 (London: Wm. H. Allen & Co., 1841).

Bard, Solomon, *In Search of the Past: A Guide to The Antiquities of Hong Kong*(《香港文物志》) (Hong Kong: Urban Council, 1988).

Bolitho, Hector (ed), *The British Empire* (London: B.T. Batsford, 1947-1948).

Bosman, W, *Romance of the Poverty* (Durban: Robinson & Co, 1940).

Cameron, Nigel, *The Mandarin Hong Kong* (Hong Kong: Mandarin Oriental Hotel Group, 1989), pp.10-18.

Cheung, Sidney C.H., *Cultural Tourism and Hong Kong Identity (Working Paper No.4)* (Hong Kong: Department of Anthropology, Chinese University of Hong Kong, 1996).

Cheung, Sidney C.H., "The Meanings of a Heritage Trail in Hong Kong", *Annals of Tourism Research*, Vol. 26, No. 3, pp.570-588, 1999.

Clune, Frank, *Flight to Formosa: A History and Fact-finding Tour of Nationalist China's Fortress of Freedom and the Ports of Hong Kong and Macao* (London: Angus and Robertson, 1959).

Cooper, John, *Colony in Conflict : the Hong Kong Disturbances, May 1967 - January 1968* (Hong Kong: Swindon Book, 1970).

Cree, Edward, *Naval Surgeon, The Voyages of Dr. Edward H. Cree, Royal Navy, as Related in His Private Journals, 1837-1856* (New York: Webb & Bower, 1986).

The Chronicle and Directory for China, Corea, Japan, the Philippines, Cochin China, Annam, Tonquin, Siam, Borneo, Straits Settlements, Malay States, etc. for the year 1885 (with which is incorporated "The China Directory" (Hong Kong: The Daily Press Office).

The Directory & chronicle for China, Japan, Corea, Indo-China, Straits Settlements, Malay states, Siam, Netherlands India, Borneo, the Philippines, &c.

Dix, Dorothy, *My Joy-Ride Round the World* (London: Mills & Boon, 1922).

Faure, David, *The Structure of Chinese Rural Society: Lineage and Village in the Eastern New Territories* (Hong Kong: Oxford University Press, 1986), p.153.

Fortune, Robert, *Three Years of Wandering in Northern China* (London: 1847).

Fortune, Robert, *A Residence among the Chinese: Inland, on the Coast and at Sea: being a Narrative of Scenes and Adventures During a Third Visit to China, from 1853 to 1856* (London: John Murray, 1857)(Reprinted. Taipei: Ch'eng Wen Pub Co., 1971).

Fred, Ingris, *The Delicious History of the Holiday* (London; New York: Routledge, 2000).

Goshkerich, I.A. & I.A. Goncharov, "Russian Impressions of Early Colonial Hong Kong" (Translated from Russian by the Hong Kong Branch of the Royal Asiatic Society), Vol.38 (1998).

Harrison, Rodney, *Heritage: Critical Approaches* (Milton Park, Abingdon; New York: Routledge, 2013).

Haviland, William A., *Cultural Anthropology* (USA: Thomson Learning, 2002), pp.280-281.

Herbert, David T., "Leisure Trends and the Heritage Market" in David T. Herbert, Richard C. Prentice and Colin J. Thomas (eds), *Heritage Sites: Strategies for Marketing and Development* (Aldershot, Hants, England Averbury; Broolfield, Vt., USA: Gower Pub Co., 1989) pp.1-14.

Heywood, G.S.P., *Rambles in Hong Kong* (Hong Kong: SCMP, 1938).

Hong Kong Government, *Annual Report of the Superintendent of Botanical and Afforestation Department for the year 1883* (Hong Kong: Botanic Garden, 1884).

Hong Kong Government, *Hong Kong Annual Report for the Year 1976* (Hong Kong: Hong Kong Government, 1977).

Hong Kong Government, *Hong Kong Annual Report for the Year 1982* (Hong Kong: Hong Kong Government, 1983).

Hong Kong Government, *Hong Kong Annual Report for the Year 1997* (Hong Kong: Hong Kong Government, 1998).

Hong Kong Government, *Report of the Commission appointed by His Excellency the Governor of Hong Kong to enquire into the Causes and Effects of the Present Trade Depression in Hong Kong and Make Recommendations for the Amelioration of the Existing Position and for the Improvement of the Trade of the Colony*, July 1934-February 1935 (Hong Kong: Noronha & Co., Government Printers, 1935)

Hong Kong Government, *Report of the Working Committee on Tourism* (Hong Kong: Government Printer, 1956).

Hong Kong Government, "An International Airport – History", *Gateway to New Opportunities – Hong Kong's Port & Airport Development Strategy* (Hong Kong: Hong Kong Government, 1989).

Hong Kong Government Information Services, *Hong Kong 1973 – A Review of 1972* (Hong Kong: Hong Kong Government Press, 1973).

Hong Kong Tourist Association, *New Hotel Developments in Hong Kong 1980/1981* (Hong Kong: Hong Kong Tourist Association, 1979).

Hong Kong Tourist Association, *Stop and Shop where You can See this Sign* (Hong Kong: Hong Kong Tourist Association, 1965?).

Hong Kong Tourist Association, *Heritage Tour* (Hong Kong: Hong Kong Tourist Association, 1983).

Hong Kong Urban Council, *Urban Council Annual Report 1994/1995* (Hong Kong: Urban Council, 1995).

Jackson, Kenneth T., *The Encyclopedia of New York City* (The New York Historical Society: Yale University Press, 1995).

The Key to the Flora of Hongkong, the New Territories and Kwang Tung Province, has been published by the Director of the Royal Gardens, Kew, as additional series of the Kew Bulletin in 1912.

Kowloon Canton Railway (British Section), *Annual Report*, 1915.

Kurin, Richard, *Reflections of a Culture Broker: A View from the Smithsonian* (Washington: Smithsonian Institution Press, 1997).

Lau, Y. W., *A History of the Municipal Councils of Hong Kong, 1883-1999: From the Sanitary Board to the Urban Council and the Regional Council* (Hong Kong: Urban Council, 2002).

Mayers, William Frederick, (edited by Dennys, Nicholas Belfield), *The Treaty Ports of China and Japan: A Complete Guide to the Open Ports of those Countries, Together with Peking, Yedo, Hongkong and Macao (forming a guide book and vade mecum for travelers, merchants and residents in general)* (London: Turbner, 1867).

Morris, Esther, *Helena May, The Person, the Place and 90 Years of History in Hong Kong* (Hong Kong: Helena May, 2006).

McKercher, Bob and Hillary du Cros, *Cultural Tourism: The Partnership Between Tourism and Cultural Heritage Management* (New York: Haworth Hospitality Press, 2002).

Metelka, C. J., *The Dictionary of Hospitality, Travel, and Tourism* (3rd ed.) (Albany, NY: Delmar Publishers, Inc. Tanke, 1990).

New Territories Development Department Public Works Department, *Market Towns* (Hong Kong: Government Printer, 1978).

Page, Martin, *The First Global Village: How Portugal Changed the World* (Casa das Letras, 2002).

P & O, *The P. & O. Pocket Book* (Third Issue) (London: Adam and Charles Black, 1908).

Peplow, S. H. and M. Barker, *Hong Kong, Around and About* (Hong Kong: Ye Olde Printerie, 1931).

Poynter, Mary A., *Around the Shores of Asia* (London: George Allen and Unwin, 1921).

Provisional Council, *Report for the Use and Conservation of the Countryside* (Hong Kong: Hong Kong Government Press, 1968).

R. Owen, R.N. et, *The Nautical Magazine and Naval Chronicle, for 1841* (London: Simpkin, Marshall, & Co.)

Rollo, Dennis, *The Guns and Gunners of Hong Kong* (Hong Kong: The Gunners' Roll of Hong Kong, 1991).

Ryan, Thomas F., S. J. *The Story of a Hundred Years – The Pontifical Institute of Foreign Missions (P.I.M.E.) in Hong Kong, 1858-1958* (Hong Kong: Catholic Truth Society, 1959).

Sanitary Department, *Report of the Committee to Consider the formation of a Travel association and to Make Recommendations for the Development of the Tourist Traffic in Hong Kong* (Hong Kong, April 10 1935).

Shepherd, Bruce , *The Hong Kong Guide, 1893/ with an introduction by H.J. Lethbridge* (Hong Kong: Oxford University Press, 1982).

Sinn, Elizabeth, *Power and Charity: The Early History of the Tung Wah Hospital Hong Kong* (Hong Kong: Oxford University Press, 1989).

Sirr, Henry Charles, *China and the Chinese: Their Religion, Character, Customs, and Manufactures: the Evils Arising from the Opium Trade: with a Glance at Our Religious, Moral, and Commercial Intercourse with the Country Vol. 1* (London: Orr, 1849)

Siu, Helen, "Cultural Identity and the Politics of Difference in South China", *Daedalus*, Vol. 122, No. 2, China in Transformation (Spring, 1993), pp. 19-43.

Skertchly, Sydney B. J., *Our Island: A Naturalist Description of Hong Kong* (Hong Kong: Kelly & Walsh, 1893).

Smith, Albert, *To China and Back: Being a Diary out and Home. With introduction by Henry James Lethbridge* (Hong Kong: HK University Press, 1974, reset from the original 1859 edition).

Smith, Carl T., *Chinese Christians, Elites, Middlemen, and the Church in Hong Kong* (Hong Kong: Oxford University Press, 1985).

Smith, Carl, "The German Speaking Community in Hong Kong, 1846-1918", *Journal of the Royal Asiatic Society Hong Kong Branch*, Vol. 24 (1994), pp.1-55.

Smith, George, *A Narrative of an Exploratory Visit to each of the Consular Cities of China, and to the Islands of Hong Kong and Chusan, in Behalf of the Church Missionary Society, in the Years, 1844, 1845, 1846* (New York: Harper & Row, 1847).

Smith, Valene L., "Sustainability" in Valene L. Smith and Maryann Brent (eds), *Hosts and Guests Revisited: Tourism Issues of the 21st Century* (New York: Cognizant Communication Corporation, 2001), pp. 187-200.

South China Morning Post, *This is Hong Kong* (Hong Kong: South China Morning Post, 1960).

Stavans, Ilan and Joshua Ellison, *Reclaiming Travel*. (Durham; London: Duke University Press, 2015).

The China Directory for 1861 (Second Annual Publication) (Hong Kong: Printed by Shortrede & Co., 1861).

Thomson, John, *The Straits of Malacca, Indo-China and China* (New York: Harper and Brothers, 1875).

Thomson, John, *Thomson's China: Travels and Adventures of a Nineteenth-century Photographer* (Hong Kong: Oxford University Press, 1993).

Thurin, Susan Schoenbauer, *Victorian Travelers and the Opening of China, 1842-1907* (Athens: Ohio University Press, 1999).

Ticozzi, P. Sergio, *IL PIME La Perla Dell' Oreinte* (Hong Kong: Caritas Printing Training Center, 2008).

United States. Bureau of Foreign Commerce, *Reports from the consuls of the United States*, Issues 144–147 (United States. Bureau of Foreign Commerce, Year Unknown).

United States Navy Purchasing Department, *R & R Hong Kong* (United States Navy Purchasing Department, Year Unknown).

Verrey, Robert and Laura Henley, "Creation Myths and Zoning Boards: Local Uses of Historic Preservation" in Brett Williams (ed), *The Politics of Culture* (Washington D.C.: Smithsonian Institution Press, 1991), pp. 75-108.

Waters, Dan, "Hong Kong Hongs with Long Histories and British Connections", *Journal of the Royal Asiatic Society Hong Kong Branch*, Vol. 30 (1990), pp.219-256.

Watson, Rubie S. and James L. Watson, "From Hall of Worship to Tourist Center: AN Ancestral Hall in Hong Kong's New Territories", *Cultural Survival Quarterly*, Spring 1997, 21(1), pp.33-35.

Wattis, Jonathan, "Robert Crisp Hurley (1848–1927): Hong Kong Guidebook Pioneer", *Journal of the Royal Asiatic Society Hong Kong Branch*, Vol. 55 (2015), pp. 135-156.

Webb, Richard, "The Use of Hill Land for Village Forestry and Fuel Gathering in the New Territories of Hong Kong", *Journal of The Royal Asiatic Society Hong Kong Branch*, Vol. 35 (1995), pp. 143-153.

Who's who in the Far East, 1906-7 (Hong Kong: The China Mail, June 1906).

Woolf, Bella Sidney, *Under the Mosquito Curtain* (Hong Kong: Kelly & Walsh, 1935).

Wright, Arnold, *The Romance of Colonisation: Being the Story of the Economic Development of the British Empire* (London, Melrose 1923).

Wright, Arnold and H. A. Cartwright (eds), *Twentieth Century's Impression of Hong Kong: Histories, People, Commerce, Industries and Resources* (Singapore: Graham Brash, 1990).

中文文獻

天主教香港教區檔案處：《先賢錄－香港天主教神職及男女修會會士（1841－2016）》（香港：天主教香港教區檔案處，2016）。

王永忠：《西方旅遊史》（南京：東南大學出版社，2004）。

王弼注：《周易略例‧明象章》，《漢魏叢書》本。

王韜著、顧鈞校注：《西洋映像手記：漫遊隨錄》（北京：社會科學文獻出版社，2007）。

方李慕坤：《本港郊野公園的建設》（香港：香港中文大學地理系及地理研究中心，1983）。

中西區政務處：《旅遊指南：中西區》（香港：中西區政務處，1997）。

田英傑編、游麗清譯：《香港天主教掌故》（香港：聖神研究中心暨聖神修院校外課程部，1983）。

民政事務局：《文物建築保護政策檢討諮詢文件》（香港：民政事務局，2004）。

江鴻：《最早的中國大航海家－鄭和》（台北：中華書局，2018）。

朱希祥：《中國旅遊文化審美比較》（上海：華東師範大學出版社，1998）。

朱汝珍：《詞林輯略》（台北：明文書局，1985）。

朱鈞珍：《香港寺觀園林景觀》（香港：政府新聞處刊物出版組，2002）。

全港旅業請求撤銷限價委員會：《全港旅業請求撤銷限價委員會特刊》（香港：全港旅業請求撤銷限價委員會，1951）。

李史翼、陳湜：《香港－東方的馬爾太》（上海：華通書局，1929）。

李志剛：《香港基督教會史研究》（香港：道聲出版社，1987）。

李偉思：《一個偉大城市的健康狀態：香港及其市政局一八八三－一一九九三》（香港：市政局，1993）。

余偉雄：《基督教香港崇真會史略》（香港：香港崇真會出版部，1974）。

何佩然：《地換山移：香港海港及土地發展一百六十年》（香港：商務印書館，2004）。

沃爾夫岡‧希弗爾布施著、金毅譯：《鐵道之旅：19世紀空間與時間的工業化》（上海：上海人民出版社，2018）。

利德蕙著、顧筱芳譯：《香港利氏家族史》（香港：中文大學出版社，2011）。

英國文化協會：《約翰‧湯遜：中華風情》（*John Thomson: China and its People, 1868-1872*）（香港：英國文化協會，1992）。

吳邦謀：《香港航空 125 年》（香港：中華書局，2015）。

吳灞陵：《新界風光》（香港：華僑日報，1960）。

胡志偉、張慧媚、劉玉南（編輯小組）：《歲月留聲：黃大仙的一點一滴》（香港：黃大仙上邨及鳳凰新村老人服務中心，2010）。

香港青年旅舍協會：《會員手冊》（香港：香港青年旅舍協會，1995）。

香港城市大學：《搖籃期的電影實驗》（香港：城市大學，2014）。

香港崇正總會編印：《崇正同人系譜》（卷一、卷二）（重印版）（香港：香港崇正總會，1995）。

香港旅行界聯會：《香港旅行界聯會十週年紀念特刊》（香港：香港旅行界聯會，1992）。

香港政府新聞處：《香港郊野公園》（香港：香港政府印務局，1981）。

香港政府新聞處：《香港便覽 — 郊野公園》（香港：香港政府新聞處，1995 年 7 月）。

香港濕地公園：《米埔內后海灣拉姆薩濕地》（香港：漁農自然護理署）。

香港旅遊雜誌社：《旅遊業》（香港：香港旅遊雜誌社），1997 年 6 月至 7 月號，32 頁。

郊野公園之友會：《衛奕信徑》（香港：郊野公園之友會，1995）。

施其樂著、宋鴻耀譯：《歷史的覺醒：香港社會史論》（香港：香港教育圖書公司，1999）。

約翰・湯姆森著，楊博仁、陳憲平譯：《鏡頭下的舊中國－約翰湯姆森遊記》（北京：中國攝影出版社，2001）。

約翰・湯姆生著，顏湘如、黃詩涵譯：《十載遊記—現代西方對古東亞的第一眼：麻六甲海峽、中南半島、台灣與中國》（台北：英屬蓋曼群島商網絡與書股份有限公司台灣分公司，2019）。

約翰・斯托達德的講座（John L. Stoddard's Lecture），第三卷（芝加哥和波士頓：Geo L. Shuman & Co.，1910）（首次出版：1897 年）。

梁炳華：《南區風物志》（香港：南區區議會，1996）。

梁炳華編著：《觀塘風物志》（香港：觀塘區議會、觀塘民政事務處，2009）。

張文：《旅遊與文化》（北京：旅遊教育出版社，2001）。

張展鴻：《漁翁移山：香港本土漁業民俗誌》（香港：上書局，2009）。

游子安、張瑞威、卜永堅編：《黃大仙區風物志》（香港：黃大仙區議會，2003）。

夏其龍：《香港傳教歷史之旅——碗窰、汀角、鹽田仔》（香港：天主教香港教區福傳年專責小組，2005）。

夏其龍：《香港傳教歷史之旅——旅途上的古人》（香港：天主教香港教區福傳年跟進小組，2006）。

郭少棠：《旅行：跨文化想像》（北京：北京大學出版社，2005）。

郭志標：《香港本土旅行八十載》（香港：三聯書店，2013）。

郭永亮：《澳門香港之早期關係》（台北：中央研究院近代史研究所，1990）。

郭寧：《尋幽探勝》（香港：九廣鐵路公司及南華早報，1993）。

章必功：《中國旅遊史》（昆明：雲南人民出版社，1992）。

章鳴九：〈瀛寰志略與海國圖志比較研究〉，《近代史研究》（1992），68-81 頁。

陳世豐：《遊樂場興替史》，黎晉偉主編：《香港百年史》（1948 初版）（香港，心一堂，2018）。

陳瓊王瑩：《清季留學政策初探》（台北：文史哲出版社，1989）。

陳鏸勳著、莫世祥整理：《香港雜記外一種》（香港：三聯書店，2018）。

陳湛頤：《日本人訪港見聞錄（1898-1941）》（上、下卷）（香港：三聯書店，2005）。

陳公哲：《香港指南》（香港：商務印書館，2014）（原版於 1938 年刊印）。

黃燕清編：《香港掌故》（1959），附《香港歷史》（1953 初版）（香港：心一堂，2018）。

黃大仙政務處政務總署：《黃大仙區旅遊指南》（香港：政務總署推廣旅遊計劃工作小組，1997）。

單家驊、方慧晶：《魚塘綠悠遊》（香港：綠色力量，2003）。

馮邦彥：《香港英資財團（1841-2019）》（香港：三聯書店，2019）。

湯建勛：《最新香港指南》（香港：民華出版社，1950）。

逸廬主人：《香港九龍便覽》（香港：中華書局，1940）。

楊文信等：《香江舊聞：十九世紀香港人生活點滴》（香港：中華書局，2014）。

漁農自然護理署：《郊野三十年》（香港：漁農自然護理署，2007）。

蔡斯達：《復員的香港》（香港，中華出版社，1947）。

潘美美：〈陸海通的旗艦酒店——六國飯店，1933-1950〉，夏其龍等：《十九世紀天主教在灣仔的慈善工作》（香港：香港中文大學天主教研究中心，2016），103-120 頁。

潘淑華、黃永豪：《閒暇、海濱與海浴：香江遊泳史》（香港：三聯書店，2014）。

鄭宏泰、黃紹倫：《香港赤子：利銘澤》（香港：三聯書店，2012）。

鄭寶鴻：《新界街道百年》（香港：三聯書店，2002）。

鄭寶鴻：《香港華洋行業百年：飲食與娛樂篇》（香港：商務印書館，2016）。

駱雅儀、張家盛：《濕地探索》（香港：郊野公園之友會，2004）。

鍾叔河：《從東方到西方：走向世界叢書》（上海：上海人民出版社）。

謝貴安、謝盛：《中國旅行史》（武漢：武漢大學出版社，2012）。

劉國英編：《香港百年（1841-1941）》（香港：友聯出版社，1941 年）。

劉智鵬：〈賴際熙——香港中文教育的先驅（一）〉，《am730》，2011 年 11 月 24 日。

劉智鵬、黃君健：《黃竹坑故事　從河谷平原到創協坊》（香港：三聯書店，2015）。

劉智鵬：《香港哥爾夫球會走過的 130 年》（香港：三聯書店，2019）。

盧少卿：《僑旅錦囊》（香港：浣香家塾、廣發印務局，1918）。

饒宗頤：《九龍與宋季史料》（香港：萬有圖書公司，1959）。

戴東培編：《港僑須知》（香港：1933）。

戴爾博、戴瑪黛：《香港保護自然景物問題簡要報告及建議》（*Conservation of the Hong Kong Countryside*）（香港：香港政府印務局，1965）。

蕭國健：《大埔風物志》（香港：大埔區議會，1997）。

政府／公共檔案

Colonial Office, CO 129/413 , CO 129/455.

Administrative Reports for the years 1912, 1913, 1915, 1923, 1925.

Architectural Appraisals, Antiquities and Monuments Office Archival records.

The Hong Kong Government Gazette, July 5, 1935.

The Hong Kong Government Gazette, August 23, 1935.

The Hong Kong Government Gazette, March 21, 1940.

The ICOMOS Charter on Cultural Tourism, *ICOMOS Tourism Handbook for World Heritage Site Managers*.

ICOMOS International Cultural Tourism Charter – Managing Tourism at Places of Heritage Significance.

Report by Mr. Stewart Lockhart on the Extension of the Colony of Hongkong, Mr. Stewart Lockhart to Colonial Office, October 8, 1898.

香港歷史檔案館編號：HKRS837-1-31, HKRS149-2-9, HKRS212-215, HKMS79-1, HKMS176-167, HKRS156-2-3694, HKRS156-1-1839, HKMS176-1-163, HKRS156-2-3694, HKRS934-4-26

政府新聞處檔案

公共圖書館數碼館藏檔案

香港記憶

香港社會發展回顧項目

香港旅遊發展局旅遊業報告

報章／期刊

The China Mail

Hong Kong Telegraph

The Guardian

The New York Times

South China Morning Post

《香港華字日報》

《香港工商日報》

《大公報》

《天光報》

《循環日報》

《華僑日報》

《香港工商晚報》

《香港 01》

《香港商報》

《明報》

《香港經濟日報》

《文史參考》

《環球旅人》

《新界年鑑》

A CULTURAL HISTORY OF

從荒岩
到東方之珠

形塑香港的旅遊文化史

HONG KONG TOURISM

阮志 著

責任編輯　寧礎鋒
書籍設計　李嘉敏
出版　　　三聯書店（香港）有限公司
　　　　　香港北角英皇道四九九號北角工業大廈二十樓
　　　　　Joint Publishing (H.K.) Co., Ltd.
　　　　　20/F., North Point Industrial Building,
　　　　　499 King's Road, North Point, Hong Kong
香港發行　香港聯合書刊物流有限公司
　　　　　香港新界荃灣德士古道二二〇至二四八號十六樓
印刷　　　美雅印刷製本有限公司
　　　　　香港九龍觀塘榮業街六號四樓 A 室
版次　　　二〇二一年六月香港第一版第一次印刷
規格　　　十六開（185mm × 250mm）四四八面
國際書號　ISBN 978-962-04-4837-9

三聯書店
http://jointpublishing.com

JPBooks.Plus
http://jpbooks.plus